U0032586

幼醫與幼蒙

—近世中國社會的綿延之道—

熊秉真◎著

聯經出版事業公司

2018

給
洛明

子孫繞膝即代表福澤綿延，此雖為人群普遍之追求，華夏文化對此追求之表達早即明顯而強烈。從青銅禮器上已鐫「子孫萬代常保用」之類之祈求，直到清季仍不斷仿傳。宮廷而庶民，條件不同，心思並無二致。

〔唐〕周昉《麟趾圖》，《嬰戲圖》（臺北：國立故宮博物院，1990），頁 8

宋代以來的四景戲嬰，繪春夏秋冬男女孩童怡樂院庭。如今難見全組，但從比較社會文化史上而言，是對法國史家 Phillip Ariés 的最佳反證。圖中只見女孩男孩，沒有成人髮飾裝扮，表情活動，顯為童幼，絕非「尺寸小的成人」。

〔宋〕蘇漢臣《秋庭嬰戲圖》，《嬰戲圖》（臺北：國立故宮博物院，1990），頁 10

就比較童年史而言，宋代當下的此幅看似制式的嬰戲圖，表現雖然極端而理想，卻恰恰回應了法國童年史上尋覓不得近代以前兒童形象的困惑。以及所出「童年」為近代發明之立說。

宋人《冬日嬰戲圖》，《嬰戲圖》（臺北：國立故宮博物院，1990），頁 24

元人夏景戲嬰之局部，雖未署名，但可知由宋而下，四景戲嬰一時盛行，有畫師藝人常作，供應當時上下階層，以男女嬰童嬉戲於庭為福慧人生之表徵，蒙元時期亦然。

元人《夏景戲嬰》，《嬰戲圖》（臺北：國立故宮博物院，1990），頁 75

此無題款之稱謂《昇平樂事》之寫，雖非四景戲嬰一類，然明顯點出當時市井一般心態，以幼兒繞身，踢毽放燈，樂逗野外為人生美事，社群之追求。

無款《昇平樂事》（第五開），《嬰戲圖》（臺北：國立故宮博物院，1990），頁43

宋代以後，中國明顯分離出幼齡人口的專門市場。與幼科幼醫，與幼學幼蒙平行發展，同時呈現的是瓦舍中為兒童說唱的雜技，以及目前仍可見流傳於當時的「白眉故事」等兒童娛樂文獻。

〔宋〕蘇漢臣（傳）《雜技戲孩》，《嬰戲圖》（臺北：國立故宮博物院，1990），頁15

近世燈節歡慶,朝廷民間如一。弄獅扮逗,未必寫實,卻示少幼各齡,無分男女,一年之中總有遊樂,及作樂時可能有的活動情景。

無款《燈輝綺節》,《嬰戲圖》(臺北:國立故宮博物院,1990),頁 46

明代，周臣的《閑看兒童捉柳花》一幅，層層再現中國詩畫一體，
唐宋以來詩文中對兒童縱遊戶外，以及成人心中用之表徵追求化身
自然之終極理想。

〔明〕周臣《閑看兒童捉柳花句意》，《嬰戲圖》（臺北：國立故宮博物院，
1990），頁 32

仕女幼兒，嬉駕庭院，是否即是昇平年代，常民心中之賞心樂事，固可質疑。中國繪畫筆下社會景象，本非寫實。圖文相佐，證之世界育幼比較史跡，最少代表了襁褓活幼者嚮往。

無款《昇平樂事》（第二開），《嬰戲圖》（臺北：國立故宮博物院，1990），頁 42

孩童籠養，瓶中有魚，並不稀奇。當時如此，因老幼嗜之已久，於古猶然。唯細察其髮飾衣鞋，床上四週物品，仍可為日常生活歷史斷代之要件。更是醫生活動濟世之希求。

〔宋〕蘇漢臣《嬰戲圖》（局部），《嬰戲圖》（臺北：國立故宮博物院，1990），頁 14

打陀螺，目前不知始於何時，南北城鄉傳遍，然遊戲之幼童健朗活潑，當然是乳哺母親的夢想，以及搶救嬰童的幼科醫生的目標。

〔宋〕蘇漢臣《嬰戲圖》（局部），《嬰戲圖》（臺北：國立故宮博物院，1990），頁 14

此傳為元人所繪之《同胞一
氣圖》，非屬四景戲嬰一類
（genre），但文化社會氣息
可對照而觀。蒙元夾於宋明之
間，上承兩宋戲嬰之傳統，下
接明初而後風氣之丕變。其
間，幼科幼蒙之扶幼工作不
變。同胞是否一氣，另當別論。

元人《同胞一氣圖》，《嬰戲圖》
（臺北：國立故宮博物院，1990），頁28

清之月令圖，不為描繪老幼活動。然冬雪落庭，堆砌雪獅，各掃門前，不能沒有茁壯中的兒童身影。

〔清〕畫院《月令圖》，《嬰戲圖》（臺北：國立故宮博物院，1990），頁40

近世的貨郎圖，雖不全為側寫兒童而作，但貨郎架上多是孩童遊戲的玩具，吸引稚齡幼童紛相趨近，宋明以後市井中有貨郎，貨郎盤的全是以兒童對象的貨品，這本身已是近世中國童年史的要證。

〔宋〕蘇漢臣《貨郎圖》，《嬰戲圖》（臺北：國立故宮博物院，1990），頁13

　　「長春」與「百子」都是中國社會與家族的象徵性希冀。稚子展卷賞玩書畫，畫中墨竹清晰可見，更是希冀中的希冀，幼蒙時對早慧早熟的神往或神話似的傳說，更是圖文一致，對此價值觀長遠不息的體現。

〔宋〕蘇漢臣《長春百子》（局部），《嬰戲圖》（臺北：國立故宮博物院，1990），頁 17

傳統社會中之節氣歡慶，往往不能沒有兒童嬉戲的身影。既代表市井實情，更彰
顯社群之集體祈望。清代姚氏此作，不過是這類兒童歡樂與長幼男女團圓美滿的
一個最平常、具體表徵之一例。

〔清〕姚文瀚《歲朝歡慶圖》，《嬰戲圖》（臺北：國立故宮博物院，1990），頁39

序

　　挖掘中國歷史上人生之啟端，探求個別嬰幼生命如何成為可能，尋覓童年生活之點點滴滴，數十寒暑，不覺之間不縱而逝。驀然回首，前面所整理出來的，許多是不能不釐清的技術性細節，每一枝節之追索、考訂、說明、披露、載記，成書成文。其間重新端出中國傳統幼科之認識與操作，是重要的里程碑，涉及幼教、幼蒙的天地，其實描繪的是同一個世界的另一個面向。

　　如今，將嬰童生命身體延續之環境、條件，及期求、製造此醫護照養條件的倫常文化上價值合併呈現，希望能讓讀者更直接地意識到，無論是此技術性環境或文化之蒙養，所關乎的其實是同一股為生命緜延之用力用心，或養或教襁褓與訓勉，幼醫與幼蒙，最終所致之目的，一般無二。

　　這般的體驗，是需要走向反覆調查，終漸將林林總總之發現鋪置案前，再三沉吟，才覺得需要有一處共通的說明。看白了並不是什麼意外稀奇的論點，但是生理社會文化並陳之外，一再放寬歷史視野在地域、語言、文化上的範疇，將比較性之考量，由一般性預設，由檯面下挪到檯面上，成作系統性，明白的檢視是不能沒有的過程。

　　下面書中各章，多半內容曾以書、文、期刊篇章等形式出現過，已如注明。然此次整理，均經過局部增修、考量。除了技術面與社會面之相關、呼應，中外之比較，人群共同走過了20世紀，有了21世紀若干之反省，文化上的自我責求、質疑，是另一方面明顯的調整、改訂。

　　對傳統中國文化曾走過的足跡，訪求認識歸訪求認識，但愈來愈難單視之為無庸置疑的文明之成為，而為之炫耀、沾沾自滿。

　　故為此重新之梳理，以數位形式為主問世，因獲一新視野，新座標之

立足點。正好為過去初學時之粗略得一喘息低迴之時機。

　　所選之圖示，希增大家對非文獻性資料之重視，非僅用之為插圖。

　　此知性行旅，啟程之時，慕州之伴侶，悠、青之歡聲笑語已在，三數十年後，前程各奔而穿梭依舊。同窗好友方清河竟也依然沽其編輯出版之長技，慷慨相助。生命之無息與有聲，也許真有其蜿蜒之涓流。

　　此帙之成，留送洛明，不知未來他是否有好奇流覽的時候。

熊秉真

於港中大　吐露岸邊

目　次

圖　次

圖片出處

《四季嬰戲圖》，宋龍飛主編（臺北：國立故宮博物院，1998）。

《保嬰全書》（臺北：國家圖書館藏明崇禎沈猶龍刊本）。

《嬰戲圖》，國立故宮博物院編輯委員會編（臺北：國立故宮博物院，1990）。

Children's Books in England: Five Centuries of Social Life, by F.J. Harvey Darton（Cambridge: Cambridge University Press, 1982）.

Intimate China: The Chinese As I Have Seen Them, by Mrs Archibald Little（London: Hutchinson & Co, 1901）.

第一章
引　言

　　俗言稱：「三十年河東，三十年河西」，三十年是一個不長但不短的
段落，近代社會與心理學者曾以之為人類父子長幼間一個世代（generation）
之代表。對知識之索求而言，三十年間之風水流轉，的確可以讓人對同樣
一組學術問題，同樣一類原始檔案研究素材，因個人之省思成長，周遭學
科之更迭，思潮之顛覆，或者反復，而生出迥然不同的推敲、分析。雖則
人世不長，職場工作時間更有限，並不常有人、有機會或意願重新修理舊
作，刷新自己昨日與今時之考量。

　　三十多年前，有幸追究一己之無知，挖掘出千百年前中國幼科留下之
典籍，藉著梳理大量一手檔案資料，呈現傳統中國救亡圖存，撫育生命之
點點滴滴。於種種技術性細節中描述該社會中襁褓之道其日常一斑。過程
不易，但收穫確的，乃有《幼幼》一書之成。坊間小眾翻閱此初步成果之
際，三十多年晃眼即逝。其間，對中國近世幼科之萌生發展有了更多橫切
面的認識，體認到如何將此「特例」置於世界醫學史或全球科技、生活史
的宏觀視野中，重省審思，而不僅於竊喜沾沾，此為一端。再有，對近世
中國幼醫之內部專業知識之傳承，其實證性、技術性知識之載錄與傳遞、
辯解、佐證、更新，經過更多考訂、研究，也有了較前更多細節上的瞭解
與認識。遠遠超過了初步整理文獻時所得彌足珍貴，但僅得其大樣之側寫，
此為其二。其三，是當時已知端倪的近世幼科醫學其傳承發展時間既久，
隨歷史時間之空間移動地域性特質與面貌自然凸顯。對應用性知識專長，
如生物醫學（bio-medicine）或健康科學（health sciences）而言，最是自然。但
由此推理性看法，及各方片斷性訊息，到覓得乾隆年間終生執業新安歙縣
一地之許氏幼科（許豫和，1724-約1805）之一手資料，歲月如斯，仍是欣喜。
第四，與此專業性幼科文獻或技術性知識天地，對照當時士人筆下的兒童
健康寫照，頓然之間，當時社會中頗有些經典學識的「士大夫」突然在醫
學或者幼科專業知識上變成了百姓般的「庶人」。此間相互對映，雖不如
今日「科技新知」與「尋常百姓」間落差之大，差距之明顯、關鍵、要命。
但此間趨勢之走向已見。值得補述。

　　由此四部分結構性之增補，重讀原作在新生兒照護、乳與哺、嬰幼兒生理、成長與發育等各專題之發現，至今三十年間，雖未有他人其他重要之發現，自己仍不免多少有些重新的考量，各個段落也就不能不有刪修、調整，或亦為面向之五。

　　此外，整體而言，幼醫襁褓，是為挽救、保留新生之生命，即舊時中國社會流傳的「香火」。然此傳統價值觀在「非技術性」的關懷下，所真正在乎的，其實是子孫縣延，家族世代之生生不息。正是有此或可以儒家家族倫常為代表，但顯然遠遠早先於孔孟，寬泛細微過儒學的核心信念，揮之不去，無所遁逃，乃有近世幼醫浮世、塵世之社會文化土壤。此一事實，前亦略及，但此處可補同一文化、同一社群、同一價值體系，對其襁褓幼幼所成就之推動成員，於「幼慧、幼蒙與幼教」上之追求、堅持、迷戀、沉溺，可為同一群體之另一對照面之補充。可視為此次結構性增訂之文。

　　最為關鍵的，是過去偏於實證與技術性的挖掘與發現，的確為歷史上，中國歷史上重新「發現嬰幼兒與童年」，奠下了第一塊堅實的基石，但如今重看重想，此醫學史、科技史、社會史、家庭、人口史上的基石，也應該有其踩向第二塊基石，企首第二段行旅的時候。這個時機，應該是「學然後知不足」，因為知道的愈來愈不少，而不能沒有驀然回首的悚然、警覺。

　　警覺於此社群救亡圖存的積極作為，包括如今舉世確足引以為傲的幼醫成就，斑斑傳講於立足芝加哥大學的美國兒科醫學會的千百同仁講堂，乃至載錄世界生醫科技殿堂。然時至今，人群，舉世人群自我縣延之生物性本能，社會文化上代代相傳之追逐，其有成者，人口爆炸性成長，有目共睹。對他人，全球資源之利用，心思掏盡，何所底止？於此，歷史的學習者與其他人文學科之工作同仁遂有對宇宙浩瀚時空中，其屬於「人類之紀元」（anthropocene）之深深之質疑，一種來自自我之質疑與困惑。過去為救亡圖存而努力不懈者，其成果與成就依舊，然而「人類紀元」之外，之

〔宋〕蘇漢臣《灌佛戲嬰》

　　近世幼醫浮世，是應中國家庭生養不息之需求。圖中示孩童浴佛如俗，雖非實景，但表達理想上禮教傳家的地區，士族家庭的追求。
國立故宮博物院編輯委員會編，《嬰戲圖》（臺北：國立故宮博物院，1990），頁16。

後，何所之？除了群體自我中心的人群緜延、生生不息，對人之周圍、人類之外、人類之後（post-human）[1] 我們還能作何之想。作些什麼？

　　前此各章，因此天問，亦均作了各種視角上的調度。附上各圖，多少亦為此古今聯想所為形形色色之添置。

＊　　　＊　　　＊

　　過去我們對歷史上育嬰扶幼的狀況一無所知，且亦不以為憾。推敲起來，可能有兩個緣故。一是覺得此類情事，瑣碎細微，似不涉國家興亡，民生福祉，既是無關宏旨，就沒什麼進一步瞭解的必要。這是說，幼幼之道不必知。再則會有人說，此類瑣事，荒渺難稽，即便深究，也無史可查，不會有資料存其實情，於是謂，幼幼之道不可知。

　　不意仔細思量，兩個顧慮都難成立。因為育嬰之史，說是瑣細，其實裡面自有乾坤。從精神面而言，一個社會如何對待其新生成員，常是該社會對人生、生死等許多基本態度的最赤裸的表現。已有西方學者指出，由任何社會或人群照顧、對待嬰幼兒的方式，可瞭解彼等基本的價值觀所在。譬如說：在這群人的觀念中，他們對生命如何重視，此重視始自何時，此重視有無差等，帶何條件等等，都容易流露在彼等對待嬰幼兒的方法上。所謂見微而知著，人們對待嬰幼兒的態度，常毫無保留地訴說著他們根本的關懷或偏執所在。此外，自實際面而言，一個社會的育嬰方法，顯示其成員在養育嬰幼兒的知識和技術雙方面的水準，從其所運用的工具，嬰幼兒的營養狀況等，更足以反映該社會在此方面的物質條件如何。尤有進者，嬰幼兒出生、存活、死亡的數目和比率，是人口學上重要的訊息，從過去育嬰扶幼的成敗實況，我們可以直接獲知當時嬰兒死亡率、人口出生率，有助於整個人口消長之解釋。間接亦可認識生育與節育、健康與疾病等發生之環境，對洞悉社會之人口行為與普遍物質文化，頗有助益。這種種理

1　Rosi Braidotti, *The Posthuamn* (New Jersey: John Wiley & Sons, 2013).

由，都在向我們辯稱育嬰史並不真是件無關宏旨，不值深究的小事。

無款《嬰戲圖》

此嬰戲圖，無款，無署，年代不明。最能側見此藝術圖類於近世中國社會
文化之價值，心意描繪中曾流行一時。
國立故宮博物院編輯委員會編，《嬰戲圖》（臺北：國立故宮博物院，1990），頁48。

　　至於育嬰史到底可不可知，關繫的主要是資料問題。若以傳統史家熟
悉的史料而言（如史籍、方志、筆記等），其中即便偶然提到育嬰方法，確

實零碎粗略，很難瞭解各步驟的細節，更不易追究所謂時代演變等問題。不過脫離過去熟悉的史料範疇之外尚有許多他類的資料，可以透露我們所關心的訊息。以歷史上嬰幼兒的生活狀況言，傳統中國幼科醫籍就是一項從未用過的寶藏。因為傳統中國醫學發達極早，幼科一支到宋代以後已成獨立的專科，幼科醫籍中對養育嬰幼兒的各個步驟，都反覆致意，有非常詳細的討論。其討論及醫案中，亦錄用許多當時民眾育嬰扶幼的實例，從這些實例及討論中，我們可以認識到過去民間照顧嬰幼兒的實況，當時一般所遭遇的困難，以及專業醫者的見解和建議。積累數百上千的醫籍，經過仔細考察對照，更可逐漸理出過去千年來中國人育嬰方式的演化過程。過去一向未嘗聞問或不以為可知的傳統襁褓之道，竟鮮活地呈現在大家的眼前。

這本小書中的各個小篇章，就是作者重尋此失落了的嬰幼兒世界的一些軌跡。

第一章，勾勒全書結構，以為諸章述及傳統幼科醫學發展，為中古以來中國育嬰扶幼文化演變背後的專業背景，作一說明。第二章「世界史上的生命緜延」，追溯全球人類生命史之宏觀坐標下中國自古至唐，醫界對幼兒健康的關懷及局限所在，從而凸顯宋代幼科發軔之意義。尤以明代幼科蓬勃時之進展，分別闡述此專門知識的普及化和不斷地專業化的情況，並指明其間中國政府與士人的貢獻。

第三章「醫案的傳承與傳奇」，以幼科發軔前後「案類」書寫（case writing）之形成與發展，顯示近代之前中國之實證性記錄、敘述，與推理型之思考，論辯間之相互形塑的關係。尤其在宋明時期幼科在臨床操作與市場活動活絡之際，所留下的上自太醫、下至民間幼科醫案，由數十、而百、千至萬，雖仍為「質性訊息」（qualitative data），然數量可觀，頗可為建立醫學史之類型，或近代之前「敘述類統計」資料（descriptive statistics）之範例。幼科醫學對推展中國推理性思考，曾扮關鍵角色。

第四章談「幼科醫學的區域特性」，由中古以後幼科濫觴，及其後近

千年的演化,逐步抽絲剝繭,說明除了時間上的演變外,在中國廣大的疆域內,幼科醫學之知識與執業,在空間上亦發展出不同的流派。論及幼醫發展與區域的關係時,頗能顯示影響中國健康環境衍生種種人文及物質之因素,而此種種人文及物質因素,廣而視之,亦為形成中國育嬰與扶幼文化的基本背景。

第五章「乾隆歙邑許氏幼科」之重新出土,不但對傳統幼醫,也是中國醫學史上的一項突破。臨床上許豫和於徽州歙邑執業幼科近六十年,留下的文獻,部分著述,讓後世史家得以掙脫醫史中思想論辯充棟,而少見實作資料,更罕見地方醫生身影之困境,得以一睹乾隆時期,或18世紀懸壺小鎮的開業幼醫之一斑,對了解醫生與認識安康而間或病恙的歙縣幼兒健康,不能說不是令人驚喜的發現。

第六章詳解「新生兒照護」,先勾劃出中世紀以來中國在嬰兒初誕之首日所行重要照護之手續。隨而逐節分述此新生兒照護的手續,在斷臍與臍帶護理,身體內外的潔淨與衛生,及保溫與新生兒急救三大方面,曾有何等重要的突破與改進。從對這些關鍵性育嬰手續的進步(如對斷臍及新生兒破傷風的認識,初浴方式的改變,對體溫的重視與對早產兒的急救法等),對保護及維繫新生嬰兒生命上的功效十分明顯。再加上近世幼科不斷努力,將種種專門知識和技術上的發現,化為韻語口訣形式,廣傳民間,或衍為民俗習慣的一部分,流行村野。此育嬰文化的進步,以及其所代表的健康環境的改進,對中國近世人口成長可能助益不小,雖迄今尚未引起大家的重視。

第七章續言「乳與哺」,主要在說明中國過去餵養嬰兒之種種,除傳統乳兒法講求的對婦女、嬰兒在吮乳時所須注意的條件外,亦及過去對擇乳母之討論,母乳以外各種哺以副食品及漸飼以嬰兒食物,和嬰兒食品的調理,以及如何應用人乳不足時的代用品,乃至應付嬰兒不乳、吐乳、及斷乳等問題。凡此幼醫之指導,絕非單及理論,因由醫案及家庭傳記中頗可知悉當時乳哺嬰兒實況之一斑。

tree moved 100 yards by landslip that formed new rapid

19世紀末攝影術傳入中國後，居住、旅行南北城鄉的外籍人士留下了不少影視素材，所捕捉到的長幼身影。此類百年前偶拾之中國民眾移樹圖，如今亦可用以重置重想生命綿延於全球史觀下的交錯。
Archibald Little, *Intimate China: the Chinese as I have seen them*(London: Huchinson & Co.,1899), p. 37.

　　第八章，「嬰幼兒生理」以傳統中國在嬰幼兒生理學上的一項重要學說——「變蒸」的理論——為例，一窺過去中國對「嬰幼兒生理」之認識。由變蒸論初步假設之成立，到近世幼醫對此學理數百年來的紛紛議論，最後經啟疑而推出新說，頗可顯示所謂傳統醫學在學理與臨床瞭解上，並非外界印象中的一灘死水，其實傳統中國的醫療與健康，亦有其內在辯疑與變化之動力。

　　第九章，專言「成長與發育」現象，特別點明過去中國人對嬰幼兒正常之成長發育，其認識之重點為何，進而一一分析當時所以為成長發育上的異常現象，如髮遲、齒遲、語遲、行遲等現象，其診斷的標準和處理的方式，最後並從與西方的比較上，反省傳統中國對嬰兒健康的重視與關懷重心，其背後所反映的社會現實和文化價值何在。

　　第十章「士人筆下的兒童健康」，集擷近代以來文人傳記、書信等資料中間及對家中兒童疾疢之載記，綜而視之，經過長時段、大範圍之匯集、排比，不但一方面可見當時「非專業」民眾，即受過一般教育，知書識字，但未必業醫或通幼科的讀書人（男士），對兒童疾病與健康態度如何，有何認識或偏見，遇到家中兒童罹病，如何處理。另一方面，也可梳理出此類材料中所見兒童健康與所患疾病之梗概。

　　第十一章「幼慧、幼蒙與幼教」，梳理傳統中國家長對「生子聰慧」之追求與信仰，從而傳講「神童」，崇拜表現異常之幼兒，當然與強逼更多兒童，學業精神，進度超前，實為一轍。一路發展，由宋而明，因市場經濟蓬勃而愈演愈烈。直到晚清外逼內窘，不能不現疑問、轉變，對幼兒教養，也才走向近代以後一波波漸變而巨變的契機。

　　這幾篇試作，經過許多摸索，欲使中國育嬰與幼蒙之歷史，重現眼前。也希望鼓勵大家，開始追究一些以往未嘗留心的凡常的歷史。

第二章

世界史上的生命緜延

INTIMATE CHINA

The Chinese as I have seen them. By Mrs. Archibald Little, Author of *A Marriage in China*

With 120 Illustrations

LONDON
HUTCHINSON & CO.
PHILADELPHIA: J. B. LIPPINCOTT COMPY.
1901

一、前言

　　就生物存活和文明演繹而言，東亞大陸板塊，也就是一般人口中習稱的「中國」或「中華」一隅，是一個人類活動的「舊區」或者「老區」。有直立行走的體質人類學者所謂的「現代人」（modern man），或者考古學上古史所挖掘的農業與文字的起源，古代文明的活動痕跡已久，連祭祀、禮儀、宮廷、都市等社群與信仰活動，都確可上溯三數千年。也就是說生物或形體意義上的「物種緜延」（evolutionary biology）之早已為此人群掌握，從而隱於其「社會文化遞嬗」（socio-cultural reproduction）的背後，千百年來，眾人習以為常，平時不再引起爭議，成為文獻記載之焦點。在此版塊域中，各地發展之進程不一，各族群、階級之生存狀況落差、衝突仍然不斷，但是這些似乎都不是歷史典籍討論關心的重點。

　　我們說「似乎」，是因為上面所描述的印象，除了是遺址、文物、文字材料呈現出的某種「側影」，更重要的，是近代以來人文學術、史學學科本身發展軌跡的一個「製成品」。任何一個粗略的學術史、史學史回顧都讓人憬然而悟，中國史在近代的發展，由政治史、典章制度史肇始，固然一則是沿襲了過去朝代史「為政治服務」，一路以來以為「資治」之「通鑑」，始終不渝。另一方面，歐洲之知識，啟蒙以後雖然讓史學由「神學之婢女」（maid of theology）中解放出來，卻迅既成為宮廷、帝國、近代國家的「政治推手」，也就是及至今日歷史之為「民族精神教育」一環的濫觴。

　　這個學術史上的承襲，不但有沿無革，或者多沿少革，更嚴重的是在近代中國的「革命史學」引導下，全盤接受了「尊西方為師」的「線性進化（linear progression）史觀」。晚清民國以來，直至晚近，中國的社會史、文化史、家庭史即在此自怨自艾，封建中國百般「不是」，過去一直黑暗，前景一片茫然中痛苦、掙扎、折騰不已。

　　如若從世界社會（文化）史的框架中側觀如何這般呈現（自述）下的中國

家庭史是一個如何的景象呢？

　　一、和中國的政治制度、經濟生活、倫常道德、思想文化一樣，以家庭、宗族為骨幹的中國社會組織過去二、三千年來，基本上是一成不變的。舊朝去，新朝來，換湯而不換藥，衍習宗法禮制，封建黑暗，一無是處卻又一潭死水，千百年來少有變革，鮮有新意，少有生機。

　　二、這個由上古而中古，而近世、近代的中國社會，或者家庭宗族生活，自商周秦漢，下延唐宋元明清，弊病甚多，不勝枚舉。與歐美社會文化相較，更是相形見絀。中國社會要能自救，拔擢而起，衹有全面唾棄舊式的「封建家庭」，全盤西化。這種論調，不但貫穿了五四論述（「萬惡孝為首，百善淫為先」），更是20世紀中國兩次政治革命的根本立足點，辛亥革命以後國民政治文化基調的變奏，和晚近社會主義革命走向市場路綫以後的躊躇，都是後話。

　　三、如此近代中國憂患意識和激越革命之下，對過去家庭生活、社會組織的全面否定，悔不當初。剛好逢迎上了近代西方強勢文化在近代乘勢而起時的志得意滿，沾沾自喜。以故，過去中國的生活方式，若有任何異於歐西之處，多半可疑可議。未來一切的男女老幼，飲食居攝，禮儀往來，若有任何前景曙光，應均來自現代的、科學的、進步的西方。

　　這一套邏輯，近代中國社會文化史的説法，眾皆嫻熟，不必贅言。其實，從人貴躬身自省最好不斷改過自新的角度而言，有其可取之處，無庸厚非。當然，就中國社會史或家庭史的內部細節來説，這種全盤皆墨，長久停滯，乏善可陳的講法，恰巧也讓惰性定律之下陳陳相因的近代中國社會史學界，代代沿襲某些陳腔濫調，以口號為章節，也就省了挖掘史料，面對性別、空間、身體、心理、物質文化、日常生活等等議題，可以繼續宣講其意識形態主導下二千年為一段的中國封建社會說。此番有宗法無個人的家庭史論述，千篇一律，而且千年不變。咬定中國社會內部難起波瀾，

祇有沉滯黑暗，沒有變化，毫無希望。

這種近代政治論述之下的中國家庭與社會史，不但疏漏，而且沒法推動研究，展開調查，進行論辯。因為口號式的抨擊多，實質性的內容少。不單少了對重要議題、面向的認識，如男女、長幼、身體、心理、物質文化、日常生活，而且缺乏關鍵性的細節，和與其他相關領域的銜接。譬如，過去二千來年，就家庭生活的內容而言，真的毫無變化嗎？如果不然，那麼最重要的變化是什麼？這些關鍵性的變化發生於何時？是在怎樣的情形下產生的？又與當時的經濟條件、人口消長、健康醫療的狀況關係如何？也就是說，影響近代之前中國家庭和社群生活的最主要因素，是哪些因素？要闡釋或說明這些階段性變化，一路推演至今，要掌握哪些訊息？運用些什麼歷史材料？動員聯繫起歷史外哪些其他的學科、訓練？

以下的章節，只是沿襲這一串的問題與思路，提出的一部分回應就是家庭社群，由個別的生命，一一組成，中外皆然。由古而今，中國家庭與社群中的個別生命，是如何誕生，因何存活，乃能趨生避死，使家族之形成，社群聚落之結構，雖有起落，但匍匐緜延，終究成事，未嘗消亡。

這中間，生物意涵上的存活，最為基本，今之史志知識不多，但絕不能視為當然，不知細節。其間城鄉庶民之奮鬥，應為此理解為該篇章之核心，然歷代以救亡圖存為專職的醫者，能志與否，儒醫與巫醫庸醫，歙醫雜然，必須是具體個人，個別家庭的生命載記，繫年譜牒，交相核對，互為增補。在此方面，如今史學工作者，不但不盡信文字、文獻，且逐漸學得以圖像、實物、屋宇空間、衣物物質承載之言語、儀典習俗檔案之氣息、田野調查仍可訪得之蛛絲馬跡。林林總總，合成了此書之前半冊整理。

這些訊息，與人口史、經濟史、思想史一拼對，自然為中國社會史補上了生理與身體、體質的篇章。而這些篇章，都是在與現代實證科學對初生、幼兒照護的整體認識對照下，以當今的知識語言所作出的把握、思索、書寫。

宋人《子孫和合》

　　子孫和合，當然不只是宋人的追求。此圖示作畫者以中國近世工筆見長的
象徵性藝術語言，細描健康幼兒，歡喜成長間的美景良辰。
國立故宮博物院編輯委員會編，《嬰戲圖》（臺北：國立故宮博物院，1990），頁27。

　　尤其不能不提的是這些篇章，無一不是在步步檢視同時期世界上其他
地域，尤其是人群聚集的歐洲，仔細對比，見其人類生命之同軌，從而憬
悟各自地域聚落之特異，從而落筆，撰寫。

　　又，晚近數十年之史學，尤及社會文化，各地作者均倡知識亦應重視
民主開放，不排斥不歧視，減少史學中被忽視遺漏的人群，有男即應有女，
有貴即不能無賤，著墨壯志於權勢巔峰之作為，最好也包括耆幼弱勢在一
般日常生活中的情境。

　　其實大家、讀者所期望的歷史，不單是多開放，少掩蓋，多包涵，少
偏頗。最好，史學能展示一種工作的態度、書寫的方式，能還給眾人某種
由下而上（bottom up）的對過去的認識。這種由下而上，多半人期待的是在
階級上的社會底層人群（lower class）的關懷，但也包括對過去以為不屑一
顧，毫無意識的庸凡瑣細之務（mundane affairs）的理解。

　　或者從另個角度來說，這所謂的開放知識空間，瞭解社會人群生活演
變過程之細節，所謂由下而上，也代表我們對人類生存之最基本層次，古
今個別生命之起端，任何身體存活之條件改變，乃至眾人難抵難逃的疾病
死亡，都不能因為不識不知而視為當然。

　　這樣一想，我們首先會意會到的是其間牽涉的許多問題，如生老病死、
婚姻遷徙，中國固與他域有別，中國境內各區各族，也有些不同，但同樣
明顯的是在這些歷史人口，養老扶幼、疾病醫療等基本需求上，古往今來，
中外各地也有些基本的共通之處。這類人群生存之基本需求，在不同時空，
如中國之過去，曾受特定價值、信仰、禮儀之指揮駕馭，於不同條件下操
作，或形成了不同的自然人事與環境互動關係。這些討論、思考、挖掘歷
史問題的方式，呈現歷史的焦點，書寫歷史的體例，也許並非衍發於傳統
史學「出將入相」式的政治興趣、精英習慣。但又顯現了中國史與世界史
在內部結構上的共通之處。國別史，或國族史只不過是19、20世紀全球民
族主義高漲下的一種說法和看法，一種呈現、處理歷史發展的方式，絕不
是唯一一種可取的認識，更說不上是歷史之真相。

　　從這種「人類全史」的視野與層次，再重新檢視中國家庭代代綿延的過程，以及其中關鍵所繫的幼科與幼蒙的歷史，自有其有別於朝代更迭的發展階級。從家庭史的斷代而言，由舊、新石器的聚落而商周農耕城鄉中的父系男性為主軸的主幹家庭（stem family, or extended family）為其梗概。雖則當時早期歷史人口轉型前（pre-transitional population）之狀況，多生多死，疫疾叢生，男女平均壽命期望不過三、四十歲，少有條件讓枝葉繁衍的所謂「大家族」成長為貴族之外的農家百姓。通史上所講的秦漢氏族，魏晉大姓，其實是中國社會頂端人數極少，比例甚低的鳳毛麟角現象。即便是隋唐市景繁榮、熙熙攘攘，貨殖市井所描繪的，仍是少數城市景象。市民家庭之物質供應、各種消費，因居城市，或小型市鎮，顯得充裕、富庶，甚至因有醫有藥，泰半健康，而有歡樂有吉慶。

　　這種走勢，由唐而宋，益趨明顯。宋代戡遠不得，政治不安，但經濟活絡，市集增生，城鎮人口增加，農業作物上市，生產與市場掛鉤涵蓋於華北、江南、沿江、沿海交易網絡中的地域不斷擴大，其家庭與人口數目持續成長。這個走勢，由兩宋而金元，中國的朝廷也許被滅、消亡，講民族國家的「大歷史」說是一片黑暗生靈塗炭、種族關係緊張衝突。但民間百姓之日常生活供應，因蒙古歐亞大帝國內「物盡其用，貨暢其流」，市場可見到來自波斯的青瓜、核桃，印度的眼藥，阿拉伯的香料，不但在華北，也伸至江南。

　　這些物流，交換了醫藥專業知識，打通了食品用品的流通管道。乃至元明，經濟上固然有荒歉叛亂的時候，政治上更有高壓強制的手段，但由南宋、金元，而有明，到了明代中葉，15、16世紀之交，中國的社會、文化確實走過了一段「過渡」（transition），轉了個大的彎，進入了一個對「尋常百姓人家」而言，一個舒緩、舒適，物質條件和日常生活比較好的時期。

　　上面的這一路家庭史，隨著社會生活史演變的粗枝大葉的勾勒，細節上並不嚴謹。但對大體理解、掌握一般中國家庭所處環境的迤邐轉折，還是有一些用處。尤其是豐富下面章節所描述的支撐中國家庭生命繁衍之幼

科醫學，充實中國家庭內在文化的幼蒙教育，如今大家所耳熟能詳的由明而清，再轉近代現代，是如何有斷有續，有得有失，有劣敗有佳績地跟上古、中世聯想，甚至全不能並提，與課堂上的通史、斷代史，其典章制度、思想文章未必能聯成一氣的地方，上述的勾畫，也許是有些用處。

這種勾畫，自然有一時一地環境變化的原故，但不能不跳脫傳統中國朝代史，研究中國社會、文化的習慣性思考、問題。在這類勾畫下，即使是當時某種特殊的「中國式」的特色特性特質，往往是在衡量、瞭解、比較、掌握了世界史，人類全史的大景象，宏觀視野下，其他地域的發展過程、物質條件、生活細節，才能就家庭談家庭，就健康講健康，就人口人群談聚落社群之家居生活。並且終於補上中國史以及世界史上一向空白、殘缺的篇章，由此填補，也讓我們悚然驚覺：過去大家的研習，不斷傳講，因熟悉而陳陳相因的所謂「中國」的歷史，中國的家庭和社會究竟有些什麼，沒有什麼。或者為何如此這般？中國人之生命源起，哪些是中國？哪些不過是人？

*　　　*　　　*

三十年前，法國學者 Philippe Ariés 提出一獨特見解，以西方社會對兒童的重視實為一近代現象，在此以前一般人對兒童之異於成人，童年之為人生一特殊階段，並無任何概念[1]。此說一出，驚動學界。西方史家隨即相率以歐美近世史為例，多方檢視此一假設[2]。社會學者及人類學者紛於各地調查、探索人們對待兒童之觀念與態度。當然，西方之外，其他各個社會對兒童之照養管束，亦可提供重要比照思索的素材。

1　參見Philippe Ariés, *Centuries of Childhood: A Social History of Family Life*, tr. R. Baldick（N.Y.: Vintage, 1962）.

2　有些學者的研究，不太贊成Ariés 之觀點。如Shulamith Shahar, *Childhood in the Middle Ages*（London: Routledge, 1990）. Linda A. Pollock, *Forgotten Children, Parent-Child Relations from 1500 to 1900*（Cambridge: University of Cambridge, 1983）.

〔宋〕蘇漢臣《五瑞圖》

圖中並未明示為兒童扮演成人社會的祥瑞角色，但此圖之存在，已具體描繪出老幼天地，代代相承的關係。

國立故宮博物院編輯委員會編，《嬰戲圖》（臺北：國立故宮博物院，1990），頁12。

　　中國社會之歷史，一向材料豐富，兒童及童年之過去，可多方追究。幼醫專業之發展，即為特出現象。此專科醫者對幼齡兒童身體、心理之照顧，有一套特殊見解。而舊時中國士人與政府，對幼科醫學之推廣，亦多參與。故由此專業發軔成長為線索，實亦可見中國社會對待稚齡幼兒態度

之一端。

　　中國傳統醫學中的幼科或兒科，初萌唐宋，至明清兩代已粲然可觀。其間有明一朝的發展實屬關鍵。本文擬以明代幼科中最重要的四部文獻為主軸，參以其他相關材料，試圖分析16、17世紀的兩百年間傳統幼科發展的軌跡，以略釋其學旨特色、主要方向、背後動力，兼及幼科醫學發展與幼科醫護工作之關係，期望從而一窺近世中國醫療文化與民眾健康景況之一斑。亦希為當時幼兒健康之社會條件舖陳出一個專業的背景。

二、傳統幼科之發軔

　　在世界諸古文明中，中國的幼科醫學算是萌發較早的一個例子。除上古時期許多名存而實佚的兒科著作外，如今可見的兒科論著可上溯隋唐。不過中古時的幼科與其他科別一般，規模粗具而不脫巫醫色彩。相傳巫妨氏所著的《顱顖經》一書很可代表這個特色。不過《顱顖經》作者雖稱巫氏，特以「顱顖」名幼科，顯出當時醫學所具實證精神[3]。

　　同一時期的其他醫籍，有的早已將小兒健康問題之論別置一處。巢元方《諸病源候論》，即將小兒問題專置一處。《諸病源候論》中，討論幼兒疾病的6卷（255條）亦為一例。孫思邈所著《千金要方》中的《少小嬰孺方》2卷，更列卷首。這兩部隋唐時期的醫學典籍，所涉幼科，一方面對新生嬰兒的照護，如斷臍、拭口、沐浴、哺乳、衣著等作了詳細說明，一方面對當時常見的小兒疾病，其病因及症候、治療提出了他們的看法[4]。同此傳統之下，王燾所作《外臺秘要》40卷中也有2卷（86門）專談小兒疾病問題。

3　《顱顖經》據謂為中古巫妨氏所著，一般認為是唐末宋初的作品。是現存較早的一部幼科專書。顱為頭骨，顖意腦蓋，小兒初生之際顱顖未合，其生理病理亦與成人相異，該書乃以《顱顖經》名幼科醫學之旨。目前所見之本，為《四庫全書》所集錄。

4　巢元方，《諸病源候論》（南京中醫學院校釋本，人民衛生出版社，1985）下冊，卷45-50，頁1237-1392。孫思邈，《千金要方》（《文淵閣四庫全書》，第738冊）。

後來唐、宋、金、元的醫學大家，其著作中許多兼及幼科，且將其獨立列
於篇首或篇尾，使其自成單元，方便讀者查考，可說是鼓勵幼科走向專業
化的一個先聲。更重要的是，這部分醫學知識，因作者及其全籍之盛名，
流傳廣被。尤其是孫真人的《少小嬰孺方》2卷，以類似單行本的面貌，為
多方傳抄，歷經唐宋元明，醫家及民間均視為寶藏[5]。

　　不過整體來說，終唐之世，幼科本身發展所受知識上的局限仍大。當
時醫書也承認他們的能力僅止於「卜壽夭，占生死」。一般而言，對於六
歲以下稚齡兒童的健康問題，所悉不多，年幼孩童一旦染上惡疾，醫界大
半束手無策[6]。

　　同時，傳統醫界並未放棄對改善幼兒健康的努力。殷切期望加上實質
努力，日積月累，由唐而宋，果於北宋中葉紛綻奇葩。其中最重要的，自
屬錢乙（1032-1113）及所留下的《小兒藥證直訣》一書。據劉跂為他所寫傳
記，錢乙出身錢塘世醫之家。他的父親和養父都以醫為業。當時醫者本屬
方技術士之流，一向父子相傳，師徒相授。因而錢乙稍長亦因知書而入醫，
順理成章地成了一位民間醫生。不過，值得注意的是，他成年後以「顱顖
方著山東」[7]。也就是說，到11世紀中葉左右，中國社會上已有專治小兒的
幼科醫生存在，幼科醫學發展的客觀條件較前又進一步。

　　此環境下，乃有錢乙一生的事業。而錢乙個人的成就更把幼科醫學推
到一個新高峰。首先，錢乙因治癒皇族子女，奉召入宮，獲擢為太醫丞[8]。

5　〔唐〕孫思邈，《少小嬰孺方》2卷（臺北故宮博物院藏善本）。

6　參見《古今圖書集成・幼科》，卷501。

7　〔宋〕劉跂撰，〈錢仲陽傳〉。見〔宋〕錢乙，《小兒藥證直訣》（臺北：力行書局
　　重印），前附。《四庫全書總目提要》中亦謂：「乙在宣和間以巫方氏《顱顖經》治
　　小兒，甚著於時。」見《文淵閣四庫全書》，第738冊。

8　劉跂的〈錢仲陽傳〉中述及大概經過，以「元豐中，長公主女有疾，召使視之，有
　　功，奏授翰林醫學，賜緋。明年，皇子儀國公病瘈瘲，國醫未能治。長公主朝因言
　　錢乙起草野，有異能，立召入，進黃土湯而愈。神宗皇帝召見褒諭，且問黃土所以
　　愈疾狀。乙對曰：『以土勝水，未得其平則風自止。且諸醫所治垂愈，小臣適當其
　　愈。』天子悅其對，擢太醫丞，賜紫衣金魚。」

「自是戚里裡貴室逮士庶之家顧致無虛日，其論醫諸老宿莫能持難。」[9]如此一來，不但錢乙幼科權威之聲名大噪，而且幼科這個專業在整個醫界也受到新的尊重，幼科醫學和幼科醫生的地位都得到新的肯定。對後世而言，最重要的是此一階段的發展能以一部兒科專書的形式留傳下來。幾近千年之後，錢乙因被尊為中國幼科鼻祖，《小兒藥證直訣》更成為界定中國傳統幼科醫學的一部主要文獻。

此一時期，兩宋還留下了其他幾部幼科名著。如董汲專論痘疹的《小兒斑疹備急方論》1卷[10]，劉昉所編的《幼幼新書》40卷（1150），陳文中所著《小兒痘疹方論》（1214），乃至12世紀中《小兒衛生總微論方》之出[11]。這些作品的出版，顯示宋代以後幼科日益引起醫界重視，幼科醫學本身也日益自成專業；這些發展與錢乙及《小兒藥證直訣》的貢獻很有關係。當然，錢乙以業醫出身，他的醫學亦有源本。他在幼科上發揮的學理（如「五臟證治」），所採擷的藥方（如六味丸），與中國自古的醫學傳統（如《金匱要略》），有十分清楚的傳承關係。但經由他的鑽研發展，更釐清了幼科這個專業的特質和努力目標，在診斷施治的理論與方法上都有了可循的規則。他同意傳統醫家的意見，認為幼科是醫界中特別困難的一個領域[12]，但

9　〔宋〕劉跂，〈錢仲陽傳〉。

10　〔宋〕董汲，《小兒斑疹備急方論》（臺北故宮善本書室藏）。

11　中國幼科在上古到兩宋的大致發展，可參見陳邦賢，《中國醫學史》（上海：商務印書館，1937）；史仲序，《中國醫學史》（臺北：正中，1984）；陳聰榮，《中醫兒科學》（臺北：正中，1987）；汪育仁編，《中醫兒科學》（北京：人民出版社，1987）。

12　《小兒藥證直訣》原序中起始即謂：「醫之為藝誠難矣，治小兒為大難。自六歲以下，黃帝不載其說。始有《顱顖經》以占壽夭死生之候。則小兒之病雖黃帝猶難之，其難一也。《脈法》雖曰八至為和平，十至為有病，然小兒脈微難見，醫為採脈，又多驚啼而不得其審，其難二也。脈既難憑，必資外證，而其骨氣未成，形聲未正，悲啼喜笑，變態不常，其難三也。問而知之，醫之工也，而小兒多未能言，言亦未足取信，其難四也。臟腑柔弱，易虛易實，易寒易熱。又所用多犀珠龍麝，醫苟難辨，何以已疾，其難五也。」在這篇分析裡，原序作者閻季忠代錢乙表達了他們師徒兩人對當時幼科醫學的看法。以錢乙當時為幼科大師的地位，他這段陳詞寓意實深。在他的評量下，中國醫學發展了一千多年，然而對兒童健康的瞭解仍然粗陋，他特別提到《黃帝內經》中對六歲以下兒童的問題完全付之闕如，使得後世的醫者

他決定要面對這個難題，希望醫界其他同仁能一同接受挑戰，以拓荒的精
神一步步征服當時醫學的這片處女地，以期「使幼者免橫夭之苦，老者無
哭子之悲」[13]。醫理上，錢乙把臟腑學說應用到幼科方面，所闡述的五臟證
治到明清仍是傳統幼科醫學的基礎。而他所揭示的小兒「臟腑柔弱，易虛
易實，易寒易熱」特性，傳統幼科更奉為圭臬。診斷方法上，他發展出的
「面上證」、「目內證」等著重望診的辦法，對後世醫者啟示也很大。不
斷有學者朝此方向推敲研究。

　　總之，到了兩宋，幼科雛形已成。及至明初，幼科醫家所須努力的，
固在如何使此專科在學理和技術上更上層樓，尤在如何將此專業成果推廣
開來，使福澤均霑。下面，可從明代幼科四部代表作出發，分別探討明代
幼科醫學在普及化、專業化，及整理研究方面的成果，兼論當時中國政府
在推動醫學上的特殊角色。

三、專門知識的普及

　　明朝嘉靖十八年，也就是16世紀初，吏部尚書許讚向朝廷呈進了一部
幼科醫書，名為《嬰童百問》，共有10卷。許讚於進呈此書的疏中說，他
在身為翰林編修時（正德年間），於坊間蒐得此書，為「在昔名人著述」。
日後傳本因有以「不著撰人」刊行者。但勘查原書，卷一之下題有「魯伯
嗣學」字樣，故亦有以魯伯嗣為作者之名而流布者。

　　此書價值在其內容與結構。誠如其書名所示，這部幼科醫書以問答方

（續）─────────────────────────────────

　　在學理上毫無權威根據可循。幼科在11世紀仍是中國醫學知識和醫療工作上的一個
　　死角。而且在技術方面，傳統的診斷方式，不論是望、聞、問、切，遇到了孩子，
　　執行起來也都有困難。在治療方面，兒童以柔稚之體，一則病情惡化極速，二則用
　　藥不易掌握，在生理上變化難測，在病理、藥理上也常不禁摧殘而致意外。這些情
　　況是當時深涉幼科者共同的感想，故傳統醫者有「寧治十男子，不治一婦人；寧治
　　十婦人，不治一小兒」之說。
13　俱見〔宋〕閻季忠，〈小兒藥證直訣原序〉，錢乙，《小兒藥證直訣》，頁1-2。

式撰成。以嬰童各證,設為百問,就當時醫界知識技能所及,分別作答。
「每問必究其受證之原,每證必詳其治療之方,觀形審勢,因病投藥,相
當詳備」[14]。

　　考《嬰童百問》一書內容,兼及嬰幼童養護與疾病療治兩大部分。前
者多承唐代巢氏、孫氏之作,後者則採錢乙《直訣》而加以發揮。在養護
方面,像卷一所及:一問初誕,二問護養法,三問噤風撮口臍風。其中所
談初生用硃蜜、黃連、甘草等法,護養時不當燠衣,宜頻見風日,乳哺時
當注意節制,「不可過飽或積滯不化」。以及講求斷臍技術,以避免臍帶
感染,造成「臍風」(新生兒破傷風)等等。這些論點,大致與隋唐巢氏、
孫氏醫書中的育幼部分相符。其中,亦有可上溯魏晉葛氏《肘後方》,或
下延宋代劉氏《幼幼新書》者。其他各卷亦有討論嬰幼兒「發育」與成長
相關問題的。如卷四的〈三十一問胎疾〉,〈三十二問解顱〉,卷五的〈四
十一問語遲〉,〈四十二問龜背、龜胸、鶴膝、行遲〉等等,均可見《嬰
童百問》的作者,對傳統醫籍,尤其是幼科方面,涉獵甚廣,其學養非尋
常之輩可及[15]。

　　幼科疾病方面,《嬰童百問》明顯地接受了錢乙的理論和療法。從診
斷上所用的脈法,面上證之重氣色,目內證之重神采,乃至五臟證治,及
對驚、疳、吐、瀉、傷寒、諸熱等問題的看法,大致遵循《小兒藥證直訣》
的啟示。有些部分增添了一些作者本人的意見,及當時醫界的經驗,較宋
代幼科亦有更詳盡的發揮,更仔細的論證。

　　從歷史的角度看此書寫成的形式與體例,較原書內容更具深意。因全
書以問答方式完成,每設一問,必有論、有驗、有方。其問答以淺顯文字
為之,其論簡明扼要,其驗確實有據,其方條理分明,作者普及幼科知識
的用意,及刊行後嘉惠民眾的功用,不言可喻。

14　見〔明〕許讚,〈進嬰童百問疏〉,〔明〕魯伯嗣,《嬰童百問》(臺北故宮善本原
　　書。臺北:新文豐出版社,1987年重印),頁5-6。
15　見〔明〕魯伯嗣,《嬰童百問》,卷1、卷4、卷5。

　　任何一門學科或專業，其發展過程中，研究發明與普及推廣兩者必須
交相為用。該學科或技術乃得深而且廣，有體而有用。《嬰童百問》一書
之出，可知傳統中國幼科，經隋唐、兩宋到金、元、明的發展，已有足夠
的深度與内涵，也有人深覺將此專門知識普及化的必要。此書初刻陝西藍
田，再由官方大吏疏而進之，以朝廷之力大為推廣——如今所見的嘉靖刊
版前面除了有吏部尚書許讚之疏，頁首並冠有大學士嚴嵩之序[16]。——如此
一來，作者著此「普及本」的心意乃大白天下。而《嬰童百問》一書的功
能亦得大顯於世。對知識技術的傳播，此書問答的體裁，把數百年幼科醫
學成果，以有組織而易懂的方式，呈現讀者眼前。盡此十卷百問，當時中
國幼科的範疇及短長，一目了然。該書的讀者，習醫者、行醫者固得而參
考，士民略識醫理者亦可善自運用，此書確達廣布幼科專業知識之功。此
醫術普及民間之努力，「百問」體固為一端，後來亦有他科仿此而作，足
見《嬰童百問》價值所在。同一時代及稍晚，其他醫家亦不斷嘗試以其他
體裁，如歌，如賦，如口訣等，利於口耳相傳的方式，意圖將醫學知識技
術迅速而廣泛地流傳開來[17]。當17世紀王肯堂之《證治準繩》問世，全書完
全以歌訣韻語形式寫成[18]。清代各種湯頭歌訣之類的作品，都可說是繼《嬰
童百問》的後起之秀。這些努力，彌補了當時中國人口中識字者少，普遍
教育程度不高的缺憾，使醫學健康這種全民急需的知識，能以淺白口語問
答或押韻口訣的方式，散布全國，滲透社會各階層。這一步發展，對普遍
解決中國各地疾苦，改善全民健康，有不容忽視的意義。當然，宋明以來
刻板印刷的普及，國内刻書售書網絡之蓬勃發展，對幼醫知識的迅速流傳，
亦有不可磨滅的貢獻。

16　俱見〔明〕許讚，〈進嬰童百問疏〉。

17　例如〔明〕萬全，《幼科發揮》中的〈入門審候歌〉、〈小兒正訣指南賦〉等，見
　　《幼科發揮》（北京：人民衛生出版社，1957重印康熙年間韓江張氏刊本），卷1，頁
　　4-6。

18　〔明〕王肯堂，《證治準繩》（《文淵閣四庫全書》，第770冊。臺北：商務，1986）。

四、幼科醫學的專業化

　　傳統中國醫學雖亦有學術傳承，但行醫者多半被視為方術者流，屬於「工匠傳統」的成分多，而被尊為「學者傳統」的成分少[19]。清朝以前，歷代醫籍均見於子部而不入經部，二十四史中醫療者之傳記均列入方技(伎)傳，或被視為術士之流，醫學及醫者在舊日社會中的地位可見一斑。此社會文化背景之下，醫學知識的傳授，及行醫職業的傳遞，也沿其他卜巫星相工藝等方技之士的傳習辦法，或子父相繼，或師徒相傳。不論子父相繼或者師徒相傳，其術業若能一脈相承，歷數代不衰，知識與經驗長久積累，對該學科或技術的「專業化」終有助益。傳統中國醫療文化的發展即為一例[20]。

　　由此角度，觀察宋元以後幼科醫學在中國的專業取向發展，可注意到一個特出的例子。早在14世紀初，江西省豫章縣(今南昌)有一萬姓醫學世家，世代業醫而專精小兒。一世祖杏城翁在世時，即「以幼科鳴」。杏城翁後來早逝，遺孤菊軒翁決意「繼其志而述之」。遷居湖北省羅田縣而繼續經營，「其術大行，遠近聞而論之萬氏小兒科云」。是為萬氏幼科之第二世。也是日後《幼科發揮》作者萬全的父親。萬菊軒先生去世時，其子萬全已讀書識事，念及「幼科之不明不行也，前無作者，雖善弗彰，後無述者，雖盛弗傳」。為了彰顯先人成就，廣傳萬氏幼科內涵，乃於暇日，「自求家世相傳之緒，散失者集之，缺略者補之，繁蕪者刪之，錯誤者訂之」。萬氏幼科數代家傳之知識心得，經他一番集補刪訂功夫，成了一本精湛的幼科專著，名為《育嬰家秘》。不過當時他編書的用意，僅在「以

19　參見熊秉真，〈清代中國兒科醫學的區域性初探〉，收入《中國近代區域史研討會論文集》(臺北：中研院近史所，1987)，頁17-39。亦見本書第四章。

20　亦可參見Paul Unschuld, *Medical Ethics in Imperial China* (Berkeley・Los Angeles・London: University of California Press, 1979).

遺子孫」。這是萬氏幼科的第三世。不意萬全雖有十子，卻沒有一個孩子能善承家緒，續行幼科。萬全年紀老邁時，眼見《家秘》一書廣傳荊、襄、閩、洛、吳、越各地，引起廣泛讚揚和迴響，「莫不曰此萬氏家傳之小兒科也」。另一方面，自忖家中諸子無人能接掌祖業，百數十年的心血可能付諸東流。兩方衡量，反覆思索，萬全作了一個寓意深遠的決定，決定再作一書，進一步闡明萬氏家傳兒科之秘，將此知識與經驗寶藏從此公諸於世，這就是目前仍然可見的《幼科發揮》4卷。

　　由《育嬰家秘》而《幼科發揮》，近世中國幼科無形間往「醫學專業化」的方向又跨出了重要的一步。正如萬全本人在《幼科發揮》卷首所留下的〈敘萬氏幼科源流〉所言，他以數代幼科權威傳人，決定為醫學流傳跨出這歷史性的一步，正因：「余切念之，治病者法也，主治者意也。擇法而不精，徒法也；語意而不詳，徒意也。法愈煩而意無補於世，不如無書。又著《幼科發揮》以明之者，發明《育嬰家秘》之遺意也。」一個專科，從講求技術上的「治病之法」，到追求學理研究的「主治之意」，是專業化表徵之一。一個專精幼科的家族，慨然將其家藏之秘，刊刻流布，並著專書以闡明背後「遺意」，旨在將此專科知識技術由私傳，轉而公諸於世，這是專業化表徵之二。從此知識財產的所有權，由萬姓子孫徒弟，轉屬天下「後世君子」，變成了天下公器——學問——的一部分，是專業化表徵之三。同時，子父相繼，師徒相傳時所帶「口傳文化」的傳統，經過刊布天下，蛻變成了「文字傳統」的一部分。隨著文字流布，知識傳播範疇較前擴展許多，知識的力量也較昔日增強不少，是為專業化表徵之四。用萬全自己的話說：「吾不明，後世君子必有明之者。不與諸子，恐其不能明，不能行，萬氏之澤，未及肆世而斬矣。與門人者，苟能如尹公之得庾公，斯而教之，則授受得人，夫子之道不墜。若陳相雖周孔之道，亦失其傳也，諸賢勗之哉。」[21] 從這番話，及〈幼科發揮序〉中所謂：「萬氏於

21　均見拙文〈清代中國兒科醫學的區域性初探〉。亦見本書第四章。

此道至焉哉。廣嗣者、弓𨱏(韣)皇皇焉,而幾得之。已痘者、胗治皇皇焉,
而幾得之。……斯書成人之命,所必欲得者,無不得之於萬氏。……手授
其徒,命曰《家秘》。不佞奄有赤子之邦,不以廣而傳之,是蔽造化之大
慈,而不能得之於萬氏者,無以得之於天矣。不佞又不以歸萬氏,而歸之
冥冥有神授之者,庶幾附於如保之意。」[22] 這篇話中,表現出一個專業在道
德理想上的提升。由權衡私利,轉化成獻身公德,由盡人事而念及行天理,
這一層倫理境界的昇華,是專業化表徵之五。

萬氏幼科所行的軌跡,雖謂特出,並非孤證。湖北羅田當時有其人文,
又有藥材集散,萬氏幼科之盛,固有其背景。但是同時其他地方亦見類似
例子。這類家秘紛出,公傳天下的風氣,是近世幼醫專業化的具體表現。
其所形成學識交流、技術競爭的環境,更是刺激傳統幼醫更上層樓的有利
條件。

五、政府與太醫院的貢獻

與世界其他文化相較,醫學文化或醫療工作在中國的發展與政府的關
係特別密切。由上古、中古而近代,歷代中國政府對醫學發展和醫療推行,
興趣較高,負責較多,因而扮演的角色也比較重要,對中國醫療文化發生
了相當的影響[23]。在近世幼科醫學的發展過中,或許可以嘉靖三十四年
(1556)所出版薛鎧、薛己父子著的《保嬰全書》作為實例說明。

明朝正德、嘉靖年間以幼科著名的薛己,是南京蘇州府人。其父薛鎧
亦長醫術。薛己本人,據說「性穎異,過目輒成誦,尤殫精方書,於醫術

---

22 〈幼科發揮序〉,見萬全,《幼科發揮》,頁5。

23 參見 Joseph Needham, *Clerks and Craftsman in China and the West* (Cambridge: Cambridge University Press, 1970); Paul Unschuld, *Medicine in China* (Berkeley: University of California Press, 1985);趙璞珊,《中國古醫學》(北京:中華書局,1983), 及拙文〈清代中國兒科醫學的區域性初探〉(亦見本書第四章)。

無所不通。」[24] 正德時，被選為御醫，後擢南京院判。嘉靖年間，進為院使。其父薛鎧，得贈太醫院院使之頭銜。薛氏父子的醫名，與《薛氏醫案十六種》（1529）及《保嬰撮要》（1556）、《保嬰全書》之刻，有直接的關係。就近世幼科醫學而言，藉《保嬰全書》之刊刻流傳一事，亦可窺及朝廷、太醫院、和政府對傳統醫學發展的貢獻。

　　傳統中國政府對醫學發展的貢獻，可分三個層次討論。即觀念、制度和社會三個方面。在觀念的層次：因儒家思想主導，傳統中國政治哲學一向有保民以保天下的說法。在此理念支配下，天子和宮中大臣因保土而有保民之責。提倡醫學，刻印醫書，施藥濟民，廣義地來說，都是皇帝以天子之身克盡撫育赤子厥責的一部分。正如都察院御史王緝為萬曆刻本《保嬰全書》所作序言：「書曰如保赤子。其在兵法曰，視卒如嬰兒，可以與之赴深谿。……今天子神聖，海不揚波而猶然軫念。……而公（中丞趙公）也，以赤子之保保民，以嬰兒之撫撫卒。卒之四境晏如，民免橫夭。譬之去醫藥，出肘上之方，隨試輒效，其仁覆寰寓，又豈直全嬰也哉。」[25] 一番說辭，足以表現背後的思想傳統。實質上，唐、宋、元、明、清各朝官方所主持的醫書編纂，對醫學教育的推展，醫療工作的改善，都有不可磨滅的貢獻。中國醫史上最重要的幾部醫書，如宋代的《太平聖惠方》（992）、《聖濟總錄》，明朝的《普濟方》、《永樂大典》，清朝的《古今圖書集成》（1723）醫部全錄520卷，及稍後的《四庫全書》子部醫類，非帝國政府的雄厚財力及人力資源不可為。除了編纂大部醫書，朝廷還提倡醫學教育，推動醫政制度，設局施藥濟民。與世界上同時期其他政府相較，是極其難得，而特色鮮明的一個例子。薛氏《保嬰全書》在明代數次刻印，都是此一背景下的產物。此書之刊布流傳，對近世幼科醫學確實相當有益。

　　傳統中國政府對醫學的貢獻，第二層關係在制度。尤其是太醫院，在

24　見《蘇州府志》，亦參考史仲序，《中國醫學史》（1984），頁130-132。

25　〔明〕王緝，〈保嬰全書序〉，見《保嬰全書》（臺北中央圖書館藏崇禎閩中刊本。臺北：新文豐出版社重印，1978，4冊），卷首，頁1-11。

宋、明兩代的影響十分深遠。中國歷史上中央政府的醫政、醫教部門設立
甚早。即先不論先秦漢魏之制,唐之太醫署,宋之太醫局,與明之太醫院,
都有「少小科」,或「小方脈」,主持幼科方面的宮廷醫學教育,並司相
關醫政管理。對整個醫學和醫療的發展而言,經由太醫院,政府可發生四
種重要作用:一是肯定民間醫士地位,並吸收其知識與經驗,為全國所用。
二是以制度化的組織與力量,倡導醫學學術上的研究,和醫學教育的進步。
三是主持重要的醫政管理,使醫學系統化,醫療普及化。在當時幅員遼闊
的中國,非政府難竟其功。四是以其豐富的人力和財力,努力傳播醫學知
識,分配醫藥物資,嘉惠地方民眾。此四方面,歷朝太醫院之類的政府機
構均發生了相當的作用。從業醫者的角度來說,其職業出路,常常因朝廷
及太醫院的承認而達巔峰。院使的頭銜常激勵他們更進一步研究。對一般
醫界或對民眾而言,官方醫士的聲譽與權威,不比尋常。醫學知識的傳播,
醫療技術的進步,與醫者聲名權勢常相輔而成。人與事兩方面發展交相為
用,對醫學進步總是利多弊少。幼科醫學上,宋代錢乙的發跡朝廷,與《小
兒藥證直訣》之刊刻流傳是一明顯的例子。

　　明代龔廷賢、龔信父子,及薛鎧、薛己父子,在醫術上的發明,醫書
的表現,也與太醫院制度上的功能,很有關係。這方面,《保嬰全書》的
地位、內容,是一個最好的見證。

　　傳統中國政府對醫學發展上的貢獻,第三層的關係比較間接,涉及舊
時官紳階級重視、倡導、傳播醫學之功。觀念上說,官紳士人對醫學的關
心,與朝廷之重醫,在理念上並無二致。天子保赤之責,與官紳愛民之心,
理論基礎是一樣的。前面所談政府在重視、提倡、傳播醫學上的貢獻,下
達地方,亦具體而微地存在於官紳階級中。前節所述《嬰童百問》,與本
節所論《保嬰全書》,因得官方注意、支持,得以刊刻流傳。大臣士子的
提拔擢次,功不可沒。類似的例子,由唐宋而明清,不勝枚舉。為薛氏《保
嬰全書》序的王緝衎頒「賜進士第通議大夫奉敕巡撫南贛汀韶各處地方提
督軍務都察院右副都御史」。崇禎年間將《保嬰全書》校讎重梓的沈猶龍

亦出身官紳[26]。實際上，若細考傳統中國醫書，依其序言跋語所示，大多由官紳出力而成。《保嬰全書》、《薛氏幼科》的20卷，卷帙浩繁，整理精緻，在帝制中國的環境下，只有加入「政府」力量，方能成事。

六、整理與發明

傳統中國社會中，從事醫療工作者種類多，而且程度差距遠——從太醫院裡的醫學博士、醫學教授，到醫士、醫工，乃至流動江湖的鈴醫，各有其功能與顧客。另一方面，對醫學或醫術有興趣者不一定都是專業醫生。這些非專業人士中，對醫學發展影響最大的，屬私下習好醫學，深諳醫道的儒士。這些愛好醫學的儒者，出身士大夫背景，受過高等教育，或純為個人嗜好，或兼為家人需要，投身於醫術鑽研。他們熟讀經史，懂得追求學問、整理知識、學習技術的方法，學起醫藥來較別人容易得心應手。加上原本知識水準高，領悟力強，所以習醫不久，當能達到相當水準，其實力非一般「業餘醫者」能及。

這些對醫學有興趣的儒士——有些人尊稱他們為儒醫——識見不比常人。他們閱讀過的醫籍較多，蒐集方書等資料也比較豐富，加上思慮縝密，為學方法嚴謹，成了編彙醫書、整理醫學的最佳人選。他們之中，不少人有財有勢，很容易利用公私關係，取得官方和民間的醫籍方書。自己固然長年浸淫其間，吸取有興趣的醫學知識。同時，因研習經典的背景，也容易動手綜合整理，匯集前時官方和民間著作，編成醫學專著。17世紀初，王肯堂所編的《幼科準繩》(1706)就是這樣一部作品。

《幼科準繩》是一部更大的書——《證治準繩》——的一部分。《證治準繩》又稱《六科準繩》，是一部內容豐富，涵蓋面很廣的醫書。編者王肯堂，字宇泰，金壇人。萬曆中年舉進士，選庶吉士，授檢討，後以京

26　《保嬰全書》，卷首，頁1-27。

察貶官，終福建參政。其博覽群書，兼通醫學，當時眾所皆知。

　　《幼科準繩》將幼科醫學的內容分為六門，即初生門、肝臟門、心臟門、脾臟門、肺臟門、和腎臟門。觀其分類辦法，即知王肯堂在理論上採信傳統醫學的五臟論證法。詳考六門內容[27]，知此書包括16世紀末以前大部分幼科醫書中的問題，是一部相當詳備的幼科全書。其以建立證治之準繩自期，旨在為天下醫家理出一條四海皆準的辨證論治法則。以其涵蓋範疇而言，書中對新生嬰兒養護、新生兒病變、一般嬰兒哺育、成長的困難等，都分條討論。對幼兒營養疾病，也先列前賢論著，再加上自己判斷，頗有成一家之言之概[28]。整體而言，王肯堂以非業醫之背景，從儒入醫，在知識上日積月累，旁徵博引，逐一考訂推敲，能有如此精湛結果，確實難能可貴。難怪《證治準繩》一問世，立為全國「醫家所宗」。《明史》傳記中也很推崇王肯堂的成就，認為他是「士大夫以醫名者」[29]。

　　不過，就性質而言，《幼科準繩》亦凸顯學究醫學之失。與業醫相比，王肯堂本人既較缺乏臨床經驗，興趣偏重醫理，所以書中雖亦吸收歷代幼科業醫經驗，但作者本身驗證問題的力道不足。由此具體例證，亦可見醫學與儒學結合的正負雙面意義。儒學經一千多年的繁衍發明，有其博大精深之處。醫學在哲理上臨摹儒學，受其濡染感化，可有體用兼備、架構健全之功。而且在醫學倫理上，承襲儒家重義輕利、仁民愛物懷抱，未嘗不是道德上的昇華。然日後分析，傳統儒學與醫學、醫術，在學問本質、思想範疇上都有很大差異。儒學屬人文社會科學，重點在認識、解決人生哲理及社會、法政、經濟等問題。醫學為生物科學之一支，在瞭解並應用對生理、病理等知識，謀人身健康。傳統醫學若不立基於對生物、病理本身知識，去謀發展，求突破，則不論基礎醫學或臨床醫學的研究，都受到很大限制。17世紀初，王肯堂的《幼科準繩》刊行於明季，不知當時傳統幼

27　〔明〕王肯堂，《證治準繩》，卷71，〈幼科〉。

28　亦可參考高鏡朗，《古代兒科疾病新論》（上海：上海科學技術出版社，1983）。

29　見《明史·吳傑傳》；史仲序，《中國醫學史》，頁130-132。

科實正面臨盛衰成敗契機，其所流露的學者知醫或儒者好醫特質，不幸亦
使此後中國醫學受制於理論，實證上未能更有突破。

七、餘思

　　一般研究中國科學史者，綜觀上古至現代科學於中國文明史的發展過
程，常將其黃金時期置於唐宋，而以明清兩代為中國科學史之停滯期或衰
微期，並以有明三百年間為此盛衰消息之轉捩。此說法多半眩於傳統科學
史以中國所謂四大發明為標準立論，復拘於傳統史學界對所謂近代西方科
技文明興起之崇拜，中國似相形而見絀。如今檢視此一舊說，雖不能謂全
無根據，然而若要完全成立，卻有許多問題。單以幼科醫學一支學問而論，
明代中國在幼科醫學上的成就，承先緒而啟後學，無論在專業化或普及化
方面，都斐然有成。在醫學知識的鑽研，和臨床醫技的發展上，亦有具體
進步。應謂跨越唐宋，而遠遠過之。若生物醫學亦為科學文明史之一支，
尤以幼科為當時中國醫界之尖端，則有明一代，及近世中國之科學直不可
以「有退無進」一義概之。

　　其次應澄清的是，歷史上醫學進步與民眾健康改善是相關而不互等的
兩個現象。兩者之差距則於傳統時期較晚近社會尤劇。因而明代幼科醫學
在知識和技術上的進步，雖難謂與當時兒童之健康福祉全無相涉，但是明
朝幼兒是否能均霑幼科醫學進步之福，實為另一個問題。如前所述，傳統
中國從事於健康服務或醫療工作的人，種類很多，上自宮廷太醫，雅好醫
理的儒者，下至遊走江湖的郎中、鈴醫，不一而足。而且普通家庭裡有人
健康出了毛病，除了盡量自療或求助於鄰坊親友之外，街坊市集的大小藥
鋪，乃至巫士扶乩，都是民眾訪求的對象。整體來說，或長期地看，醫學
發展與大眾醫療行為之間存在著一種相當複雜的互動關係。醫學知識技術
上的進展，經過數十年或上百年，終將由都市而鄉村，由士子而貧民，漸
漸代代相傳，交換經驗，一步步成為改善民眾健康的力量。另一方面，民

間疾苦，甚至江湖郎中的秘傳驗方，有時也會因眾人口碑，被採擷研究，成為下一波醫學知識技術發明之泉源。無論如何，在談論明代幼科醫學發展之時，不能不強調此認知上的進展並不代表幼兒健康之全面改善。近世幼兒健康的實際狀況，十分重要而值得鑽研。經由對幼科的認識，只能知道當時醫界對幼兒健康或困難的瞭解，所具備的應付能力。此客觀上的瞭解與技能，還受許多主觀環境因素的左右，方能發揮功能。就我們目前對近世社會的認識看來，文中所及幼科醫學上的許多成果，也許仍只能施惠於城鎮的中上家庭裡的孩子。近世幼科醫界為中國幼兒健康作了重要的努力，但是這些成就距中國兒童健康的整體改善還有相當一段道路。

　　本章所觸及而未能完全解決的另一問題，是中國科技史斷代的問題。科學史或科技史作為專史的一種，在中國及西方該如何斷代是一個不易解決的問題。對中國科學史，以往分期辦法有二，或如政治史、經濟史、社會史、思想文化史等，依朝代斷代。於是漢代天文史、唐代數學史、明代醫學史遂成中國朝代史的一部分。但是仔細考察中國天文、曆算、數學、乃至醫學本身發展的歷程，與中國歷史上政權的轉移、朝代的更迭有多少直接的關係，其答案也許否定要大於肯定。就醫學史而言，除了政府的醫療政策與醫療工作外，醫學在知識和臨床技術上的發展，與改朝換代不見得有必然的關係。學者若仍拘於朝代擬題為文，對研究方法是項嚴重的限制。長此以往，對醫學史真面目的認識，及背後因素的分析，很可能是阻力而不是助力。另一種分期的辦法，以簡略歷史階段論為準，粗作上古、中古、近代、現代等時期。此斷代方式，亦拘於對專史之刻板框架。就中國幼科醫學的演變而言，此框架亦不見得有益。比較值得考慮的，是在詳細探索過某項特定科技活動在過去的變化過程後，依其特質，作出一項對該專史實際上有意義的分期。如中國醫學的初萌時期、巫醫兩分時期、醫學茁壯發展期、成熟與紛爭期等。依此角度思考，中國幼科醫學在15世紀初到17世紀初的兩百多年間，確實顯示出一番茁壯成長活力與契機。

　　最後，由幼科醫學之發展，論中國過去對待兒童之態度。中世紀以來

中國幼醫之突出表現，當然有其社會與文化背景。唐宋以後幼科醫生能執業為生，與中國傳統之重子嗣，很有關係。一般士人之涉略慈幼醫學，則與舊時孝道文化下傳嗣扶幼之責任有關。因各個家庭重視幼兒存活，宗法社會強調傳祧之義務，使傳統中國社會相形下特別關注兒童健康醫療，乃有幼醫專業之早綻奇葩。幼科醫學之分科專業化發展，與普及化之努力，與此社會需要關係密不可分。此普及化以後的幼科知識，也成了改革公眾衛生與幼兒教養的一支力量。幼科醫者努力的成果，不但使嬰幼兒存活的機會大增，而且亦推廣了對兒童身心狀態的特殊認識。近世許多家訓及幼教材料，對幼兒各階段發展，有清楚規劃，其對嬰兒生理及心理的瞭解，多少受益於幼醫的看法。這種看法，與現代兒童心理學上對兒童的認識，固然還有一段距離，但中國幼醫專業與扶幼文化之成長，顯示一個社會之傳統價值——如重孝道與子嗣——可能對形成兒童生存環境造成的影響。

第三章

醫案之傳承與傳奇

保嬰全書卷之一

　　　　　　　　　贈太醫院院使薛　　鎧編集
　　　　　　前太醫院院使男薛巳治驗

初誕法

小兒在胎稟陰陽五行之氣以生臟腑百骸
藉胎液以滋養受氣既足自然生育分娩之
時口含血塊啼聲一出隨即嚥下而毒伏於
命門遇天行時氣久熱或飲食停滯或外感

一、前言

　　數世紀來，全球各地主流文化先來後至地發現並接受了近代式的實證科學。舉世所隨之臣服的，不只是實驗室中儀器操作式的理性與權威，還包括對其背後所挾抽象客觀的「科學精神」之膜拜，與日常所謂中立、無菌似的「實證文化」之敬重。此洶湧澎湃的「近代文明」或近代主義的遺緒之一，包括知識界對科學（或有名之為「自然科學」、「實證科學」）與非科學（譬如人文、藝術等未必無涉自然，卻偶然叛居人文社會科學），或有進而稱之為小說類（舊稱之傳奇或杜撰，英文冠以Fiction）與非小說類（即Non-fiction）之區別與等差對待。

　　對於此範疇性界定之時空特質，若摒近現代一時一地之認知，摘人類長期科技發展，還諸漫長歷史軌跡、景象相照下之意涵，不負令人震懾。首先，類之知識論上的大假設，於眼光和價值觀上將文化或科技上的「現代性」建立於「西方」特質與經驗之上（主要是西歐，後來轉而包括美國），其一隅之囿不言可喻。其次，細察深思此認知上的鴻溝分劃，任何熟悉科技與人文精義者，均知此假設之大膽，求證上的偏執有餘，而謙沖不足。最重要的，是此類知識性質上之根本分際，雖亦略得科學與人文若干性質異趨之梗概，匆促大意之間，卻也虛擬、誤判，因而隔絕、妨礙了兩者在人類漫長求知過程中許多共同、神似、相近際遇，隨而泯滅了彼此澆灌依存，相繫、相通的關係，而一味強調兩者相違、迥別的部分。

　　類此知識內容上「實證」相對於「杜撰」，敘說形式上載錄相對於創造或「捏造」，本質上科學之相對於文藝，究是毫釐之差或千里之違，此等大問題，本非一二人心、數紙書文可以面對。下面的習作只在舉一具體的載錄性文獻——中醫幼科醫案——發展過程為例，提供學者進一步思辯時若干細節上之援引。

二、幼科發軔前後之案類載記

依目前可見之文獻，中國的幼科似乎自始即有某種案類式載記，且意圖傳遞出一種臨床臨診的現場式氛圍。大家比較熟知的，是一向被奉為幼科鼻祖的錢乙（1032-1113），所流傳下來習稱《小兒藥證直訣》3卷（以後簡稱《直訣》）中，除了47條醫論，114首醫方之外，上卷所包括的23項案例[1]。當然，典籍上以「論」、「案」、「方」鼎足而三地支撐出傳統醫家類的認知世界，到了錢乙所活動的宋代，早有傳承，自成體制，未必發軔於幼科，亦不代表錢乙及其生徒之作為。然而，舉之與一般習稱為中國醫家案類文獻濫觴的《史記‧扁鵲倉公列傳》相比，其內容與形式上卻有不少重要的變化。

司馬遷於其《史記‧扁鵲倉公列傳》中所載25項淳于意自述而成的所謂「診籍」[2]，其陳述內容，已包括病家之背景（姓名、出身、籍貫等），罹病之徵候、脈象，醫者之判斷、診治，以及疾病最後之變化，患者之生死等等。不但在一案一則，數量上超過了錢乙所遺「嘗所治病二十三證」，而且敘述上出自醫家第一人稱之表達（然後再由史家以第三者之筆觸轉錄），較之目前所見《直訣》中，作者閻季忠以第三人稱立場，傳寫他自認為足為治證的23個錢乙曾親自診療過的小兒病例[3]，歷史年代與醫療「發展」上的後起、「專精」者，於文獻流傳上似乎未必確有「進境」。

然再細覽《直訣》所留下的23個範例，又發現由漢而宋，自史籍如《史記》至醫籍如《直訣》，記實式的敘說在中文世界裡其實還是發生了一些重要的變化。一則，關於「事主」的描述詳細了不少。對錢乙所長的幼科而言，每條治證始於對病童（患者）的介紹，包括患童之姓氏（有時有名）、

1　錢乙，《小兒藥證直訣》，閻季忠編（臺北：新文豐，1985），頁2。
2　司馬遷，〈扁鵲倉公列傳〉，《史記》（臺北：鼎文，1980），卷105，頁2785-2820。
3　錢乙，〈記嘗所治病二十三證〉，《小兒藥證直訣》，卷中，頁21-26。

其監護者之身分(通常是男性家長如父親或祖父等之職稱、地位)。隨並提及患童與家長間的人倫關係(於提及某童某人之三子或姪女某某時,自然亦透露了患童的性別)、自身年齡。接著,才依序夾評夾敘地述及患者的一般健康狀況,以及他(她)目前具體徵候,和醫者的臨床判斷、處方療治。單就敘事風格而言,漢之醫籍除醫經外個別撰述多佚,難舉其逐項醫案的處理與史籍如《史記》等相較。但唐宋間醫籍類著述益增,與史籍並存至今的亦不少見。就知識與文化生產而言,其自成文類的形式愈來愈明顯。這與醫療活動(包括識求面與市場面)的成長,和文化、知識產業本身的蓬勃,都有關係。不過,《直訣》所示「治證」與《史記・扁鵲倉公列傳》所述診籍,在敘事風格上仍可見若干連續,顯示中國醫籍類和他類的記事書寫,在大傳承上都沿襲了上古以來官方典籍以及其後所衍出的史傳體書寫方式。尤其是「夾敘夾論」的文體,以論辯解說與載記敘述兩種性質的文字交錯融會而運用,一方面製造了事件敘說與讀者之間某種虛擬式的對話空間,另方面卻又似乎模糊化了後世所強調的個別詮釋性見解與純粹客觀性描述之間應有的理性距離,也容易引起後世閱讀此類載記時,對其是否於所謂「實證性」與「科學性」風格上略有缺陷,乃生非議。然而,如後文所示,此類早期(上古至中古)載記性文字的「夾敘夾論」之風,沿至近世,尤其當技術性文獻進一步「專門化」(specialization)或「專業化」(professionalization)以後,即有逐漸減弱之勢,而呈現「簡略化」(simplification)、「標準化」(standarization)等制式性發展之走向。這樣的發展,於醫籍、於幼科,於西方、於中國,都各有其或長或短的歷史背景,與各處具體歷史環境淵源亦深。至於敘事體上如此之轉變是否就代表了「客觀科學」與「愚昧迷信」的差別,近世某一種文獻上的走勢,是否就代表人類歷史上實證、理性、進步的力量,一舉而擊敗、取代了落後、偏執、主觀、非理性的因素,因而印證了集體文明之「單線行進」發展,似乎又完全是另外一個問題。

　　以《直訣》與〈倉公列傳〉相較,另外一項值得注意的特徵,是兩者

均非傳自醫者直錄或第一人稱之載記。《史記》固為史官司馬遷蒐集訊息，
虛擬轉而筆述淳于意的自辯之辭[4]。號稱代表幼科鼻祖錢乙行醫事蹟及其幼
醫見解的《直訣》3卷，其實也是他人之轉載。只不過輯錄而書寫完成《直
訣》一書的「作者」，若真如原序所示，為其舊識晚輩大梁閻氏季忠，則
閻季忠似乎是一位較司馬遷對醫道，尤其是錢氏幼科更感興趣，對內情也
有部分「內行式」了解的輯錄型作者。序言中，他除了簡述小兒醫之難為，
小兒方書之汗漫難求，以明其著述此專集之難得與切要外，也屢述其得識
錢乙醫術，並立意為其留下文獻傳世的一番淵源與動機。序稱：

> 太醫丞錢乙，字仲陽，汝上人。其治小兒，該括古今，又多自得，
> 著名于時候。其法簡易精審如指諸掌。先子治平中登第，調須城
> 尉，識之。余五、六歲時，病驚疳癖瘕，屢至危殆，皆仲陽拯之
> 良愈[5]。

隨後閻氏又說明了當時不輕易以醫術示人的風氣，一位有興趣得其術道的
圈外人，如何婉轉採證，經多年蒐羅，乃輯成書的不易：

> 是時（其志業初盛），仲陽年尚少，不肯輕傳其書，余家所傳者纔
> 十餘方耳。大觀初，余筮仕汝海，而仲陽老矣，于親舊間始得說
> 證數十條。後六年，又得雜方。蓋晚年所得益妙[6]。

所以閻家以兩代舊識，傳寫或抄自著名醫家如錢乙者之醫方，據稱起初也
不過是間或求得的十幾個方子。待醫者年邁，仕者顯貴，兩者相對地位再
易，閻氏方又從錢乙素常往來的親人故舊中訪得了幾十條「說證」。這幾

4　倉公列傳之首，示其文體夾有轉錄及自述雙重手法。
5　錢乙，《小兒藥證直訣》，頁1。
6　同上。

十條「說證」,可能就包括後來錄入上卷的「脈證治法」,及收入中卷的「記嘗所治病二十三證」。至於陸續收到的「雜方」,大約就會同整理成了下卷所見的「諸方」(117條)。

不過閻季忠接著還說,就在他用心努力,勤收錢氏方證之時,在京師已見「別本」流傳。雖則在他的眼裡,這些坊間流傳的其他有關錢乙及幼醫的著述,是「旋著旋傳,皆雜亂。」[7]而且相較之下,已經問世的文獻比自己懷中的資料顯得「初無紀律,互有得失」[8]。作為一個志於輯述代筆的著述人,他還是很謹慎地做了一番此對參校的功夫。「其先後則次之,重複則削之,謬誤則正之,俚語則易之。」[9]從這類敘述中所了解的,近代所謂「知識革命」和「科學革命」發生前,世界各地長存的文化活動中,所有「實證性文獻」的出現,其形制和體裁特質,及其刊刻流布的過程,顯然是還有不少值得仔細挖掘、推敲的內情。更何況此類根本之質疑及至近現代科技文獻出現後,未必就得到任何一了百了的答案。

總之,依閻序所稱,《直訣》初成及目前所見的形式看來,敘述者均直言其載記上之「間接」性質,且以第三人稱口吻完成。《直訣》中所見治證,呈現的主角——錢乙,不過是間雜於諸醫(涉及醫療活動的職業或非職業人士)中的一位。《直訣》中的幼科案例,則僅代表作者從一位信服景仰者的角度,對這位心中筆下的傑出幼醫曾流傳或留下的若干範例型診治活動的一種「追述」。此追述過程採分條別立形式,於醫類文獻早有先例可循,或可視為「有實無名」的幼科「醫案」。然因此知識誕生背景,作者在敘說角度、立場上乃與主治者(錢乙)保持了相當的理性、認知與敘述上的距離,在書寫以存留錢乙之醫療活動或幼科判斷時,採「錢曰」或「錢用」等辭彙為標誌[10]。

---

7 錢乙,《小兒藥證直訣》,頁1。
8 同上。
9 同上。
10 錢乙,〈記嘗所治病二十三證〉,《小兒藥證直訣》,卷中,參見第二與第三個病

　　這種敘說與書寫方式，進而說明了第三個值得後世注意的特徵，就是
此部分錢乙臨證診治的幼科醫療記錄，其內容選樣，所影響的知識代表性
問題。也就是說，以錢乙這般行醫半百的專業生涯中，其景仰記錄者僅收
23個範例，為其一生治證中值得載錄傳世之跡。如今已難稽此23例是否如
作者閻氏所稱，為僅能擷得樣本之全部，最少舉之與同書上卷脈證治法中
的47條「醫論式」內容相較[11]，或衡之其後下卷諸方中所羅117條處箋相比[12]。
這逐人逐證逐條而成的治證案例，難當豐實之名。然以一位好醫而非醫的
收錄者而言，著作者又謂盡此「而書以全」[13]，「于是古今治小兒之法，不
可以加矣。」也就是說從閻季忠的立場，他對向讀者宣稱此幼科案例之全
備性與代表性時並未覺嚴重闕失或遺憾。論著之序並無習慣性的自謙與自
滿。這23個案例，既未見可均衡代表當時幼醫或醫界一般流行的驚、疳、
瀉、疹等主症要疾，也未見呼應前後醫論醫方部分內容所及錢乙專長之幼
兒健康問題[14]。

　　然而，盱之後世醫家對「醫案」類文獻的理想要求，《直訣》中所見
的錢氏治證的內容與體裁卻又表現不俗。何以言之？16世紀明代醫家韓懋
所著《醫通》（1522）一書中，曾以「六法兼施」為標準，責求醫案中之上
選者。要求其內容體裁除「望形色」、「聞音聲」、「問情狀」、「切脈
理」傳統四診之法外，還應包括醫者對該案「論病原」的推敲，及「治方
術」的斟酌[15]。若依此為據，閻季忠對距《醫通》問世四百年前錢乙幼科的

（續）——————————————————————

　　　例，頁21-22。
11　錢乙，〈脈證治法〉，《小兒藥證直訣》，卷上，頁8-20。
12　錢乙，〈諸方〉，《小兒藥證直訣》，卷下，頁27-43。
13　錢乙，《小兒藥證直訣》，頁1。
14　錢乙，〈記嘗所治病二十三證〉，《小兒藥證直訣》，卷中，頁21-26。
15　韓懋曾寫道：「六法者，望、聞、問、切、論、治也。凡治一病，用此式一紙為案。
　　　首填某地某時，審風土與時令也；次以明聰望之、聞之，不惜詳問之，察其外也；
　　　然後切脈、論斷、處方，得其真也。各各填注，庶幾病者持循待續，不為臨敵易將
　　　之失，而醫之心思既竭，百發百中矣。」參見韓懋，《醫通》，卷上，〈六法兼施〉，
　　　輯於何清湖、周慎、盧光明主編，《中華醫書集成》（北京市：中醫古籍出版社，1999），

案例載記，確可稱為水準以上的專業文獻。不但作到了數世紀後醫案蔚為流行時論者韓懋歸納的著述典範，且對後世所關懷，而劃歸病理、病史、療程、臨床診治結果等近現代醫學類案例經常要求的敘述項目，也多留下相當詳盡的訊息。通覽卷中整篇的記載，固有不少治癒而足為自豪的病例，也有不少坦稱束手或以死症告終的例子[16]。如此這般距近代或實證主義與科學精神崛起前近千年的文獻遺跡，其所描述的事件與經驗可說是「夙昔日遠」，所援用的一般語言、醫療辭彙，及通篇構句、行文，自然有不少「古奧」與「非現代」或者「不進步」的氣息。然而，凡此種種，與所謂「實證論述」、「科學精神」在精義、特質與範疇、類別上的差別或偶同究竟何在？又該如何為之閱讀、檢視、評斷？

在閻氏自稱書寫、集輯、流傳有關錢氏臨診的23個治證中，作者敘述之主線，《直訣》一書的主角（agent）、主動力（subjectivity）、錢乙所代表的意見與作為，並不是案例發生場景中唯一的「聲音」或「動作」來源。蓋錢乙這般醫者現身之時，幼醫雖是醫療分支中的後起之秀，但各類醫者川流坊間市集，比比皆見，且流派雜見，競爭劇烈。閻氏筆下的「錢氏」不過是穿梭於名流貴宦廳院的「諸醫」、「數醫」或「眾醫」之一位。敘述中的錢乙固似薄有醫名，力爭上游，最後也側身太醫之列，成為官府封認（officiating）的醫療體系、醫學知識掛勾之一環。但面對患者呻吟輾轉，病家交相指責，諸醫滔滔不絕，醫案的主角在攻訐傾軋，紛紛擾擾之中，罕得一個「主控全場」、「獨撐大局」的地位。當時醫療活動尚未經近現代科技貴冑之洗禮，患者家屬自己亦尚未發展出對醫學唯唯諾諾、恭謹聽命的卑微。百姓眾人皆知醫，醫學、醫者又尚未定於任何之一尊。躋身其間，

（續）

第25冊，頁2-3。

16 參見錢乙，〈記嘗所治病二十三證〉，《小兒藥證直訣》，頁22-23；以死症告終的例子有二，即〈記嘗所治病二十三證〉中的第五個和第十個案例。在此特摘錄第五個案例：「東都藥舖杜氏，有子五歲，自十一月病嗽，至三月未止……此症病於秋者，十救三四，春夏者，十難救一，果大喘而死。」

力圖建立大行(醫者)小業(幼科)尊嚴的錢乙,與其景仰者閻季忠一樣,正操持著一場場逆水行舟的搏鬥。而其治證,一如前後之醫論處方,正是可能賦予他們一線知性、職場生機的孤槳扁舟。

三、16世紀的新景象

　　錢乙行醫及《直訣》問世後的數百年間,中國的醫學傳統及其分支——幼科醫療活動——都有相當曲折的變化與發展[17]。然而就案類文獻而言,不論是對整個中國醫學傳承,或者單就幼科載錄,都要到16世紀,也就是相當於明代(1368-1644)中葉以後,才在刊刻流傳等痕跡上,見到具體日增之勢。本節將擇羅田幼醫萬全(1495-1580)所著《幼科發揮》[18],以及曾任職太醫院的薛氏父子(薛己、薛鎧)傳世的《保嬰全書》[19]為例,以二著中所呈現的幼科案類文獻為資料,一則上擬四百年前閻氏所記錢乙《直訣》中的內容與書寫,二則引出下文所希討論,醫案類文獻在16世紀中國醫界呈現質量劇變,內容與體裁之重塑,其背景及意涵所在。

　　當然,粗就形制體例而言,萬全與薛氏的著述,較《直訣》之面貌已迴然有別。因為不論是「論」、「方」或兩者所包括的「案」類文字,均以醫家第一人稱直述方式端出。個別臨證診治,似乎也向醫籍讀者暗示,這是醫者在臨證對付兒童健康問題當時,經直截觀察、分析、判斷、處置所成的一份記錄。其間活動、載記均未假手他人,應可視為「直接」的「技術性」文獻。

　　以16世紀中國的文化產業而言,這些與個別幼醫診治活動相關的文獻,待其浮世付梓,無論是作者(某種知識與文化商品的生產供應者)、讀

17　熊秉真,《幼幼:傳統中國的襁褓之道》(臺北:聯經,1985),頁1-52。
18　萬全,《幼科發揮》(北京:人民衛生,再版,1986)。
19　薛鎧,《保嬰全書》(臺北:新文豐,中央圖書館珍本福建版〔1660〕影印本,1978),全書4卷。

者（假設中的廣大文化消費群眾及醫藥儒學界的消費「小眾」）之互動，及刊刻流布（所有捲入抄寫、編輯、出版、銷售人等）之關係，種種因素都使得這些有關兒童健康與疾病的個案載記，會循當時某種對疾病分類認識，依其知性秩序出現，不再依特出醫家之表現紛雜羅列，拼湊成卷。

　　當時這些個別的幼科醫案資料，在取材、內容、精神、目標上，其實都是一個更寬廣的醫家文獻上有關「案類」載記的一部分。因之任何涓滴成流之蹊徑，難免不與醫案醫論類文獻在此時期先先後後已匯聚而成的案類文獻巨流，交相作用，彼此效尤，爭競、排擠、匯合，而共同形塑。

（一）萬全的診療記錄

　　當世及後世所見萬全所著4卷的《幼科發揮》一書中，總共集有147個幼科相關案例。分置32種健康問題（或稱「疾病」）之下，每一條目下可見1至12項不等的「病例」。除了這附有具體案例的32條幼科問題外，書中另有20條醫論未見附任何萬全本人的臨證資料。兩類現象對照之下，附有個別病例的32條幼科項目，似為全書主旨重點所在。未附個案的20條問題，或是古奧而當時少見的幼科沿用術語（如「天鉤似癇」、「白虎證似癇」）[20]，或者傾向理論與幼科概念討論（譬如「小兒正訣指南賦」）[21]，與「實證性」案例似較牽不上關係。或已另繫病例於更合適的大範疇內（如「肝所生病」及「肝經主病」等條目下均未附案例，但「肝經兼證」之下收有兩個病例[22]。討論心、肺、脾臟的相關問題上，也出現類似的情況[23]。與腎相關的疾病，其實例均列表於「腎所生病」條下，「腎臟主病」或「腎臟兼證」項下則僅有論述。）總之，在作者的心目中，這些附或不附案例的條目或健康範疇，除了有今與古、實際與抽象的性質差異外，可能還有知識規範上大小（或寬

20　萬全，《幼科發揮》，頁29-32。
21　同上，頁5-7。
22　同上，頁16-17。
23　同上，頁39-41，52-54，94-100。

窄)與高下(臣屬)等的不同。不過,即使如此考慮,書中有些條目下未見任何臨證記錄,仍讓人納悶難解。譬如萬全在卷下對「嘔吐」、「傷食」、「痢疾」等嬰幼兒常見毛病均發表了詳實的議論,評析前人之說,提出獨到見解,附有多種處方,唯不見任何臨床案例[24]。不論為對照他所表達的具體見解,或衡量當時他懸壺執業地方的人口,要說醫者萬全竭其一生從未見過這類疾病,因之了無任何個別案例足供舉證,似乎頗難讓人置信。

就內容組合和敘述風格看來,《幼科發揮》中所見案例十分駁雜。粗略而言,型態上分兩大類。一是「簡述型」案例,有49個個案,比例上大約為所有案例總數的三分之一(近33%)。這類簡述型案例,敘說上常以「一兒」如何為始,既無姓氏,也無家庭、身分、社會背景。隨即提及患兒(無性別指標)之大略症狀,並記下醫者萬全的診斷、處方、療法,及最後的結果(「癒」或「亡」)。此類簡案,既無任何四診(望、聞、問、切)之類當時臨床醫療上常有的訊息細節,也沒醫者對患兒罹病、療程、處方、用藥等分析。原文多僅於數十字內結束。不論刊版或重印,不過寥寥數行。

另外一類,則較近似《史記‧扁鵲倉公列傳》和《直訣》中有關錢乙的案類載記款式,屬於一種比較「繁複型」的醫案。這類內容豐富、敘述曲折的案例,在萬全的《幼科發揮》中有98例,佔總數的三分之二(67%)。其中不但載明患者個人與出身資料(姓氏、性別、年齡、親長身分、地域等),還長篇大論地闡述罹病之初情狀,初診時醫者審視之發現,一切四診所得結果,及步步臨證觀察、問訊、推敲的過程。然後述及醫者的初步判斷,夾雜著此醫與彼醫(其他的「業醫」或「時醫」)的爭辯角力,諸醫與家屬之間對辯證、論治的商榷、爭執,以及此後患兒病情與療治上的多番曲折、難測變幻。當然,對醫者所開處方,其個別成分、炮製方法與預期療效,也有正面析述。最後,此案結局如何,應有一個直截了當的交代。若患者得癒,案尾免不了一番自豪炫耀,一如萬全自稱治癒孫姓官員之女,所獲

24　萬全,《幼科發揮》,頁63-82。

十兩紋銀之謝儀與「冠帶儒醫」四字大匾[25]。總之，這類「繁複型」醫案，內容豐富，敘說起來像演義故事般曲折，閱讀或聽講間不免帶有幾分動人的戲劇性高潮或低迴。敘述篇幅，動輒數百上千言，一兩頁的抄寫刊刻是說不盡其中案情、訴不完內裡實況的。

近代閱覽舊日醫案文獻者，往往視彼用語而得聞知一斑，並由其描述環境之大概，兼及當時認知氛圍與「科學革命」後所執現代實證精神之暌違，從而益信這些「傳統醫學」的個案記錄所代表的，是科學進步、啟蒙真知浮現地表以前，人類對真正臨床論證仍處於開發或開化前茫然、落後、黑暗時代下之知性世界。間有醫案，所載錄之現場記錄、真實事件，或為可疑可議的主觀意識所驅使（如印證神鬼魔力或標榜、炫耀某派一己所長），或為漫無標準、信口雌黃之臆言誑語，遂益堅近代指摘者之評點。要正視此類現代式的質提（或偏執），誠非三言兩語能斷之。即如《幼科發揮》中所見萬全呈現的小兒臨診記錄為例，醫案後半沾沾註明治癒蒙謝的例子固然不少，但147個案例綜觀之下，也絕非一體為張揚作者技藝超群而立。最明顯的反證，是書中僅留8個有關小兒「腹病」的記載，其中竟有7案在萬全診視醫治後，以死證告終。如此驚人的失敗率，不但完全不符唐宋以來官方科考醫事人員之最低標準，更難擔負宣揚醫名之功。除非自述錄寫案例的醫者，其醫技醫術、自知自信，早已超越流俗之水準，其醫界地位亦固若金湯，無懼於任何蜚短流長之撼動。如此，則看來似屬自暴其短之愚行，或竟正是其進而更加樹立彼等高人一階之名醫身分，與專業醫學權威之異常。或者，確如其序言所揭，作者本人對專業倫理（醫學或幼醫界的求真求行、精益求精）與某種真知灼見之堅持，鼓舞護衛了他欲留下點滴實事，以謀整體技藝之精進。而此一念之執，復得當時特殊文化環境之支撐（如整體醫學或湖北一地的幼科發展，與一般閱讀出版、流傳醫療書刊之條件），得堅其志。

---

25 萬全，《幼科發揮》，頁77。

對於此等沉吟推敲，萬氏《幼科發揮》醫書中為小兒「急驚風」一證
所作的論述與案例舉證，或可提供若干線索，對上述問題，可試進一步辯
解深思。

蓋《發揮》中，「五臟主病」項下，有「肝所生病」一目，附萬氏對
「急驚風」之討論及處方[26]。分述急驚、慢驚，並申明前賢(如錢乙)古方(如
治慢驚的醒脾散、觀音散)相對於己見(新藥)之對照。後附散、丸、丹等10
種不同療法[27]，夾有(虛擬之)問答[28]。隨有急驚三因(外因、內因、不內外因)
之論並附方，始列實例9則[29]。此9則案例之書寫，篇幅上有長有短，關係上
有近有遠。病因病況，有危急複雜者，亦有簡單易治者。綜而言之，從萬
氏所舉各種小兒「發搐」例證看來，他之所以欲列諸案為例，是因為環繞
這些林林總總的小兒發搐事件周圍，除了他欲排紛解難、一顯身手的意圖
外，還常有其他醫者在場(不論是他口中一般的「有醫」、「彼醫」，或者
大謬以為不然，卻又深知對方挾帶莫大權威壓力的「邑中儒醫」)。而這些
知識、技術與職場上常相左右的異類競爭者，往往是他當下析疑，事後書
寫示眾最主要的爭辯對象。至於眼見兒孫罹驚心焦如焚、心亂如麻的父母
家長，面對紛紛擾擾又莫衷一是的眾口諸醫，加上時下市面上及後世民眾
難免不患是症、不處此景的芸芸眾生，當然是當時有志欲伸，有技欲施，

26　參閱熊秉真，《安恙：近世中國兒童的疾病與健康》(臺北：聯經，1999)，第二章，
　　〈「驚風」與神經病變及精神健康〉，頁7-62。
27　如「醒脾散」、「觀音散」、「參苓白朮散」、「木通散」、「琥珀抱龍丸」、「礞
　　石滾痰丸」、「三黃瀉心丸」、「涼驚丸」、「定志丸」、「至聖保命丹」，參見
　　萬全，《幼科發揮》，頁18-19。
28　例如：「或問曰：『上工治未病，急慢驚風何以預治之？』」、「或問：『病有急
　　慢陰陽者，何也？』」參見萬全，《幼科發揮》，頁18，20。
29　萬全，《幼科發揮》，頁21-24。例如，萬全曾寫道：「予初習醫，治一兒二歲發搐
　　而死。請予至，舉家痛哭。乃阻之，告其父曰：此兒面色未脫，手足未冷，乃氣
　　結痰壅而悶絕，非真死也。取艾作小炷，灸兩手中沖穴，火方及肉而醒，大哭。
　　父母皆喜。遂用家傳治驚方，以雄黃解毒丸十五丸利其痰，涼驚丸二十五丸去其
　　熱，合之薄煎湯送下。須臾立下黃涎，搐止矣。予歸，父問用何藥，如是速效。全
　　具以告父。父語母曰：『吾有子矣。』」

有見解欲展示而地位未定的初出道幼醫萬全，正思努力折服，事後極希說動的廣大「想像的」關鍵性聽眾。這個歷史背景與文化論述上兼有「虛擬」與「實作」性場域，如何絲絲入扣、一字一句地牽動著萬全在《發揮》一書中，就驚風醫案的論述和書寫，全無庸字裡行間之揣摩暗想，實寄託於其文字書寫上直截之表達。在載記一個小兒「發搐痰壅」的案例中，萬氏到場時，有醫已循錢氏下痰神方──「白餅子」──三下而不退，一見患兒當時「病益深，合目昏睡，不哭不乳，喉中氣鳴，上氣喘促，大便時下」的情狀，萬氏說他立即發表了自己對病家會同其他醫者已施療法判斷之失誤。當在場「彼醫」搬出大家共奉的幼科鼻祖錢乙祖訓相對時，萬全又說他毫不猶豫地擲下了「盡信書不如無書」的豪語(至少這些都是他事後重建《發揮》一書的案類記錄時，「重現」過去之事件與場景)，並且大膽地補上他個人對數百年來幼醫奉為圭臬的錢乙小兒醫籍之攻訐：說《直訣》之類流傳於市面上附驥錢氏醫名之下的著述，其實「皆出於門人附會之說也！」[30]如果積極習醫行醫、活躍於15世紀幼科杏壇、市場上的重要醫者如萬全，心目中不但常浮「盡信書不如無書」的感慨，而且竊疑市面相傳醫界權威如錢乙等的相關議論、決斷、處方、治案，可能竟是「門人附會」的結果，那麼不但他在行醫論辯、臨床下藥時必須堅持己見，事後豈不更不能不挺身而出，勇敢詳實地載錄個人身歷親治的個別案例，好讓幼科實例，一一作為他自創聲名地位的堅實「見證」。並使他與所寫下、付梓，四下流傳的幼科醫案，共同肩負起釐清、樹立某種不可或缺的灼見真知，永遠為醫界「客觀」發言申訴保持一種專科行業上由「我執」出發，又不失理念的知性聲音？

上則小兒發搐痰壅的例子，經過一翻辯爭折騰，最後不幸仍以「死」症告終[31]。只是萬全與周圍專業職場，知識領域的糾葛，未艾方興。他所面

30 萬全，《幼科發揮》，頁22。
31 同上。

對的競爭者，有掌握「治病奇方」，惟性太執、不知變通的「邑中儒醫」，也不乏善行小兒推拿按摩的民間術士。面對如此紛雜混亂的一個治療局面與醫病關係[32]，萬全自己也是膏湯丸散、針刺火烙無所不施。他所留下的醫案實例，講起話來常說自己是這個競爭場域中的後到神仙，雖懷後見之高明，往往又扼腕於大勢之半去。醫案、或者萬全《幼科發揮》中的醫案，大半就是如此這般一個活動場域與述說世界中應運而生的現象與故事。

　　對這樣一個個人於專業職場上的際遇，萬氏本人倒不是沒有相當警覺，或自知之明。在一篇題為〈小兒正訣指南賦〉中，他發為感懷地再申自己對行醫幼科辨證下方時的立場。而這個立場與他眼中認定的幼科醫案性質，以及明代中葉(16世紀)幼醫發展的處境，很有關係。用他的語言說：「小兒方術，是曰啞科。口不能言，脈無所視，惟形色以為憑，竭心思而施治。」[33] 也就是說，面對言語有限，脈息微弱的稚齡幼兒，幼科醫生日常診視患者的工作較一般醫者捉摸飄忽難解的人身安恙更為棘手。而通常家長或幼兒的保育照顧者，據萬全的說詞大抵只分兩類，有「善養子者，似養龍以調護。」有「不善養子者，如舐犢之愛惜，愛之愈深，害之愈切。」[34] 姑不論其引喻是否失當，全篇議論，除了說各種幼科病症判斷診治之外，萬全隨之托出的是對幼科知識技能發展處境上的三方面陳詞：一是幼科相對於成人醫學領域在知識操作上之高難度。幼兒患者安危，難知難測，且「差之毫厘，失之千里。」[35] 二是「父母何知，看承太重」[36]，病家不但舉措失衡，且常疑神疑鬼，驚懼慌張，「聞異聲，見異物，失以提防；深其居，簡其出，固于周密。未期而行立兮，喜其長成。無事而喜笑兮，謂之聰明。」[37]

32　熊秉真，《安恙》(臺北：聯經，1999)，附錄，〈中國近世士人筆下的兒童健康〉，頁307-340。亦見本書第十章〈士人筆下的兒童健康〉。

33　萬全，《幼科發揮》，頁5。

34　同上。

35　同上。

36　同上。

37　同上。

總之，種種異常措施、異常之精神心理狀況，讓作者描述中追求「理性選擇」、「實證路線」的醫療事業與行醫人員──如他本人及所務之幼醫行業──常處於掙扎搏鬥，眾怒難平的地位。三者，百姓民眾，「一旦病生，而人心戚，不信醫而信巫，不求藥而求鬼。」[38] 再困於醫界或當時幼科，錯亂混沌。既有外觀揣知內因的習慣，不免衍出「如煤之黑，中惡之因，似橘之黃，脾虛之謂」[39] 等等說法。然依萬全氣急敗壞的申述，「雖察色以知鳥，豈按圖而索驥。」[40] 許多代代相傳的問診論治辦法，其實都是「枉費精神」、「空勞心力」[41]。不單說患兒的「氣色改移，形容變易」[42]，行醫或嘗試照護嬰幼孩童，若非要以成敗論英雄，用成果判定得失，則萬全積累多年經驗與挫折後的呼聲是：「苟瞑眩而弗瘳，從神仙而何益。」[43] 這麼一來，配合論述、處方而羅列的上百醫案，在一個醫書傳抄刊刻，醫技紛競囂擾，專家與民眾爭相議論的時代，也就在作者與出版者、各色醫療文化消費者的心目中，逐漸交織出一番新的需要網絡與資訊市場供應上的意義。

（二）薛氏《保嬰全書》的案例整理

目前所見薛鎧具名的《保嬰全書》20卷[44]，內附案類形式的「治驗」1582則之多，分附於全書220類討論兒童疾病與健康的項目之下。統計起來，書中醫病項目十分之九（197項）均附此類臨診案例。另外23項未見任何案例附於驥尾的，有些似屬「理論性」議論，重點不在臨證。（如「心臟症」[45]、

38　萬全，《幼科發揮》，頁5。
39　同上，頁6。
40　同上。
41　同上。
42　同上。
43　同上。
44　薛鎧，《保嬰全書》（臺北：新文豐，中央圖書館珍本福建版〔1660〕影印本，1978），全書4卷。
45　薛鎧，《保嬰全書》，卷1，頁71-78。

「肝臟症」[46] 之大項總論），有的或偏日常瑣細照護，醫者臨症少及（如「嬰兒護養法」[47]）。有些似為過時舊論或不再常見之疾病，因少活躍於臨床層面（如傳聞中的嬰兒「變蒸」現象[48]）。近覺晦澀難稽的詞彙概念（如中世紀以來曾沿用一陣但為新說取代了的「噤風撮口臍風」[49]），或某種超出當時幼醫執業範圍的扶幼問題（如唐即倡言，宋以後幼醫書刊仍習慣流傳的所謂照護新生嬰兒的「初誕法」[50]，到了明代中葉，幼醫對其議論及民間風俗可能還有若干「古早」習氣，但臨床上已罕有任何親身的經驗），也就難見其體案例條列。

另有一些問題，是薛鎧《保嬰全書》中顯示作者確有主張，但未見徵引親身經歷之例證。譬如涉及嬰幼兒發育成長的「龜胸龜背」[51]，以及「潰瘍」[52]、「漆瘡」[53] 之類的問題。或作者醫療生涯中確有經驗，但經驗不深，像見於嬰幼兒身上的「胎驚」[54]、「目動咬牙」[55]，以及小兒發牙時的「齒遲」現象[56]，書中所列舉的「治驗」都僅見一、兩條在案。

薛氏《保嬰全書》書中，單項疾病列舉病例最多的，屬當時所稱「目內症」，項下作者一口氣附了37條個別案例[57]。倒是依舊時分卷和作者原組織架構看來，20卷的《保嬰全書》中，以第15卷內所列舉的治驗最多，而此卷恰是一個多類雜病的組合。故有127則病例分列該卷14種健康問題之下

46　薛鎧，《保嬰全書》，卷1，頁59-70。
47　同上，頁5-8。
48　同上，頁49-59；熊秉真，〈嬰幼兒生理〉，本書第八章。
49　薛鎧，《保嬰全書》，卷1，頁8-23；熊秉真，〈新生兒照護〉，本書第六章。
50　薛鎧，《保嬰全書》，卷1，頁1-3；熊秉貞，〈新生兒照護〉，本書第六章。
51　薛鎧，《保嬰全書》，卷4，頁432-437；熊秉貞，〈新生兒照護〉，本書第六章。
52　薛鎧，《保嬰全書》，卷11，頁1116-1119。
53　同上，卷16，頁1790-1791。
54　同上，卷3，頁297-303。
55　同上，卷2，頁168-171。
56　同上，卷5，頁448-450。
57　同上，卷4，頁365-411。

（從「作嘔不止」、「小便不通」，到「服敗毒藥」、「敷寒涼藥」[58]等等）。
包含案例最少的，是全書開宗明義的第1卷，因內容偏向理論性析述，加上
明代幼醫甚少涉足的新生兒照護等討論，全卷總共僅見案例式舉證13則[59]。
其他各卷，則各見40到100則實際「治驗」，每項幼科議題或疾病之下因各
含十至數十則不等[60]。類此分卷、逐項下所作的一書案類數量分布之評比，
本身未必有任何重大意義，唯對案類資料在醫學文獻知識整體結構上的相
對位置，其具體面貌、書寫風格、與專業功能間的關係，可能有側面窺悉
之益。

　　與當時幼醫界所見其他案例性文獻相較，薛鎧《保嬰全書》書中所列
案類型載記——「治驗」——展現幾個突出的特徵。首先，這些書寫上疑
似現場醫者自述的臨診記錄，在資料類型上較接近萬全《幼科發揮》中言
寥意骸的「簡案」，而迥別於錢乙的他述型案例，或萬全另一類綿綿複複
的「繁案」。除少數例外，薛氏《保嬰全書》書中的案例大部分帶有強烈
的「通泛」（generic）文獻性格。也就是說，一千五百多件治驗中，雖偶有病
患的個別性指認[61]，多半案件均以一般性用語「一兒」為起端。既不及任何
家屬背景資料，也無患兒之性別、年齡、姓名。對臨證性訊息，則大抵循
序作三方面之交代：首先是患兒身心不適之徵狀或主要的疾病症候，其次
是醫者薛氏對此醫療問題所作簡潔判斷，第三部分則記錄了當時決定採取
的療法、處方，以及一個寥寥一、二短語的診治——最終不是「安」、「而
癒」，就是「卒」、「不起」[62]。

　　如此簡明扼要、體例劃一、載述明朗的薛氏幼科案例，透露出幾方面

58　薛鎧，《保嬰全書》，卷15，頁1580-1593，1646-1656，1686-1691，1672-1685。
59　同上，卷1，頁1-58。
60　分見薛鎧，《保嬰全書》全書各卷。
61　例如，薛氏曾記：「奚氏女六歲忽然目動咬牙或睡中驚搐……遂用六位丸而愈。」
　　參見薛鎧，《保嬰全書》，卷1，頁169-170。
62　分見全書各卷，例如，薛氏曾記：「一小兒病後，遇驚即瘲，甚咬牙、抽搐、搖頭、
　　作瀉……以致慢驚而卒。」參見薛鎧，《保嬰全書》，頁175。

不尋常的訊息。從最表面的現象上來說，一千五百例以上的數量，就當時而言是一個單科臨床治驗上首見且僅有之罕例。其次，就體例上而言，薛氏《保嬰全書》中所見的幼科案例，其記錄書寫方式、涵括內容、組織陳述的方法，都較前此所見醫學方面案例要「有系統」得多。也就是說，前文中介紹治驗時所提到其於形制內容上呈現的「簡化」、「制式」等趨勢，固使案例顯得寥寥數行，無情寡趣，直截了當而無曲折引人之故事，也正是明代幼科醫學進一步「專業化」，朝「科學」、「理性」、「中立」、「客觀」等方面轉動之明燈。尤其像薛己、薛鎧這般位居要津(太醫院使)，名高望重，權傾一時的碩學名醫，其陳事上要言不煩，摘名去姓，化娓娓之敘說為扼要之擇述，正是要向世人及同業顯明彼等醫療專業上的學識造詣，早已由繁入簡、條理分明。用後世的觀點看來，一如由「說部」之傳講，登堂入室，提升到了血肉全無，情緒消盡，以精鍊之專家言語說明、記錄一件只有內行人才能領會、了解、賞識、評析、表示贊同、參佐援用或駁斥謬誤、力爭其右的「科技式的資料」。這種專門引導內行，為同業及專家所備的科技資訊，在氣象上和性質上，自然想脫離傳奇故事的主觀敘說，以與純屬杜撰的小說演義區隔出來，而特別標明一種靠內容積累、嚴謹推理、系統資料、中性陳述，漸漸形成的新知識權威。這個知識權威，及其仗為器使的醫療「案類」型文獻，互為表裡，二者在明代中葉均正由無而有，自立傳承，建立起一番日隆月升、與時俱進的行業尊嚴與理性身價。

　　此外，與萬氏《幼科發揮》書中案例與治療處方關係間的比對重建，也可看出實證類訊息在16世紀後中國之發展走向。因《保嬰全書》一書中，不但治驗均繫於雜病或醫問而不繫於個別患者。連其所附醫方，也一體隨疾病與醫學問題分類。不再依過去習慣將單方、複方，個別醫家所開醫方、藥方(不論是號稱祖傳的秘方，流用傳製已久的經方、局方，或者醫者個人獨創單沽的別方、要訣)等，一概隨病主附驥其後。尤有進者，《保嬰全書》書中伴從案例立於病、類之後的醫方、藥方，都已制式地以某湯、某丸等

固定名稱出現。其後雖亦有處方藥味成分、炮製、服用方法等指示，然一如「治驗」案例之化繁為簡，走向精練摘要式的標準記錄體與制式報導。同樣地，處方用藥也有標準化與制式化走向。不論在名稱、內容、及使用方法上都有化約統合之勢。二者或者均代表明代中葉後，菁英（識字者）與上層醫者的活動世界中，不但科技專業知識正在迅速統合之中，各地主要醫藥供應市場，本草湯頭等相關領域也有連鎖一統效應。湯頭藥劑的名稱、用法，其與醫家、患者、療程間的關係，也在往標準制式的方向挪動。

總之，從上述諸般現象觀察，到了16世紀或者明代中期以後，中國醫學場域中，任何有經驗而稍有地位的醫者，其知識技術及行業實踐上都與「案類」型態的訊息發生了密不可分的關係。不但業醫者之職業訓練、師徒父子之代代相傳，在醫經、醫論、醫方之外，必須兼而涉獵、掌握醫案。略有知識與工作企圖的醫家自己，也莫不以讀醫案、論醫案，而且在某種程度上，依某種自選方式，撰留案類訊息，將之集輯出版，去迎合市面行家和凡人的需要。一旦帶有案類的醫書刻梓問世，為利者謀利，好名爭勢者亦博得一個聲譽影響上的風頭。只是這些案例，仍附「論」後「方」前，尚未以「案」為名，也尚未見專輯出現。

倒是這麼一個有實無名的醫案文類之萌發，值此醫療行業蛻變轉型之際，有更上層樓的表現。而醫案文類之正式登場，與上述「治驗」類記載面目上已有的標準化與正規化走向，乃是二而為一的現象。因之，這些醫學案類書寫在知識、文化、及社會上所占有的地位，發生的功能，彼此間不是完全沒有個別（醫家或案例上）意義，然而最重要的價值與作用，似仍繫於整體（知識、影響力）上之發揮。這個趨向，兩漢及宋的古代階段暫時不論，由宋而明的一路伸延則十分清楚。因為這樣一個長期以來醫類案例在數量上的巨幅成長，知識組織上的重新整理，敘事風格及內容方面「質」的轉化，加上出版文化上的大肆介入，結果大家所看到的，就是後代認識當時社會上一幅全新的景象。

整體而言，這個新景象在知識文化宏觀上的意義，絕不亞於其特定專

業或個別案例(不論是醫者、患者、疾病或藥方上)的重要。因為從寬闊的
社會文化史視野看來,像薛氏《保嬰全書》中所留下的一千五百多個「治
驗」,聚而觀之,確如前論,一方面可以從歷史知識論角度分析其於幼科
醫案發展上所占特殊位置,另一方面亦可分析其醫學、疾病、藥學知識分
類上的演變,甚至將就其既有醫療認識上的假設,將計就計地利用此以近
代前標準留下數量可觀的「專業」資訊,進一步對所指稱的疾病、健康、
醫療服務,幼科活動等作某種「歷史流行病學」(historical epidemiology)與
醫療文化史上的交叉分析。這樣的嘗試,仍需面對並克服歷史語言學、疾
病史、醫療與健康史,乃至文化生態學上的困難與挑戰。但此類嘗試並非
完全站不住腳(因其資訊供應系統上內在理路之一致性,部分矯正了其與後
代或現代科學認知方面的落差),即便收穫有限,未必完全沒有意義。更重
要的,是這外部而宏觀的視角,與其內部而微觀的檢視,都需要相互支援、
交替討論,乃得彰顯各自及共同的歷史意涵。

　　因從微觀角度,推敲檢閱個別案例,讓我們意識到,此類有關人類疾
病、健康與醫療的個別載記、具體敘述(無論是前此之宋,或是眼前之明),
對中國歷史或世界歷史座標,都是難得而罕有的訊息。要對此特殊資料經
語言、歷史情境、文化場景之形塑,穿過時空所能代表的意涵作某種未必
全然謬誤的解讀,當然是一個高難度、高風險,而且很可能得一個誤差過
於了解的嘗試。但此類材料的形式、性質、內容、生產背景、與積累流傳
至今的過程,又讓我們不能不對專執近代(源於西歐,但早已風行全球)實
證知識與科學方法之獨步世界,前無古人,後僅代代仿效者的一個大假設,
興起若干根本之喟歎與質疑。古今西東對實證精神、科技知識,乃至田野
資料、現況報導的定義與處理既然容或有異,全盤的執今以非古,以近世
遠西一時之標竿為千百年來遠東以及人類知識、歷史發展之總標的,即便
終於皈依臣服,是否可能實為對啟蒙以來一時一地(近代歐美)文化傳承與
科技傳奇上某種過度之樂觀與童騃式信奉?附於各章醫論之下,其間夾有
醫方的薛氏《保嬰》治驗,提供了我們另一種反思解惑的個體例證。

四、醫案的歷史脈絡——實至名歸或名實錯落？

　　略悉中醫幼科由宋而明醫籍中治證治驗等案類例證演變後，值得進一步追究的問題尚有二端，一是此幼科案例型文獻發展與16世紀以後中醫案類文獻勃興，其間有無牽繫？關係為何？二是此案類資料的內容與形制，在中醫醫案以及中國科技文化史兩大脈絡下，意義何在？此節先以明代中晚期醫案類文獻之突湧，瞻前顧後，一析幼科醫籍間之案例類資料，淘名淘實，與整個中醫文獻和醫療知識體系發展大脈動間的聯繫。下節再重覽幼科醫籍案例類資料之細部內容，就其實證性訊息以及敘事背後之文化預設兩個面向，試析此特殊歷史文獻之裡層與表面，在健康疾病史以及科技文化史雙方面所展現的意義。

　　首先，目前若要對千年以上過去中醫文獻中案類性資料的問世與影響，重新評量。可試以宏觀角度勾其輪廓，用倖存至今中醫古籍之整體，作一背景，以觀醫案類型知識成形、出土、與消長大勢之一斑。即先以成書案類醫籍為對象，依當今中國醫史學術分類為準，藉二種主要工具書——1991年北京中醫古籍所出的《全國中醫圖書聯合目錄》及1996年中國中醫研究院圖書館委託北京中醫古籍所刊行的《館藏中醫線裝書目》——中列舉公布書籍為準[63]，除極少散見他類之資料不計，綜合訪查下，共得668種可視為廣義「醫案」的相關書刊。整體觀之，此「醫案」知識在概念與刊刻上淘屬明代中葉後之類別與現象。蓋依百年一世紀為時間軸作為評量尺度，在西曆16世紀之前，勉強可歸入相關項目的書刊只有四項：其中西元前，及13、14、15世紀等四時段僅各推出一例[64]。此四項發生於明代中葉以

63　中國中醫研究院圖書館，《館藏中醫線裝書目》（北京：中醫古籍，1986）；《全國中醫圖書聯合目錄》（北京：中醫古籍，1991）。

64　據臨床筆記寫的單獨的一個條目，摘自司馬遷(91B.C.)的《倉公診籍》，這可被視為史前的醫案類著作，其他分別為羅天益的《羅謙甫治驗案》(1281)；朱震亨的《怪

前的「醫案」類相關文獻中，最值得一提的是刊於1443年的《丹溪醫按》[65]。
「案」與「按」在中文歷史語言學中的演變，何大安先生另有專文論析[66]。
「醫案」與「醫按」二詞於中文知識傳承與語彙層次的交替作用，亦須另
待專文評議。此處我們應當注意的，是這四項誕生於明代中葉以前，或可
附屬於近似「醫案」的出版品，不論是輯自《史記》的《倉公診籍》，元
代羅天益的《羅謙甫治驗案》（1281），朱震亨的《怪疴單》（1281），或者
歸於朱所化名的《丹溪醫按》（1443）[67]，若單從「名」的角度觀察，「診籍」、
「治驗案」、「疴單」，乃至「醫按」，嚴謹而言，與隨後在醫療資料上
出土的「醫案」均非同一系統之產品，性質亦非一事。前三者與後來所出
現、了解的「醫案」性質較近，唯以異名行世。一如前述幼科典籍錢乙《直
訣》中所用的「嘗所治病二十三證」或薛鎧《保嬰》中所稱的「治驗」，
均屬一個寬泛而言早已存在的「醫案」類知識活動。唯此有實之事，一時
尚無精確、統一、慣用之「名」貫之。至於載記型為主的「醫案」與評議
性較強的「醫按」之間的交錯互動，前述實例略及，後將再議。

　　總之，實至名歸，後世所習知的「醫案」類文獻，確於明代中葉（即16
世紀以後）始大量湧現，是一個新的知識文化現象。1519年問世的汪機所著
《石山醫案》，與十年後刊行，同為三卷本而署名薛己之《薛氏醫案》[68]，
可謂此現象之早見範例。自此以後，醫案類醫籍產品進入了一個文化生產
上的穩定高峰。因為16、17、18三世紀間，中文世界中各有10、29和57部
相關著作存世。當時此階段醫案類文獻的問世，與後來19、20世紀近現代

（續）———————————————————
　　　疴單》（1281）和《丹溪醫按》（1443），見《全國中醫圖書聯合目錄》，頁627。
65　《丹溪醫按》（1443），見《全國中醫圖書聯合目錄》，頁627。
66　何大安，〈論「案」、「按」的語源及案類文體的篇章構成〉，發表於2000年12月
　　　28日之「讓證據說話：案類在中國」學術研討會。
67　而《全國中醫圖書聯合目錄》之編者確將之歸於案類下，參見《全國中醫圖書聯合
　　　目錄》，頁627。
68　參見《全國中醫圖書聯合目錄》，頁627；《館藏中醫線裝書目》，頁264。

的發展（各有148和420部項下著作）相較，當然不可同日而語[69]。雖然，有了名實相符的「醫案」類作品後，中國醫案中名與實兩方面的問題並未完全劃一統合。有很長一段時間，名實間的拉扯仍然相當混雜，表裡互異。使我們想要了解醫學「案類」知識與傳統中國「實證」型文化活動間的問題，內情益形複雜而引人。

蓋明代中葉後坊間流傳的中醫文獻，名目上冠「醫案」之詞者，核其內容未必皆為臨證個案資料或醫者實際主治經歷。譬如清代名醫葉大椿之弟子，援其師名，於1732年刊行《痘疹指南醫案》一書（又名《痘學真傳》）。視其內容，8卷中僅有1卷以「古人醫案」為名，蒐集前人流傳而編者以為有參考價值的臨證案例。其他7卷，全是葉氏的醫學議論（醫論），和各種常用處方（醫方）[70]。同此，十多年後問世的《葉天士幼科醫案》（1746），也非醫者自撰之臨床案例，而是當時江南名醫葉桂（天士）的仰慕者，收集資料，援引葉氏醫名編纂而成。內容主要是各種號稱代表葉氏幼科醫學見解論述，無涉任何醫案形式或性質之文獻。

由此側見，一則當16世紀以後，「醫案」之詞語、概念及其所代表的醫學知識在中國的文化市場上傳開後，關於「醫案」之「名」、「實」問題仍然混亂複雜。對當時尋書、抄書、或者出書、購書的人而言，他們並不能顧名思義，於坊間得一冠「醫案」書名的醫籍，遂如期索得臨床案例類的資訊。因為雖則當時其背後所隱含的「個別臨床醫療記錄」這個狹義、專業、較精確的詞語與知識意涵正在迅速形成之中，「醫案」作為一種文獻知識的標誌，意涵還相當寬泛、模糊。所以，另一方面，市面上也才有不少梓人、編者、作者、讀者，乃至醫者、病家，都興趣濃厚地推動著這個現象的進一步成熟。總之，一種狹義而名實相符的「醫案」類書籍、文獻，正在悄悄地月滋歲長，漸有伸展占據醫部文化市場之走勢。同時欲挾

69 參見《全國中醫圖書聯合目錄》，頁627；《館藏中醫線裝書目》，頁264。
70 葉大椿，《痘學真傳》（清乾隆四十七年衛生堂重刊本，縮影資料）。

其新近打造的學識力量、職場權威，吸引著其他場域(如儒學、刑律界)的有識之士，躍躍一試，仿醫界案類之名寶、其敘說之體裁、知識之內容與呈現方式(包括用「案」類之名整理、包裝、編輯、刊刻、問世)，重新樹立起各領域對內對外的新形象與新勢力。

　　反之，16世紀以來，各種有實而無名的醫部案類型文獻，其實也是上述大文化現象中，另一種推波助瀾的參與者，與醫療知識更新形塑過程中的側面映影。即以本文上節所提，萬全《幼科發揮》和薛鎧《保嬰全書》為例。二書所蘊大量而清晰的案類訊息，其形制及內容均提供了醫界乃至一般讀者前所未有的幼醫具體「實證」。其書名、章名及知識分類上雖未嘗標誌「醫案」之籤，究竟無損其實質意義。憑其知識編纂、流傳狀況判斷，其所含這部分臨證個案資料，對當時此類書籍之圈內行家與普通讀者的「消費興致」而言，應是有增無損，益多而害少。也就是說，相對於「名詞」的混淆不清，在醫療知識的「實質享用」上，帶有強烈實證性質的醫者臨床診治之個別案例記錄，在明代中葉以後的專業與世俗讀者群中(professional and lay audiences)，都漸占一席之地。或許正是因為此類現象之持續發酵，到了清代，當18世紀初葉氏醫者的門生信徒想要推出心目中醫界大師的見解貢獻之時，雖無當場臨證案例可提供坊間讀者參閱，為了尊師、敬業、及銷售等多方面的考慮，卻仍然決定「挪用」(竊取？)「痘疹指南醫案」、「葉天士幼科醫案」等類名。而此等作為所引起後世學界之困惑迷失，恰足凸顯當時編纂、刊梓者希望能成功誤導已滋嶄新知識興趣的讀者(消費群)一種另類策略。

　　當然，這裡點出的，只是醫界方興未艾的「案類」知識場域中諸般繁複曲折之一、二。因為在明清當時林林總總有實而無名的案類作品中，還潛藏不少其他聲東而擊西，有意失之東隅而收之桑榆的論著與商品。17世紀中醫界聞人喻昌的《寓意草》一書(1647)，就是如此一部寓意深遠的著作。這部企圖心旺，希望挑起醫學上重要論辯的小書，包括不少夾論夾證、夾說夾引，醫論與醫案交相援引、錯落出現的情況。喻氏這樣一個敘事方

式,和援用、流傳醫學上已有實際案例的辦法,代表的是醫案類文獻在中文知識世界裡的又一種現象,與另一階段的發展。

其實明代中葉到清代晚期,正值16到19世紀的四、五百年間,當時「醫案」知識典範已經出現,但尚未以近、現代醫學的形制與面貌統御中醫文獻與臨床界。其名實之爭,以及由有實無名至有名而無實的種種交互擦身而過的情況,恰足以白描出此種科技實證記錄,在中文世界與中國社會中衍變間之迂迴歷程。今再舉晚明與晚清的兩個例子為對照,一窺「案類」文獻由近世而近代形貌之變化,從而回眸反觀幼科案類文獻之積累與流傳。

前及喻昌(嘉言)所著之《寓意草》,序言中循「醫者意也」古訓,提出自己以為療治雜病的特殊驗案六十多項。夾敘夾論,以辯疑問難的方式就教大方[71]。但書中緊接首篇「先議論後用藥」,第二篇就是有些突兀的「與門人定議病式」[72]。直截了當地訂出了他理想中的「醫案」體例款式,從「某年、某月、某地。某人年紀若干、形之肥瘦、長短若何……人之行志、苦樂若何?病始何日?初服何藥?次後再服何藥?某藥稍效?某藥不效?……飲食、喜惡多寡?二便滑澀有無?脈之三部九候?何候獨異?」[73]不但涵括了「望、聞、問、切」的內容,還有「汗、吐、下、和、溫、補、瀉」等施治過程。這一番「議病式」的釐定,據作者喻氏闡述在期「若是則醫案之在人者,工拙自定,積之數十年,治千萬人而不爽也。」[74]也就是說當醫案在醫界的記錄、訓練、知識傳統、經驗積累上,因內容規格化而扮演起關鍵性舉證工具的功能,有識之士如喻昌亦對其理想形制內容有了些特定的構思。這番構想與前述薛氏《保嬰全書》書中簡化幼科案例的細節不完全一致,但制式化和標準畫一化的呼籲則是共同的走向。這個走向

---

71 〔清〕喻嘉言,《寓意草》(臺北:新文豐,1977)。該書由喻氏之病人兼朋友胡卣臣出資刊行,並為喻氏在每條目項下作按語。
72 〔清〕喻嘉言,〈與門人定議病式〉,《寓意草》,頁4-7。
73 同上,頁4-5。
74 同上,頁7。

所顯示的特徵，去倉公診籍與錢氏的治驗顯然是與時俱遠了。

　　另一方面，看16、17世紀案類文獻在醫界功能、聲名大噪以來，類似萬全、薛氏的嘗試，乃至喻昌等人的議論不計，有關實質內容的發展，卻沒有任何進展。制度面、政府公權力、或某種知識權威、市場律法機制的介入，一直到19世紀，對於醫案類文獻的名與實仍有各種不相協調的牽制，卻又無整體的動向。譬如直到王士雄（1808-1868）活躍時的晚清，他《證齋醫學叢書》中的《王氏醫案》，原稱《回春錄》，其《王氏醫案續編》，原名《仁術志》[75]，顯示「醫案」這個文獻類別與醫學知識典範出現市面三百年後，還有各家梓者題名出版時，於正其名為「醫案」與稱為他銜中仍然搖擺猶豫。而且立案論說，憑案評點的做法，讓人繼續用「輯要」（如《女科輯要》）、「醫話」（如《校定愿體醫話良方》、《柳州醫話良方》），及種種醒目文名（如《歸視錄》、《雞鳴錄》、《醫砭》等）推出。也正是在這些晚清醫界耆老，不斷選案、輯案、評案、按案下，乃有像《洄溪醫案按》、《古今醫案按選》、《業案批謬》這類醫案的選輯、評點本出現。職場專業的制約，專門的法規管理，及其所假設的讀者群都正在醞釀發動獨立、高標公評下的案類文獻在中文世界裡的現身轉型，而此轉型必須在一個既有彈性又帶混雜的公共空間中翻騰、晉陞[76]。

　　從這一串知識發展與文化生產的軌跡看來，自易體會後代圖書編目的專家，為什麼會質、量一併考慮，把「醫案、醫論、醫話」歸為醫學文獻類別上的同宗。只有從此角度審視16世紀後醫療活動在中國社會、經濟、科技面的成長，及與之同時發生於出版、刊刻、閱讀等文化商場上的變化，才能體會各方面因素如何共同影響形成了一個與醫論、醫話、方案、乃至長篇筆記雜錄不分（如署名王士雄的《重慶堂隨筆》[77]）的認識世界與文化景

75　參見王士雄，《王孟英醫學全書》，盛增秀主編（北京：中國中醫藥出版社，1999），249-279，281-353。

76　以上諸籍皆可參見參見王士雄，《王孟英醫學全書》。

77　參見王士雄，《王孟英醫學全書》，頁613-676。

象。

　　撇開這個熙熙攘攘、名實錯落的醫案醫話世界不論。再歸正傳，檢視
一下幼科方面到底留下了多少名實一致的「醫案」類專著或資料，調查所
得也頗值沉吟。因為直到20世紀之前，據目前圖書文獻所知，僅有四筆冠
有「醫案」書名的漢文幼科書刊。除去18世紀出版於日本的一部不論外[78]，
其餘三部，一是署名葉天士的《葉天士幼科醫案》[79]，另外兩部是清中期葉
大椿的《痘疹指南醫案》（1732）[80]，和齊有堂的《痘麻醫案》（1806）[81]。當
然，除了這些以「案」為書名的專刊，其他幼科醫籍中不少也載有相當份
量、數目的「案類」性材料。前文所析萬全的《幼科發揮》和薛鎧的《保
嬰全書》就是兩個類典型的範例。而這個案類文獻在幼科發展的整體趨勢，
其實與醫案資料或專輯在整個中醫醫籍發展的型態大抵相當。因為就至今
仍見整個中國醫部典籍看來，分科醫案專書本始於明代。像具名內科唯一
的一部，歸薛己所編的《彙輯薛氏內科醫案》（1642）[82]。婦科方面的三部案
類專著，則包括王綸的《節齋公胎產醫案》（1492），徐大椿的《女科醫案》
（1764），和署名葉天士的《葉天士女科醫案》（1746）[83]。顯示分科醫案專書
的出現，主要是一個明清以後的現象。已知外科方面最早的醫案專著是19
世紀初高秉鈞的《謙益齋外科醫案》（1805），不過此後總共7部全是19世
末的出版品[84]。而各種針灸方面的醫案專書則全是20世紀的產品。

　　由此角度考察，幼科案類專書既然總數不多，問世又是明代中期以後
的現象，幼科一般醫籍卻又常含有案類性內容，那麼從幼醫發展與案類型

78　摘自樋口好運的《松氏暇筆倭漢嬰童醫案會萃》（1703年出版）。見《全國中醫圖書
　　聯合目錄》，頁480。

79　關於《葉天士幼科醫案》，見《館藏中醫線裝書目》，頁205。

80　葉大椿的《痘疹指南醫案》，見《全國中醫圖書聯合目錄》，頁509。

81　齊有堂的《痘麻醫案》，見《全國中醫圖書聯合目錄》，頁516；《館藏中醫線裝書
　　目》，頁220。

82　見《全國中醫圖書聯合目錄》，頁408。

83　見《館藏中醫線裝書目》，頁267。

84　見《全國中醫圖書聯合目錄》，頁546，552-554，547-548。

信息的互動而言，盛清朝廷集眾力所纂成的《古今圖書集成》中幼科各門所附案例資料就特別值得重視了。因為《古今圖書集成》幼科百卷內容中，共計留下了1170則醫案。而這些循全書性質輯錄歷代不同幼醫文獻中的個案，分屬幼科26門中的24門[85]。各門中含實例最多的是「小兒痘疹門」下的333則[86]。像「小兒瘡瘍門」的162案[87]，「小兒驚癇門」中的130個醫案[88]，居次而接近中數。純論醫理診技的「小兒診視門」和「小兒臟腑形證門」完全沒有附案例[89]。而「小兒初生養護門」和「小兒諸卒中門」僅各附1案，反映近世幼醫臨床閱歷及其知識傳承上的具體落差。這一千一百多則兒科的醫案，涵括六個世紀不同地區兒童的疾病健康史、醫療史、社會史和文化史等多方面意涵，有待仔細分析。舉之與近世幼科個別醫者(如萬全)、醫著(如薛氏《保嬰全書》)留下或多或少的案類訊息比照推敲，不論曲折而考掘其實證性資料，或互讀而解悉其築構上經營，這個大部頭的資料庫都是個值得一訪再訪的寶藏，雖不免艱難繁瑣，然晦澀枯燥中不無熠熠誘人之處。

五、實證式書寫與科技中的傳奇

前述近世幼科文獻的縷析中，可知不論是整個中國醫學或其下重要的分支專技(如幼科)，自宋而明清，都有一個記案立據的傳統。而這個縣延七、八百年(西元12至18、19世紀)的載錄傳統中，所謂「案類」資料，不論是名實之變如何曲折(從有實而無名漸趨實至名歸，由名實各異到形制內容之畫一)，盛衰之勢(案類宋明由無漸有，由少轉多，而明清又由盛轉弱，由創制編纂到機械性地重輯濫售)，質量、形式、內容各方面如何變化，一

85　參見《古今圖書集成》(臺北：鼎文，1985)，頁4462-5481。
86　同上，頁5068-5481。
87　同上，頁5010-5067。
88　同上，頁4728-4817。
89　同上，頁4519-4530。

一回顧，細細分析時必須兼顧這些文字資料記載之體裁（書寫形式）之轉變
與其實際功能（知識內容）之發展。這層釐清，狹義而言與科技上客觀、實
證性敘述或主觀、杜撰性渲染間的界分有關。更宏觀、長遠地看，其實與
知識論上所謂廣義的「科學精神」、歷史上的「進步理念」乃至晚近「近
代性」（modernity）等辯論均密不可分。

　　西方學界當下對於各類證據式資料之討論[90]，尤其是醫學文獻中「案類
型」資料之發展與流變[91]，特別舉出此綿長之憑案論證、依據立說的傳統，
在近代後的一路發展與整個社會大環境之結構性、制度面變化，及文化論
述上的新價值取向，都是一體之諸面。而這個最近一、二百年的多面歷史
發展中，歷史淵源雖遠，但案類式文獻之說理與知識權威之樹立，則一方
面衍自整個西方科技知識在近代之興起，另一方面還與西方敘述說理方式

90　中央研究院「明清研究會」於2000年12月28日（星期四）舉辦「讓證據說話：案類在
　　中國」學術研討會，會後，由麥田出版成果並擇譯西方相關論著一本，以為文侶。
　　題為「讓證據說話：案類在西方」，在此書中，選譯了如下之文章：Lorraine Daston,
　　"Marvelous Facts and Miraculous Evidence in Modern Europe," in *Questions of Evidence:
　　Proof, Practice, and Persuasion across the Disciplines*, ed. By James Chandler, Arnold I.
　　Davidson, and Harry Harootunian（Chicago: University of Chicago Press, 1994）, pp.
　　243-274; Julia Epstein, "Case History and Case Fiction," in *Altered Condition: disease,
　　medicine, and storytelling*（New York: Routledge, 1995）, pp. 57-75; Albert R. Jonsen and
　　Stephen Toulmin, "Prologue: The Problem," and "Theory and Practice," in *The Abuse of
　　Casuistry: A History of Moral Reasoning*（Berkeley: University of California Press, 1988）,
　　pp. 1-46; Cass R. Sunstein, "Analogical Reasoning," in *Legal Reasoning and Political
　　Conflict*（New York: Oxford University Press, 1996）, pp. 62-100; Nancy Harrowitz, "The
　　Body of the Detective Model: Charles S. Peirce and Edgar Allan Poe," in *The Sign of
　　Three: Dupin, Holmes, Peirce*, ed. By Umberto Eco & Thomas A. Sebeok（Bloomington:
　　Indiana University Press, 1983）, pp. 179-197; Ian Hacking, "Opinion," "Evidence," and
　　"Sign," in *The Emergence of Probability: A Philosophical Study of Early Ideas About
　　Probability, Induction and Statistical Inferrence*（London: Cambridge University Press,
　　1975）, pp. 18-48. 編按：會議論文後結集為《讓證據說話【中國篇】》（臺北：麥田，
　　2001年8月）。選譯的西方相關文章則題為《讓證據說話【對話篇】》（臺北：麥田，
　　2002年1月）。
91　請參閱：Julia Epstein, "Case History and Case Fictioin," in *Altered Condition: disease,
　　medicine, and storytelling*（New York: Routledge, 1995）, pp. 57-75.

之演變，以及大量「客觀」記錄所造成訊息上的「集體效度」很有關係。也就是說，這類知識憑案論證而假設其對聽眾、讀者會帶來某種自然而然的說服力，是因為近代科技式思潮與重視統計、數據式證據的流風餘韻（即大家一般所稱的近代式「實證精神」），在19、20世紀間，不知不覺已由專家間的激辯化為無庸置疑的普遍「信仰」。因之，案類式的資訊在社會文化上乃挾威力愈大，也愈來愈成必備。一方面成了某種特別有價值的訊息（即便枯燥乏味而艱澀難懂），另一方面又是各種現代化職場、日常工作中不可或缺的一種保存資料、載錄活動的格式。

　　由此角度重新回顧過去數世紀來中國幼科案類型文獻所透露的專業或一般訊息，所經歷的發展軌跡，所憑仗使力的文化場域，以及所滋生的學理與宣傳上效應，尤饒錯綜複雜之趣。首先，作為某種「古典型」（非現代或近代以前）的實證性記載而言，近世幼科案類資料雖則書寫風格與內容組成與後代類似文獻有別，但在性質、功能上卻相當接近任何「實證性文書」。也就是說，這些醫者臨證當時或事後所留下的個別案例，基本上是當時文化理解裡的某一種「應用學科」的記錄。目的在藉具體個別案例之載錄，積累經驗，與原先傳承之理論假說相印證，彼此間形成一個交叉檢驗的知識網絡。同時聚少成多，最後於時序和數量上構成一種集體論說與相互質疑的力量，從而成為業者樹立個人、專業權威與門派聲勢之基石。

　　因之，幼科一如整個醫學，其案例與醫論，案例與醫方（不論單方、複方、秘方、驗方、經方、口訣），一如醫論對於醫方，彼此間永遠存在一種交相辯駁，又互相支撐、互為輔佐的關係。而這一恆久鼎足而三，互動互繫的關係，正是形成當時傳統中國醫療文化及醫學論述的最重要主軸。不但醫論中談的病因、症狀（主證、次證、兼證）靠具體案例來支持。實際上也可以說是案例個別經驗在背後長期之聚集，一方面驗證處方之功效，另方面精練後概念化也可抽象昇華成為醫論。換言之，醫療知識與照料技術上的更迭變化，化為實踐，其實也就是案例間所看到的個別療程與療效，在證明、強化或挑戰、推翻流行醫學思想、治療處方上的原有預設、舊日

權威。幼科醫學上以近世醫者之經驗、累積之案例,質疑而更新過去醫論的例子比比皆是。粗略而觀,中國醫療文化過去雖易予人一種萬變不離其宗的陳滯印象,在推動科技近代化與以全盤西化為進步論者的口中,更是長久僵化難動的千年落後、封建、非理性之殘餘。但細查其內部肌里,波瀾變動絕非罕見。而這個具體而動態的醫療文化圖像,藉案例較循醫理、藥方所見之情景,尤為微細鮮活。種種醫者帶有疑忑之嘗試,與夾著實踐經驗的論說,交織成了所謂傳統中醫醫療文化理論、傳承的一個敘說面,與試驗、活動的另一個敘說面。兩個敘說面的交融,才合成了中醫之混成(embodiment)和論述(discourse)之文化上呈現(Cultural representation)。

舉例來說,當宋代不知名的醫者,在數百年「臍風」、「胎毒」說的籠罩下,提出新生兒之出世第四日出現而三天後殤亡的疾病(當時多稱為「四六風」或「四七風」),仔細觀察起來,與「大人因有破傷而感風」[92],其實罹病過程,表現之症狀變化,殊無二致。從而由瘍科處理外傷傷口之習,輾轉研發得一「烙臍」封口的主意。就是在「實證精神」指引下的具體觀察,對過去「傳統理論」所衝出的一個重要決口。這個挑戰舊說的新理,目前未見個別案例為佐,當時也未嘗能以短時間反覆驗證而說服所有幼醫、村嫗。但據宋至元明幼醫對新生兒斷臍方法,新舊說交陳並列之大勢,以及民間口訣之發展走向看來,臍風之新說終而緩緩取代舊論。其背後以積累實例、具體觀察支撐新見的風格,與近代科技發展上所謂之實證原則(empirical principle)相當近似,其間若有古今東西之別,應非重點。而這種論證、說理的方式,既挾有論辯上的說服力,是否也就代表至少在宋至明清的醫療文化中,不論專家與庶民,對任何個別爭議、理論、或傳說(如「臍風」),雖不免有沿襲之成見,卻也可能秉持具體實證向之挑戰。因而整個大論述之系統與知識可能保持若干「開放」與「鬆動」之契機?我們

---

92 見《小兒衛生總微論方》,卷1,頁9,14-15;另見熊秉真,〈新生兒照護〉,本書第六章。

可以就此而揣測「傳統」文化中「近代」萌動之機關嗎？

　　再舉一例：風行中醫千年以上的嬰兒「變蒸」之說，16世紀因少數醫者援證推理，而受撼動搖。這個魏晉隋唐醫籍上人云亦云的「變蒸」理論，對出生嬰兒前兩年生理上的階段性發育，提出一套數字式的排比與揣測（每三十二日一變、六十四日一蒸則漸生臟腑等等）[93]。後數百年臨證醫生雖不乏對此套精美的機械性推理瞠呼其奇者，但始終沒能舉出任何有力的反證，以為挑戰。到了明代中葉，醫界聞人孫一奎（1522-1619）於其名著《赤水元珠》（1584）一書的〈變蒸篇〉中，卻提出了一些基於觀察的疑問。他先以己度（自謙「愚謂」）與舊論（稱為「古謂」，然僅舉其要旨「大意」）相對，最後則執臨床經驗為推翻舊說之基礎，說：

> 觀今之嬰孩，未嘗月月如其〔變蒸之說〕所云，三十二日必一變，六十四日必一蒸也。發寒熱者，百僅一、二耳。間或有之，亦不過將息失宜，或傷風傷乳而偶與時會耳。……昔謂生臟生腑之助，則甚謬也，不辯自知[94]。

孫氏此處認為「不辯自知」的長年謬誤，是建立在他「觀今之嬰孩」的案類式推理之上的。而且他的理之直、氣之壯，是建立在他對其讀者（不論是同業之醫家或有識之民眾）自然會聽信、折服這種「案類型」推理的信念之上。

　　再過40年左右，晚明另一儒醫張介賓（1563-1640）在《景岳全書》中也發表了他對舊日嬰兒變蒸說的質疑，以：

> 小兒病與不病，余所見所治者蓋亦不少。凡屬違和，則不因外感，

93　參閱熊秉真，〈嬰幼兒生理〉，本書第八章。
94　孫一奎，《赤水玄珠》（臺北：商務，1983），卷25，頁25-27。

必以內傷。初未聞有無因而病者，豈真變蒸之謂耶？又見保護得
宜，而自生至長毫無疾痛者不少，亦又何也？雖有暗變之說，終
亦不能信然[95]。

所以張氏的動搖「變蒸」舊說，憑仗的也是他「所見所治」案例之綜合，
使他歸納得了一個「以余觀之，則似有未必然者」的新結論[96]。不論孫一奎
以「百僅一、二」之比例，懷疑「變蒸」說的不可靠；或者張介賓考慮「小
兒病與不病」，「初未聞有無因而病」，倒有「不少」「自生至長毫無疾
痛者」，以為「暗變」之說「不能信」，其立論成說的著力點、堅持的都
是一種對「案據確鑿」、「聚少成多」，讓證據說話的態度。

今日再回顧這些世代累積的案類證據，案類式推理說理，當然透露的
訊息不止一端。就其內容所反映的情事而言，既可見歷代醫者之活動與醫
療發展軌跡，亦可間知疾病健康在中國不同地域間的盤踞與發展。就其書
寫技巧、敘說體例而言，亦有相當偏重實證、理性，就是記事上「科技式
書寫」，以及夾敘夾議，載錄與情節混用，編織所成的一篇篇動人而帶有
幾分傳奇的「醫療故事」。所以，一方面，我們可以將所有的醫學案類資
料匯集整理，勾畫出一個中國醫療疾病史某種面向之梗概。另方面也可以
深入剖析、反覆推敲這種特殊的敘說傳統，作為一種「文化生產」，其所
顯示的說理手法，理解、說服上的技巧與心態，乃至更寬廣的一個醞生、
托出這一番理解、敘說方式，其周邊的文化體系、社會生態。

就前者而言，以近世中國的幼醫為例。因為宋代以來「專理小兒科」[97]
的業者逐漸遍及南北集鎮、街市，其診療所及固以富貴中上人家子弟為多，
亦頗有貧賤告急者(清明上河圖招牌下乃有「貧不計利」四個小字)。因而

---

95 張介賓，《景岳全書》，卷41，頁26-29，收入《景印文淵閣四庫全書》（臺北：商
    務，1983），子部84，醫家類，頁109-110。
96 同上。
97 「清明上河圖」中所示幼醫診所招牌用語。

重要、明顯的兒童健康問題，不易脫其眼底，多少留下些蛛絲馬跡。16到19世紀間，天花肆虐中國，痘疹醫書之案類載記，當如此作並列齊觀[98]。黑死病橫行歐洲時，中國史書醫籍雖有各種「疫疾」猖獗，但不見類似腺型鼠疫全面爆發之描寫，案類文書載錄上之付之闕如，不能不視為一個重要的間接線索。

　　反面而觀之，以當今流行病學的眼光來衡量，中國的醫籍和案類記載雖常會記載、保存、流傳個別病人的求診記錄，卻沒有「每案必錄」、「回回記載」的習慣。因之，綜而觀之，固有助於提供具體疾病「發生」（incidence）之訊息，卻很難據之而得到任何盛行率或罹患之流行性（prevalence）方面精確的估計。也就是說，我們比較容易從這些描述性統計資料得到兒童健康型態、疾病之大勢，卻不易掌握準確的、基於數字統計式（mathematical statistics）的景象。這中間的問題，不止涉及古今疾病病名同異、疾病與健康的文化定義、社會意涵上的經常轉換，更涉及載錄醫療類訊息的書寫習慣，敘說性質上的古今之變。

　　讓我們再舉一些近世幼科上較突出的例子作說明。中國幼科醫籍有七、八百年常談小兒「疳」的問題[99]，這個包含各種「缺乏性疾病」（deficiency diseases）問題在內的健康與疾病概念，本身在近世中國就經歷了相當曲折的變化。而從其「案類」型載記與醫論、醫方中窺見之情況合併揣摩，可推知此健康問題在明清社會間顯然牽扯出不少貧富貴賤子女健康走勢不同的「階級」之別的問題。概括言之，富家幼兒據載因多食肥甘，不能消化，常成「疳積」。貧家子女則確罹饑饉、飲食供應嚴重不足，也可能出現同樣虛弱無力，精神倦怠，無法承受米水的情況。至於中等家庭之兒童，則

98　參見熊秉真，〈且趨且避──傳統中國因應痘疹間的曖昧與神奇〉，《漢學研究》，16卷2期，頁285-315。

99　雖則「疳」非兒童專屬疾病，有關這方面之問題討論可參閱熊秉真，〈疳──中國近世兒童的疾病與健康研究之二〉，《中央研究院近代史研究所集刊》，24期上冊（1995年6月），頁263-294。

不乏父母縱溺，飲食不當，甚至過用醫藥，竟因藥餌傷害（當時稱為「藥傷」）致現「疳」症[100]。這是參佐案類記載，可以側忖的「實證」型訊息之一。

再舉近世小兒「驚風」的醫、病、與載記間的複雜辯證關係為另一例。因漫長歷史中，醫療方針、疾病文化的型態、定義，各自都不斷發生著或多或少、或快或慢的變化。同時，敘說、登錄、流傳這些現象與活動的載記性文體，又承受另外一些因素影響，衍生形形色色，大大小小的轉變。兩方面變化交織，就可能出現種種複雜情事，非單線式追蹤、理解、陳述的史學故技容易捕捉。至少7、8世紀以後延續了千年以上的有關小兒「驚風」的各種報導，到了13、14世紀，突然在文獻上呈現一度中斷的跡象。細考其背後緣故，意會到原來這類案例敘說上的忽然銷聲匿跡，未必來自於此類兒童健康問題（如突受驚嚇、急性抽搐等）本身的消長，實與13世紀初部分醫者開始視小兒「受驚」與「抽搐」為兩方面不同的現象（有點類似晚近對「精神性」異常與「神經性」病變的粗略分劃），因將前者案例挪出此項之外，另歸其他項類討論，造成此類訊息在「量」上的明顯殞落和某種「質」上的細部變遷[101]。

因之若將中國醫學中帶有「案類推理」訊息——即憑個別病患之疾病及診療資料，思索醫學上的問題——全部視為一種資料之整體，而嘗試作某種文化生產現象之解碼或判讀的話，需要納入考慮範圍的問題確實很多，內情也常出人意表。然此演練過程可以導引、解釋出來的關於醫、病等社會、文化動態，不謂不豐盈而可喜，且非他徑易代。即如上述小兒「驚風」個案記載所引出的實情與爭辯，內部曲折繁複，有些情況不易完全斷定，卻十分引人。如將幼醫文獻載述「驚風」個別案例與醫論中相關論述作長期觀察比對，所得之景象與疑問，其實提供出一個歷史認識上相當開放的思辯空間。萬全在談「急驚風有三因」的議論中，細敘了他自己初習

---

100 見熊秉真，〈疳——中國近世兒童的疾病與健康研究之二〉，頁263-294。
101 見熊秉真，〈驚風：中國近世兒童疾病研究之一〉，《漢學研究》，13卷2期，頁188-194。

醫未出道時遇到的一個棘手例子。在有幾分驚險的情況下，以灸艾與「家傳治驚方」救甦了一位兩歲「發搐致死」的幼兒。當時（15世紀）在他三代掛「萬氏幼科」之牌的湖北省羅田縣，這位年輕幼醫的表現據他自稱頗讓正傳業給他的父親（菊軒先生）寬懷。萬老先生對兒子這番表現引以為傲，向其母讚嘆曰：「吾有子矣。」[102] 但是三百年後的幼科醫籍《福幼編》的刊刻序言上，莊一夔要卻抱怨說：「世之醫者，妄云小兒無補法」，遺禍幼兒。所舉的例證，是醫者對「身熱惡食」，「遭風寒外邪」之小兒，動輒施以苦寒驅風之藥，導致出汗傷胃。受此消伐，慢驚由致。卻「不亟思補偏救弊之法……殺人毒手，未有慘於此者。」[103] 以這前後兩項意有所指的「驚風」實證文獻相比，反思過去近世幼醫傳言「急驚風十生一死，慢驚風十死一生」之說[104]，是否暗示幼兒的疾病、健康，與幼醫的醫療文化、醫學敘說在這段時間都發生了相當的轉變？以致萬全在15世紀救亡圖存的成功，頗得其業醫之父的讚賞。同時像他一般對急慢驚風看法與診治的發展，一則造成了後世莊一夔描述的「慢驚之症，源於小兒吐瀉得之為最多。或久虐久痢，或痘後疹後。或因風寒飲食積滯……或因急驚而用藥攻降太甚，或失於調理，皆可致此症也。」[105] 也就是說，莊氏的敘說中，各種近世幼兒流行重症的後遺症，加上藥餌之傷，匯成了18世紀常見的慢驚之症的大勢，已不是12世紀以後錢乙所說小兒急性發熱抽搐（當時所稱「急驚」）拖延而致（故死亡率奇高，而諸醫束手）的景況。案例內情之變化，與疾病、健康、醫療、敘說間的緣由牽扯，絲縷如此紛雜，判斷自然曲折而不易。也許正是萬全等元明醫者在錢乙的提示和研發之下，扭轉了小兒急慢驚風發病之型態與趨勢，才同時改寫了後來清代醫者的立論之基（包括舊式急驚

---

102 萬全，《幼科發揮》，卷1，頁21-22；熊秉真，《安恙》，頁61。

103 莊一夔，〈福幼編序〉，《保嬰要言》（臺北：森生，1989），頁28；熊秉真，《安恙》，頁61-62。

104 姚廣孝等編，《永樂大典》，〈小兒急驚風〉，卷978，頁3；及虞摶，〈急慢驚風論〉，《醫學正傳》（《集成》，卷426，頁1136-1137）。

105 莊一夔，〈治慢驚風心得神方〉，《保嬰要言》，頁32-33。

演為「慢驚」類型之式微，新式幼科流行病肆虐餘緒，與並行的江浙溫補派醫者藉之抨論寒下派用藥之誤）。

無款《昇平樂事》（第七開）

幼齡男女，遊樂庭院，各執其鍾愛玩偶燈具，固為令人艷羨之良美景，也透露顯現出近世家族傳承之文化願景，與背後真切的推動力。
國立故宮博物院編輯委員會編，《嬰戲圖》（臺北：國立故宮博物院，1990），頁44。

　　學者循跡斷事，有謂不過是一種帶有涵養工夫的揣測（educated guess work）。上述醫病實況與敘說技巧的相互作用又同時質變，既提供了案情複雜的案類文獻產生時的多重肌理，同時也營造出層層後世讀者重新造訪古蹟、閱讀記錄時的文化屏障與渠道。今再以近世幼見「吐」、「痢」二症

之實證式書寫為例，試析此中玄機。今若綜理實案病歷，12到13世紀，及
16到17世紀的兩大時段中，小兒「吐」的載記議論頻頻皆是。案例文獻中，
許多是伴隨發燒和腹瀉的類似急性嘔吐描述，不斷出現在中國境內南北各
地區的幼醫記錄之中，夏季尤其顯著。過去醫家往往夾敘夾議間，將之歸
咎於病家於伏暑之時縱容幼兒攝取生冷。此類之載記，應視為中國物質生
活與環境變化互動之音訊嗎？抑或雜有醫學概念、醫藥文化、醫科論述，
乃至影響所及的載錄習慣之演變？後代史家是否可舉之對照當時飲食烹飪
習俗變遷之其他資料，拼湊窺見近世幼兒之健康如何於生物、物質、與文
化（包括醫療）的多重變化中，得其喘息生長之契機，同時亦直接、間接透
露並影響其處境際遇之大勢？史學另要更進層樓思索上述這類疑惑，案類
資料，連同對其優劣長短種種特質之揣摩，是至今少用卻不能不屑的一種
微妙的工具與隱性寶藏。

　　幼醫綿長的有關小兒「瀉」與「痢」載記中，一到13、14世紀後，直
至16世紀中，小兒急慢性腹瀉病歷逐漸增見。其資料面趨勢，除可能夾雜
醫學概念、文化論述方面的變革外，是否也可能透露著某種小兒下消化道
流行疾病演化之景象？甚至不排除外在物質、生物環境量變與質變之因
素？16世紀中，「瀉」與「痢」的記述中，某種季節性發作劇烈的「時疫
痢」和「疫毒痢」浮現幼醫文獻，指為暑後秋冬之際常見之小兒疾疫。相
關醫案，屢見不鮮。其間固有近世醫籍間彼此傳抄之故，也確有不少坊間
醫家新作與診療記錄，代表某種當時的田野記錄與臨診實況。這類資料，
從近世中國幼兒健康與醫療史的角度上，當作如何之閱讀？從晚近「社會
生態學」與歷史人類學，乃至環境生物史的立場，又可能為後世攜來何等
之訊息？人口史上幼齡人口之疫疾演變大勢，是歷史學者可以、願意涉足
的新領域嗎？由古而今，生物、微生物在任何一地域、社群中，與社會、
文化、物質、人群之互動，是史學上應該擴大考慮的範圍嗎？中國歷史之
變遷，有沒有屬於「物」、「生物」，乃至「微生物」活動的一個面向？
至今乏人問津，但未來人文、社會與自然學者若重新整隊出發，此類問惑

之疑仍會是全然飄渺、抽象的問題嗎？

六、結語

上文對數百年來中醫幼科案類文獻的衍生、發展，不免叨絮，卻難數盡其間曲折情致，更難窺清背後千年以上中國醫療健康個案記錄面貌之種種。然而，綿延婉轉之大勢依稀可見：這是一種既帶有代代內在「傳承」，同時又不斷展現其敘說「傳奇」的特殊文化載體。

就其「實證」氣質而言，姑不論《史記・扁鵲倉公列傳》中所載淳于意的數十件療治經歷，即自宋代以後，閻季忠為錢乙所留下的「嘗所治證」中，幼科案類書寫的發生與傳統即漸見「職業性」與「敘說性」上的雙重濫觴。此一面貌，在明代幼醫盛展之際，由萬全、薛鎧的案類載記，可見各種不同變化。不論娓娓道來，或簡扼摘述，醫案類文獻到了16世紀，名實俱存，在職場與流傳上功能與影響互彰。醫者論其要旨時雖未必全衷一是，卻無人不曉其「市場」、「效益」所繫。不論是喻昌的《寓意草》或江瓘《名醫類案》，都更進一步表達了中醫案類文獻在明清時期「專業供應」與「廣大需求」間不斷互援的消息。由之，文獻書寫、組織內容、或文化論述上，幼科醫案或一般醫案，均有其值得再論再析之「傳承」。也就是說，這番多重意義的醫療案類記錄，毫無疑問帶有某種技術類（過去所說的「方技」式）文獻不能沒有的特殊「實用」與「實證」，甚或「科學」氣質。

然而從微觀與個別例證的角度，一一檢視這些林林總總的案例文獻，不論是第一人稱的自載，或第三人稱事後的追述，不論文體上是曲折豐盈或簡單明瞭，這些「傳統」時期中國醫療科技類案例，又往往帶有極高的「故事」性，與傳奇式的趣味色彩。這些與現代醫療案例相形之下顯得特別「多餘」、「主觀」與「非理性」，因之容易被斥為「不甚科學」（無味、無嗅、無菌、方程式般的標準化記載）。萬全述其治療案例，特別囑告讀者，

與他看法不同的另一位醫家其實彼此間過去嘗有素怨，（因之不懷好意而意見特別不可靠？）薛氏父子案例雖多半走向俐落之制式記載，偶或仍有長篇敘說治療自家親人孩兒的「動人」細節。16世紀以後，案類資料對醫家診斷、辯論、傳藝、上市等具體功用已十分明顯。種種論其精義、形式、標準的意見也此起彼落。但這些要求大家（作者、讀者、商人、專家）重其理性特質、科技「傳承」的聲音，一時也尚未壓倒或制伏種種「傳奇」性展演之聲音。當時最有威望的醫界權威，如張介賓，其循案辯證精神，似乎完全不忖個人偶然傳奇式的敘事習慣。同時朱丹溪、孫一奎等儒醫式的哲理、筆記小說家般的揮灑，好像也絲毫無損其經驗、資訊在醫藥「科技」界不容小視的客觀價值或崇高地位。

　　這形形色色的現象，誠然都屬於一個「前近代」的世界。是否在近代的科技文化或社會意識規制中，一度被抨擊而失勢，遂如滔浪之去，永遠不復能返？如今於現代時空或近尾聲之際，又將對大家展演何許另類神態，向著種種陳舊或者互存古典的人文——與科技——情致，表達如何一番姿勢？

　　現代中國，科學、民主之呼聲曾挾理性、實證之浪潮，凌御天下，一度勢不可擋。頓時一併席捲了大眾的求知理性與消費感性。胡適高舉全盤西化之大纛時，也曾嘶喊：「有幾分證據，說幾分話，有七分證據，不說八分話。」並以英式實證主義為人類普世清醒之先驅，直指歐美賢哲如羅素（B. Russell）、杜威（J. Dewey）以前，愚昧黑暗之中國且全不知邏輯推理、實證精神為何物。如今重思全球現代此種特殊形制下的存證、推理、求知之信仰，上溯向時明清或更早案類文獻及其背後認知系統之思想脈絡、實務淵源，細索其周邊更寬廣的社會文化環境。一方面在時間刻度映照下，對人類理性認知之各種專執，可有一番不同的「知己知彼」的了然。同時，重覽百千年來各種不同案類文書，無論其形制、內容、功能、用意，都可能既持其特殊行業、領域之傳承，復不免兼有敘述事故原委時拋出的一股「傳奇」神韻。這知性傳承與感性傳奇兩股力量的雜糅，不斷以各種組合，

現身於中國醫案文獻,同時亦展露於禪宗公案、宋明學案、近世刑案,乃及卜算星案,甚至間而托出了公案戲曲與案類筆記小說的誕生[106]。其間情致,顯然是古已有之,於今未息。這些重要的案類文獻之文化生產,作者間彼此對對方的專業心知肚明,常有借鑑較技之心,職業或訊息市場遂有競爭援引之意。再加上許多不以「案」為名,卻自帶有「案類」性質的書寫(最明顯的是史籍、傳記,及其他藝技之個案卷宗),絲絲入扣,主客因素交錯,遠近環境互倚,形成了中國往時「論證」與「憑據」在資料與思考雙方面共同營構而成的一個推理文化的世界。

這個「中國式」的特殊「推理文化」世界,到了近現代,雖另有一番戲劇化轉折與變化。但這最近一階段的轉折變化,既不能全歸功於西方「科學文明」之輸入,更難怪罪(或感謝)過去千年來中國冥頑不靈因而付之闕如的「實證精神」。今日中國案類文獻在知識考掘學上的重新出土,提供了大家一個重新「識古」並「知今」的機緣。

當今全球認知界域之規劃,常有以理性對感性、科學對人文、現實對抽象,乃至非小說文學類之杜撰(Non-Fiction)對小說傳奇(Fiction)之類別。此一近代知識與文化上的「奇風異俗」,經過醫案及傳統中國案類文獻長期發展與細部容貌之映照,正催促著我們重新思索、反覆評量在人類緜延繁複的知性活動發展史中,「現代性」知識分割所代表,許多特殊的「有意」與「無稽」。

---

106 參見李玉珍,〈禪宗文學之公案:佛教證悟經驗之宋代新詮〉;邱澎生,〈明清「刑案匯編」的作者與讀者〉;朱鴻林,〈學案類著作的性質〉;張哲嘉,〈中國星命學中案例的運用——以《古今圖書集成》所收書為中心〉;王瓊玲,〈明末清初公案劇之藝術特質與文化意涵〉;何大安,〈論「案」、「按」的語源及案類文體的篇章構成〉。以上諸文,均發表於「讓證據說話:案類在中國」學術研討會(中央研究院近代史研究所主辦,2000年12月28日)。

第四章

幼科醫學的區域特性

　　近代史學原躋身於國家民族學術發展之一端，且為民族國家教育文化事業之一途，因之，科學史、醫學史之鑽研，人口健康疫病之變化，雖則常不守國土疆界之規劃，但其背後史學研究之思維習慣常仍以國家為考慮單位，當然，醫療與健康，不論嬰幼男女，往往也受制度、風俗之影響，而制度風俗確有社群地域之別，古今皆然。

　　此章之作，原欲討論的「幼科醫學」與「兒童健康」上所顯示的區域性變化，所想的是一般泛指的「中國」境內東西南北各個大的地方板塊。在將一手材料梳理之後，才意識到這個習慣討論的問題，其空間範疇即現今地理學上所見之「東亞大陸板塊」（Continental East Asia），固以「中原」（China Proper）為主要活動區域，但是因為傳統「漢醫」（Traditional Chinese Medicine），其醫療與本草學知識與臨證診治技法，流傳於東亞、韓日，與越南北部。所以若要更信實地討論近世此一大範圍內，其幼科醫學與兒童健康發展所顯示的分支變化，理想上應包括對明清帝國疆域外，在現今學者所稱「漢字文化圈」內相關的發展。

　　下文之討論，不過可示在中國境內黃河與長江流域，由漢唐、而宋元，因帝國重心南移，在「宋元明過渡期」（Sung-Yuan-Ming Transition），即金元醫療走勢大變，尤其明清時期南方「溫補」之說取代「寒涼攻下」之習以後，對宋元以後興起的幼科醫療，以及明清人口劇增後嬰幼健康發展之大勢，在南北東西中國境內所見之圖像。分析考慮，一則可為他地延伸性研究之參考，再則與中國及東亞區域之外，近東、歐洲其他地區萌生狀況不同地區，兒童健康與區域環境之間的關係，亦可有些相關之比較。

一、前言

　　人類科技與文明的發展，一向受時地因素的影響。所以科學與技術等初看來似乎性質相當客觀的活動，放在長遠廣大的歷史軌跡中細細品味，就會發現其發展，其實與倫理、文藝、哲學一樣，常反映出不同時間與地

區人的價值觀、興趣趨向，與該時該地許多相關的物質條件與文化環境。就醫學這樣一個被奉為近世科學精神表率的學科，其進展仍離不開人文傳統與自然環境的交錯交相作用。從近代的西醫，固然可見文藝復興以來，義大利與後來的法國、英、美醫學界人士努力的方向，顯示當時知識分子信念所繫。另一方面也是針對著各地方、各階段面臨的特殊疾病與生態狀況而發。其醫學發展的成果，誠不乏普世價值，然事後追溯其步步摸索的軌跡，亦頗可顯現其文化思想上的特殊性。數千年來醫學在中國的孕育成長，可見類似人文與自然力量的另一個作用，這是從時間的角度可以觀察得到的。

　　從空間的角度審視，鑽研中國歷史面貌中任何一端者，久之多不免為其涵蓋地域之遼闊所懾。近來習中國史者，不但亟欲釐清上古至今中國文明發展上之各階段特徵，更深覺應該細究「空間」的因素對此推衍所起的作用。本章即擬以清代的幼科醫學為例，試分析其在醫理、醫技、醫方與專長科目等方面所表現的區域特性。

　　進入正題以前，應對此題目的若干範疇性問題，及所使用的材料和方法，先作簡單的界定。一則是題目「幼科醫學」中的「醫學」二字，主要著重的是醫學發展與醫學研究成果。因討論任何一時一地的醫學時，其「醫學研究」與該社會當時所實行的「醫療事業」雖則相關，但不完全相同，討論時不應混為一談。因為從事這兩方面工作之人員常屬於兩群不同的人士，他們各自屬於不同的文化傳統，各有不同的師承關係與傳播消息、演進技術的方法，而且對整個醫學與健康也因注重不同的理念與實踐，涉及兩層次種種不同的條件因素，多半衍生出很不同的關心重點與發展的內容、路線。用心於西方科學發展史的學者，一再強調任何學科都有所謂的「學者傳統」和「工匠傳統」，就醫學發展史而言，前者常是一些以學校教育或學院派、書生式的方法研習醫學，並從學理的角度對發掘醫療疾病上的新問題，有特別興趣的人；而後者則是一些治病為業，師徒相授，以賣藝謀生為主的人；這兩層人士的關係，可疏可密，彼此間也或有變通，

對長遠的醫學發展有不同的影響與貢獻[1]。而本文所謂的「幼科醫學」，多半關心的是當時幼科醫學在學理、醫方上的發展，重點不在普遍討論當時幼科治療工作在各地的狀況。後者誠然也是一個非常重要而有趣的題目，但若要併在此地一塊分析，恐怕容易造成更多的混淆，除非將來能有機會對中國近代的醫學發展與醫療工作作一單獨的說明，否則以一篇論文而言，也許無法兩者兼顧。

其次，稍微介紹一下這篇文章所使用的資料。除了一般性有關中國近三、五百年來學術文化發展與物質生態環境的論述之外，本文所倚賴的原始材料，是宋明以來的中醫醫書，尤其是幼科方面的專著。在工作方法上，除了不忘比較文化史及比較醫學史的關懷外，基本上採「典籍分析」的方法，嘗試發掘這數百醫書背後所顯示的「區域性」特徵。

言及於此，必須再對使用材料的性質與作者的背景，作進一步說明。宋明以來有關醫藥方面的著作，從純理論到顧及實際需要，可分為三個類型。第一類是一些儒者對醫藥或人體健康問題，因學理和觀念的興趣，產生許多「好談醫道之士」的作品。這些作品，論微說精，講五運六氣、陰陽五行的道理，著重在把人生疾病與宇宙天道運轉生息的關係，作具體而微的發揮。第二類是立意發展醫學的實用醫書，對當時臨床經驗及醫理見解並重，並設法結合臨床問題和醫學理論與技術，謀求建立合理有效的辦法。第三類是接近於江湖郎中的賣藝手冊。這些小本的醫療用書，以謀生濟急為主要考慮，兼及巫鬼之方。三類資料中，第二類作品適為主要分析對象，第一類及第三類的材料，可作輔助，顯示當時醫學思想傾向，與醫療潮流之大勢。

實際上，宋明以來有關醫學的作品，較重要的也屬於這第二類著作，即當時所稱的「醫書」。這些醫書對呈現中國醫學發展的多樣性與豐富性，

1　參見Stephen Mason, *A History of the Sciences* (N.Y.: Collier Books, 1962), Part Three, pp. 214-216.

是最直接史料，從其中也最容易了解所謂「區域特性」的特徵。不過略微思索一下，這部分材料與醫學發展上的「學者」與「工匠」兩個傳統時，會發覺中國的情況，尤其是到了明清，已經相當複雜。因為宋代以來，中國社會中的讀書人對醫藥與健康興趣很普遍[2]。醫學界因有所謂「儒醫」。其實「儒醫」一種，在正式制度上，是源於宋代（西元11世紀）以後，國家醫學考試中加入有關經學與文學的科目，社會從而恭維通過此等儒、醫兼備的政府考試的人為「儒醫」[3]。不過後來習稱的「儒醫」，已成流行而廣義化的一個敬稱，意指「有學問有修養的醫生」。這類醫生仔細辨認起來，還包括兩種不同型態。一是純綷「學者型」，對醫學私下有興趣的人。這些人多半有科舉頭銜，官居流宦或名重士林，屬於社會上的顯達人士，因為個人事親需要或目睹時疫，在孝慈濟世、養生等個人或偶發因素下，對醫道醫術產生了「業餘」興趣。他們著重書本上的醫學知識，是其研習醫學主要途徑。但因只偶受人之託而施醫術，所以臨床經驗比較有限。醫理用藥上固偶有創見，然多半講理論過於實際。不過在民間諳於醫藥的人士中，這第一種「儒醫」卻聲名最高。正是因為他們不輕易診療，所謂的治病為義不謀利。近世中國民眾也尊為「儒醫」的另一種人士，是一些世代業醫的專業醫生。因其行醫，不如泛泛「庸醫」，或江湖郎中式的「鈴醫」，只為糊口。這些懸壺數代，在地方上略有聲名的專業醫生，熟讀歷代醫經

2　中國傳統雖有「不為良相，則為良醫」，及漢代賈誼所說的「至人不居朝廷，必隱於醫」等說法，但醫療事業實質上，亦如上述所喻，是學與仕之餘的次等選擇，遍覽傳統時期醫家的傳記資料，絕大多數會提及謀舉業不成，乃習醫餬口。另外一大背景是傳統中國因孝道上的要求，期望有識之士亦能親侍湯藥，即所謂「儒門事親」之理，因而以鑽研醫學為癖好的儒者中，多有因親疾之需而引起，當然，這兩個途徑卻不一定會影響醫學的絕對品質，無論因何理由接觸醫學的人士，都可能有認真的興趣，而推展出一些成果。

3　參見魯仁輯，〈太醫院志〉，載《中和月刊》3卷6期（1942），頁24-35；Joseph Needham, "China and the Origin of Qualifying Medical Examinations in Medicine," in Needham, *Clerks and Craftsmen in China and the West* (Cambridge University Press, 1970), pp. 379-395.

與醫書，書本知識有基礎。加上數代職業世襲，累積百年以上的臨床經驗。
文字素養本來相當高，也勤於醫學方面的纂輯著述，社會上就尊他們為「儒
醫」或者「名醫」[4]。在專業競爭和鑽研精神催促之下，常對發展某一專科
醫學，有很高的成就。他們排比醫書，錄下特具心得的藥方、醫案，著作
十分豐富，最容易顯示地方性特質，也是近世中國醫學上創意相當高的一
群人。

二、唐宋以來中國的醫學與兒科的濫觴

中國的醫學，發源極早，淵遠流長，在世界數大醫學傳統中獨具一格。
有三項尤值一提的特色：一、是正如中國文明中許多其他活動一般，上古
時期，中國醫學的發展已納入政府統轄範圍。官方有組織的管理，在此後
二、三千年或正或負，對醫文化的發展都發生了直接影響。殷商及西周的
記錄不論外，東周列國朝廷都禮遇、延聘醫者。早在秦漢帝國創立之初，
已有官立的太醫署。太醫署之備，固然主要為皇室及達官服務，但對吸收
民間醫師與醫學知識，整理發展醫藥學問，仍發揮了重要功能。隋唐之後，
更有政府規劃的國家醫學教育，分屬國子監與太學。並設醫學考試制度，
以管制醫療人員品質，兼而推動地方醫藥與衛生行政。在官方醫療制度上，
領先許多世界古文明[5]。歷代出身太醫院、國家醫學教育與考試制度的御
醫，其下率有醫師、醫匠、與政府派駐各地的醫官，品質較為齊整。許多

---

4 關於傳統中醫的種類、名稱、其培養過程、從醫背景與醫生的社會地位，亦可參見
馬堪溫的一篇專論〈歷史上的醫生〉，載《中華醫史雜誌》，16卷1期（北京，1986），
頁1-11。可參考Paul Unschuld, *Medical Ethics in Imperial China* (University of California
Press, 1979). 對這些傳統醫界人士的身分界定；及同作者，*Medicine in China, A History
of Ideas* (University of California Press,1985), pp. 189-223. 對他們角色及醫學思想的討
論。

5 Joseph Needham, "China and the Origin of Qualifying Medical Examinations in
Medicine."

出身業醫，得太醫榮銜或帶官方身分後，聲名日隆，與儒醫、庸醫、鈴醫等民間力量，成鮮明對比。歷代政府常用朝廷之力，編輯大部醫書，從唐委孫思邈著《千金方》，到北宋徽宗時號稱集全國醫界耆老所成的《太平惠民醫藥局方》，乃至清的《醫宗金鑑》、《古今圖書集成‧醫部》等，都代表國家示範性提倡與推展醫學的力量，也常激起在野名醫與之挑戰對質的興趣。

中國醫學傳統第二個值得一談的特色，是基本理論上認為人生之健康、疾病等徵象，不過是一個完整有機體之部分反映。視生理上的各種現象為一息息相關之全體[6]。因講經絡相通之說[7]，故雖有局部治療，但更常用「聲東擊西」的辦法，以其深信人體內外機能與表現跡象，聲息相通，互為關聯，故特別努力分辨治標治本的功夫。宋元之後，對治本醫學，崇仰日深。這種信念，視人體臟腑髮膚之健康，為休戚相關的一個整體，根植於中國上古的一種特殊的宇宙人生觀。這宇宙人生觀對自然界之生生不已，持一聲息相通的看法，進而從宏觀的宇宙論轉為微觀的人體機能論。以人身為一具體而微的小型宇宙，代表中國的自然哲學、生物哲學和醫學哲學，與近東和希臘傳統不同，和西方後來衍生出的近代科學也大異其趣。這套基本觀念，在古來中國各支醫理中均極突出，像託本神農的本草學，源於《黃帝內經‧靈樞》的針灸，或舉脈經為圭臬的脈學，顯然都屬於這個經絡說或系統關聯說的大傳統。可說是中國醫理中的主流。這主流中也有許多爭議，而且醫學史上也不乏一些支流，或抽芽於主流之外，或對基本理念提出大膽質疑，但其勢力從未發展到足以與之抗衡。連影響中國醫學許多專科，為中國醫界帶來多種寶貴知識、技術、制度和藥材的外來醫統，如印度與阿拉伯的醫學，在中國本土繁生的結果，後來多少也結合了

6　即Needham 所說的中醫之深信人身為一不可分割的有機體(the profound conviction of the organic unity of the body as a whole)。

7　可參見Manfred Porkert, *The Theoretical Foundations of Chinese Medicine: System of Correspondence* (Cambridge: MIT Press, 1974).

一些中國的主流醫理。

中國醫史上值得一提的第三個特色，是它的區域性特質。自古以來，中國種種文化制度，常衍生於一特定地域。醫學發展，與自然生態及社會習俗關係尤密，故其地域性亦益為明顯。可惜至今治中國醫史者對此現象未作深入整理。傳說中戰國時的名醫扁鵲，周遊列國售藝，過邯鄲時，聞該地風俗重視婦女健康，便多執婦科。到雒陽時又知當地敬老，乃特別多治耳目科等老人疾病。及至咸陽，發現居民特別關愛小孩，遂與當地醫生一樣，注重起兒科的診療[8]。扁鵲的故事，點明先秦中國醫療工作，地域性因素已隱然可見。此地域性可分兩方面來說，一是與一個社會的價值取向和實際需要有關。戰國的趙、周、秦顯然表現了不同對健康上的關心，與其重耕戰或務農業等社會型態，及所醞釀的價值觀與社會需要，最有關係。二則各地自然生態，影響居民的起居飲食方式，及容易繁生的細菌、病毒、寄生蟲和各種疾病之類別。這兩方面的因素，在歷代醫史發展過程中都有跡可尋，但尚乏仔細的分析。

從醫學本身的知識與技術發展上說，也有其地域背景。這一層面，與上兩項因素有關，也受到歷史文明發展本身的影響。目前我們知曉的中國醫生，東漢以前均為華北或黃河流域人士。其中固有秦醫、齊醫等派，但基本上代表本於《黃帝內經》的北方醫統。在周、秦、漢出了許多醫生，從醫和到淳于意、華佗等，許多是山東、河北人士。他們重身體療法，其針灸、外科、按摩、導引術均強，是他們的專長所在。並以外療或局部療法醫治一般內、婦、兒科疾病。

以張仲景為名留下的醫著《傷寒論》與《金匱要略》，不論談外傷或內感，代表的是南方醫學的出現。張仲景的身世誠然尚有不少未解之謎，但撇開個人因素不論，其以南陽、長沙為活動範圍，顯示醫學脈動由黃河平原移向長江流域。以《傷寒論》等作品集東漢南方醫道大成。這支醫派，

---

8 參見《史記·扁鵲倉公列傳》；陳存仁，《中國醫學史》，頁30-31。

講究身體內部的生理與病理，和一般調養式的養生觀。治療上重用草藥，《神農本草》即屬此傳統。常用食療湯藥對付一般的疾病，宋元以後乃衍出寒、補、溫、熱等各個支派。

中國醫學還有東西地域之別。不論外科或內科，秦漢以來，中國東方的醫統著重用膏藥拔毒，是灸法的基地。西方醫統專長以毒攻毒，常用礦物或動植物劇毒，對抗疾病。但這古代的東西傳統與南北醫學，經南北朝而隋唐，漸經交流，呈現一種融合的結果。故唐代孫思邈《千金方》中已可見上述諸傳統之交相為用[9]。

中國兒科醫學的早期發展，可說是上述三項背景共同孕育而出。目前能見最早的一本兒科專書，是北宋錢乙留下的《小兒藥證直訣》。在此以前，隋唐太醫署醫科內雖有少小科之名，並指明以19歲以下為醫療對象。但定員只有三名，而且宋以前史籍所列婦幼、育嬰、小兒方面的醫籍，目前只見書名，內容早佚[10]，可見中國兒科醫學可能在觀念上分化極早，而實質上的進展仍須待北宋以後[11]。

有關錢乙的資料，說他是山東鄆州人，元豐年間，因治癒宗室公主及皇太子之病，被擢為太醫丞。源於他的著作，有些已失傳，唯《小兒藥證直訣》一書留至今日，內容與流傳多受惠於朝廷對民間醫術的獎掖之功。《直訣》一書，醫理上多採《內經》路線，作為兒科辨症論治的基礎，從其五臟辨證上重內在關聯，可見一斑。比較顯出其區域特色的，是他依個人臨床經驗，摒棄了西北醫家一向以「攻」為主的療法。強調小兒「稚陽之體，臟腑柔弱，易虛易實」，特別講究補脾胃之方，策略上「補伐兼施」，

9　亦可參見 Hong-Yen Hsu and William Peacher (tr.), *The Great Classic of Chinese Medicine*, pp. 61-106.

10　見陳邦賢，《中國醫學史》（上海：商務，1937），第二篇，第九章，〈中古醫學書目〉，頁152-168。

11　傳記中並謂錢乙三歲即孤，扶養他長大的姑父呂氏，生活很苦，因而無力讀書，遂從呂氏習醫為業。後來專攻兒科，成為兒科專家。見陳存仁，《中國醫學史》，頁70-71。及《中國醫藥史話》（臺北：明文，1983）。

〔宋〕錢選《三元送喜》

　　中國士人價值，科舉仕進後，滲透各地各階層社會，一般吉祥圖像如「三元送喜」雖與「嬰戲」之藝術類別不同，但背後的預設與傳遞的訊息，與幼蒙幼學之追求並無二致。

　　　　臺北　國立故宮博物院藏

多半先補胃氣，再以攻瀉。這個醫理上的峰迴路轉，與北宋貴族及至百姓活動重心河南一帶地區的風土氣候很有關係。錢乙的微妙一轉，不但為金元明清兒科開拓出一片寬闊遠景，更直接影響了金元一般內科醫學的發展，在整個中國醫史上有承先啟後之功[12]。

三、明清的幼科醫學

中國的醫學發展，到宋代以後，隨人口及政治文化重心移轉，有逐漸南移的現象。史籍上可考的名醫，直到北宋，仍多屬黃河流域人物。到南宋金元，可說是一個過渡時期。此時醫界領導人物，華北與長江流域平分秋色，各居其半。到了明代，情況急轉直下，醫界比較有影響力的著作，幾乎大半是南方人的作品，尤以江南人士的貢獻居多。

明代史籍及醫籍中所舉名醫，籍貫多屬江南。他們在醫學傳承上，初皆來自北方醫派，各自亦有發明。最足以點明這個轉變的現象，就是本草學在唐宋元明間的蓬勃發展[13]。其結果反映於兒科醫學者，十分清楚。唐代孫思邈《千金方》中對「驚癇論」及「候癇法」，仍主以灸法治療，輔以紫丸，並以除熱湯浴之，除熱散粉之，除熱赤膏摩之等，仍以體療或外部療法為主。

宋代以後中國醫學中心逐漸南移的另一結果，就是南方醫統的興起。明清之後後來居上，有取代北方醫統之勢。過去談中國傳統醫學分支，常喜引《四庫全書提要‧醫家類》的說法，講「儒之門戶分於宋，醫之門戶分於金元」[14]，並有所謂「金元四大家」之說。實際上考慮四大家在醫理上

12　實際上，除了少數的特例以外，中國在宋代以前對六歲以下年齡的幼兒，只能講求一些一般的調養，是談不上任何醫療辦法的。參見陳達理、周一謀，〈論宋金時期兒科主要成就〉，《中華醫史雜誌》，16卷1期（北京，1986），頁24-27。
13　參考薛愚主編，《中國藥學史料》（北京：人民衛生出版社，1984），頁261-274，298-308。
14　如謝利恆，《中國醫學源流論》（臺北：古亭書屋，1970影印初版），及陳邦賢，《中國醫學史》，第五章，〈金元醫學流派的爭競〉，頁88-90，都作如此說法。

的差別，劉完素和張從正都算承襲宋以前的北方醫派。劉完素（1120-1200）篤信古方，「喜用涼藥」，著《原病式》等書，強調降心火，益腎水。他是河北河間人，後人稱他領導下的寒涼派為河間學派。而河南考城的張從正（子和，1156-1228）尊崇劉完素，以為治病重在驅邪，「邪去則正安」，不可畏攻而養病，所以特別強調「汗、下、吐」三種辦法。他這一派又叫攻下派。從醫學發展史上看來，劉、張兩派與文藝復興以前西方醫學頗多神似。在近代醫學孕生之前，西方醫療路線，亦環繞著扎針放血，重用瀉藥，以毒攻毒。這些方法在西歐許多地方一直沿用到17、18世紀。不論寒涼或者攻下，理念上與西方所謂的「清瀉式醫藥」實有異曲同工之處。

與此相對的另外兩家，一是興起於金元之際的李東垣，也是河北（真定）人，而且師承張潔古，原亦屬北方醫統。但一則因張潔古本身質疑精神高，已開創出所謂「古今異軌」一說。再則李東垣自己出身富戶，見周圍富家子弟，嗜欲逸樂，弄出許多腸胃毛病，體力虛弱。所以他一方面沿其師說，不用古方。一方面憑經驗和心得，寫了《脾胃論》，提出脾土為萬物之母之說，多用補中益氣及升陽散火的方法。他的醫理，在元軍南下，兵荒馬亂，民眾起居不定，飲食失調之際，發揮了很大的功效。尤其重要的，是後來長江流域醫生，從他的理論中得到不少啟示，相繼發展出許多以補養為主的醫方，適應中國南部的生態環境，與南方居民在此環境下所發生的生理與病理上問題。金元四大家中的最後一位，朱震亨（1281-1358），已是純粹南方（浙江義烏）人。在學術上算是劉完素的再傳弟子，但他憑臨床觀察，認為「採古方多不能治今病，其勢多不能相合」。加上他已看到劉、張、李三家學說，細心研求，大膽提出了自己的看法，即「陽常有餘，陰常不足」，強調「滋陰」之道。他的滋補辦法，對體質柔弱的南方人，確實很受歡迎。與劉、張相對的李、朱兩家，對明清一般醫學發展，關鍵重要，而一般醫學在理論上的進展，又與兒科醫學狀況，息息相關。

金元之後，中國醫學重心南移，本草學代體療法興起，東垣、丹溪學說盛行，是大勢所趨。這個趨勢，一方面代表醫學發展的新階段，另一方

面也與醫療隨人口與政經活動，及南方自然環境與人文價值取向，有直接
關係。由剛猛轉為溫和，由攻擊變為調養，可視為醫療文化細緻化與複雜
化的表現。中國一般醫學，受兒科大家錢乙對幼兒稚體特徵之啟示[15]，對成
人男女的健康照顧，亦漸走向滋養溫補的路子，配合了宋元以後中國南方
濕熱易染的生活環境，南方人的考究飲食與走向文質娉婷的社會時尚。種
種發展，與明清兒科醫學文化的發展有相互呼應之勢。

　　首先，對付同一病症的醫方，由體療轉為用藥，從用寒涼攻下轉為滋
養溫補。譬如元代的時候，金陵浙江等地醫學，尚是北學的天下，針灸是
不少醫士治療上的主要工具。像元代名醫竇漢卿的學生王開，《金華府志》
中說他「遇人有疾，輒施針砭，無不立愈」，師生二人的行世妙方是盛行
一時的「九針補瀉法」。王開的老師竇漢卿，醫術甚受元世祖忽必烈的器
重，在山東(大名)及北京一帶行醫，號稱「北竇」[16]。而這套號稱「專家授
受之道」的北方針灸之學，明清以後愈來愈少傳人，醫學上也不受重視。
這個趨勢，在兒科醫學發展上也有跡可尋。唐代孫思邈《千金方》中，對
小兒的「重齶重齗」，仍用針刺放血的辦法治療。元代張從正《儒門事親》
中對「牙疳」已主張採解毒、攻熱的藥劑(黃連解毒湯)。到吳崑的《身經
通考方》，對幼兒「舌腫」的現象，已倡「不宜涼物，亦以甘溫從治也」。
待明代薛氏《保嬰撮要》書出，對「滯頤」等病，用的是一些清涼飲，而
且極重補中益氣的道理[17]。這一路的變革，有多少客觀事實根據，目前不全
清楚。但依明清兒科醫生本身的意見，此醫學路線轉折與北方人和南方人
體質之異有關，萬氏《片玉心書》中就曾謂：「凡小兒初生多有灸百會者，
取其可以截風也。殊不知地分南北，人有勇怯。北人用灸固宜，南人用之
無益而有害也。」南方的醫生知道北方幼科習用針灸，但憑臨床經驗和對

15　錢乙兒科醫理與藥方對金、元、明內科發展的提示，見陳存仁，《中國醫學史》，
　　頁71。
16　參見萬六，〈元代名醫王開事略〉，《中華醫史雜誌》，14卷4期(1984)，頁212-213。
17　《古今圖書集成·醫部》，卷435。

生理上的觀察，提出了自己的異議[18]。對於北方與南方自然環境差別，與南人究竟何以不適針灸，未作深入分析，值得作進一步瞭解，但類似看法，明清幼科醫學中相當普遍。

醫療方針轉變過程背後，有當時幼科醫界對幼兒身體機能及照養方法的一種哲理上的轉化。宋代錢乙雖比前代醫家特別注意到小兒臟腑稟弱的事實，但他仍屬北方的所謂剛陽文化，鼓勵用鍛鍊的方法，強健幼兒體魄。不贊成過度的呵護，反使孩子弱不禁風，動則遭折。他感歎那些特別考究的家庭「小兒多因愛惜過當，三兩歲猶未飲食，至脾胃虛弱，平生多病」[19]。這個承襲北方健康哲理的路線，強調堅強體質，為幼兒健康的基本之道。金元兩代醫書中有關幼科的論述，仍清晰可見。元代張從正的《儒門事親》中就有一條，叫「過愛小兒反害小兒說」。謂「小兒初生之時，腸胃綿脆，易饑易飽，易虛易實」。如果大人過度呵護，過飽過煖常成小兒驚疳吐瀉諸病之源。對這些健康毛病，他認為或應以毒攻毒，清洗腸胃與身體中多餘穢物，或根本該用斯巴達式精神，強迫其適應惡劣環境[20]。不過同一書的作者，也注意到北方用寒涼攻下之劑，對幼兒可能造成的危險。《儒門事親》中有一條對幼兒「久瀉不止」的討論，作者特別主張：

> 凡治小兒之法，不可用極寒極熱之藥。凡峻補峻瀉之劑，或誤用巴豆、杏仁、硫黃、膩粉之藥。若用此藥，反生他病。小兒易虛易實，腸胃嫩弱，不勝其毒[21]。

張從正於此警告幼科醫生，小心用藥過猛，顯示其醫著於幼科醫學上所具過渡色彩。宋金元醫家，泰半仍以為小兒疾病，多為「熱」因。劉完素六

18　《古今圖書集成‧醫部》，卷430。
19　同上，卷422。
20　同上，卷421。
21　同上，卷454。

書中的小兒論，就沿襲過去醫經道理，謂：

> 《素問》云，身熱惡寒，……皆屬熱證。為少陰君火暴強，直支
> 緛戾，裡急筋縮，皆屬風證，為厥陰……內有積熱……大概小兒
> 病者純陽，熱多冷少也[22]。

及至明代，醫書中對幼兒就多講慈愛、保護，要求大人對孩子盡量作
週全的照顧，多有為文反對北方醫家針灸幼兒的習慣。從朱震亨《格致餘
論》中的〈慈幼論〉，到危亦林《得效方》中的〈灸法論〉，方賢《奇效
良方》中的〈初生說〉，以及後來萬全《育嬰家秘》中的〈發微賦〉、〈小
兒不宜妄針灸〉、〈鞠養以慎其疾〉等[23]，均可察覺到明清的幼科醫學，隨
宋元醫理進展，所顯出的特性。如多用草藥，慎用針灸；特別強調小兒消
化道問題，並用各種滋補脾胃之品，扶養其身。這些醫學路線背後顯示，
對兒童健康愈來愈持柔弱扶植為主。此哲理盛行明清兒科，造成了一種呵
護有加、鍛鍊不足的幼兒保健文化。宋代錢乙所重北方醫統健身之說，反
被忽視。整個幼科醫學趨向之大勢，與南方醫統之漸居上風，有最直接的
關係。到了清朝，長江流域及其以南的醫風，紛嚷喧嘩，幾乎攫占了當時
中國的杏壇。後來西醫由沿海登岸，對此型態下的育幼方式與幼科情況，
不免嘖嘖稱奇[24]。

四、清代的幼科醫派

明末以後，中國有些醫學世家，分科專業化的情形更臻成熟。也有不

22　《古今圖書集成・醫部》，卷423。

23　同上，卷401。

24　W. Hamilton Jefferys and James La Maxwell, *Disease of China* (Philadelphia: P. Blakiston's Son & Co., 1911), pp. 258-276.

少家族以專長兒科著名，如蘇州的薛氏、萬氏，號稱「子孫相傳，代有名醫」的無錫曹氏兒科，以及祖籍安徽，後遷到無錫的汪氏內兒科（專擅溫病及小兒痧痘）等，都有三百年以上的執業歷史[25]。這些醫家，多半亦有豐富著作，結合醫理與臨床心得，其成果是後代瞭解近世幼科實況的重要資料。從清代幼科醫學的論著來看，有幾個突出的特點。一是對鑽研幼科醫理有興趣的學者，把儒家理學理論及考證癖好，帶入對歷代醫籍的考訂與論述中。這些著作多在紙面文字上作功夫，反映當時醫理與學術相關的一面，對實際了解當時幼科醫學的研究與進展，用處不大。另一方面，世代業醫者中，也有不少想在兒科辨症論治方面，超脫前人窠臼，追究特出問題。其中，固有尊經崇古；有努力於總結前代《傷寒論》、《脈經》等傳統，繼續肯定寒涼、攻下路線。也有一些傾向於疑古創新，自執一詞。其中氣勢最盛的是江南養陰、溫補、養土等派。養陰、溫補，在精神上有相通之處，是清代幼科醫學的大宗。

影響力所及，反映於《古今圖書集成・醫部》的編輯上，最為清楚。例如《集成》一書編者，收錄錢乙《小兒藥證直訣》一書中對「吐瀉兼變證治」的討論時，先依原著記載其利下之劑。但受溫補一派勢力左右下，立即在旁加註自己的看法。表示根本不贊成錢乙「用寒遠寒，用熱遠熱」的機械性攻下之策。在在警告讀者謂瀉黃丸、黃連丸等，「雖能攻剋病邪，不無傷損脾胃，治者審之」。脾胃或脾土，正是江南養土溫補一派醫學的精義所在。編者又說，錢氏對初生十日內吐瀉的嬰兒，用益黃散，極不合適。「按芽兒初生之患，多因乳母不審……當審其因，以調治其母，前所用之藥，恐臟腑脆嫩，不能勝受，治者審之。」[26]

溫補一派，從資料上看來是清代幼科醫學中最風行的一支。其棄針灸、按摩等外方，多用草藥，一再強調補養之方，純屬南方醫統，迨無疑義。

---

25 見吳潤秋，〈薛生白生平事蹟與治學方法〉，《中華醫史雜誌》，14卷1期（1984），頁7-9。

26 《古今圖書集成》，卷454。

對溫補學派而言,「陽」性力量在人體內永遠不會過盛,當極盡力量保存[27]。這溫補一派的幼科,與前期李東垣的醫理很有關係。區域上大抵以江蘇為基地,可略舉實例說明。光緒四年,江蘇武進縣莊一夔將《達生》、《遂生》、《福幼》三編合成一書印行,是一本流傳應用極廣的婦幼手冊。其中除《達生》一部談產科,《遂生》部分專論痘科外,《福幼編》講的即是一般幼科問題。此書原序開首即揭溫補派醫理,謂「世之醫者,委云小兒無補法,見此一語,禍延靡極……」。凡例中並明言相對於其他醫派,「此編專以溫補見長」,用以對付一切慢驚。隨後講求種種用湯藥加強幼兒體能之方。《遂生編》中的痘疹學,一方面承認痘症驚風在小兒病中最為險急,而談應付痘疹,仍堅持「以助陽化陰,固本扶元為體,治療以宜溫去寒,多補少瀉為用」。用補血、補氣、補脾腎等種種補養之道,助幼兒度過痘疹困境及併發症[28]。其實清代溫補派兒科最著名的代表,是負盛名於吳中的兩大醫家葉天士與薛生白。他們背後各有數代專精溫熱及幼科的傳承,彼此不乏激烈競爭,甚至由妒忌生攻訐。其中可見,溫補一派幼科,本身也有不少爭論[29]。然清中葉以後特別突出的溫病學派一支,與吳又可《溫疫論》一書的突破,與薛、葉二氏在幼科與溫熱症上的論辯很有關係[30]。

溫補派醫學影響的範圍以江南蘇吳一帶為主,浸淫所及,範圍相當廣泛。有些醫家不以溫補派自居,也不被認為以溫補專長,然其醫道中仍可見溫補的影響。如陳士鐸在《石室秘錄》中有一條〈兒科治法〉,以為:

> 小兒證大約吐瀉厥逆,風寒暑熱而已。其餘痘疹,餘無他病。或心疼腹痛,或有痞塊,或有疔瘡,可一覽中而知也。然小兒之病,

27　Paul U. Unschuld, *Medicine in China, A History of Ideas*, pp. 198-202.

28　見武進莊一夔在田所著《達生編》與《遂生福幼合編》(光緒四年,太平新街以文堂版)。

29　謝利恆,《中國醫學源流論》,頁35-38;吳潤秋,〈薛生白生平事蹟與治學方法〉;林功錚,〈一代名醫葉天士〉,《中華醫史雜誌》,14卷2期(1984),頁82-86。

30　見吳又可,《溫疫論》;謝利恆,《中國醫學源流論》,頁24-28。

　　　虛者十之九，實者十之一，故藥宜補為先[31]。

隨即以人參、生薑、甘草等為處方。

　　又如繼李東垣而起的張景岳，雖謂兼攻河間丹溪與東垣，幼科方面仍
倡補陽補正。《景岳全書》64卷中，有〈小兒則〉、〈痘證詮〉、〈婦人
小兒痘疹外科方〉等。固痛斥「時醫」——多半是南方的醫士——「多用
藥餌之誤」。但是《古今圖書集成》中錄其醫案，記載他對自己半週歲幼
子著涼、吐瀉等小毛病，竟用「人參湯」來治療[32]。他有一篇〈小兒總論〉，
批評當時醫生單見虛象就用治標處方，徒然消耗幼兒稚體，實應多重培植，
而少施剝削[33]。張景岳的看法，雖引起不少爭論，在清代醫家中還是相當流
行。

　　同屬南方醫統的，是以浙江為基地的養陰或補陰學派。這醫派在浙江
的發展與朱丹溪（震亨）的遺風餘澤有關。當地丹溪醫學經戴原禮，傳予祁
門汪機，成所謂丹溪學派。他們「力闢溫燥之弊」，明目張膽地與官方發
布的局方為難。其論治，大抵以補陰為主，特別講求用藥方補人體之血與
元氣（腎）。

　　清代幼科，長江流域及其以南，並不全是溫補與養陰學派的天下，另
有奉行其他路線醫家。譬如李中梓等，一般以為屬於折衷派。這折衷派醫

31　《古今圖書集成》，卷425。
32　同上，卷422。
33　「……然以余較之，則三者之中，又惟小兒為最易。何以見之。蓋小兒之病，非外
　　感風寒，則內傷飲食，以至驚風吐瀉，及寒熱疳癇之類，不過數種。且其臟氣清靈，
　　隨撥隨應，但能確得其本而攝取之，則一藥可愈，非若男婦，損傷積痼癥頑者之比……
　　必其果有實邪，果有火證，則不得不為治標……但見虛象，便不可妄行攻擊，任意
　　消耗，若見之不真，不可謂姑去其邪，諒亦無害。不知小兒以柔嫩之體，氣血未堅，
　　臟腑甚脆，略受傷殘，萎謝極易……夭以方生之氣，不思培植，而但知剝削，近則
　　為目下之害，遠則遺終身之羸，良可歎也。」見《古今圖書集成》，卷425。亦見《景
　　印文淵閣四庫全書》（臺北：臺灣商務印書館，1983）子部84冊（778冊），《景岳全
　　書》，卷40，頁74-75。

家，著重實事求是。以後來醫家修改增訂前說不足，不偏執任何一種醫方。折衷派人數不多，非常強調臨床，在面對各種狀況時，不拘專家成說，無一定己見，設法揉合雜併各家之說，顯出當時中國醫藥界，尤其是藥學界，亟思求新求變，但尚未摸索出清楚的前途[34]。另外還有所謂的復古尊經派，像《徐靈胎醫書全集》的著者徐大椿，一再將張仲景的《傷寒論》喻為先秦儒家經典，如孔子之作。認為宋元以後諸家並無發明，僅重覆前人之說而已。折衷派與復古尊經派的存在，與南方的文化環境很有關係。前者顯示一般醫者因印刷普及而得豐富參考資料，可供斟酌活用。後者可見考證訓詁，復古尊經之風，已由經學史學的範疇，漸漸影響到醫學領域上來。

此外，寒涼攻下等醫理醫方，在黃河流域的幼科醫家仍然盛行。《古今圖書集成》關於「小兒初生疾病」單方，傳統幼科關於胎毒、熱毒的說法仍多可見[35]。唐宋以前北方民間常用以毒攻毒的方子，猛烈的礦物藥（如硃砂），以及劇毒的蛇、蠍、蜈蚣等，仍繼續入藥。以牛黃、地黃和蔥煎乳汁、雄黃蜜汁等瀉藥或利下之劑，也未絕跡[36]。有些古方，遺至清代，連南方醫生也偶然援用。如傳統相信幼兒之「風」，什九遺自母體胎毒，遂用汞粉、甘草、牛黃等劑下之，至「面色多青白，啼聲不響，即不須服」[37]。這些現象一方面表明了宋元以前傳統幼科植根黃河流域之地區特性，至明清未泯。另一方面也說明了北方幼科傳統，與明清南方兒科發展並非全無關聯。顯示了幼科醫學上的連續性，及部分守舊性。

這連續性與新動向兩端，亦可從近世中國兒科醫學的特出關心點上，透露出若干消息。以《古今圖書集成‧醫部》中所收的浩瀚資料上看來，明清以前中國兒科傳統關心的問題像小兒診視門[38]、風寒[39]、頭面耳目、唇

34　Paul Unschuld, *Medicine in China, A History of Ideas*, pp. 203-205.
35　《古今圖書集成》，卷430，〈單方〉。
36　同上，卷422。
37　同上，卷432；王肯堂，《證治準繩‧下胎毒法》。
38　《古今圖書集成》，卷423-425。
39　同上，卷437-438。

口齒舌喉的毛病[40]，還有諸熱門[41]、嗽喘門[42]、驚癇門[43]、雜病門（鬼支、好睡、吐血等）[44]、瘡瘍門[45]、痘疹門[46]等，原是關東及黃河流域醫生所察覺、重視的一些小兒內、外科上的毛病。這些毛病，明清的兒科醫籍續有討論，但基本上不出舊有的範圍。尤其像驚癇，原來兒科有特別的發揮，後代反而似乎乏善可陳。還有小兒瘡瘍，類屬小兒外科性質，本來就是北方醫統之專長。又痘疹一門，從來是中國兒科上特別注重的一個問題，明代後多以專立一科，直到清代痘疹之書，許多仍是北方醫學界的貢獻。像《痘疹金鏡賦集解》的作者俞茂鯤（天池）是句容人，《痘科類編》的作者翟良（玉華）是青州人，《痘疹溫故集》的作者唐維德（威原）是益都人，都屬河北、山東一帶。這個特殊的現象，可能與北方一向在瘡瘍科上的專長有關。因為中國的瘡瘍科從來所包括的，不只是目前所說的外科，還有皮膚上的所有毛病。而《古今圖書集成・醫部・幼科》中也可觀察出一些近世兒科比較新的關心點，像小兒臟腑形證門[47]，顯示對臟腑症象的更仔細的注意，而小兒吐瀉門[48]、腹痛門[49]、腫脹門[50]、食癖門[51]及諸疳門[52]，都大致屬於消化道的問題。可見清代兒科在溫養醫派影響下的功夫所在，亦可反映長江流域及其以南幼兒成長的環境及困難所在。此外還有一些問題，像小兒二便

---

40 《古今圖書集成》，卷427-434。
41 同上，卷439-441。
42 同上，卷442-443。
43 同上，卷445-453。
44 同上，卷472。
45 同上，卷473-478。
46 同上，卷479-520。
47 同上，卷426。
48 同上，卷454-457。
49 同上，卷459。
50 同上，卷460。
51 同上，卷461-462。
52 同上，卷463-467。

門(討論大小便不通等問題的處理)[53]、小兒瘤門[54]和小兒陰病門[55],這些方面所引起的論著完全是明清以後的作品,可算是近世中國兒科醫學嶄新的領域。這些新領域上固可見當時兒科在仔細分科上的進步,也仍然可見南方傳染病叢生的大環境,是此醫學發展上的背景。

五、幼科醫學與區域的關係

從目前可見的明清中國兒科醫書,可以初步理出一個清代兒科醫學各學派的脈絡。大致華北黃河流域,尚沿襲寒涼、攻下的路子。藥方上採以毒攻毒的辦法,用不少礦物性或動物入藥,醫術上也常用針灸、按摩等外施的療法。同時期長江流域及其以南的地區,走的則是溫養的路線。大凡溫補或補土、補陰,醫理上講的都是多補給,少攻擊。並且以補養為治療的方法。這些南方的處方,多用本草入藥,使本草學的發展日益精湛。在溫養這個大系統下,有溫補派,大抵以江蘇為其重心。而養陰一支,較多在浙江一地發展。除了這幾個大支之外,還有一些勢力稍小的醫派。像南方考據學據點有講尊經崇古的醫家。清中葉以後,上海蘇常等江南都市中,頗有幾位折衷並濟的醫家。不過這些旁支在當時的醫學界尚構不成太大的影響。

在嘗試性地勾畫出這樣一個清代兒科醫派的區域性大勢後,應進一步略論這些醫派與各區域之間的互動關係。清代兒科醫學這幾大支學派,其地域分布,大致可以從主觀與客觀兩方面背景來談。在主觀的文化因素上,有師承關係、學術文化環境、與社會習慣或價值三個值得注意的方向。從師承方面來說,北方之接續寒涼攻下傳統,固是代代相承。江蘇一地的醫家,多走溫補或補土一派,與他們從地緣上接近李東垣學說,也很有關係。這層淵源,清代許多醫書的作者在序言或醫方的討論上曾不止一次提到。

---

53 《古今圖書集成》,卷458。
54 同上,卷470。
55 同上,卷471。

朱震亨（丹溪）之後浙江養陰學派的繁盛，就更是狹義的師承關係下的產物。因為朱丹溪本身是浙江義烏人，他的「氣血痰郁」致病之論，與養陰補血的策略，此後在浙中一地，父子相承，師徒相授，傳了好幾百年[56]。一直到民國初年，浙江有名的中醫生如裘吉生（1873-1947）等，仍以養陰派的醫理用藥[57]。這師承與地域一層的關係，與傳統中國醫學界所表現的秘而不宣和門戶之見，實為表裡。這類例證，比比皆是。如朱震亨本人在《幼科全書》對「嘔吐」得一靈驗之方以後，立刻表明「非吾子孫不示」[58]。這個態度，固然有職業競爭以及市場、資源的搶奪等因素在內，不過與醫學界一向在習氣上保持了若干工匠傳統中專傳手藝而不深究學理的情況，也不無關係。從另一方面考慮，宋到明清，中國的印刷出版業已相當活躍，然各種書籍的印行傳播，仍有自己的網絡。醫書這類屬於技術性的知識，本身流通就有很大區域性的轄制。目前所知江南一些專門出版醫書的商人，都屬小型出版商，其銷售傳布，也大都拘於數縣或鄰省的範圍，並未達於全國。當然清政府對公開講學與結社的禁令，也是一個外在阻力。清朝中葉，北京和南方固然都發現了少數開明的醫界人士，組有固定的討論會，並發行不定期醫學期刊，交換消息[59]。但他們的規模非常小，也沒有制度性的管道以擴大其對整個醫學界的影響。還有一些好談醫道的儒士，本身有業餘者的興趣，又不涉直接利益，有時也參加發掘與流通醫籍的努力。他們的告白，常是醫界消息流通障礙的好例證。如道光七年，仁和許乃濟序《咽喉證通論》一卷中述及來源時，說「浙西有世業喉業者，應手立愈，

56　見方春陽，〈朱丹溪弟子考略〉，《中華醫史雜誌》，14卷4期（1984），頁209-211。

57　陳天群等，〈近代著名的醫事活動家裘吉生先生〉，《中華醫史雜誌》，15卷1期（1985），頁33-35。

58　《古今圖書集成》，卷454。

59　見查文安，〈良朋匯集簡介〉，《中華醫史雜誌》，14卷3期（1984），頁153。及王孟英所主編的《溫熱經緯》五卷，見王紹東，〈王孟英年表〉，《中華醫史雜誌》，14卷4期（1984），頁201-204。

顧秘其書,不肯授人。吾家珊林孝廉,購得之,參校付梓。」[60]江南有些對治療某症秘方有壟斷性野心的人,平常不肯以處方示人,或以密碼書之,或逕行將藥方通知藥局,由患者去取。這種醫學不公開的狀況,當時並未引起政府或有心人士的注意,設法以制度或觀念破除。於是各地方的醫派不但各傳其秘,而且頑強者固執家法,抱殘守闕。如此長久以往,醫學的地域性與保守性演為一事,此擁醫自秘,不肯示人,在江南好談醫理儒士的作品中,時有反映。

從文化學術的角度來說,清代中國的華北地區,除北京等特殊都市外,和長江中下游及江南地區乃屬不同的文化區。在經學、史學、文藝等許多方面,都顯示突出的地方性質。當時幼科醫學的區域性,其學理技術內容固然不一定與經史學派相關,但文化區分上出入不大。講求寒涼攻下及溫補、養陰各派醫學,除其源起地外,各有滲透所及的附屬區域。像丹溪的養陰學派,以浙江為主,擴展至江蘇吳縣、昆山、常州、及安徽定遠等地[61]。這些不同醫派分布的區域,會有部分重疊交錯的地方。而主要學派盤踞地之外,各地所屬幼科醫派常與當時文化交通網絡有關。譬如福建的幼科醫書,主要來自浙江,其翻印闡述內容不出補陰、溫養路數。幾乎完全看不到北方寒涼、攻下派學說的影子。清代臺灣帶來的自然是閩地出版流傳醫書。幼科醫學分布與學術文化背景的另一相關,是儒學(即醫學之外的學術)對醫學發展的影響。這在江南,特別明顯,考據學的發達,對醫籍的纂訂,醫學知識的編訂組織方式,很有影響。因為清代南方多儒者,其考證之癖,旁及醫學,純從文字上下功夫,以種種訓詁技巧,比較推敲醫經原意,甚至任加己意,申述形而上之理論,這些作品,從書名上一覽可知。如吳縣尤怡所撰之《醫學讀書記》[62]。而清代考證大家,輯書標書注釋的功夫,亦多及醫籍。如熟知的崔適、俞樾、戴震、焦循,乃至孫星衍、葉德輝,都

---

60 謝利恆,《中國醫學源流論》,頁45。
61 見方春陽,〈朱丹溪弟子考略〉,頁209-211。
62 尤怡,《醫學讀書記》,在《槐廬叢書》(臺北,藝文印書館重印),頁78-79。

有有關醫籍著述[63]。這些作品或純作考訂，或竟以小學學問發表個人的對醫技之議論，在學術思想史上，固不乏趣味，但多傾於鑿經泥古，對實際醫理醫術貢獻較少。醫書最病空談，可惜在儒家大傳統之下，醫學著述上不免「視儒學為轉移」[64]。好在清代一般幼科醫學上真正講求精進的是有研究之心的業醫。在南方數目最大，也自成一圈，醫學討論上不受經學或考據家太大左右[65]。倒是考據學影響下，清代「醫方學」（即醫學知識與草藥處方的分類索引功夫）在浙、杭、吳、武進等地，十分發達，這些「醫方學」作者多不行醫，或竟有不甚知醫者，但他們受當地考證之風薰陶，對醫學知識的歸納整理，作成許多方便的參考工具，亦有益於醫學發展[66]。長期而言，文獻整理與臨床經驗，往往有交會的時機。文藝復興時期人文學者與醫界「工匠」交流所達成的成果，及對近代西方醫學發展上的指引，是一個頗值思索的例子。

醫學流派與地方社會習慣的關係，就清代幼科而言，是另一個值得發揮的問題。從明清幼科醫書的取材與內容來看，多半是為江南中上階層而作，常提到「乳母」哺育照養幼兒的種種建議[67]。而江南中上家庭，飲食上比華北農村，「好食細軟」，較易欣賞一種溫潤、柔和的養育方式。溫養、補陰等醫派恰能迎合這種習好，重調養與脾胃，醫書專重討論小兒消化道症候，扉頁之間，充滿對「不乳食」、「食積」、「傷食」的討論。關心孩子過食，胃口不佳，或被哺以生、冷、硬之物。一面教導成人注意孩子飲食，改善育兒方式。一面用湯藥化解已成之疾[68]。此醫派引導下，明清吳

---

63 見崔適、吳穎炎的醫家類，俞樾的《廢醫論》，徐大椿的《慎疾芻言》，焦循的《李翁醫記》，戴震的《內經考證》，葉德輝的《天文本草經論語校勘記》一卷，孫星衍的《祕授青寧丸》一卷等等。

64 謝利恆，《中國醫學源流論》，頁23-34，50-51。

65 參考19世紀浙北醫家王孟英的傳記及作品，並見王紹東，〈王孟英年表〉，《中華醫史雜誌》，14卷4期（1984），頁201-204。

66 謝利恆，《中國醫學源流論》，頁30。

67 《古今圖書集成》，卷455。

68 同上，卷461。

越的幼科醫生，連痘疹都講求「溫補兼之解毒」，以人參湯餵予出痘孩童[69]。此醫療與醫理，與當地社會價值最後交相為用，互為因果。到19世紀此地區已有幼科醫書感歎幼兒在呵護與補養下，反而弱不禁風，動輒得咎。有的孩子到三、五歲尚無機會下地學步，完全倚賴成人抱懷背負。19世紀末西方醫生初抵南方沿海，目睹南方人口劇增後，婦幼營養受損，也深訝於此地幼兒所受過度的保護與溺愛，及其負面的影響[70]。所接觸的，正是溫補醫派特區的一些現象。

　　師承關係、學術文化環境、與社會價值習慣三方面，對醫學學派的影響，都屬外在背景。相對來說，左右一時一地醫學發展的，常也有其內在理由。這內在理由，在談清代幼科醫學地域分布上，值得注意的有兩方面事實。一是所謂華北與華南幼童體質強弱的問題，一是生態環境的差異。金元以來，南方醫家一再申明，南方病人禁不起寒涼、攻下的處方。其用藥猛烈，傷殘人身，許多成人孩童都承受不起。目前沒有明清各地孩童體質的比較性材料，足以支持明清溫補、養陰派醫生的說法。依據當時醫案中的例子，顯示長江流域及江南醫家持辭，不全是無的放矢。由寒涼、攻下而轉溫補，在比較醫史上可視為中國醫學細緻化和謹慎化的表現。從這個方面看，或者可謂南方人的體質狀況，推動了中國醫學往溫和、補養的方向尋出路。明清幼科所嘗試的，可能對後來中西醫學發展頗有啟示。

　　生態環境差異，是今後值得努力研究的問題。清代各地幼科醫書，確實有不少反映出地方性的特殊生態或疾病問題。清中葉後，中國南方沿海「交通便利之處」，工業化、都市化及開礦活動，使當地幼科醫生察覺到由「煤毒益發」，而使「麻疹與喉症并發」。這些因空氣品質惡化，造成各種呼吸道併發症，引起江蘇幼科醫家的認真討論。像揚州夏春農的《疫

69　見丁福保，《中國歷代醫學書目》（臺北：南天書局重印，1979），頁405，所引魏直，
　　《博愛心鑑》3卷。

70　W. Harmilton Jefferys and James La Maxwell, *Disease of China*, pp. 258-259, 〈 華人病
　　症篇 〉對溺兒的觀察。

喉淺論》，孟河丁氏名醫丁甘仁出版的《喉痧概論》，都是反映地方生態
變化的真實記錄。清代各地一直有新疾病與健康問題發生。如關東傳入內
地之「痧脹」，當時尚保有「番痧」或「滿洲痧」的名稱[71]。類似有關生物
環境變動的消息，未來或可由因民間私藏的病歷記錄，作更詳細討論。從

Mountain village with sham beacon fires to left, foochow sedan-chair in front

　　由繪畫而照片，鄉村中國始終是一個大家追究而難以填補的問號。待解讀
討論的意涵仍多，然此處所見福州清末周遭環境，婦幼蹲坐田野的情景，仍
足玩索。
Archibald Little, *Intimate China: the Chinese as I have seen them*（London: Hutchinson &
Co., 1899), p. 337.

71　謝利恆，《中國醫學源流論》，頁48。

目前可見醫案、醫方，顯示醞釀溫補、補陰醫派繁盛南方的客觀因素，是南方的濕熱，微生物易滋，各種輕重傳染病的傳播期很長，易發而不可收拾。在細菌學未發現，抗生素未發明以前，中外醫界無法有效抑制此環境下常生疾病。南方幼醫或遂決定強調養生補身之道，以增進人身的抵禦，輔助生理上自療機能。19世紀南方幼科分出的一支「溫病學」，終漸釐清溫熱症與疫病之間的關係，也是溫養醫派激烈爭辯後所得一點結晶。吳又可《溫疫論》中，尤可看見南方醫家在當時生物環境中，對地方健康問題所作的奮鬥。

六、結語

從目前尚存清代兒科醫書中看來，中國醫學到了近世似乎已有北衰南盛的情況。也就是溫補、養陰派的醫理和醫方控制了當時中國華南地區，且是醫學發展上的主流。當然最近偶或會發現清代華北醫家所傳用的手抄本[72]，以後若有更多黃河流域手抄醫書的資料，將可進一步補充我們目前的認識。不過道光二年(1822)清廷的太醫院取消了針灸科，是此勢力消長的另一重要輔證。這北衰南盛的醫界狀況，以及後來近代西醫入中國所先接觸的是這一派特重本草學與溫補養陰之道，又特別反對機械性的生理、病理理論，尤其鄙夷外科的中國醫派，足以解釋許多19世紀後半期以來中西醫學格格不入的部分內在理路。然而中西醫學的發展，在整個人類追求健康的歷史中，應是一個未完結的篇章。就像清代中國兒科醫學的派系發展，是在種種時地因素的期同匯集而成的結果。本文的初步探索，旨在與其他有興趣於發掘醫學史或文化史本身軌跡的人，一同尋思醫學流派的發展過程，並考慮其所涉及的外在與內在原因。或亦可為探測中醫的生物科學基

72　清代北方的醫書，能見者少，尚多待發掘。如最近搜得的河南潢川縣吳澄光緒年間的手抄本《秘篆青囊合纂》(六冊，35萬字)，參見侯元德、邢愛茹，〈河南省潢川縣發現清代醫著秘篆青囊合纂抄本〉，《中華醫史雜誌》，16卷1期(1986)，頁34。

礎作一種準備，並與探究西方科學史者共同思索中西醫學孕生之文化歷史
與生物環境雙方面背景之異、與價值之同。

乾隆歙邑許氏幼科

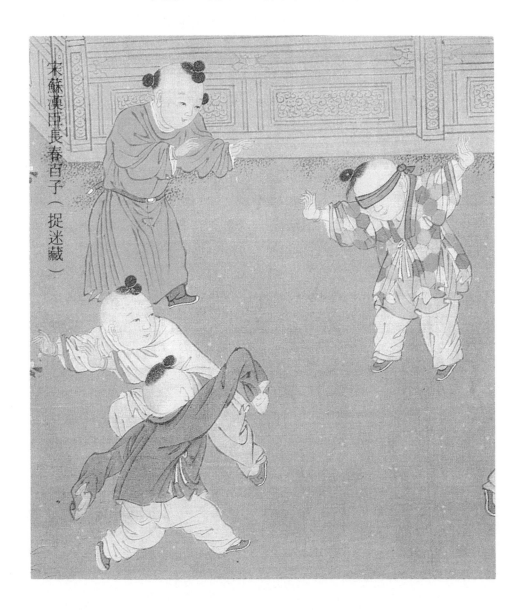

宋蘇漢臣長春百子（捉迷藏）

一、前言：典範轉移與近世中國之醫學流派

科學史要不完全淪為科學思想史，必須有活動的實例，這對中國、對醫學、對幼科，與他時他地，其他學科之歷史發展，一般無二。也就是說，對中國幼科之過去，除了各家之主張、申論，甚至包括其處方、及少數示範性醫案，最好還有辦法認識一兩位活生生的幼科開業醫生的臨床記錄。知道他如何受的訓練，在何時何地開的幼科診所，所照顧的是哪些男孩、女孩，那些孩子得的是些什麼樣的疾病，他們一般的營養健康情況如何？得到了怎樣的診治、處方？最後醫療的結果又是如何？

從這個角度提問，過去我們所知道的宋代錢乙的間傳小傳，明代萬全醫籍的序言，薛己父子在太醫院著述留下側影，就世界幼科發軔之遺跡而言，就那個年代、階段，已屬鮮活、可貴。甚至明末留下《幼科準繩》的王肯堂，也算幼科重要的儒醫。不過這些傳統中國幼醫發展上的「名人」，經過過去數十年的挖掘，多少算是重新「浮世」。雖然究實而言，他們代表的其實是中國幼醫史上的「名家」，其中如錢乙、萬全、薛氏父子也的確臨過診，看過些需要照顧的嬰幼兒的疾患。不像王肯堂等，著述雖豐，可能屬於「案頭醫者」（medical authors）的成分居多。

這些幼醫學者，位高勢隆，或為皇室子女看病，或者側身京師要津、太醫要職，他們在醫理、醫術、醫方、臨證上，對近世中國幼醫乃至世界兒童健康工作的拓展，功不可沒。不過，他們絕不是當時一般坊間的小兒科醫生，南宋至晚清近千年來中國幼醫的演變，不單是靠著這些名家名醫的立竿建標所致。而是在內地各醫各域，主要市鎮，有無數像仿宋清明上河圖所繪的「專營小兒科」的一般民間醫生。是他們日積月累的辛苦，他們的成功與失敗，堆積也延續了中國幼科的市場與傳承。

他們的出生、訓練、開業、起伏，面對嬰童和家長，同業的競爭和詰難，生計之艱、點點滴滴、日日年年，到底情況如何？

　　要找到他們的身影，其實很難，醫史文獻在知識社會學上的層層積累
與斷落，需要另敘。總之，從這個挖掘史料，重現舊時天地的角度來看，
找到乾隆歙邑終生執業幼科的許豫和，是一件幼醫研究史上值得慶幸的
事！

　　近代學術或科學史一如科技發展或文化思想，其所謂學派（school）或流
派（faction），嚴格而言應指此一知識或技術社群於學理或專業操作上所展現
之某種迥別於過去及他人之典範（paradigm）性內涵[1]。此等與其他學者、業
者大異其趣的認識、操作與特質，亦自然而然地為此一專業或知識團體建
立起一番特殊名聲與氣象，規範出某種特別操作方式、活動領域，乃至知
識論述、職業市場。流風所及，影響所被，當時與後代之人從而指其為某
學派或某某流派。

　　另有一種對學派或流派的泛稱，不以其學理之突破、典範之樹立為衡
量，而以師徒相承等知識技術傳承譜系（vocational genealogy）或活動之領域
網絡（territorial network）為準則，視本於同一譜系傳承下之求學問知，或在
同一地域範圍活動之執業操作為某某學派或某某流派之團體。此類指稱在
近代以前各種學術思想、宗教信仰、科學知識、技職行業圈中亦相當普遍，
尤以過去知識技術，不分中外，常仗子父相承、師徒相授而代代沿襲。其
結果之一是在某一定時段內，特定地域之知識工作者通常陳陳相因，甚且
劃地自範，形成了某個學派或流派活動的據點。久而久之，不論圈內自號
或圈外他稱，不論是當時標幟或者後代追溯，也就順理成章地逕以其籍貫
或活動地域為之命名，指其為學術上之某某學派或技能上之某種流派。如
此學派與流派之第二層認識，於其活動範疇、影響力、尤其是市場機制衡
量，未必全無實證基礎，然其操作與影響力上的實證基礎卻未必帶有第一

1　孔恩（Thomas Kuhn）對近世西方科學革命的結構性詮釋，是從知識內涵及典範轉
　　移之角度析述科技發展流派之最主要論著。見Thomas S. Kuhn, *The Structure of
　　Scientific Revolutions,* 3d ed. (Chicago: University of Chicago Press, 1996), esp.
　　Chapter 5, "The Priority of Paradigms," pp. 43-51.

層定義上所指知識上建立典範之條件，技能上也未必挾有影響深遠的根本性創新或全面性突破。

二、地方醫療與「新安醫學」

由前述科技發展史之基本問題意識出發，重新檢視過去中國學術思想史或科技發展上眾所熟知的學派、流派或派閥，即見其中有不少亟待澄清之玄機，近來流傳經時、甚囂塵上的所謂徽州文化乃至「新安醫學」就是其中一例。

以「新安」之歷史地名冠諸某種專業學術技藝活動之上[2]，口耳相傳，習而不察，並不能釐清此新安醫派是前所言及何種意涵下的一個醫學或醫療流派[3]。這也就是說，近年被泛指為新安醫士，轉入新安醫籍之近世醫者，

---

2 新安位於安徽最南端，為歙縣、休寧、績溪、黟縣、祁門、婺源(現屬江西)六縣之總稱，以祁門縣西境有新安山，早在西晉時便置有新安郡。今日行政區劃上雖不復用「新安」一名，但研究歷史時仍習稱此地區為新安，故王樂匋所編，自言經二十年整理而成的《新安醫籍叢刊》(共十五冊)，仍以「新安醫學」稱此地區之醫學學派。見王樂匋(主編)，《新安醫籍考》(合肥：安徽科學技術出版社，1999)，〈余序〉、〈吳序〉及〈讀新安醫學〉，頁1-12。

3 與此相同的一個更基本的問題是，徽州一府六縣之所以成為一個「地域」，除了沿自西晉以來的行政區劃，代代相傳的一個古代地方志，乃至明清近世的一個文化地理、風俗民情上的某種泛稱之外，晚清民國以來近代學術偶以徽州或新安為名所作的各種零星知識考掘，並未對此詞語的專業內涵作任何嚴格的考訂。直至1980年代以下始有專門討論：一則有日本學者如藤井宏等沿襲近代以來「地域研究」之脈絡發表有關徽州研究之專著；二則有大陸學者如欒成顯、唐力行等，於文革結束後對徽州千年地方契約及徽商地方文獻加以整理。他們先於史料之徵集出版著力，繼而對徽商、地方宗族組織，乃至科舉、詩文、戲曲、藝術民俗等多方面逐步考訂研究。因此過去二、三十年來中外學界對徽州地區與新安文化的鑽研，成果固豐，卻迄未對歷史上與學術史上「徽州」與「新安」概念之特質何在、成立與否，作過有系統的討論。部分背景參見藤井宏：〈新安商人の研究〉，《東洋學報》，36卷1-4號(1953)；欒成顯，《明代黃冊研究》(北京：中國社會科學出版社，1998)；唐力行，《商人與文化的雙重變奏：徽商與宗族社會的歷史考察》(武漢：華中理工大學出版社，1997)；同作者，《明清以來徽州區域社會經濟研究》(合肥：安徽大學出版社，1999)；同作者，《徽州宗族社會》(合肥：安徽人民出版社，2005)等著作。

指的到底是如前述流派之第一意涵，以醫學上內外婦幼等分科發展出某類特殊見地（譬如養陰、補土、溫熱等醫理），且因其於醫療典範樹立上之成就而視之為特定醫派。或者是指循前述流派之第二義所指，以此類新安醫者多仗父子相傳、師徒相授，乃至因其籍貫所出、及執業範圍環繞近世新安一府六縣為界。即便醫理療術未必有任何別於他人之特出創見，然視其執業網絡、市場掌控，其地域性格仍然明顯[4]。由歷史社會學之觀察而言，視之為一醫派，固其來有自，亦未嘗不可。

　　就某一時段內醫療活動之社會文化史意涵而言，前指二義下任何一義之「新安醫學」若能成立，對新安一地或徽州歷史均有其難以支吾之意義。前者固代表醫理醫技上另立蹊徑，意指新安人士在科技學術史上有可稽可考之特出建樹。後者則以徽州醫者活躍新安地方，實際上服務鄉梓，照料疫疾。即便學理醫術上未必有特出創見與絕技，仍為地方人口日常安恙病痛提供了最基本的照顧。問題是，一般泛言之新安醫者與新安醫籍究屬何一意涵之下的醫療流派？在未釐清疑問之前，其他相關問題，如「新安醫學」與地方福祉，乃至徽州家族之疾病健康、人口綿延與醫療條件或專業知識之關係，即無從由任何被冠以「徽學」或「新安文化」之發展活動一併討論。茲脫離宏觀面理論性疑問，進入微觀實證性考察。過去所知中國幼科醫史之臨床活動，南宋以來，雖間有幼醫名姓（如錢乙[5]、陳文中[6]、萬

4　緣上之故，不論是區域史上的「徽學研究」或「新安文化」乃至科技史上的「徽州傳統」或「新安學術」，均在模糊的語言與粗略之概念下進行討論。迄今學者尚無法討論除機械性的地理或地緣關係外，何謂學術研究上足堪成立、值得析述的「徽州」或者「新安」區域。同樣地，整理「新安醫學」與「新安醫籍」的前輩學者，亦常持一不疑有他之立場，始以「信其有」而「不疑之無」之態度，發表相關之資料與研究成果，以「新安醫學」指宋至清末「出現並形成一定影響的醫家群體」為其對象。此處所稱的「醫家群體」，絕非近代學術史、專業史或科學史上所謂的「專業社群」（professional community）。見吳錦洪之〈吳序〉及王樂匋〈談新安醫學〉兩文，載王樂匋，《新安醫籍考》，頁3-4，5-12。

5　錢乙（約1032-1113），字仲陽，據劉跂為其所寫之傳記，乃出身錢塘世醫之家，父親和養父都以醫為業。當時醫者本屬方技術士之流，一向父子相傳，師徒相授，因而錢乙稍長，亦因知書入醫。不過值得注意的是，他成年後以「顱顖方著山東」。及

全[7])、單項醫籍(內含論、方、案),然就傳記、序跋及醫籍內容,對任何一位近世幼醫之臨症情況,畢生生涯發展,掌握仍然有限。姑不論是《清明上河圖》卷中赫見「專理小兒科」掛牌街坊的執業幼科,乃至其牌下明曰「貧不計利」宣示文化下所反映的市場機制[8],或近世幼科名醫如錢乙、

(續)————————————

長,以兒科聞名山東。其故人之子閻季忠曾廣收錢氏方論,輯《小兒藥證直訣》8卷,大行於世。其書詳闡小兒生理、病理特徵,乃是現存最早、最具系統之兒科著作。參見劉跂,〈錢仲陽傳〉,載《小兒藥證直訣》(臺北:新文豐出版公司影印學海本,1985),頁3-4。又《文淵閣四庫全書》中《顱顖經》內提要云:「《宋史・方技傳》載錢乙始以《顱顖經》著名,至京師視長公主女疾,授翰林醫學,乙幼科冠絕一代,而其源實出於此書。」參〈顱顖經提要〉,載《顱顖經》,《文淵閣四庫全書》本(臺北:臺灣商務印書館,1983),頁2上(總頁2)。

6　陳文中,精通醫道,明大小方脈,於小兒痘疹之診治尤為精妙,著有《小兒病源方論》4卷、《小兒痘疹方論》1卷。參見李云(主編),《中醫人名辭典》(北京:國際文化出版公司,1988),頁717-718。

7　萬全乃出身自江西省豫章縣(今南昌)之醫學世家,世代業醫,而專精小兒。一世祖杏城翁在世時,即「以幼科鳴」。杏城翁後來早逝,遺孤菊軒翁決意「繼其志而述之」。經營之下,「其術大行,遠近聞而論之萬氏小兒科云」。是為萬氏幼科之第二世,也是萬全的父親。萬菊軒去逝時,其子萬全已讀書識事,念及「幼科之不明不行也,前無作者,雖善弗彰;後無述者,雖盛弗傳」。為了彰顯先人成就,廣傳萬氏幼科內涵,乃於暇日,「自求家世相傳之緒,散失者集之,缺略者補之,繁蕪者刪之,錯誤者訂之」。萬氏幼科數代家傳之知識心得,經他一番集補刪訂功夫,成了一本精湛的幼科專著,名為《育嬰家秘》。不過當時他編書的用意,僅在「以遺子孫」。這是萬氏幼科的第三世。不意萬全雖有十子,卻沒有一個孩子能善承家緒,續行幼科。萬全年紀老邁時,眼見《家秘》一書廣傳荊、襄、閩、洛、吳、越各地,引起廣泛讚揚和迴響,「莫不曰此萬氏家傳之小兒科也」。另一方面,自忖家中諸子無人能接掌祖業,百數十年的心血可能付諸東流。兩方衡量,反覆思索,萬全作了一個寓意深遠的決定,決定再作一書,進一步闡明萬氏家傳兒科之秘,將此知識與經驗寶藏公之於世,這就是目前仍然可見的《幼科發揮》4卷。相關研究參見熊秉真,《幼幼:傳統中國的襁褓之道》(臺北:聯經出版事業公司,1995),頁13-15。亦見本書第二章〈世界史上的生命緜延〉。

8　臺北故宮博物院所藏清本《清明上河圖》中有一段描繪出街道上的兒科診療場所,熙來攘往的門口懸掛「專理小兒科」之招牌,其牌下方書有「貧不計利」,顯示當時醫療行業中,營利並非醫者最主要的關懷。相關討論參見Ping-chen Hsiung, *A Tender Voyage: Children and Childhood in Late Imperial China* (Stanford, CA: Stanford University Press, 2005), p. 32.

萬全和薛鎧、薛己(1487-1559)[9]父子等之生平事業,此宏觀大而略之的中國醫學文化史圖像,乃至醫籍名家之醫學思想史析述,一旦落實到微觀書寫下地方幼醫之具體經驗,要得一個足為討論分析憑式的細節實例,並不容易。鑑此,近世所謂新安醫者中活躍於乾隆時期而為當時地方周知的歙縣許村人士許豫和,及其所執業的許氏幼科,遂成少見而彌足細思之特例。檢其情實,亦可試析中國近世之醫療工作者,其思其行,如何與醫學流派等理論性問題相提並論,或者各自逕庭。

三、許豫和與乾隆歙邑之許氏幼科

就醫籍及相關文獻所見,世傳歙縣「許氏幼科」主要人物許豫和(1724-約1805)[10],字宣治,號橡村,以號行,人稱橡村先生,徽州府歙縣許村人。村以氏名,屬徽州聚族而居之一例[11]。

9　薛己,號立齋,江蘇吳縣人,明朝正德、嘉靖年間以幼科著名。其父薛鎧亦長醫術。薛己本人,據說「性穎異,過目輒成誦,尤彈精方書,於醫術無所不通」。正德時,被選為御醫,後擢南京院判。嘉靖年間,進為院使。其父薛鎧,得贈太醫院院使之頭銜。薛氏父子的醫名,與《薛氏醫案十六種》(1529)及《保嬰撮要》(1556)、《保嬰全書》之刊刻有直接的關係。就近世幼科醫學而言,《保嬰全書》之刊刻流傳一事,亦可窺及朝廷、太醫院和政府對傳統醫學發展的貢獻。見〔清〕李銘皖等(修)、馮桂芬等(纂),《〔光緒〕蘇州府志》,《中國方志叢書》影印清光緒九年(1883)刊本(臺北:成文出版社,1970),卷109〈藝術一〉,頁28上至28下(總頁2571)。亦參考史仲序,《中國醫學史》(臺北:國立編譯館,1984),頁130-131。

10　許豫和生平略見《新安醫籍叢刊‧綜合類(一)》之〈書目提要〉及許豫和個人著作《怡堂散記》內曹文埴嘉慶二年(1797)之序。見余瀛鰲、王樂匋、李濟仁、吳錦洪、項長生、張玉才等(編),《新安醫籍叢刊‧綜合類(一)》(合肥:安徽科學技術出版社,1990),〈書目提要〉,頁5;許豫和,《怡堂散記》,上海圖書館藏清同治十一年壬申(1872)《許氏幼科七種》刊本,上卷曹文埴〈序〉,頁1上至4下。本文所引用之許豫和著作七種:《翁仲仁先生痘疹金鏡錄》2卷、《橡村痘訣》2卷、《痘訣餘義》1卷、《小兒諸熱辨》1卷、《小兒治驗》1卷、《怡堂散記》2卷、《散記續編》1卷,均用此一版本。

11　徽州宗族研究之要著可參見唐力行,《徽州宗族社會》。關於許村之記載,參見〔清〕張佩芳(修)、劉大櫆(纂),《〔乾隆〕歙縣志》,《中國方志叢書》影印清乾

　　據傳記資料所載,許氏接觸醫道,一如時習(意指親病或者體弱),謙稱源自切身需求,「弱齡善病」,加上周邊機緣,遂而習醫[12]。至於明清時期,士族譜牒家訓中坦稱當時業醫者收入常在訓蒙者──一般中下士人的另一大出路──薪得十倍以上[13],則是一般傳記資料中避而不談的背景。其習醫過程,據言曾事新安名家程嘉豫(字天佑),亦曾因少遊姑蘇而從尤松年習針灸。返而再事新安之黃席有,及績溪之方博九。由此可窺見許氏曾得家鄉名醫指點,亦嘗訪求蘇吳地區業有專長之醫家教導。如此描繪,從當時徽州、蘇州士人往來系譜看來,均屬平常。明清以來徽州與蘇吳地區

(續)────────────

　　　隆三十六年(1771)尊經閣刊本(臺北:成文出版社,1975),卷1〈輿地志‧都鄙〉,頁18上-19下(總頁113-116)記云:「元明於附郭立關隅八,於各鄉立都,三十有七。洪武二十四年,編戶二百八里,內關隅一十八里,鄉都一百九十里,後增編二十里,共二百二十八里。嘉靖四十一年,析東關三圖,置東關五圖,共二百三十里。鄉與里延宋制,而圖時有析而增編者,今共二百七十八里。……寧泰鄉,十一都、十二都。……十二都,八圖,其村:祁家巷、許村、王進舍、趙村、羅坦、楊家坦、樊村、王進坑、西岔、西坑、茅舍。」〔清〕勞逢源、沈伯棠等(纂修),《歙縣志》,《中國方志叢書》影印清道光八年(1828)尊經閣刊本(臺北:成文出版社,1975),卷一之五〈輿地志‧都鄙〉,頁2上-4上(總頁145-149)又云:「元明於附郭立關隅八,於各鄉立都,三十有七。洪武二十四年,編戶二百八里,內關隅一十八里,鄉都一百九十里,後增編二十里,共二百二十八里。嘉靖四十一年,析東關三圖,置東關五圖,共二百三十里。鄉與里延宋制,而圖時有析而增編者,今共二百七十八里。……寧泰鄉,十一都、十二都。……十二都,八圖,其村:上豐、溪頭、祁家巷、許村、王進舍、趙村、羅坦、楊家坦、樊村、王進坑、西岔、西坑、茅舍、屯田、古溪、田里、金村、大橋頭、茶坦、坑口、前山、泉水龍、上田、環里、泉潭、程思坑、古山下、青山、庄邊、沙堤、西沙壆汪嶺、羅家彎、杉木嶺。」從上可見許村之位置,乃在歙縣寧泰鄉第十二都之內。許氏之族人有明一代向有行商遠方,或遠揚海外,或僑居異國。例如嘉靖年間許辰江,「航大海,駕滄江,優遊自得,而膏沃充腴,鏗鏘金貝,誠古逸民中之良賈也」;又或如許二、許三兄弟早年出海,便入贅於大宜滿剌加,其後許一、許四更「嘗往通之」。相關研究參見唐力行,〈論明代徽州海商與中國資本主義萌芽〉,《中國經濟史研究》1990年第3期,頁90-101。

12　參見《新安醫籍叢刊‧綜合類(一)》,〈書目提要〉,頁5云:「先生係歙縣許村人,世居邑城,與當時歙之名醫汪赤厓先生有渭陽之親。緣弱齡善病,而從新安名醫程嘉豫(字天佑)習醫,少游姑蘇復從尤松年習針灸,後又師事新安名家黃席有、績溪方博九。」

13　關於宗譜資料之記載,參見多賀秋五郎,《宗譜の研究‧資料篇》(東京:東洋文庫,1960);同作者,《中国宗譜の研究‧上卷》(東京:日本学術振興会,1981)。

已發展出一往來網絡，因此出身歙縣許村之年輕習醫者，自稱曾受益江南與本地之前輩並不稀奇。許氏日後幼科表述內容，亦反映此訊息互通之一斑，其習醫兼及針灸，於許氏幼科臨症表現亦得印證[14]。

許氏長壽，據稱終生執業邑城，主治幼科，而兼及婦、內，其臨症用藥，無論對患者病家之施治或醫士同仁之對質，均可為觀察所謂「新安醫者」活動與徽州人口福祉提供難得案例。惟欲論此，所仗線索主要仍在許豫和所留醫籍著述。依文獻所及，許氏曾遺醫著七種，其中三項有關痘疹方面著述，未為《新安醫籍叢刊》所輯，包括他注解當時盛傳痘疹名著《痘疹金鏡錄注釋》2卷[15]，他自己研發而成的《橡村痘訣》2卷，及隨之摘錄而

14　許豫和行醫用藥以本草藥方為主，偶用針砭之法輔之，惟其熟讀醫書，深諳針砭之法，這可從他在《怡堂散記》的〈華先生中藏經論治〉和《散記續編》的〈用藥有法〉兩則篇章的討論中看出。基本上許氏在醫學理論上主張以「汗、吐、下」三法，「而兼眾法」，其中所謂的汗法「灸、蒸、渫、洗、熨、烙、針、砭、射、導引、按摩，煩解表者」，即為針灸治療理論之應用。在實際的醫案記錄，許氏用針灸之法主要是在治療喉科相關疾病、急證。如《散記續編》的〈附論喉科〉所引五案，並舉《名醫類案》中三例，多以針法療之，如中一案「一孩，未週歲，上顎起懸癰，色紫，是熱毒所結，急針之，出紫並不多，次日連點三針，血多腫消，與導赤散加生犀屑，二劑愈。」見《怡堂散記》，上卷〈華先生中藏經論治〉，頁39下-41下；《散記續編》，〈用藥有法〉，頁22下-26下；同書，〈附論喉科〉，頁50下-55上。

15　見《新安醫籍叢刊‧綜合類(一)》之〈書目提要〉。《痘疹金鏡錄》又名《痘疹全嬰金鏡錄》、《幼科痘疹金鏡錄》，3卷，〔明〕翁仲仁撰。其書刊於1519年，原刊本已不復見，現存者均為本書的增補或改訂本，故名稱頗多。卷數有3卷本、4卷本不一。3卷本如《痘疹金鏡錄真本》（又名《痘疹全嬰金鏡錄真本》），卷上、中為痘病證治及歌賦；卷下為方藥。4卷本為《增補痘疹金鏡錄》（又名《增補痘疹玉髓金鏡錄》），其卷1為兒科病症歌賦二十餘首；卷2、3為痘疹的辨證論治(包括歌賦論述)；卷4為痘科治療方劑。內容簡要實用，選方尚平穩，流傳較廣。許豫和自言：「因思痘訣之成，皆由翁仲仁先生《金鏡錄》推廣而出。《金鏡錄》一書，雜症不無簡括，而於痘疹一科可謂深切而著明者。近世幼幼之家，靡不遵之。」復言：「是書流傳已久，原刻不得復構，坊本甚多舛謬，爰以鄙見重加註釋，願學者逐段推求，臨症施治，自無實實虛虛之虞，是金鏡之復磨也。」因作《痘疹金鏡錄》之注釋。參見許豫和，〈重訂翁仲仁先生金鏡錄序〉，載《翁仲仁先生痘疹金鏡錄》，頁3上-3下。此書較為人所知之版本有：清乾隆五十年乙巳(1785)刻本、清乾隆嘉慶間顧行堂刻本、清同治十年辛未(1871)刻本、清同治十一年壬申(1872)刻本、清同治刻本、清刻本、抄本、上海受古書局石印本、上海中一書局石印本等九版本。參見薛清錄(主

成《痘訣餘義》1卷[16]。此三種痘症相關著作,可能流傳當時,或亦以單帙
付刻,輯入其他醫類叢編,後世並不易見。無論如何,許氏對幼科痘疹方
面之經驗與見解,亦多間見於鄉梓士人為四種他著所為序辭[17],值得另為專
論。至今許豫和因輯入醫籍叢刊而得見的,倒是他另外四種醫學筆記:《熱
辨》1卷、《治驗》1卷、《怡堂散記》2卷及《散記續編》1卷[18]。此四帙五
卷之內容,絕大部分為其幼科臨症之論說、處方及個案紀錄,而偶涉婦內。
據證論說考量下,下文即擬援原命題,循序由《熱辨》、《治驗》及《散
記》三處切入,試析許氏幼科之見,並藉窺其執壺歙邑半世紀之軌跡,討
論此個案與考量所謂「新安醫學」之間可作如何解析。

四、《熱辨》

(一)傷寒、溫病與熱症

　　許氏幼科所遺七著中,《熱辨》1卷,依許豫和乙未年(乾隆四十年,

(續)————————————
　　　編),《全國中醫圖書聯合目錄》(北京:中醫古籍出版社,1991),頁482-483;王
　　　樂匋,《新安醫籍考》,頁637-638。
16 見《新安醫籍叢刊・綜合類(一)》,〈書目提要〉,頁5。《橡村痘訣》、《痘訣餘
　　義》二書較為人所知之版本有:清乾隆五十年乙巳(1785)刻本、清乾隆嘉慶間顧行
　　堂刻本、清同治十年辛未(1871)刻本、清同治十一年壬申(1872)刻本、清同治刻本、
　　清刻本、抄本、上海受古書局石印本、上海中一書局石印本等九種。參見薛清錄,
　　《全國中醫圖書聯合目錄》,頁482-483;王樂匋,《新安醫籍考》,頁637-638。
17 見《新安醫籍叢刊・綜合類(一)》,〈書目提要〉,頁5。
18 《熱辨》、《治驗》、《怡堂散記》及《散記續編》四書較為人所知之版本有:清
　　乾隆五十年乙巳(1785)刻本、清乾隆嘉慶間顧行堂刻本、清同治十年辛未(1871)刻
　　本、清同治十一年壬申(1872)刻本、清同治刻本、清刻本、抄本、上海受古書局石
　　印本、上海中一書局石印本等九版本,參見薛清錄,《全國中醫圖書聯合目錄》,
　　頁482-483;王樂匋,《新安醫籍考》,頁637-638。許氏醫書於乾隆五十年首次刊行,
　　同治十年吳星堂等人募資重刊行世,此後則未見重刊。現存《許氏幼科七種》乃同
　　治刊本,乾隆刊本已很少見,《新安醫籍叢刊》中所收《熱辨》、《治驗》、《怡
　　堂散記》及《散記續編》四書,俱依同治十年刊本,並參照有關抄本,進行校點刊
　　行。參見《新安醫籍叢刊・綜合類(一)》,〈書目提要〉,頁5-6。

1775）顧行堂所署自序，原「列於《〔橡村〕痘訣》之後」，據言亦嘗別帙流傳。依目內有「熱辨上、中、下」及「辨諸雜症之屬熱者」、「辨諸症之有寒有熱者」、「發搐論」、「先天不足論」、「暖病」、「火瘡」等20篇[19]。所謂「熱病」，即各類健康變化下所發生間使患者體溫升高的疾病，古今中外常見。中國醫史自古對此棘手而遍存的病況，議論不絕。早如《素問・六元正紀大論》已有「溫病乃起」一語[20]，出現「溫病」之詞。同書〈熱論篇〉又有「今夫熱病者，皆傷寒之類也」之說[21]。由此上古醫經淵源，可知「溫病」、「熱病」，古常並提，初且歸於「傷寒」大類之下。故《難經・五十八難》所列「傷寒有五」之中，除中風、傷寒、濕溫之外，熱病與溫病亦被分列而並舉[22]，側身其間。近世南方醫士循此脈絡，對溫熱之病的起因，多依從《黃帝內經》的看法，以為是「冬傷於寒，春必溫病」[23]。據之，就溫熱等症的療治，《素問・至真要大論》有「熱者寒之」、「溫者清之」的抗衡原則[24]。東漢張仲景《傷寒論》所提清熱、攻下、養陰等法，到了中古以後成為此思路下之延伸。

19　許豫和，《小兒諸熱辨》，〈目錄〉，頁1上-2上。
20　〈六元正紀大論篇第七十一〉云：「初之氣，地氣遷，風勝乃搖，寒乃去，候乃大溫，草木早榮，寒來不殺，溫病乃起。其病氣怫於上，血溢，目赤，咳逆，頭痛，血崩，脇滿，膚腠中瘡。」見南京中醫學院（編著），《黃帝內經素問譯釋》（上海：上海科學技術出版社，1991年第3版），頁572。
21　〈熱論篇第三十一〉云：「黃帝問曰：今夫熱病者，皆傷寒之類也。或愈或死，其死皆以六、七日之間，其愈皆以十日以上者何也？不知其解，願聞其故。岐伯對曰：巨陽者，諸陽之屬也。其脈連於風府，故為諸陽主氣也。人之傷於寒也，則為病熱，熱雖甚不死；其兩感於寒而病者，必不免於死。」見《黃帝內經素問譯釋》，頁230。
22　「五十八難曰：傷寒有幾？其脈有變不？然：傷寒有五，有中風，有傷寒，有濕溫，有熱病，有溫病，其所苦各不同。」見清丁錦（注釋）、陳頤壽（校正），《古本難經闡注校正》，收入陸拯（主編），《近代中醫珍本集・醫經分冊》（浙江：浙江科學技術出版社，1994），頁947。
23　〈陰陽應象大論篇第五〉曰：「故曰：冬傷於寒，春必溫病；春傷於風，夏生飧泄；夏傷於暑，秋必痎瘧；秋傷於濕，冬生咳嗽。」見《黃帝內經素問譯釋》，頁42。
24　〈至真要大論篇第七十四〉曰：「治諸勝復，寒者熱之，熱者寒之，溫者清之，清者溫之。」見《黃帝內經素問譯釋》，頁636。

　　及中古而近世，中國醫療轉入關鍵期，溫熱之病，宋、金、元重要醫家，均欲掙脫經方之醫界繩墨。宋之郭雍(約1106-1087)以為溫病之發生，冬受寒邪，伏而化熱，春而發溫外，也有春季時令溫邪，即時發病而起者[25]，一言點破溫病不皆伏於冬邪，開啟後世四季均可因六淫之邪化熱成溫的理路。金之劉完素(約1110-?)大膽提出「六經傳受，自淺至深，皆是熱證」一說[26]，建議外感熱症治療，應寒涼清熱表裡雙解。其後王安道(1332-約1391)於《醫經溯洄集》中復疾呼「溫病不得混稱傷寒」[27]。諸般發展，如今看來，均在將溫熱病症自傷寒論述及冬邪春溫的舊見中解脫出來，提醒醫家重視四季時感均可發生的溫病與熱症，因而值得為之另立項目，專門鑽研。近年中外醫史學者，對明清以來的溫病傳統，以及所謂「溫病學派」在南方的演繹發展，亦漸增研究與認識[28]。

(二)許氏之《熱辨》

　　盛清懸壺徽州歙縣邑城的許豫和對上述中醫熱病之醫經醫史背景，究

25　〈溫病論六條〉曰：「雍曰：醫家論溫病多誤者，蓋以溫為別一種病，不思冬傷於寒，至春發者，謂之溫病；冬不傷寒，而春自感風寒溫氣而病者，亦謂之溫；及春有非節之氣中人為疫者，亦謂之溫，三者之溫自不同也。」見〔宋〕郭雍，《傷寒補亡論》，《歷代中醫珍本集成》影印1925年蘇州錫承醫社重刊本(上海：上海三聯書店，1990)，卷18，頁2上-2下。

26　〈傷寒直格序〉曰：「傷寒謂之大病者，死生在六七日之間，經曰：人之傷於寒也，則為病熱，古今亦通，謂之傷寒熱病，前三日，太陽陽明少陽受之，熱壯於表，汗之則愈。後三日，太陰少陰厥陰受之，熱傳於裏，下之則痊，六經傳受，自淺至深，皆是熱證，非有陰寒之病。」見〔金〕劉完素，《傷寒直格》，《中國醫學大成續集》影印新安吳勉學校刻本(上海：上海科學技術出版社，2000)，卷首〈傷寒直格序〉，頁1上。

27　「夫惟世以溫病熱病混稱傷寒，顧每執寒字以求浮緊之脈，以用溫熱之藥，若此者因名實亂，而戕人之生，名其可不正乎。」見〔元〕王履，《醫經溯洄集》，《叢書集成初編》本(長沙：商務印書館，1937)，頁17。

28　參見 Marta Hanson, "Robust Northerners and Delicate Southerners: The Nineteenth-Century Invention of a Southern Medical Tradition," *Positions: East Asia Cultures Critique*, vol. 6, no. 3 (Winter 1998), pp. 515-550.

竟了解多少，並不清楚。惟因他對醫理與臨證雙線發展，交相為證，在其20篇熱病論辨中，屢次三番針對所謂時醫俗見之熱症療治，多所議論，可以窺見許氏對明清南方醫家偏重溫熱的脈絡有所體會。

　　單帙成書的《熱辨》小冊，依梓刻後所見目次，大抵分含六組議題。一是〈熱辨〉上、中、下三篇，開宗明義地剖析了許氏對小兒熱病之定義、病因、性質、療治之基本看法[29]。二是許氏對性質和症候上可能與熱症相關之其他病症，一一檢視兩者間關係。如書中5、6、7三篇，分論諸症中性質「屬熱」、「有寒有熱」，以及寒症中須以「急溫」處置者[30]。三是作者析辨一般幼科病症中與小兒熱症關係密切，須與之合併考慮、會診處治者。這方面最切要的問題莫如「小兒發搐」和各種舊謂「驚風」的問題，因為卷中有第8、9、10篇之〈發搐論〉、〈風搐〉和〈虛風〉三篇[31]。四是某些幼科症候，發熱雖未必為其主症，然一般醫者、病家容易以之與熱病聯想，連帶引起許豫和對彼等處置方式之商榷。譬如第12篇所談之〈結胸論〉，第17、18、19三篇分論之〈疰夏〉、〈暖病〉、〈火瘡〉等均為其例[32]。第五方面，則是許豫和對熱症療法之糾正。例如第4篇〈論木通〉，說的是新安地區醫者沿用「木通」一藥之誤[33]；第13篇談「九製膽星」法，即地方上以膽汁（通常是牛膽汁）之苦寒抑制性燥而味辛之「天南星」所成，許氏期期以為不可[34]。第14篇，具體指出當時流行的「廣東蠟丸」及「人家製送丸散」之不可取[35]，從常用藥方中之可議者，而論及坊間與小兒熱症相連之其他處

29　許豫和，《小兒諸熱辨》，〈熱辨上〉、〈熱辨中〉、〈熱辨下〉，頁1上-33上。

30　同上，〈辨諸雜症之屬熱者〉、〈辨諸症之有寒有熱者〉、〈辨寒症之當急溫者〉，頁37上-40上。

31　同上，〈發搐論〉、〈風搐〉、〈虛風〉，頁41上-44上。

32　同上，〈結胸論〉，頁45下-46下；〈疰夏〉，頁49下-50上；〈暖病〉，頁50上-50下；〈火瘡〉，頁50下-51下。

33　同上，〈論木通〉，頁24上-26下。

34　同上，〈辨九製膽星之悞〉，頁46下-47下。

35　同上，〈論廣東蠟丸及人家製送丸散之悞〉，頁47下。

置方法。第11篇許氏所談〈補遺〉及最後第20篇所述〈新定日用諸方〉³⁶，可在此思維下一併讀之。最後第六方面，是若干許豫和在歙縣治療小兒熱症，思索相關醫理，而留下他對小兒病理和生理方面的綜合性見解，如第15篇〈先天不足論〉及第16篇〈辨小兒無七情之謬〉³⁷，可視為許氏對小兒熱症之臨症論治所遺餘思。

緣此線索檢視全書，數十年行醫歙邑的許豫和率先點出，種種小兒發熱之症，病因病源固異，綜而視之，卻占其臨床診視案件之八成，逼得他不能不特別為之留心考量。一如他在〈熱辨自序〉中所說：「予曰：保幼以來，日所臨症，少則十數，多至近百，雖四時氣運不齊，大約病熱者十居其八。」³⁸而他在《熱辨》首篇〈熱辨上〉之開端，也開門見山表示：「小兒之病惟熱為多。」³⁹這未必是新安歙縣一帶地方幼科臨症特有現象，或可能為18世紀末中國內地兒童流行病型態之一斑。然依其所見，宏觀上許豫和對小兒熱症還有幾個通則式看法：一則是他贊成傳統近世幼科主張，以「小兒純陽之體，宜乎其病熱之多也」⁴⁰。也就是說在幼科生理上視小兒為一性屬「純陽」之身體，從而不以其易有體溫升高之現象為怪，先把幼兒發熱諸症置於一「經常」或常見的「健康異常」分類下。二則是他在專業知識範圍內，亦知針對此一幼兒常見症狀，醫經醫書過去早有許多討論。對這些「古書辨之甚詳」的內容，他另有一番見解，見後文逐一析述。然而最重要的是他認為與之同時習醫、業醫者，不但未嘗細察過去醫理傳統，平日各自面對小兒熱症時也常因窮於應付，而且「草菅人命」。據他自白，這古今醫理論述與臨症實踐雙方面之隔閡落差，也是催促他自錄心得，希望「遍告於斯世」的主要緣由。類似的古今差距、業者不察之嘆，近世醫

---

36 許豫和，《小兒諸熱辨》，〈補遺〉，頁44上-45下；〈新定日用諸方〉，頁51下-55上。
37 同上，〈先天不足論〉、〈辨小兒無七情之謬〉，頁48上-49下。
38 同上，〈熱辨自序〉，頁1上。
39 同上，〈熱辨上〉，頁1上。
40 同上，〈熱辨自序〉，頁1上。

者襲自儒士之老生常談，後文仍可再析。然熱症之論確實代表許氏以己見佐前言之一重要幼醫議題，若復確屬新安歙邑幼兒之常見主症，情實就更不能輕忽。

　　因之成帙的《熱辨》小書，首當其衝，上篇先就纓鋒不避地提出了作者對一般熱症（尤其是小兒熱症）的整體看法。許氏先循傳統思維，稱小兒常生熱症，與「外而風寒暑濕燥火之乘，內而乳食生冷甘肥之滯，以及驚恐跌仆麻痘丹疹」等周遭環境、日常照養，乃至常有傷疾，都脫不了關係[41]。只不過依其所見，「初發之狀，大勢相同」，也就是說小兒健康異常不少在初期出現體溫變化而發燥發熱的症狀，雖然細查之下，「所以致熱之因則異」。因此若是醫者病家不明究裡，遇到發燒發熱，青紅皂白不問，「病家但云發熱，醫家答以退熱」，「六淫不分，食物不辨」，不但「毒發不明部分，早晏不明氣血，陰陽虛實、藏府〔臟腑〕經絡不求病本」，結果往往「熱久不退，夭人生命者不可勝紀」。類此之觀察，作者固先為自己造出一個處理小兒熱病上自詡別有之見地，好為後文施展「活幼一科別開生面」奠機[42]。細閱〈熱辨上〉篇，組織上卻襲常規，依序先從風、寒、暑、濕、燥、火六項切入；其後再論傷乳、生熱、傷食、發熱，而及消乳消食之方；最後分言驚、麻痘、丹疹、水痘、瘡疥與發熱之關係，及其療治之道[43]。

　　總而言之，許氏論小兒熱症，注重由析論病因、病機入手，再視病理之斷定，研擬調整既有療治途徑及處方，可視為其幼科「醫論」落筆發言之個人款式[44]。

（三）小兒熱症譜系

41　許豫和，《小兒諸熱辨》，〈熱辨上〉，頁1上。
42　同上，頁1上-5上。
43　同上，頁1上-9上。
44　參見熊秉真，《幼幼：傳統中國的襁褓之道》一書對中國幼科醫籍「醫論」體例之說明。亦見見本書第二、三章。

　　許豫和對上述各種不同病因病機下所呈「小兒熱症」及衍生問題，大抵作四部分討論：一是整體性考量，譬如此症於小兒或一般成人現象相類與否，以及小兒此類熱症易現之主症（symptoms）與固定病史（natural course of disease）。二是此類小兒熱病在流行病學上所呈之型態（epidemiological pattern），譬如說是常見或者罕見，季節性特徵如何（是春夏常見或秋冬易得），是急症或慢症，通常會不會傳染等等。三則論其診治，即對付該症，依中醫之君臣佐使，各應用何藥物，其藥引及加減為何，何類藥材、處方切不可用等等。四則可謂臨症診治此症時許氏個人之醫療社會學筆記（medical sociological notes），譬如說面對該症，一邊是他所知醫論經方，或過去醫籍所見名醫儒醫之處置，另一邊則是他號稱（可能亦常見）的庸流、庸醫之俗見做法。他所自稱的「予處」就是一位常側身於兩極間的斟酌、擺盪者，面臨著無止息的掙扎與拉扯。同時躋身此掙扎與拉扯圖像中的，還有在此過程前後，與他同時穿梭執業於市鎮村邑間的歙邑醫士。這些赫然出現在許氏字裡行間的「吾歙時醫」[45]，才是他行醫筆記為讀者留下珍貴難得的新安幼科群體行履之一瞥。

　　依此結構，許氏談因「風」而起的小兒熱症，先稱「風者百病之長」，「無日無時不為人患」，「小兒受之與大人無異」，「輕則為感，重則為傷，又重則為中」。論其症狀，則「發熱啼吵」，亦有「咳嗽吐乳，或噴嚏呵欠，指冷面青，或兩太陽浮掣，即是頭痛。或手搦頭仰，即同項強」[46]。

　　再言療治，許豫和將小兒的風熱之症依慣例分為太陽、少陽、陽明等症。分論用藥之君佐，以「太陽症多羌活為君，少陽症多柴胡為君，陽明症多葛根為君，總以荊防為佐」。講明各證處方用藥之主副成分後，再細談臨症所見各種不同的從症（次要症狀），各用藥時該考慮增減的成分。譬如：「痰嗽鼻塞加前胡、桔梗、杏仁、橘紅數味，痰嗽吐乳加橘紅、半夏、

45　許豫和，《小兒諸熱辨》，〈熱辨上〉，頁1下。
46　同上，頁1上-1下。

麥芽三味，驚跳手搦加天麻、鉤藤二味，蔥薑為引。」據他隨後對小兒風熱的施藥與病理分析，之所以如此論症施治，主要在「功專走表」、「辛甘發散」的思維下，希望靠出汗來化解此類與「風」相關的「小兒熱症」，認為若能成功地達到「風從汗解，熱從汗退」的果效，此類問題就不至於使小兒「纏綿」病榻[47]。

（四）執業歙邑身影

在這一段討論小兒風熱症的文字之末，許豫和特別發表了他對當時一同執業地方（而非徽州或新安地區）的醫者，以及被他斥為庸醫之流的本地同行，在處理相關問題上的做法。他說，從這方面的市場行為所見，「最可怪者」，莫過於「吾歙時醫於解表劑中，多加赤芍、木通二味」。之所以有此流行處方，依他揣測，是因為這些同鄉醫生（所謂的「吾歙時醫」），看到小兒風熱常伴有「驚跳」徵候，而照傳統五行臟腑之說，習以某種「金器為引」。赤芍「味酸苦」，木通「苦降利水」，如此「酸苦涌瀉為陰」，依許豫和的判斷，陰陽「兩氣相兼」，辛、甘、酸苦「三氣相併」，若再有金器之壓，「風邪何由得解」[48]？歙醫秉承此一用藥施治傳統，習用「木通」，顯然令許氏極為不悅。在《熱辨》一書的「上」、「中」、「下」三篇總論之後，他隨有一篇題為〈論木通〉的專論[49]，反覆說明《神農本草》[50] 自古載有，和李時珍（1518-1593）《本草綱目》亦明列的通草[51]，一向

47　許豫和，《小兒諸熱辨》，〈熱辨上〉，頁1上-1下。

48　同上，頁1上-2上。

49　同上，〈論木通〉，頁34上-36下。

50　本草之始，眾說紛紜，《神農本草》之名當始於梁人阮孝緒《七錄》，是目前所知最古老之本草書。此書非一人一時之作，就其內容所載，藥物產地多有後漢之郡縣地名，因而推斷成書於漢代，最早當可推至西元前1世紀。然則宋代以後，其書不復見，以後所見乃是後人從歷代本草著作中抄錄而成，因往往稱之為《神農本草經》輯本。詳細記載參見薛愚（主編），《中國藥學史料》（北京：人民衛生出版社，1984），頁80-98；中國醫籍提要編寫組，《中國醫籍提要》（長春：吉林科學技術出版社，1988），頁103-105。

被視為性辛苦之藥味,不意甄權(54-643)[52]與《別錄》突然號稱其性「甘」,
或「甘淡」,在相持之下,引出「吾歙幼科習用木通」,「竟成故套」。
許豫和說他自己對此處方用藥的地方流風,實「不知始自何人」,惟不能
掩飾「予甚惡之」的強烈反對立場。特書專篇,大聲疾呼,且重言「知我
罪我」,似欲為之押上自己終生執業幼科的地方信譽[53]。對習用木通治療小
兒風熱的歙邑同業,以及他口中不足與言的「庸流」醫者,他直言分析熱
症與「風」之關連,重點不在小兒病症必須一一「分門治熱」,而是在「熱
裏尋源」[54]。堅持細辨熱症之病因病機,方得「渡線之金針」,療治用藥也
才能順勢有效。

(五)古今之質與推敲反覆

《熱辨》之中篇、下篇乃作者許豫和藉徵引醫經及過去名醫名著之相
關論述,佐以自身臨症地方經驗與一己之見所成之對質與討論,故其體例
常以「經曰」為首,隨之以「問」。從這部分材料中,很可以窺視清乾隆
時期一位歙邑幼醫的知識淵源和專業脈絡,如〈熱辨中〉起首即引經曰:
「人之傷於寒也,則為病熱。」意欲迎首面對中醫習以傷寒為熱症之源的
傳統說法,並逐步展開近世以後對熱症,尤其是小兒熱症的相反、別類等

(續)————————————————

51 明代藥學發達,醫藥著作眾多,《本草綱目》更是明清時期本草書籍版本最多者。
作者李時珍,字東璧,祖為鈴醫,父李言聞為當時名醫。李氏自幼習儒,涉獵群書,
學識廣博;因幼患羸疾,故素重醫藥,因仕途坎坷,遂致力於家學,終以醫術名振
一時。李氏以《本草》一書關係重大,而歷代舊著舛錯萬端,不可勝數,乃興編纂
之志,積三十年心力,考引八百餘家,蒐羅百世,而成《本草綱目》。其書共16部,
收藥1892種,改正過去本草「草木不分,蟲魚互混」的狀態,廣採眾家之長,是明
以前藥學著作之集大成者。詳細討論見李云,《中醫人名辭典》,頁284-285;薛愚,
《中國藥學史料》,頁275-284;中國醫籍提要編寫組,《中國醫籍提要》,頁119-121。

52 甄權,隋唐間人,因母病與其弟立言究習方書,遂以醫術知名,著有《脈經》1卷、
《針方》1卷、《針經鈔》3卷、《明堂人形圖》1卷,均佚。今世存《甄氏針灸經》
1卷,疑即《針經鈔》。參見李云,《中醫人名辭典》,頁909。

53 許豫和,《小兒諸熱辨》,〈論木通〉,頁34上-34下。

54 同上,〈熱辨上〉,頁2上。

種種駁雜論述。又如在引經據典，逐一對質之後，作者以代擬之疑，設「問：陰虛何以夜熱？」與一般「陽盛生外熱」的看法合併討論[55]。

　　許氏所引過往權威醫書及其著述，多為大名鼎鼎，本師徒相授、子父相承、傳習醫道，或經文字世界自學，接觸儒醫脈絡下之醫藥的地方執業者不能不知之醫史名人與專著，可略見清代地方醫者，與上古醫典，近世醫家的接續（或斷裂）。東漢而宋元，乃至由明而盛清，地方醫療工作者如何承先，由此可知部分梗概[56]。張仲景之《傷寒論》，金元大家李東垣（李杲，1180-1251）、朱丹溪（朱震亨，1281-1358）之言[57]，宋代幼科鼻祖錢乙（許豫和原文稱為「錢氏」）之作[58]，幼醫流傳常用的《嬰童百問》[59]，或者藥學本草方

55　許豫和，《小兒諸熱辨》，〈熱辨中〉，頁10上-12上。

56　目前資料，未見直接訊息說明許豫和之授徒，因之，對其「啟後」方面之活動，猶待未來探究。

57　許豫和，《小兒諸熱辨》，〈熱辨中〉，頁12下、15上-15下、21上；〈熱辨下〉，頁23上。張仲景，名機，後漢人。自幼嗜醫，從名醫張伯祖學，工於治療，遂漸有時譽。張氏生於亂世，建安以後疫病流行，人多以傷寒亡故。張氏專力於內科雜病之研究，尤注重傷寒病論證，著有《傷寒卒病論》10卷，原書已佚，經後人整理，編成《傷寒雜病論》、《金匱要略》二書，二千年來，仍為中醫所重。《傷寒論》專論外感熱病，其中根據病症發展狀況，分別用汗、吐、下、溫、和、清諸法，眾法甚備。詳細討論見李云，《中醫人名辭典》，頁449-450；薛愚，《中國藥學史料》，頁121-131；中國醫籍提要編寫組，《中國醫籍提要》，頁181-183。李杲，晚號東垣老人，金元年間河北真定人。李氏殫力研究《內經》、《傷寒》諸醫典，不墨守古法，於醫理多有發明，首倡「內傷脾胃，百病由生」之論，著《脾胃論》闡發其說，自成「補土」一派。見李云，《中醫人名辭典》，頁288。朱震亨，世稱丹溪先生，元代人。武林羅知悌以醫著稱，得劉完素之再傳，並旁通張從正、李杲二家之說，朱氏往而從之學。朱氏不以師授為滿，復匯綜三家之說，去短補長，創「相火論」、「陽有餘，陰不足」諸論，後世以為「補陰」一派，後與劉完素、張從正、李杲並稱金元四大家。見李云，《中醫人名辭典》，頁178。

58　許豫和，《小兒諸熱辨》，〈熱辨中〉，頁16下。

59　同上，〈熱辨下〉，頁31上-31下。魯伯嗣，明人，生平籍貫不詳。著有《嬰童百問》，以問答形式論述小兒疾病之診治。書凡10卷，每卷10問，總計百門，故書名《嬰童百問》。此書從病因、病理、症候、治療、方藥等方面，詳述百餘種兒科病症，附方840首，乃魯氏博采諸家之長，及《巢氏病源》、《千金方》、《小兒藥證直訣》等精要，自成一家之言。詳參李云，《中醫人名辭典》，頁870；中國醫籍提要編寫組，《中國醫籍提要》，頁343-344。又，是書有國立故宮博物院藏善本（臺北：新

面要著,如《本草衍義》[60],及他以為醫著中對熱病臨症論治留下可議之處,如《金匱要略》(許豫和原文稱為《要略》)、《玉機微義》[61],便是其例。

由許氏徵引行家及彼等之著述項目與內容,可引申而見地方業醫之訓練與識知範圍。如就醫統傳承及論著方面而言,其所沿習之往哲著述範圍通常包括何人何書;對這些過往權威之說法,其熟習、接受之程度如何;及憑個人執業經驗,膽敢提出疑問,另主新見之可能;療治處方上,另闢蹊徑之所在。

譬如許氏在〈熱辨中〉篇中提出的一個重要爭論焦點,是所謂小兒熱症,在不同情況下是「當汗」或「不可發汗」的問題。對此,他先稱「經曰」有稱風寒時熱,「汗出而散也」。又說另有經曰:「病溫者,汗出輒復熱。」再引《熱論》之書,云:「汗出而脈尚躁盛者死。」[62] 最後許豫和才如按語般地提出他自己的經驗之談:「予治小兒熱病嘗有言:不難於未汗之前,而難於既汗之後。熱不退,陰氣先絕,邪熱獨留。」[63] 這也就是說

(續)─────────────
　　文豐出版公司,1987年影印)。
60 許豫和,《小兒諸熱辨》,〈熱辨中〉,頁22上-22下。宋代本草著作多為官修,《本草衍義》一書乃是真正由私人所編修之作。作者寇宗奭,宋代政和年間曾任醫官,充任「辨認藥材」一職,因考驗諸家之說,參以自驗,而撰成《本草衍義》。其書並未新增新藥,而著重歷來藥品考證,為後來李杲、朱震亨等人所信重。參見薛愚,《中國藥學史料》,頁225-228。
61 許豫和,《小兒諸熱辨》,〈熱辨下〉,頁23上、24上-25上。《金匱要略》原隸於張機所撰《傷寒卒病論》,其中論傷寒病部分,經王叔和編次,另成《傷寒論》;雜病部分一度亡佚,直至宋代方才自舊書中檢出《金匱玉函要略方》之殘卷,校訂後方以成書。其書專論內科雜症,兼述外科、婦科,闡述各種疾病之病因、診斷、治療與用藥,為漢代以前治療雜病之大成。參考李云,《中醫人名辭典》,頁449-450;薛愚,《中國藥學史料》,頁121-131;中國醫籍提要編寫組,《中國醫籍提要》,頁232-234。《玉機微義》原名《醫學折衷》,為明代徐用誠所著,經劉純增補後,始易名為《玉機微義》。其書蒐羅廣泛,自《內經》以下,諸如仲景、叔和、巢元方等醫論無不採入,尤主劉河間、李東垣、朱震亨諸家之說,並貴折衷其要,對諸門證治方例之敘述,無不暢通其源流,簡而能賅。參見李云,《中醫人名辭典》,頁735;中國醫籍提要編寫組,《中國醫籍提要》,頁452-453。
62 許豫和,《小兒諸熱辨》,〈熱辨中〉,頁10上-17上。
63 同上,頁10下。另〈評熱病論篇第三十三〉云:「帝曰:願聞其說,岐伯曰:人所

他自己遇到小兒熱症，在已知傳統「經曰」多持矛盾說法的背景下，仍循慣例之一決採「汗下」路線，然就自身臨床結果看來，發汗並非百無一失、隨施即靈的萬應療法。他在篇中最後對小兒熱症之「當汗不當汗」，提出了一系列主張，以脈浮、傷寒者，「可發汗」，用以呼應張仲景以麻黃湯主治頭痛發熱、惡風、無汗而喘之太陽病，並隨而列舉尺脈弱者，咽燥喉乾者，咳而失小便者，以及淋、衄、瘡等患，和脈沉細數之少陰病者，以之為均不可發汗之類別[64]。18世紀一位施診地方的幼科醫生，若用心臨症，反覆推敲其所承知識技能，認真核對自己的實作經驗，其依賴、斟酌、調整、修正傳統典範，乃至另立主張的點滴步驟，便能以「治驗」文類留證當世，下傳後世，為醫史或專業知識積累之基石。

（六）懸壺地方之疾呼

　　許豫和對小兒熱症的論說，除醫理、醫經方面的申述對質外，最易突顯其地方業醫身分及臨床經驗心得的，是他挺身指出的當代謬誤，如前述他痛斥歙邑時醫喜用木通之誤[65]，或他在《熱辨》一帙中以專論批評的「九製膽星之悮」和「廣東蠟丸及人家製送丸散之悮」[66]。前一篇的要點，在說明中醫藥常用的天南星一物，因「味辛而性燥猛」，過去醫者往往「以膽汁之苦寒抑之」，也就是說，用被認為藥性苦寒的膽汁去調和被指為藥性燥熱的天南星，結果兩物作用，可收平衡互抑之功。這種習慣做法，許氏本覺無可厚非。不過他堅持在調和兩味相反而相成的藥物時，應注意「過

（續）

　　以汗出者，皆生於穀，穀生於精，今邪氣交爭於骨肉而得汗者，是邪卻而精勝也。精勝則當能食而不復熱；復熱者邪氣也，汗者精氣也，今汗出而輒復熱者，是邪勝也，不能食者，精無俾也。病而留者，其壽可立而傾也。且夫《熱論》曰：汗出而脈尚躁盛者死。今脈不與汗相應，此不勝其病也，其死明矣。狂言者是失志，失志者死，今見三死，不見一生，雖愈必死也。」見《黃帝內經素問譯釋》，頁263。

64　許豫和，《小兒諸熱辨》，〈熱辨中〉，頁14下-15上。

65　同上，〈論木通〉，頁34上-36下。

66　同上，〈辨九製膽星之悮〉，頁46下-47下；〈論廣東蠟丸及人家製送丸散之悮〉，頁47下。

猶不及」之理。以一份膽汁製一份南星所成之藥,本無不是,即他所謂「一製而陳者良」。但當他赫然發現「近世醫家每將牛膽汁九製南星藏之,以為奇貨而書重價」,則期期以為不可。因為依他的理解,天南星一藥之所以可能有助於解決熱症,乃在於「取其辛以散風,燥以疎痰」。如果九加膽汁,結果可能藥性上完全蓋過了天南星的辛燥之性,而只剩下膽汁的純粹苦寒,從而也可能失去了治劑上仗辛燥之南星治疾,以醫熱症之原意[67]。由這部分討論,亦可研判此歙邑幼醫,對地方藥材供應,南方(如廣東)成藥使用的掌握及看法。許氏之見,即便未必全然可取,卻呈現了清代地方專科醫生施醫一地,而不能不舌辯論戰左右,投身於當時供需關係、與錯綜複雜、未必全如人意的清代歙邑醫療市場。

　　至於他非議四周愚夫愚婦習用「人家製送丸散」成藥,原因在於以他執醫城邑的經驗而言,臨症看病,開方用藥,所面對的往往是隨時隨地發生的病變(他所謂的「治時病」),「以時行之風痰壅閉,理當隨時用藥」。醫者現場「臨時變通」遂成關鍵,與一般民眾,日常「調補」喜歡買些現成丸藥補身截然不同。如果風疾熱症與日常進補兩異,不得隨便以服用市面丸散濟事,那麼去任意採購「製於粵東,挾利者貨之四方」的廣東蠟丸,就更不可取。孰知「愚夫愚婦惧服」,「醫家執而從惧」,「受害者不知凡幾」[68]。發上述議論時,許氏並未明言他口中常稱「送藥無方」的愚夫愚婦,是否即為日常登門求診的歙縣鄉親,更未點明他上文中的「近世醫家」,或此文中令他頭痛的醫家,是否即為縣城周圍的同業。不過他文中以「昧者」與「有識之士」對舉為其訴求之時,一位執業盛清歙縣城邑地方幼醫的處境不能不躍然紙上。

67　許豫和,《小兒諸熱辨》,〈辨九製膽星之惧〉,頁47上。
68　同上,〈論廣東蠟丸及人家製送丸散之惧〉,頁47下。

五、《治驗》

(一)十六附一篇

　　許豫和以《治驗》為名，刊刻流布另一卷幼科著述，內含十六附一篇
討論。據書後為其留跋之姻親曹城的說法，此著說問世之際——很可能跋
語所記乾隆壬寅年(四十七年，1782)秋天以後——對地方縉紳知醫者言，總
結了一位歙邑老幼醫之臨症經驗精義[69]。曹城在跋後語裡，先依例數了一遍
傳統醫藥中幼科之難能而可貴，以及醫論紛紜而莫衷，往往愛之害之。從
此可見長期療治經驗中所積累具體實例之價值所在，也就凸顯醫者許豫和
執業幼科於鄉邑所遺個人治驗之意義，由跋者曹城先為讀者追述，自古軒、
岐作《靈》、《素》，固有仲和、華佗(約141-約203)等神醫，然「無治小
兒之法」。史傳巫妨有《顱顖經》之作，至秦越人、潔古老人(張元素)始
論治幼之道，而「無治痘疹法」[70]。到了宋代，幼科鼻祖錢乙、陳文中等明
經絡、分表裡虛實，開啟了幼科更明確的辨症論治之途。由宋而明，經閻
孝忠、楊士瀛、薛己、張介賓[71](1563-1640)等幼科先輩推展，「各宗所見」，

69　許豫和，《治驗》，曹城〈跋〉，頁1上-1下。曹氏跋語位於卷首，實為序文，據曹
　　氏跋語略云，該跋是閱許豫和所示《痘訣》二卷、《雜症》一卷、《治驗》一卷，
　　共三帙四卷之後而筆，非專對《治驗》一書而寫，故終篇之言，重點包括表彰許氏
　　於痘疹方而注疏，以「貫通錢、陳諸家而察其製方之妙」，且為「業醫者之準則」。
70　許豫和，《治驗》，曹城〈跋〉，頁1上-1下。《黃帝內經》共18卷，《素問》、《靈
　　樞》各有9卷，內容包括攝生、陰陽、臟象、經絡和論治之道，相傳是黃帝與岐伯、
　　雷宮、伯高、俞跗、少師、鬼臾區、少俞等多位大臣討論醫學的記述。其成書年代
　　向有爭議，約是戰國至秦漢的作品。相關記載參見嚴世芸(主編)，《中國醫籍通考》
　　(上海：上海中醫學院出版社，1990)，頁3-19。華佗，東漢末沛國譙人；善醫，尤
　　長於外科，並作五禽戲以除疾，兼利蹄足，以當導引。參見李云，《中醫人名辭典》，
　　頁154-155。
71　許豫和，《治驗》，曹城〈跋〉，頁1上。巫妨，一名巫方，傳為堯臣，精於醫道，
　　據載曾撰有《小兒顱顖經》，其書不傳。今世傳之《顱顖經》乃宋人偽託之作。參
　　見李云，《中醫人名辭典》，頁313。秦越人，號扁鵲，戰國時渤海人。通曉內、外、
　　婦、兒、針灸諸科，精於切脈、望色、聽聲、寫形，尤善於推究病源，臨症應手即

幼科和痘疹才見多面進展。不過據曹城之見,這幼科由無而有,始萌而壯
的演繹,到了清朝乾隆,一般人面臨的幼醫景象,往往仍是「立說益繁,
莫適為主」[72]。有「祖清涼者,或落井而下石」,也有「祖溫補者,或救火
而抱薪」[73]。清涼、溫補對立,是非未明,業醫者或因師承而依違其間,或
竟按己見隨機處置,結果患兒可能紛紛受害。在此背景之下,曹城說,「今
年夏〔即出書之乾隆四十七年,1782〕」,當其姻親長輩許豫和示其所著
《痘訣》二卷、《雜症》一卷與一卷《治驗》,讀後見其貫錢、陳先賢諸
家,「察其製方之妙,究其求本之旨」,於處方論治和探問醫理上均有殊
見,乃推崇曰:此四卷三帙之付梓流傳,「豈唯嬰幼托命焉,抑亦業醫者
之準則」[74]。所言固為序跋幼科著述的泛泛常談,要者在今業醫、病家、讀
者得因諸帙付梓、刊布、流傳,而細檢歙邑老醫許氏究以何等治驗之案,
逐條明示自己臨症鄉里數十年之心得,而細評其臨床實證上之成績得失。

(續)───────────────

　　效,據《史記》所載:「扁鵲名聞天下,過邯鄲聞貴婦人,即為帶下醫;過雒陽聞
　　周愛老人,即為耳目痺醫;入咸陽,聞秦人愛小兒,即為小兒醫;隨俗為變。」參
　　見陳邦賢,《中國醫學史》(上海:商務印書館,1937),頁25;李云,《中醫人名
　　辭典》,頁691。張元素,字潔古,其於醫理推重《內經》諸書,而臨症多不循古,
　　嘗謂:「運氣不齊,古今異軌,古方新病不相能也。」故自成家法,為易水學派之
　　開山。參見李云,《中醫人名辭典》,頁439。

72　許豫和,《治驗》,曹城〈跋〉,頁1上。閻孝忠,一作李忠,北宋人。幼時多病,
　　屢經兒科名醫錢乙救治。及長,留意醫學,亦擅長兒科。曾蒐集錢乙醫論、醫方,
　　編《小兒藥證直訣》一書,附自著《小兒方論》於其後。參見李云,《中醫人名辭
　　典》,頁833。楊士瀛,號仁齋,南宋懷安人。世代業醫,至士瀛尤精,且長於著述,
　　幼科方面撰有《仁齋小兒方論》4卷。參見李云,《中醫人名辭典》,頁323。薛己
　　幼承庭訓,兼通內、外、婦、兒諸科,著述極多,有《痘疹方論》2卷,並校注前賢
　　醫書多部,與幼科相關則有《保嬰金鏡錄注》、《校注陳氏小兒痘疹方論》、《校
　　注錢氏小兒藥證直訣》等書。參見李云,《中醫人名辭典》,頁952。張介賓,號景
　　岳,年十三歲隨父至京師,從名醫金英學,盡得其傳。其於醫,效法李東垣、薛立
　　齋,為明末醫界補土派代表人物。對《內經》多加研究,為後世醫家所推崇,幼科
　　方面則作有《慈幼新書》、《痘疹詮》、《小兒則》等。參見李云,《中醫人名辭
　　典》,頁441。

73　許豫和,《治驗》,曹城〈跋〉,頁1上。

74　同上,頁1下。

觀《治驗》一帙17篇之內容，大抵包括四大類別：開首一項很可能是許氏診視最繁、領悟最多的幾種地方幼兒常見健康威脅，如種種「風症」，和他所謂的「頓嗽」。對於「風症」，他錄之10條實例論「驚風發搐」，隨以7條附論[75]。其後還有22個實例，談「暑風發搐」[76]，而且以專篇談丙申（乾隆四十一年，1776）一年漫漫長夏中，他在地方所見層出不窮的「暑風」案例[77]。對於「頓嗽」的問題，他也是先有專篇總論，再以丁酉（乾隆四十二年，1777）夏天之治驗「復論」之[78]。

　　風、嗽之外，第二項許豫和特別分篇析述了他對瘧、痢、丹毒斑瘡等當時常生的「急症」[79]，並逐一說明他對疳、腫脹、喘等一般視為「慢症」的個人治法[80]。

　　常見急慢症及其實例外，第三類是許氏在用藥方面所提特殊主張，如〈辨雞肝藥〉，以及一般的〈用藥須知〉[81]。

　　第四類是許氏談治驗醫案之餘，卷中所夾數篇臨證散論道出他為何視頓嗽、瘧、痢為「三難」的一番看法，以及對痰喘、腫滿「二險」的認識[82]。

　　翻檢四類羅列，間見18世紀初歙邑周圍，後世公衛學者可能有興趣的地方病（endemics）型態、季節性流行病（seasonal epidemic diseases）類型，以及幼醫許氏親身訪視之罹病患者身分（許氏治驗錄寫中常詳細指明他所診視患者之姓名、年齡、出身背景）。當然亦不乏施治幼科之地方醫者日常執業時曲折多變，時固得手，但也有功敗浩歎之實情。

（二）五十七案例

75　許豫和，《治驗》，〈驚風發搐〉、〈附論〉，頁1上-6下。
76　同上，〈暑風發搐〉、〈附論〉、〈或問〉，頁7上-14上。
77　同上，〈丙申長夏復論暑風〉，頁15上-16上。
78　同上，〈頓嗽〉，頁17上-17下；〈復論頓嗽〉，頁18上-19上。
79　同上，〈瘧〉，頁27上-28上；〈痢〉，頁28上-30下；〈丹毒斑瘡〉，頁31上-34下。
80　同上，〈疳〉，頁20上-22下；〈腫脹〉，頁23上-26下；〈喘〉，頁35上-36上。
81　同上，〈辨雞肝藥〉，頁22下-23上；〈用藥須知〉，頁42上-46下。
82　同上，〈三難〉，頁40下；〈二險〉，頁40下-41上。

　　在醫理、醫論、處方之外，此《治驗》一卷十六附一篇共錄57條許豫
和執業幼科時所處理過的案例。以他臨症歙縣五、六十年的行醫生涯而言，
此處所見自非他的全部完整臨床病歷，而是他在執壺經驗中自以為有特出
印象、具醫療代表性，值得討論而公布流傳的選擇性例證。因之，無論依
醫療社會學對施診實況的重視，或流行病學對疾病與患者之分類，此57例
的群體圖像或更值得一析。

　　首先，就醫案之撰寫體例而言，不論證之宋代錢乙以來幼科醫案類型[83]，
韓懋（1441-1552）《醫通》（成書於1522年）中所言的理想範式[84]，或明代以往
幼科醫案之長短繁簡二類發展模式[85]，許豫和此處所留下的歙邑治驗均屬長

83　依目前可見之文獻，中國的幼科似乎自始即有某種案類式載記，且意圖傳遞出一種
　　臨床臨診的現場式氛圍。較為人熟知的，是一向被奉為幼科鼻祖的錢乙所流傳下來
　　習稱《小兒藥證直訣》3卷，除了47條醫論、114首醫方之外，上卷還包括23項案例。
　　就錢乙所長的幼科而言，每條治證始於對病童（患者）的介紹，包括病童之姓氏（有時
　　有名）、其監護者之身分（通常是男性家長如父親或祖父等之職稱、地位），隨後提及
　　患童與家長間的人倫關係（於言及某童某人之三子或姪女某某時，自然亦透露了患童
　　的性別）、自身年齡。接著，才依序夾評夾敘地述及患者的一般健康狀況，以及他（她）
　　目前具體徵候和醫者的臨床判斷、處方療治。對後世所關懷，而劃歸病理、病史、
　　療程、臨床診治結果等近現代醫學類案例經常要求的敘述項目，也多留下相當詳盡
　　的訊息。通覽卷中整篇的記載，固有不少治癒而足為自豪的病例，也有不少坦稱束
　　手無策或以死症告終的例子。參見熊秉真，〈案據確鑿：醫案之傳承與傳奇〉，載
　　熊秉真（編），《讓證據說話：中國篇》（臺北：麥田出版股份有限公司，2001），頁
　　202-209。亦見本書第三章，〈醫案之傳承與傳奇〉。
84　醫家對於醫案類文獻的理想要求，明代醫家韓懋所著《醫通》一書中，曾以「六法
　　兼施」為標準，責求醫案中之上選者。要求內容除「望形色」、「聞音聲」、「問
　　情狀」、「切脈理」傳統四診之法外，還應包括醫者對該案「論病原」的推敲，與
　　「治方術」的斟酌。韓懋曾說道：「六法者，望、聞、問、切、論、治也。凡治一
　　病，用此式一紙為案。首填某地某時，審風土與時令也；次以明聰望之、聞之，不
　　惜詳問之，察其外也；然後切脈、論斷、處方，得其真也。各各填注，庶幾病者持
　　循待續，不為臨敵易將之失，而醫之心思既竭，百發百中矣。」參見韓懋，《醫通》，
　　收入《中華醫書集成》（北京：中醫古籍出版社，1999），卷上〈六法兼施章〉，頁
　　2-3。關於中國醫案之詳細討論，參見熊秉真，〈案據確鑿：醫案之傳承與傳奇〉，
　　頁201-252。亦見本書第三章。
85　粗略而言，型態上分兩大類：一是簡述型案例，這類案例敘說上常以「一兒」如何
　　如何為始，既無姓氏，也無家庭、身分、社會背景。隨即提及患兒（無性別指標）之

短適中、體例一般的記法。每案大致長數十至百餘字不等，起首注明患者姓氏、性別、年齡，隨錄其症狀，醫者許氏臨症之診斷、處方、療治過程及最終結果。

（三）患童群像及性別

就所錄患者而言，雖未必案案皆敘全貌，很難理出任何生物統計上之意義或醫療社會學上之類型及代表性，但因明確均來自盛清歙邑地方幼醫視診案例，其性質之實證價值仍不可忽。先以性別而言，許豫和所記診視患兒包括男女性，雖則卷中所錄女性患童僅有三則[86]。二是作者論〈暑風發搐〉所錄七症中的二條，一為「暑月發搐」的「汪氏女」，「搐甚無汗，

<hr/>

（續）

大略症狀，並記下醫者萬全的診斷、處方、療法及最後的結果（「癒」或「亡」）。此類簡案，既無任何四診（望、聞、問、切）之類當時臨床醫療上常有的訊息細節，也沒有醫者對患兒罹病、療程、處方、用藥等分析。原文多僅於數十字內結束。不論刊版或重印，不過寥寥數行。另外一類，則較近似《史記‧扁鵲倉公列傳》和《小兒藥證直訣》中有關錢乙的案類載記款式，屬於一種比較繁複型的醫案。這類內容豐富、敘述曲折的案例，不但載明患者個人與出身資料（姓名、性別、年齡、親長身分、地域等），還長篇大論地闡述罹病之初情狀，初診時醫者審視之發現，一切四診所得結果，及步步臨症觀察、問訊、推敲的過程。然後述及醫者的初步判斷，夾雜著此醫與彼醫（其他的業醫或時醫）的爭辯角力，諸醫與家屬之間對辯證，論治的商權、爭執，以及此後患兒病情與療治上的多番曲折、難測變幻。當然，對醫者所開處方，其個別成分、炮製方法與預期療效，也有正面析述。最後，此案結局如何，應有一個直截了當的交代。總之，這類「繁複型」醫案，內容豐富，敘說起來像演義故事般曲折，閱讀或聽講間不免帶有幾分動人的戲劇性高潮或低迴。參見熊秉真，〈案據確鑿：醫案之傳承與傳奇〉，頁201-252；Ping-chen Hsiung, "Facts in the Tale: Case Records and Pediatric Medicine in Late Imperial China," in *Thinking with Cases: Specialist Knowledge in Chinese Cultural History,* eds. Charlotte Furth, Judith T. Zeitlin, and Ping-chen Hsiung（Honolulu, HI: University of Hawai'i Press, 2005）, pp. 152-168.

86　按《治驗》書中所提女性患童共有六處，分別是：〈暑風發搐〉中的「汪氏女」、「張孝占兄女」；〈辨雞肝藥〉的「江氏女」；〈瘧〉的「汪氏室女」；〈丹毒斑瘡〉之「族孫女」；以及〈雜記〉之「張夔一兄女」。但上述「江氏女」與「汪氏室女」兩則均是在討論雞肝藥與瘧的文字中被帶出，內容較少，不被列為醫案統計。故在文中被列為醫案案例討論的為〈暑風發搐〉中的「汪氏女」、「張孝占兄女」與〈丹毒斑瘡〉之「族孫女」共三例。

壯熱強直」，見幼醫許豫和記他如何以羌活、防風等藥所處三服不同箋方，使她搐定而痊[87]。二是他口中「張孝占兄」的六歲女兒，也是「暑風發搐，壯熱，脈洪大，日中時甚」。據許豫和說等他見到此位女童時，已是罹病後四天了。他問診時發現，患兒病發後曾出現「發熱嘔吐」現象，判斷是「暑邪由胃入心胞」，主以白虎湯加黃連治之；但又考慮到「前醫曾經大下」，女孩「人事昏倦」，作為第二輪經手的幼科醫生，他「不敢更用峻劑」，決定「先以粥湯調其胃，清心安神之劑養其心」，待胃氣少回後再用清心之藥對之。所以在女童午熱驚作、面赤痰響、舌苔黃黑的情況下，許氏繼續以黃連、山梔、木通「治心」，以橘紅、半夏、菖蒲「開痰」，以辰砂、琥珀、牛黃細研沖服以「寧心定搐」。最後很幸運地，不知是否全仗這組三合一的「清心之劑」，在三日後使這位許豫和友人的六歲女兒，「熱退神安」。不過，許氏在結束這條記錄前，特別強調患童仍在發熱時不能以「下藥」處理夏天「暑風發搐」之症。該症之所以得轉危為安，「緣此女胃氣素強」，粥品調胃而胃氣回復，得待醫者以清心之劑愈之。否則，「倘胃氣不回」，則「無能為矣」[88]。

許氏記載所活女性患童的第三例，是在他談〈丹毒斑瘡〉首例所錄一位「周歲」的「族孫女」。這位女童，「壯熱啼吵，下身赤腫」。許豫和也不是患童家人請來的第一位醫生，唯據稱前治無效。許氏診視之時，謂「醫作風熱治不退」。此依他斷為「赤遊丹毒」之例，但又有「病家誤用敷藥」的問題，雖則患童看來「熱甚腹脹」，病況有增無減。許氏臨症，立刻三管齊下。一則「急以荊、防、羌活疎其表」，二則「赤芍、只壳、木通清其裏」，三則「更於腿臀紅腫處，砭去惡血」，最後「乃去羌活加炒黃柏」，「二劑丹漸退」[89]。許氏臨此三症，治驗上均表明本非患家首選之醫。視病處方時又一再採用自己一再抨擊地方同行常誤用之「木通」，

87　許豫和，《治驗》，〈暑風發搐〉，頁7下-8上。

88　同上，頁8上-8下。

89　同上，〈丹毒斑瘡〉，頁31上。

可見他醫論之發言不可片面遽信；而施治時必要下藥與砭法齊用，亦見乾隆地方幼醫臨床並非局限於本草藥方等內科式處理。總之，這三例女性患童治案，說明了歙縣家長遇到家中女童患病，不但未必棄之不顧，且罔效而一再求醫[90]。因此，許豫和平日診視者，雖則男童必然較多，但確是男女都有，其循症錄寫治驗案例遂自然留下少數女童之病歷。

(四)患兒之社會譜系：親疏、背景、年齡及其他

性別之外，檢視許氏《治驗》中所示患童身分，依社會類型，如親疏關係或地理區域而言，圖像清楚顯示許豫和既執業於宗族發達、聚族而居的徽州歙邑，自經常診治親族子弟所罹各種疾病。例如所記有二則族姪（一為〈疳症〉下列「肝脾兩傷，腹膨內熱，雀目羞澀，人漸枯瘦」；一為〈丹毒斑瘡〉下列「十歲，患時熱。身發紫斑，口鼻出血」）[91]；二則族孫（一為「腫脹」項下，稱「族孫患水腫，已經一月」；一列〈雜記〉之下，「族姪寰雋子，十歲，患腹痛半月不止」）[92]；一則姪之孫（〈雜記〉下記「惟楷姪之孫，十二歲，更齒，搖傷出血不止」）[93]。姻親兒童中，有二則親翁孫（一為「汪赤厓親翁孫，素患驚風發搐」；一為「汪赤厓親翁第五孫，晉三兄子也。初秋患伏暑泄瀉」）[94]，即為此縣邑醫者服務鄉梓親族幼齡人口之例證。

7則親族子孫，加上前述族孫女之例，共8案。8案外，親疏關係之下一層，是許豫和筆下所謂「某兄」之子或孫。近世中國人口中習稱之某兄某公，常為一般禮貌下對熟識友人之敬稱，雖未必有任何血緣親疏關係，卻

90　關於女童醫療之討論參見 Hsiung, *A Tender Voyage*, pp. 194-198；熊秉真，〈中國近世士人筆下的兒童健康問題〉，《中央研究院近代史研究所集刊》第23期上冊（1994年6月），頁1-29。亦見本書第十章。

91　許豫和，《治驗》，〈疳〉，頁20上；〈丹毒斑瘡〉，頁33下-34上。

92　同上，〈腫脹〉，頁24上；〈雜記〉，頁37下-38上。

93　同上，〈雜記〉，頁38上。

94　同上，〈驚風發搐〉，頁1上-1下；〈暑風發搐〉，頁9上-10下。

代表嘗有往來的家庭患者。此非陌生病家範圍內，許氏列舉不下12案，患
童所罹急、慢各症不一[95]。幼醫許氏常依時俗以父祖名號載記患童身分，其
間不乏一家二案之例（〈痢〉下記周履庚兄五歲之子，「痢疾六朝」，及其
三歲次子，「又患痢」）[96]。二案未記發生確切時間，因無法臆知是否同時
罹病或彼此間有無任何關連，析述案例時亦未及傳染之可能（書中他處嘗有
關於傳染之專門討論，故悉他並非沒有「傳染」疾病之概念）。惟可知同一
家族多兒患病，均往求邑城幼醫，對某些熟人而言，許氏或具歙邑「家庭
醫師」之功。僅一處錄有「發熱痰嗽」的「桂林洪貫珍兄子」，以父名記
患兒身分而連帶籍貫。

　　某兄之子、某兄之孫而外，再下一類，就屬許豫和診視的一般患兒，
實例中一貫以某氏子稱之。歙邑常有姓氏，如汪氏子、程氏子、黃氏子、
鄭氏子[97]，均有多例病案在列。可見歙邑部分家庭、宗族子女，是許氏幼科

95　這類案例散見《治驗》全書，分別為〈驚風發搐〉，頁2上：「張孝占兄子，百日。
　　本有胎熱，因受驚風發熱驚搐。始用踈風退熱散驚藥，熱不退，搐反甚，至夜半口
　　鼻眼角抽出鮮血，舌脹滿口，藥不得入，危矣！」〈驚風發搐〉，頁2下：「張詔蒼
　　兄乳子，患驚風，面青指冷，頭仰且竄，喉中有痰。」〈驚風發搐〉，頁2下：「斗
　　山殷良彩兄子，六歲。發熱驚搐，目竄反張，不省人事。」〈暑風發搐〉，頁7下：
　　「王旭林兄孫，患暑風，熱甚驚搐。」〈暑風發搐〉，頁8上-8下：「張孝占兄女，
　　六歲。患暑風發搐，壯熱，脈洪大，日中時甚。發則面赤痰响，驚搐隨作。」〈痢〉，
　　頁28下-29上：「周履庚兄子，五歲。痢疾六朝，請予治。發熱脈大，不思食，後重
　　人倦。口渴，舌苔下牙根作癢。此中氣虛，胃熱甚也。」〈痢〉，頁29上-29下：「周
　　履庚兄次子，三歲。又患痢，痢甚身熱，與清熱導滯之劑，兩目忽然上竄，非驚非
　　風，少停又竄，如燭影動搖之象。」〈丹毒斑瘡〉，頁33上-33下：「巴如岡兄子，
　　百日。患瞖爛瘡，起自陰囊，上侵腹背。」〈雜記〉，頁37上：「巴雪坪兄子，雋
　　堂世兄也。六歲。病咯血，間或鼻衄，內熱，脈弦。」〈雜記〉，頁37上-37下：「張
　　夔一兄女，七歲。搖頭喊叫，歲發三五次，病二年矣。漸發漸近，甚至日發一二次，
　　二月不休，面青人瘦。」〈雜記〉，頁38下-39上：「江文聘兄子，年二十。素能代
　　籌家務，婚娶之夜，忽然目瞪手戰，不知所之。」〈雜記〉，頁39下：「桂林洪貫
　　珍兄子，發熱痰嗽，多汗惡風，日久不愈。」〈雜記〉，頁39下-40上：「曹問麟兄
　　子，百日。內有風痰之患，或一月一發，兩月一發。」〈雜記〉，頁40上-40下：「張
　　詔蒼兄次子，出胎四十日，壯熱目斜，左足紅腫。」
96　許豫和，《治驗》，〈痢〉，頁28下-29下。
97　關於汪氏子之記載，參許豫和，《治驗》，〈腫脹〉，頁26上；〈喘〉，頁35上。

常客。另有患童，許氏於具其氏族名外，加上某地某氏，如荷池程氏子[98]，或北門饒氏子[99]。再有病例，許氏稱之為「隣家子」[100]，未知是客套暱稱，或竟真為許氏鄰坊。此一般患童類下，包括57例中之28例，占其治驗所列實案半數左右。是否亦可間而推知許氏平日歙邑行醫所視患兒，過半確屬周邊求診各姓各氏的一般患童，待查其他地方家族訊息，再作推敲。

　　此外，在少數情況下，許氏明書患兒之特殊出身或狀況，如山野之人，或勞役飢餓之人，謂「山野之人，忽然腰足閃痛，俗名土箭打」，平常就「急於痛處拍出青紫色，以銀針刺出惡血」。許氏稱「亦刮沙之意也」，卻主張是「地氣所感」，為「山野之人夏月有之」疾患；而「瘴氣多染勞

（續）

　　關於程氏子之記載頗眾，參同書，〈驚風發搐〉，頁4下；〈暑風發搐〉，頁8上；〈腫脹〉，頁23上-23下；〈喘〉，頁35上。關於黃氏子之記載，參同書，〈驚風發搐〉，頁4上-4下；〈瘧〉，頁27下。關於鄭氏子之記載，參同書，〈疳〉，頁21下；〈痢〉，頁29下。

98　許豫和，《治驗》，〈痢〉，頁28上-28下云：「荷池程氏子，七歲。患時痢，純白，請予治。予適他出，一醫謂：純白為寒。用平胃散加炮姜、附子，二劑，兒忽目不見物。予曰：『陰傷也。』痢多亡陰，辛燥之劑復傷之。急宜養陰六味丸溶化與服，煎劑用黃柏、苦參、當歸、白芍、沙參、茯苓、陳皮、甘草，二日而能視，痢亦漸止。河間云：『俗謂：赤熱白寒者，非通作濕熱處治。』於此可見。」

99　許豫和，《治驗》，〈驚風發搐〉，頁3上云：「北門饒氏子，發熱兩月，屢更醫，皆用疎散藥。一日忽然發搐，目斜手搦，有時筋急如反張狀，脈弦數，無涕淚，此熱久陰傷之故。予用生地、丹皮、當歸、白芍、山梔、麥冬、天麻、鉤藤、羚羊角，二劑定，十劑愈。」

100　其一云：「隣家子，脾土素弱，受暑，泄瀉發熱，煩渴。初以四苓加葛根、扁豆、厚朴，瀉不止，漸加甚。予用六君加烏梅肉，二劑而愈。一時患此者，皆用此法，竟不作驚。俗以烏梅酸收，多不肯服，不知烏梅解暑妙品，生津和胃，瀉熱除煩，約束六君，歸功脾土，又能平肝木，使不侵脾，安蚘蟲使不妄動，止泄其餘事耳。一藥之功而具眾妙，世不知用，惜哉！」見《治驗》，〈暑風發搐〉，頁8下-9上。另一則云：「隣家子，忽惡寒發喘，目瞪鼻扇，聲如曳鋸，面青下痢。予曰：『此肺中風也。』診其脈已絕，不可救。是日又一兒，十三歲，喘亦如之，但鼻有涕，喘雖甚，能咳，脈尚滑，藥難進。予命煮蔥、薑、艾葉，以布囊熨背，冷則易之。一時辰，喘漸鬆，進三拗湯，汗出而愈。《百問》云：『凡人為風邪所中，皆自背上五臟俞而入。』故以熨法代灸法。倘遇此症，急須為之，緩則無及矣。」見《治驗》，〈喘〉，頁35下。

役飢餓之人」[101]。這就說明了健康疾病與人時地皆有關係，顯示當時地方業醫中之好學深思者，對後來公衛流行病學上所重視的疾病健康型態與某一人群的居住環境、生活方式，有不可否認的互動關連，多少已有些概念。正如許豫和在《治驗》卷末的一段結語，有「若非其時、非其地、非其人，皆無此患〔痧脹〕」的說法。如此體察，若無執業地方數十年之目睹親見，四季寒暑之臨症得失，以及積累無數經驗、證之醫經前說之切合相違，是不易發展出來的。

至於許豫和所診視患者之年齡分布，若以其《治驗》中所涵實例視之，有生後四十日[102]、百日[103]等不滿周歲之嬰兒。年齡分布的另一端偶然也包括長至二十歲的青年，甚至成年、老年男女[104]。但最常見的，還是二、三歲以上，至六、七歲之間的幼齡兒童。這個患者年齡分布，也進一步證實了近世中國幼科醫學的發展，無論在分科專業化、自身知識技能專長，乃至市場需求、「顧客」來源上，至少到了18世紀初的南方安裕縣邑，如乾隆

---

101 許豫和，《治驗》，〈沙症辨〉，頁50上。

102 同上，〈雜記〉，頁40上-40下云：「張詔蒼兄次子，出胎四十日，壯熱目斜，左足紅腫，服踈散驚風一劑，次日熱不退，足腫至膝，色紅紫，丹毒上攻也。改用生地、丹皮、赤芍、黃柏、栀仁、木通、料豆、甘草一劑，紅紫處砭出惡血，熱稍鬆。次日腫至囊腹。書云：『入腹入腎者不救。』險矣！詢其去血甚少，復令以蘆荻劃去惡血甚多，仍服前劑，熱退腫消。嘗見服踈散藥，外用敷藥者多死。血熱為患，當服涼血藥，砭去惡血，所以得瘥。且此症胎毒所發，無表邪，何用踈散？」

103 許豫和，《治驗》，〈丹毒斑瘡〉，頁33上-33下云：「巴如岡兄子，百日。患瘖爛瘡，起自陰囊，上侵腹背。醫用荊、防、蟬退、芳子、連翹、銀花、甘草之類。瘡漸延蔓唇口、眼眶、四肢指節，無所不有，色紅紫，皮塌爛，舌如楊梅，啼哭不住。且其母前產二胎皆死於瘡。醫用藥與前無異，恐蹈前轍，求治於予。予曰：『瘖爛瘡，先天之毒。病自裏發，與風濕在標者不同，治當從內解。今用踈托藥，是助其欲發之勢，故延蔓愈甚也。』為製一方：馬料豆、土茯苓、丹皮、黃柏、銀花、山栀、人中黃、甘草、木通九味，不時與服。外用雄豬油、紫草同煎，鵝翎塗瘡，冬桑葉、川貝母、甘草等分為末，絹囊撲之，瘡漸收，熱漸平。愈而復作，治法如前。兩月後不復發矣。後所經瘖爛瘡，皆用此法，能吮乳者皆效。」

104 許豫和，《治驗》，〈瘧〉，頁27下云：「謝氏子，年二十。暑瘧三發，寒已即熱，熱已即寒，循環無休，脈洪大，熱甚時嘔血水。用白虎湯加柴胡、黃芩、丹皮、山栀，一劑血止，二劑脈平，三劑熱減，四劑止。」

徽州之歙邑，已有相當程度的供需相符。幼齡男女的疾病健康需求，與家庭求醫行為，早使如許豫和一般的地方幼醫擁有行業上獨立操作的空間。

（五）醫療人類學側寫

　　再就執業之狀況而言，許豫和懸壺幼科於歙邑之實情，與過去醫史研究所知近世他地醫者執業及民眾求醫之行徑，景況相當類似[105]。從其《治驗》所載臨診各案所見，許氏身邊常有其他醫生同業[106]，治療期間，也常須應付周圍同行醫家評議之壓力或煩擾。這表現近世歙邑地方醫病關係，無論對醫者或病家而言，多非一對一的單向操作，往往是在多重多方考量，兩造間不斷相互斟酌、經常反覆下的曲折選擇。明清時期中國一般城鎮的醫病活動，也就是在此變動不居、各方持續調整的複雜多變狀態下所形成的社會活動場域[107]。至於所記載乾隆（18世紀前葉）歙縣兒童的健康狀況，在求醫

---

105 參見 Joanna Grant, *A Chinese Physician: Wang Ji and the "Stone Mountain Medical Case Histories"* (London: Routledge Curzon, 2003); Volker Scheid, *Currents of Tradition in Chinese Medicine, 1626-2006* (Seattle, WA: Eastland Press, 2007).

106 例如「北門饒氏子，發熱兩月，屢更醫」，後來才請許氏治療，「用生地、丹皮、當歸、白芍、山梔、麥冬、天麻、鉤藤、羚羊角，二劑定，十劑愈」。參見許豫和，《治驗》，〈驚風發搐〉，頁3上。

107 近世中國醫病關係之曲折，可由幼科醫案觀之，例如錢乙《小兒藥證直訣》，其中所述，幼醫雖是醫療分支中的後起之秀，但各類醫者川流坊間市集，比比皆見，且流派雜見，競爭劇烈。錢乙固似薄有醫名，力爭上游，最後也側身大醫之列，成為官府封認（officiating）的醫療體系、醫學知識掛勾之一環。面對患者呻吟輾轉，病家交相指責，諸醫滔滔不絕，醫案的主角在攻訐傾軋、紛紛擾擾之中，罕得一個主控全場、獨撐大局的地位。而萬全之所以欲列諸案為例，則是因為環繞這些林林總總的小兒發搐事件周圍，除了他欲排紛解難、一顯身手的意圖外，還常有其他醫者在場（不論是他口中一般的有醫、彼醫，或者大謬以為不然，卻又深知對方挾帶莫大權威壓力的邑中儒醫）。這些知識、技術與職場上常相左右的異類競爭者，往往是他當下析疑，事後書寫示眾最主要的爭辯對象。至於眼見兒孫罹驚，心焦如焚、心亂如麻的父母家長，面對紛紛擾擾又一是莫衷的眾口諸醫，如時下市面上及後世民眾難免不患是症、不處此景的芸芸眾生，當然是當時有志欲伸，有技欲施，有見解欲展示而地位未定的初出道幼醫萬全，正思努力折服，事後亟希說動的廣大「想像的」關鍵性聽眾。參見熊秉真，〈案據確鑿：醫案之傳承與傳奇〉，頁202-209；Hsiung, "Facts in the Tale," pp. 152-168. 亦見本書第三章。

紀錄上值得幼科醫史討論的，包括若干地方流行疾病之梗概大樣，如各種原因所造成的夏季驚攣抽搐（暑風），激烈嗽喘（頓咳），是常見的幼兒疾病。瘧、痢等急性傳染症，也是幼醫常感束手的兒童健康殺手。飲食營養失調或藥物傷害所造成的身體虛弱（疳），以及夏季濕熱影響下所造成之腫脹、丹毒、痧脹、斑瘡，亦對幼齡人口造成清楚的健康威脅[108]。

在療治方面，自以為用心而有經驗的執業幼醫如許豫和者，多半一邊參考過去醫經、權威、舊說之見解處方，一邊視臨床病童疾患發展實況，斟酌藥方加減，或全面修正，研發獨見秘方。緣此之故，許氏於行醫縣城數十年後，以七十多歲之一介老幼醫，終於晚年留下自己一生幼科歙邑治驗之隅見鴻爪[109]。

---

108 關於中國兒童的疾病與健康，傳統幼科醫籍長期以來就流傳著所謂「兒科四大症」或「幼科六症」之說。此四大症或六症究竟何所指，眾說紛紜，並沒有一致的看法。有說是「驚、疳、吐、瀉」四者，有說是「驚、疳、痘、疹」，或者即以「驚、疳、吐、瀉、痘、疹」合成所謂的六大症。無論如何，在幼科醫學行世期間（大約當宋至清代，或11至19世紀之間），依醫者之見，曾有數種主要的疾病困擾中國的幼齡人口，似乎是不少人的公論，而且眾人對這些兒童健康上的「黑名單」——不論是四或六項重症——似乎也有些共同的指認。關於這些困擾近世兒童的幾類主要疾病，參見熊秉真，《安恙：近世中國兒童的疾病與健康》（臺北：聯經出版事業公司，1999）一書。全書主要章節有五：首先，談「驚風」和傳統幼醫對兒童精神及神經系統病變的相關認識，以及各種不同程度和情況下兒童驚悸、抽搐問題。其次，專研過去醫籍所見對於小兒之「疳」的討論及記錄，牽引出過去千年左右各種缺乏之症，和兒童消化機能失序與營養良窳的問題。其三，以幼兒之「吐」症為中心，分析過去幼醫認識下，各種不同類型的嘔吐，其病因、症狀、診斷、治療與歷史演變。其四，講小兒的「瀉與痢」，包括急性與慢性腹瀉，不同季節、原因的腹瀉，以及下痢不止的主病。其五，專論近世小兒之「痘」症，而兼及諸「疹」，從其定義、症狀、調養過程，探討預防之道的發展，以及痘症流行在中國之間，醫者對其他兒童皮膚病變即所謂各種疹病的瞭解和鑽研。
109 許豫和，《治驗》，〈驚風發搐〉，頁4下-5上云：「三十年前，曾見畢載源兄子，泄瀉已成慢驚，喫下藥物，隨時瀉出，不能停止，眾醫束手。汪履嘉先生用雞子黃調赤石脂末，頓熱六君子湯溶化服之，泄止，驚不復作，亦妙法也。」

六、《散記》

(一)古今之變與公私之辨

醫論(如《熱辨》)、醫案(如《治驗》)之外，許豫和還著有上(20篇)、下(33篇)兩卷的《怡堂散記》，及一卷的《散記續編》(21篇)，類別上屬於近世醫學著作中常見的臨症筆記或雜感、隨錄。《散記》上、下卷前都有作者自述序目，及嘉慶二年曹文埴(1737-1800)為之所著之序[110]。《續編》前則有作者之序目，及嘉慶六年(1801)曹振鏞(1755-1835)所著之序[111]。從六篇自著及他著序言，可見作者及推介者欲為此組3卷《散記》所傳達的聲音，即醫道傳承上的古今變革和醫療服務上的捐私為公。在《怡堂散記》卷上之前，許氏自筆序目稱：「散者，無頭無緒，不整不齊之謂。」內容來自「講習古方，節錄名言」，因常「蒐羅於寒夜，是涉獵之散記也」。刊刻流布之動機，在「記雖不多，類而推之，其理不外是矣」。還說，平

---

110 曹文埴，字近薇，安徽歙縣雄村人，乾隆二十五年(1760)傳臚，累官戶部尚書，以母老乞歸。其官豫章時，拓省會試院，增設四千餘席，就試者稱便。家居葺閭郡考棚，重興古紫陽書院，六邑人文蔚起，倡率之力多焉。曹氏在籍奉母十二年。年六十四，卒於家。嘉慶五年，諡曰文敏。而後以子振鏞，追贈太子太傅、武英殿大學士。著有《石鼓硯齋文鈔》20卷、《詩鈔》32卷、《直盧集》8卷、《石鼓硯齋試帖》2卷。相關記載參見〔清〕勞逢源、沈伯棠等，《歙縣志》，卷8〈人物志·宦蹟〉，頁52下-53上(總頁854-856)；石國柱等(修)、許承堯(纂)，《歙縣志》，《中國方志叢書》影印民國二十六年(1937)歙縣旅滬同鄉會鉛印本(臺北：成文出版社，1975)，卷6〈人物志·宦蹟〉，頁66下-67上(總頁966-967)。

111 曹振鏞，字儷笙，雄村人，尚書曹文埴子。乾隆四十六年(1781)進士，選庶吉士，任翰林院編修，後升侍讀學士。嘉慶初年，升少詹事，授通政使，歷任內閣學士，工部、吏部侍郎。嘉慶十一年(1806)升工部尚書。嗣奉命撰《高宗實錄》，書成，加太子少保，轉掌戶部事，拜體仁閣大學士。道光初，進拜武英殿大學士，軍機大臣兼上書房總師傅，又以平喀什噶爾，位功太傅，畫形紫光閣，列次功臣之首。十五年卒於官，年八十一。宣宗親臨弔喪，下詔褒恤，賜諡文正，入祀賢良祠。著有《綸閣延輝集》、《話雲軒詠史詩》等。相關記載參見石國柱、許承堯等，《歙縣志》，卷6〈人物志·宦蹟〉，頁79上-80下(總頁991-993)。

日臨診，日常生活情景常「有時研硯而客至，有時執筆而飯熟，於是失者十之七」。結果找出十分之三的辦法是：「心之所向，欲捨不能，隨時記憶，存于腹藁。」因之「大概不在途中，則在枕上，此診治之散記也。」[112]

「診治之散記」加上「涉獵之散記」所成的《怡堂散記》卷上、卷下，依作者之見，主要在醫理用藥上別「古今之變」，因於醫道精神上亦須突破一般岐黃醫家舊執「公私之別」。這層要旨，許豫和在序言中反覆自白，與之熟識而為其作序的鄉親亦一再深深致意。

對於通達辨明「古今之變」，許豫和在《散記》卷下序目說：「讀古人書，全在得解，嘔噥讀過，雖多何益？」「臨病製方」之所以要「從古法」，就像「不由規矩，何以為工」，對許氏而言本是無庸置疑的行醫起點，但這只能是一個最低原則的起點，放長眼光，不能變成一套固執刻板的臨診成規或行醫終點。關鍵不只在於業醫態度上的開放，而是臨床上由古而今，氣候、寒熱均異，拘泥古書古法未必治得了近時、當地之病，也就難救得了今世幼兒之命。許豫和感喟自己常見周圍同業，不乏「執守一方，終身行之而不悟，受其害者，何可勝紀？」自稱：「予欲喚轉迷途，不辭苦口，將古人未暢之旨，醒出一二，啟悟後來。」也希望參閱其散記見解者，臨症而詳加推敲，用以逐案「計其効驗」[113]。許氏以診治結果檢查、補充、修正醫書古方而成今之《散記》，即以實證式方法砭別古今異同、方書長短。

這也就是說，行醫者如他事涉古今之辨，固因古人可能有「未暢之旨」，更重要的是近世業醫者以為古經古方所指與臨證者如許氏及其病患所處的盛清歙邑，與過去業醫者、名醫處境，在時間和空間上已有莫大的距離。此時、空距離所牽出的，不只是歷史認識上之隔絕，更包括生物、病理上可能產生的流變。這層實證與認知雙重落差，不但執業地方的醫者如許豫

---

112 許豫和，《怡堂散記》，上卷〈序目〉，頁1上。
113 同上。

和者，不能不了然於胸，連為他《散記》寫序的同鄉兼患童家屬也有相當
體認，不吝為之一申。嘉慶二年為《怡堂散記》寫序的曹文埴就說[114]，他讀
畢上、下二卷，以自己不通醫道之身，不禁喟嘆，岐黃以來中國之醫籍，
「其書幾汗牛充棟」，學醫習方者大可「守其法足矣」，不必「各衿創獲，
迭擅神奇」以「成救世之效」。然再思而悟，「知理之無窮，而其法亦隨
時有異也」。尤其是「《靈》、《素》經書，千古不易，而天地氣化，人
生稟賦，隨時為厚薄」，「且南北異宜，山川間隔，一郡一鄉氣感各別」，
「即一鄉之中，又隨世轉變」，所以「今之疾不必同於古之疾也」。不單
氣化、稟賦，使疾病有了變化，連處方所用的藥物，也有了時空的差異。
故曰：「又況藥物之產，隨地氣變遷。」「或同一名而古今迥殊，或猶是
一物而前人審驗未真」[115]。此處有識者的俗見（educated lay opinion），倒替
地方上行醫治病，處方用藥上求知求變的醫生，如許豫和於一般經驗上找
出路的老幼醫，發出了一些旁觀者的公道之聲。他以為彼等用心用力，「博
覽古書」，以「相時症之變」之餘，還願意將自己臨床心得不斷證之古書
古方，堅持「必使吾之精神與藥之氣味，兩相融洽而後藥為我用」[116]，而且
以此反覆推敲的結晶，「不敢自秘」，將「出以廣其傳」。歸根究柢，堅
持人生稟賦，郡縣氣感，藥物差異與在「古今之變」的醫德，加上明「公
私之別」的勇氣，才使沉寂靜態的醫經萬方與當下歙縣幼兒的疾病生死，
藉著不厭反覆嘗試的地方幼醫，摸索新徑，並將心得，公諸大眾，就教大
方。

　　辨私利公義之際，許氏自序點出的雖不過是眾所周知的「萬世岐黃之
道，所言者天下之公言，非一家之私論」等醫書陳腔，然知易行難，四處

---

114 曹氏自言曾讀過許氏所著之《橡村痘訣》一書，並為之序。見許豫和，《怡堂散記》，
　　上卷，曹文埴，〈怡堂散記序〉，頁1上-4下。
115 許豫和，《怡堂散記》，上卷，曹文埴，〈怡堂散記序〉，頁2上-3上。
116 曹序中所引許豫和之言。見許豫和，《怡堂散記》，上卷，曹文埴，〈怡堂散記序〉，
　　頁3上。

所見，自已不乏「偏執之流，不以人命為重，各私其學於家」[117]。《散記》曹序也同意，在今疾與古疾不同、藥物隨產地而異的情況下，執業地方的醫生，如許豫和者，「不敢自秘」，將自己數十年幼科診療之心得與疑惑，公之於世，「以廣其傳」，求其「有益于時」[118]。這番化私利為公義的說辭、想法、做法，固不乏自我肯定與作品行銷之動機，卻顯現出清代中國地方醫學在知識流布、公開辯論與專業倫常，在醫學知識與醫療活動日益市場化下，點滴走向醫學專業化之間的進退實情。

（二）《散記》卷上、卷下

就內容而言，《怡堂散記》的卷上、卷下及《散記》的續編，各有不同偏重，也有若干共同關懷。論內容結構，《散記》卷上重點在談歙邑幼醫常見之地方性疾患，如首篇之乳兒「風痰」，和所附7條析述，以及次篇所言「驚風發搐」和所附6條討論[119]。這類地方幼科流行病（regional pediatric epidemiology）方面的資料，還可進一步作季節性疾病（seasonal diseases）討論。如許氏言「春杪夏初多見發熱不退之症，治之屢驗因記之」，「論暑月吐瀉初起須用黃連香薷飲（7條）」，及「甲辰〔1784〕秋時痢甚計其所見復論症記之（26條）」[120]。這裡顯示春夏之交的小兒熱症、暑季的小兒吐瀉，以及秋天的幼兒時痢，是乾隆歙邑附近幼齡人口的常見症患。在常見病與季節性疾病型態以外，由醫學分科角度視之，同卷中還有許豫和藉散記形式所留下的「小兒常有之病」、「幼科少見二症」甚至「婦人病」等[121]，亦可見許氏本身臨症，對幼科常見與少有之症患，或者小兒身罹與罕得之健

---

117 許豫和，《怡堂散記》，下卷〈序目〉，頁1上。
118 同上，上卷，曹文埴，〈怡堂散記序〉，頁3下。
119 同上，上卷〈風痰〉，頁1上-2下；上卷〈驚風發搐〉，頁2下-5上。
120 同上，上卷〈驚風發搐〉，頁4上；上卷〈論暑月吐瀉初起須用黃連香薷飲〉，頁5上-8下；上卷〈甲辰秋時痢甚計其所見復論症記之〉，頁8下-12上。
121 同上，上卷〈小兒常有之病〉，頁37上-38下；上卷〈幼科少見二症〉，頁38下-39上；上卷〈婦人病〉，頁35下-36上。

康變化，早有警覺。其日常執業範圍固以小兒為主，然婦幼健康一體，需要時他也不吝提供對婦人疾病方面的照護。其實，在婦幼科以外，許氏醫案中還可見到極少數他對成年男子的治療記錄。

臨症隨筆，除了記錄地方疾病型態，更有臨床心得。不論在診斷方法上，如何「看虎口」，或者「方脈治驗隨錄十五症」，乃至「診治雜言」、「論治體」[122]，都是許氏執業歙邑幼醫的具體報告。其間有駁雜的報導，如題為「雜治得心」或「見聞事實(錄四)」，或不諱透露「病可治，病家不知信任者(錄四)」，以及「見而不能治者(錄四)」等事例及感言[123]。這也就是在地方流行病和臨床心得雙重田野報導基礎上，懸壺歙縣半世紀以上的資深幼醫許豫和，方得於其《散記》卷上之末，對醫輩前賢提出個人呼籲，隨對同行後學表示其直率建言。前者如「華先生中藏經論治」，或談「喻嘉言先生議病式」；後者如「與門人定議病式」，及「醫家必讀全經始知治法」等[124]。

與卷上相較，《怡堂散記》卷下內容，商榷的主要在開方與用藥。在用藥上，最後〈藥性解〉一篇，除載錄作者許豫和對21味個別藥物的藥性分析外[125]，更對治療小兒疾病常用湯、丸、散、膏，逐一細論[126]。涵括於個

---

122 許豫和，《怡堂散記》，上卷〈看虎口〉，頁36下-37上；上卷〈方脈治驗隨錄十五症〉，頁23上-30下；上卷〈診治雜言〉，頁44上-46下；上卷〈又論治體〉，頁46下-47下。

123 同上，上卷〈雜治得心隨錄可為法者二十二症〉，頁12上-23上；上卷〈見聞事實錄四〉，頁34上-35下；上卷〈病可治病家不知信任者錄四〉，頁30下-32上；上卷〈見而不能治者錄四〉，頁33上-34上。

124 同上，上卷〈華先生中藏經論治〉，頁39下-41下；上卷〈喻嘉言先生議病式〉，頁41下-42上；上卷〈與門人定議病式〉，頁42上-43頁；上卷〈醫家必讀全經始知治法〉，頁43下至44上。

125 同上，下卷〈藥性解〉，頁27下-41下。其中所論21味藥物為：人參、地黃、肉桂、附子、炮薑、白附子、款冬花、大黃、陳皮、厚朴、天麻、桑寄生、龍骨、黃土、鹽、薑、棗、辰砂、琥珀、飯膏、甘草。

126 許氏治療幼兒常用之湯、丸、散、膏均見於《怡堂散記》下卷：(一)藥湯，如：〈千金參麥湯〉，頁15下；〈地黃飲子〉，頁18下-19上；〈清燥湯〉，頁19上-19下；〈補中益氣湯〉，頁20上-20下；〈清暑益氣湯〉，頁22上-22下；〈葛花解醒湯〉，頁22

別藥材、藥方討論之上的，是他對當時幼科臨症下藥、處方手法上的見解，譬如談「製方之難」，及「因病製方」，或論「七方之製」[127]。並且以此為基點，與「大家論治」，乃至發抒自己對「陽常有餘陰常不足」的看法[128]，或有關「邪」、「隔」等問題的領悟[129]。卷下之初，許氏對肝、脾、腎的議論，以及他所發表對「秋傷於濕」的季節性生理與病理主張，在《散記》的脈絡中，也可視為他對用藥、處方一生心得之指引。

（三）《續編》

《散記續編》1卷，對作者而言，主旨仍在持續以自身臨症地方幼科的長年經驗，擬為與傳統醫論之對質，用明兒童疾疢古今之變化，與投身特定時空（盛清歙邑）幼兒安恙事業醫者應有之認識。從續編側觀目錄前簡短的序目，醫者化身的作者許豫和再申「《易》之為義，吉凶悔吝生乎動，動則變」，以之為他行醫臨床哲理上的原則，就是：「天地運行之氣，亦動機，亦變機也。」[130] 從這個天地運氣不斷運轉，必呈「動機」及「變機」的角度視之，人的健康和疾病不能沒有與時俱遷的特性。職是之故，此「人感之而生病，安得不變？」對成年男女如此，對幼齡嬰童尤然。一位臨診數十年的地方專業醫生，反思臨診所及，是「老醫臨症，與日俱新」，隨而必須不斷以自己臨床所見，佐之過去醫經醫說的看法。正因佐證結果，往往自身「目之所歷」，與一般「書之所載」對照下，竟有差池，「或古之所有，今之所無」，或「古之所無，今之所有」。如此一來，連身為地

（續）

    下-23上。（二）藥丸，如：〈桂附八味丸〉，頁15下-16上；〈枳朮丸〉，頁23上-24下；〈青蒿丸〉，頁24下-25上。（三）藥散，如：〈逍遙散〉，頁16下-17上；〈玉屏風散〉，頁18上；〈五苓散〉，頁18上-18下；〈六一散〉，頁24下；〈舉卿古拜散〉，頁25下。（四）藥膏，如：〈火花膏〉，頁25上-25下。

127 許豫和，《怡堂散記》，下卷〈製方之難〉，頁13上-13下；下卷〈因病製方〉，頁25下-27下；下卷〈七方之製〉，頁13下-15上。

128 同上，下卷〈大家論治〉，頁10下-12上；下卷〈陽常有餘陰常不足〉，頁9上-10下。

129 同上，下卷〈邪之所湊其氣必虛〉，頁4下；下卷〈三陽結謂之隔〉，頁4下-5上。

130 同上，《散記續編》，〈序目〉，頁1上。

方幼科老醫的作者許豫和自己不能不承認：古代醫書所提，而現今地方未
見的兒童健康問題，未必皆消失於無形，或僅代表一己懸壺過程中未嘗臨
診遭遇（所謂「非無也，我之未見也」）。反之，那些過去醫書醫者未及而
自己臨床上偏偏一再看到的病例，其實也未必代表過去完全沒有，只不過
是疾病發生率（epidemicincidence rate）與一己交叉而成之巧遇（所謂「其有
也，我適得而見之」[131]）。這個現代流行病學上以地方疾病盛行率
（epidemiological prevalence）等概念所呈現的健康變化圖像，正是執業乾隆
歙邑的老練幼醫許氏以其《散記》留下古今變化對照記錄時，在流行病學
理論，或公衛發展概念上，所展現的一些關鍵性突破與逐步精密化的體會。
用他的語言，即所謂：「與時變通，色脈合之，醫之道也。」[132]

　　至於嘉慶六年為他陳辭推出《散記續編》的竹溪同鄉故舊曹振鏞，從
序言角度要特別強調的，正是醫者如許氏者以流「傳」醫方和陳「出」秘
籍在宏揚醫療上的重要性，以及地方老醫所錄「驗案」對這「傳」與「出」
二層作用在專業知識流布與醫療倫理上的關鍵性意涵。曹序先引許豫和之
慨嘆，以為心慈保赤之道所以不足，在於常遇到三種「眾弊」：一是「粗
諳藥性，未讀方經」，即遇急事，因循束手，弗思挽救，「是不仁也」。
二是識見不足，不能洞得機先，猶如「心內熱而飲冰，縱力可回天，孰若
調和於未熏蒸之始」，「況命方延日，終難拯救於已焦爛之餘」，「是則
所謂舛也」。三是診斷治療過於大膽大意，「身即起於半生，勢已瀕於九
死」，莽撞意氣用事，病人深受攻伐之害，「是敢於殺人而不敢于養人也」。
曹振鏞自言聆聞許氏喟嘆之餘，一己之見仍以為傳布醫之正道或有效驗之
醫療，是對此三弊和其他醫療困境的不二法門。因為各地若充斥著種種「不
驗之經」和「未傳之錄」，醫者病家遂毫無折肱向學之素材可為依憑，也
缺乏起步後彼此辯難之機會。治病化生既非易事，「用藥如用人」（「必識

131 許豫和，《散記續編》，〈序目〉，頁1上。
132 同上。

其辛者,甘者、酸者、苦者」),而「治病如治米」(「試思其簸之、揚之、淘之、汰之」),只有以「治案」之成效彰否(efficacy),為醫學上立說論品之根據,醫療才能在有憑有據的基礎上,與時俱進。更切要的,是以公開傳布有效的治案記錄,化私藏待驗之秘籍,為可公開檢核、辯難之醫學醫理,如是任何一人一家親親子子之「私見」,方得化而推之為老老幼幼之「公心」[133]。

據曹振鏞說,他之所以承繼父輩曹文埴二度為許豫和作序的傳統,珍視推介許氏之緣,揄揚作者以七十八高齡付梓之《散記續篇》,固有感於許氏過去曾治癒自己姪子三年腹痛之疾,復感於此地方老幼醫自身童顏髮冲,更生兒齒,顯見其杏林扶健有方,加上展卷親抄之餘,深深體會傳寫治案在學醫論症上不可磨滅的重要性,益生不書不快之感[134]。

《續編》21篇的內容大致包括三個大類:一是對過去醫學傳統及診斷用藥的商榷,二是作者自申行醫論治時的特殊心得,三是記錄個人懸壺地方在臨床上的治驗及案例。第一類論醫統傳承,如言讀經,論五行,講醫說、醫品,乃至相機用藥及用藥之法[135]。諸篇論述都代表了作者許豫和在執業幼科於歙縣,對自己所承習之醫理醫藥傳統常存之思索與推敲。這類議論中,有些篇名,如〈再論秋傷於濕〉[136],直截表白了他反覆以今證古,以地方踐履佐照書面通論的鮮明立場。

第二類以行醫心得闡述己見,包括整體性地談「生氣」、「消長」,甚或有以「雜言」為題的隨感[137]。這也不乏臨床上生理病理的看法,如「小便之行全以氣化」,或用藥方面如何處理「藥誤思救」之類的緊急狀況。

133 許豫和,《散記續編》,曹振鏞〈序〉,頁1下-5上。
134 同上,頁5上-6上。
135 同上,〈讀經〉,頁1上-2下;〈論五行〉,頁7下-12下;〈醫說〉,頁18下-21上;〈醫品〉,頁21上-22下;〈用藥相機〉,頁26下-31下;〈用藥有法〉,頁22下-26下。
136 同上,〈再論秋傷於濕〉,頁2下-5上。
137 同上,〈生氣〉,頁5上-7下;〈消長〉,頁12下-14上;〈雜言〉,頁16下-18下。

以及治療處方上的特殊考慮，如言「庸工治瘧疾，有不用柴胡者，為集柴胡解，以悟之」[138]。

第三類論臨床治案，有直名〈治案〉之專篇[139]，亦有專言喉科之二篇[140]，及藉附過去所著保赤、痘訣、放痘、麻症等言論之續言與補遺[141]，綜而遂見他於歙邑專長幼科的經驗與成果。近世執業地方之醫生，識書且能文者，多不能不以儒醫自許自期。載錄治驗，商榷醫經，刊梓案例，流傳市面，亦此行醫而以儒者自居自視的慣性表現之一端。許氏《散記續編》最後附〈自和前刻落成五首〉[142]，是此地方幼醫而兼載文士流風之末所附最佳寫照。

七、餘論

近年若干學者、鄉親於資料輯錄、個案研究、文化認同上傳揚的所謂「新安醫學」，是否真如世界科學史理論上所期待，確因其於醫理上之主張、臨床上之實踐，嘗奠基於或構建成一套特殊學理典範，從而成支成派，是一個學界迄今未究，也非倉促可決的問題。若遽以近人後世所輯新安醫籍為憑，或憑一般民間流傳的新安名醫立論，而不論近世側身其間者半皆

---

138 許豫和，《散記續編》，〈小便之行全以氣化〉，頁14下-16下；〈藥惧思救〉，頁35下-36下；〈庸工治瘧疾有不用柴胡者為集柴胡解以悟之〉，頁31下-35下。

139 同上，〈治案〉，頁36下-44下。

140 同上，〈附論喉科〉，頁50下-55上；〈辛酉小春附論喉症〉，頁55上-56六下。

141 同上，〈保赤續言〉，頁44下-46下；〈痘訣續言〉，頁46下-48上；〈放痘補遺〉，頁49下-50下；〈麻症續言〉，頁48上-49下。

142 許氏詩五首，其一曰：「心誠一可貫，技眾理能兼；水冷成湯燙，花香作蜜甜；生機隨我用，著述為人嚴；欲算圍棋勝，難教信手拈。」其二曰：「張子逢人說，言同說項斯；先聲為彼導，後起不妨遲；好古有新得，論交結夢思；曲高能和我，學術兩相知。」其三曰：「文敏曹公序，如冠兩度加；續承詹士好，感德更彌涯；已附清雲士，慚非著作家；先知綿後覺，悉理敢爭差。」其四曰：「承師多面命，自少已知幾；每獲前言驗，因思昨日非；羊亡無路泣，鳥倦有巢歸；老抱岐經讀，步趨何敢違。」其五曰：「書籤時插架，車軸日塗膏；到老何曾佚，為心敢不勞；烏蟾忙裏過，江漢古來滔；不負增年錄，鐫梨又一遭。」見許豫和，《散記續編》，〈自和前刻落成五首〉，頁56上-56下。

成名於外，顯赫有聲者多僅貫籍新安，而絕少執業新安一府六邑，及其各自之醫學成就與新安地方人口之健康安恙間之關聯，自難建立起任何直接聯想或實質意義。

由此思維出發，盛清懸壺歙縣數十年的幼科老醫許豫和，及其所遺少數臨診鴻爪，遂因另成一類而彌足珍視。蓋其一生行醫地方，於熱症、治驗及散論，無論載錄實案，對質經說，或辯駁他論，所本者要在自身診視歙縣幼兒之所見所為。以此微觀記錄出發，佐證籍屬新安之歷代名醫，或執業新安之他科醫士，尤以彼等對熱症，治驗、用藥等散記，核對其他地方相關醫論、醫方、醫案之所呈，遂對新安幼醫或近世中國地方醫療與地方醫說、醫派之形成，得一具體而實之案例。據此類文獻、蹤跡之核考，而思地方醫療、人口健康與家族興衰間之訊息消長，雖未必為此組素材之唯一或最佳用法，然中國醫史或地方健康卻亟需此類看似瑣細，實則由漸而著，終或聚沙成簣，始能尋得另一立微而足道之起點。

至於引發本文研究的宏觀乃至理論性關懷，亦即乾隆歙邑許氏幼科之例，則是如何能助吾等對歷史上究竟有無「新安醫學」可言，或者被擬為「新安文化」、「徽學」一支的「新安醫籍」，在當今科學、醫療、技術史上，又當作如何之研判、理解。抽絲剝繭，或可分以下諸層次析述之：其一，如前各節所示，考量其所留文獻訊息。許豫和籍出許村，其後行醫執業均在歙邑，其處方留案亦立基於此。由此意義而言，他所代表的確實是一個地方醫者（local practitioner）；而其「地方」，至多是其在《熱辨》、《治驗》、《散記》中時常反覆而不免偶露怨懟的出身同一鄉邑的所謂「歙醫」，並非府屬「徽州」，更遑論「新安」。其次，許氏在自述、序跋及其他字裡行間，曾提及其在習醫求藝過程間曾受益於蘇吳醫家，其論事辨理時，亦有舉神農本草及其他典範前賢（如李時珍）之處。這些事實顯示乾隆時期出身歙邑而執壺地方之幼醫如許豫和者，援因明清以來徽州地方之社經地位，以及其與長江中下游蘇吳等富饒繁榮區域之往來，即便地方上學習醫療之中下層之作者，亦有受惠於此文化地理上大環境，或者希冀豔

羨而躋身此明清帝國首善之區的地域傳統（regional tradition），乃至從而與更上一層的名醫、碩儒之天地，藉議題與文字世界相攀聯。也就是說，許氏於此等文字世界之表達，雖未必全屬於無稽之附會，然其七種醫籍之作，尤其《新安醫籍叢刊》未收，本文未遑細檢的有關痘疹方面之《注釋》、《痘訣》、《餘義》等籍，確實是為此乾隆歙邑地方幼醫，在思維訊息、臨診行醫、及自我認定上與此地方（歙邑）牽繫所及的區域（徽州、蘇州、江南）乃而全國（隱於其醫籍、行旅之後，呼之欲出的京邑與明清帝國）醫療網路，提供一個值得一再推敲的重要個案（case）。因為緣此個案，固可知悉晚近中外醫療之科學史學者對所謂地方（local）、區域（regional）、全國（national, if applicable）、全球（global），或普世典範（universal paradigm）在學術內涵與技藝傳統上之傳承或移轉之論。但同樣重要的，是乾隆歙縣許氏幼醫之例，讓我們更清楚意識到此普世而區域、地方之層級分明的學術分析架構，未必須視此三項範疇為上下從屬，甚至彼此互斥之關係。歐西近代科學醫療史的發展適足以顯示[143]，在歷史機緣適而碰撞相接之時，地方活動與區域思維隨時可拔地而起，成為舉世文明典範之一環。

　　最後，明清中國研究中所關懷之「徽學」或「新安文化」，就許氏幼醫及其他醫籍所示之新安醫學而言，在明清當時亦多屬揄揚地方，顯名父祖籍貫之作為，從近代尤其晚近數十年之附會斑斑可見。前已枚舉，無庸贅言，其他同仁對濕病、孟河醫派之論著足為參佐[144]。

---

143 Kuhn, *The Structure of Scientific Revolutions*, Chapter 9.

144 Cf. Hanson, "Robust Northerners and Delicate Southerners," pp. 529-541; Scheid, *Currents of Tradition in Chinese Medicine*, Chapters 2-3.

新生兒照護

一、前言

　　過去不論東西，人常自詡高於萬物，標榜古今，傳揚不已。如今生物界之知識廣為流傳，學術上文理之分殊隔閡難再僵持，許多人世上之現象，其生物面與生理基礎其實毋庸諱言，也就是說，倘若大家意覺，作為動物中靈長類（primates）之一員，人類在許多方面，「其去禽獸者幾希！」本身並不是什麼值得長吁短歎的事。人類生命之啟端，由交接而妊娠而初誕，代代繁衍，就是一個明顯的例子。

　　去掉虛榮或者無知，重新檢視個別個人之誕生，即便進入歷史時期，人群已有種種屋宇之呵護，食物之供給，社群之互助，要保證每位呱呱落地的初生嬰兒都能撐過最初幾個小時，由第一天到第二天到第三天，不但歷史人口學家高舉人口轉型期前（pre-transitional population）嬰兒高死亡率（infant mortality）之警訊。實際史籍中之片斷訊息莫不傳遞著「生活維艱」之前近代社會（pre-modern society）生命存活定律。也就是說，對每個新生命，順產落地固然不易，嬰兒落地以後要活下來還是險關重重，絲毫不能大意。

　　其實至今，人類學家與心理學家，由生理和文化雙重角度，與其他生物相較，生為靈長目的人類，其妊娠期之長（懷胎九月或十月）、哺育期之艱，驚異不置[1]。從這個角度來看，早有祖先崇拜信仰，重視家族繁衍的中國人，在醫療知識技術的研發上，早於隋唐醫籍中，就特別標出了「初誕法」，一直演為《古今圖書集成》裡所標出的幼科醫學中特出的一支，稱為「出生養護門」，不能說不是一個社群與其科技與文化表裡相符、目標清楚的一個例子。

1　可參照 Alison Gopnik 之新作：*The Gardener and the Carpenter: What the New Science of Child Development Tells Us About the Relationship Between Parents and Children*（NY: Farrar, Straus and Giroux, 2016）.

如今重翻典籍，考掘知識，不但有機會重新認識此一支持中國人口平穩安定，較其他歐洲等舊大陸地區人口成長，更為節節升高之背景。此單一因素，固不足以保持人口之成長乃至走向爆炸，但無此專長知識與技術之支撐，東亞大陸板塊千百年來，芸芸眾生之綿延不已，在歷史上會是一個更難理解、更難解釋、更不可思議的突出事實。

中國的傳統醫學，自唐宋而明清，知識和技術上，及傳播流布，都進展顯著[2]。其間傳統幼科在近世的演變，尤為出色[3]。過去少數留心醫學史之學者，專注於對醫藥文獻之考訂闡釋，援舊有詞彙，排比對照，用示其本身演化過程。未嘗將此醫學演進，與數百年來中國歷史脈動，試作聯想，進而探索近世醫學具體發現，對中國社會，到底有何實質意義？產生了如何的影響？

循此理路，以近世為例，最易讓人想起的問題就是數百年醫學演進與人口成長的關係。若將此兩方面的問題聯想在一起，兩個個別存在的現象，忽因彼此並論，而呈現新的涵義。從醫學史的角度來說，醫藥知識和醫療技術的進步，不單代表科技在純學術方面的進展，更意味著一個社會醫療條件與健康環境的改善。從現代人口學的角度立論，一地區人口持續而大幅的成長，醫療與衛生狀況之改進，常為必要條件。中國近世人口之巨幅成長，眾所皆知。然其背後因素，除了人口移動，新作物之引進，糧食增產，邊際農地之使用之外[4]，對於造成人口孳長的技術面條件，應如何解釋呢？就近代各國人口成長實況為例，醫療落後、健康環境惡劣的情況下，

2　參見陳邦賢，《中國醫學史》（上海：商務印書館，1937）；《中國醫學百科全書·醫學史》（上海：上海科技出版社，1987），頁10-18；Paul Unschuld, *Medicine in China, A History of Ideas*(U.C. Berkeley Press, 1985).

3　參見本書第二、第四章；《中國醫學百科全書·醫學史》，頁43-45；（日）丹波元胤，《中國醫籍考》（北京：人民出版社，1983再版），幼科部分。

4　Ping-ti Ho, *Studies on the Population of China, 1368-1953*(Cambridge, MA: Harvard University Press, 1959).

只靠農作物增產,糧食之充分供應,並無法救亡圖存,有效維繫一地人口
於不墜。同理,對中國近世人口成長可提出一個假設性問題:何等醫療條
件與健康環境,方能使得中國百姓得享玉米、甘藷、花生之滋?或者我們
可以問一個更小的問題:近世中國是如何將初生嬰幼兒扶育成功,以得穀
糧之惠?

歷史人口學的基本認識是,高出生率與高死亡率遍存傳統社會[5]。依現
代人口學的看法,要突破此一多生多死,多死多生的惡性循環,必須先有
死亡率之降低,從而逐漸控制自然出生率,終致改變一個社會的人口結構,
並提高人口品質。想要降低死亡率,首要的問題是如何防範嬰幼兒的大量
夭折。因為近代以前,一般舊社會裡,嬰幼兒死亡比例極為驚人,而且通
常年齡愈幼小的兒童夭折率愈高[6]。反而言之,若要瞭解一地人口的持續成
長,嬰幼兒的照養及健康,可以提供重要訊息。中國近世幼科醫書與醫案,
資料浩瀚,內容豐富細緻。以現代醫學知識,詳加審讀[7],很可為近世人口
成長的技術面問題,提出一些特別的解釋。

本章是這個大方向下的一個小嘗試。現代醫學顯示新生嬰兒存活率常
為一地醫療水準之指標,亦為降低嬰幼兒死亡率的關鍵。於此前提下,本
章探索中國近世對新生兒的照護,在知識和方法上的演變,並試論其對歷
史人口學可能有的意義。

傳統中國幼科醫書,數量浩瀚,內容豐富,可謂世界醫界之奇葩。近
世數百年間,除了一般醫籍或婦科、本草等醫書中所含幼科部分之外,單

5　Peter Laslett, *The World We Have Lost*(Taylor and Francis,1965); T.H. Hollingsworth, *Historical Demography* (Ithaca: Cornell University Press, 1969); D.V. Glass and D.E.C. Eversley(eds.), *Population in History*(London: Edward Arnold, 1969).

6　Lawrence Stone, *The Family, Sex, and Marriage in England, 1500-1800* (London: Weidenfeld and Nicolson, 1977).

7　參見Victor C. Vaughan, R. James Mckay, Waldo E. Nelson, *Textbook of Pediatrics* (Philadelphia: W.B. Saunders Co., 1975), Chap.7, "The Fetus and the New-born Infant," pp. 322-406; John P. Cloherty and Ann R. Stark (eds.), *Manual of Neonatal Care* (Boston: Little Brown, 1985).

單就幼科專籍，目前可知的仍有百數十種。其中重要的幼科專書，明清兩
朝，在各地一再付梓，甚且重印二、三十版。這些幼科醫籍的內容，涵括
各類對幼兒保健及幼科疾病的分析、討論與治療，對每項問題，有論、有
方、有案，多有積累三、五代，乃至二十多代臨床經驗者。是傳統幼兒健
康史及幼科醫學發展史的一手資料，舉世僅見。對瞭解中國近世幼兒健康
狀況，及當時醫界與一般社會對幼兒醫護的實際能力，此項卷帙浩繁、內
容精緻的傳統幼科典籍，無疑是最珍貴的寶藏。

　　本章僅擬擇取傳統中國幼科醫籍中有關新生兒照護的材料，說明由唐
宋到明清，傳統社會對照顧新生嬰兒，在知識和技術上的演變。進而將此
新生兒照養的原則和方法與現代兒科醫學的原理和技術，作一對照，以凸
顯傳統中國在新生兒照護方面的水準。從而衡量其所代表的歷史意義，以
及對中國歷史人口成長可能有的影響。

　　下文將先說明中國近世對一般初生嬰兒，最初24小時內採行的照顧，
具體地說明照護工作的進行。其次，將此新生兒照護所涉及的一些關鍵性
步驟，如身軀內外的潔淨，斷臍和臍帶護理，新生兒體溫的維持，如何開
始餵乳，及緊急狀況的處理等，一一憑文獻考訂，作仔細的分析與討論。
然後，將中國近世新生兒照護在關鍵步驟上，顯示的重要發現和進步，作
一系統的說明。在此基礎之上，乃能探索此知識與技術的進展，所帶動社
會育嬰方法的改善，對近世中國歷史可能有的意義。

二、中世紀以來的新生兒照護

　　隋唐時期，中國幼科醫學尚未萌芽，傳統醫學對幼兒健康雖十分關切，
然苦無指導原則可循。一旦稚齡兒童出了毛病，眾皆束手。不過當時最重
要的醫籍中，在討論少小醫方部分，已瞭解到應注意初生嬰兒所需特別照
顧。王燾的《外臺秘要》中，有〈小兒初生將護法一十七首〉，及〈兒初

生將息法二首〉兩篇，專談嬰兒照護問題[8]。孫思邈的《千金要方》中，也有〈初生出腹論〉一篇，細述拭口、斷臍、包裹、甘草法、乳兒、浴兒等新生兒照顧方法[9]。因知中國中世，幼科醫學未嘗發達之先，醫界權威已將「初生小兒」之將護方式獨立出來，視為一個個別問題，作專門的討論。而且細考《外臺秘要》中〈小兒初生將護法〉及《千金要方》中的〈初生出腹論〉的內容，可以確定兩個重要事實：一則是此兩篇文字中論及的「初生」，指的確是剛出母腹的新生嬰兒；二則是兩者對新生兒照護上重要的臍帶處理，身體內外的潔淨，及保暖包裹等問題，都有具體說明。也提到「臍風」、「口噤」、「鵝口」、「重口」等新生嬰兒常有的病變。

傳統中國對新生嬰兒照養的注意，宋、金、元時期，繼續不斷。尤以此一階段，幼科醫學萌發，有突破性進展[10]。幼科專著紛紛問世，其中對初生嬰兒養護，自有更進一步的解析。宋代《小兒衛生總微論方》中的〈初生論〉，是一明例[11]。當時醫界重要典籍中，對新生兒照養，也出現較詳細的討論。宋朝張杲《醫說》中的〈小兒初生畏寒〉[12]，金朝張從正《儒門事親》中的〈過愛小兒反害小兒說〉[13]，元朝危亦林《世醫得效方》中的〈初生〉、〈護養法〉[14]，朱震亨《格致餘論》中的〈慈幼論〉，《丹溪先生心

8　〔唐〕王燾，《外臺秘要方》（臺北：新文豐出版社，1987年影印明崇禎庚辰新安程氏經餘居刻本），卷35，頁421-430。

9　〔唐〕孫思邈，〈初生出腹論〉，《千金方》（收錄於《古今圖書集成》卷422《醫部彙考402‧小兒初生養護門》），頁30b-31a。

10　參見陳邦賢，《中國醫學史》（上海：商務印書館，1937），頁81；《中國醫藥學家史話》（臺北：明文書局，1984），頁67-69，97-99；《中國醫藥史話》（臺北：明文書局，1983），頁261-268。

11　參見〔宋〕不著撰人，〈初生論〉，《小兒衛生總微論方》（清乾隆《文淵閣四庫全書》本第741冊），卷1，頁52。

12　〔宋〕張杲，〈小兒初生畏寒〉，《醫說》（臺北：故宮博物院據日本傳鈔明嘉靖甲辰顧定芳刊本影印微捲），卷10。

13　〔金〕張從正，〈過愛小兒反害小兒說〉，《儒門事親》（輯於明王肯堂彙編《醫統正脈全書》，清光緒丁未年〔1907〕京師醫局所重印本。臺北：新文豐出版社，1975），頁5935-5941。

14　參見〔元〕危亦林，〈初生〉、〈護養法〉，《世醫得效方》（清乾隆《文淵閣四庫

法治要》中的〈初生〉篇[15]，是顯著的例子。從這個階段的相關資料看來，中國醫界此時對新生兒養護顯然較前一時期認識更多，特別提到新生兒的保溫、潔淨，滿月前不碰生水，講求臍帶護理等原則。對嬰兒誕生後一些重要的處理步驟（如斷臍、下胎糞等），及可能有的後果，開始多方面摸索。幼科專業醫生的經驗，及專門書籍的刊布流傳，使醫界和社會上對新生兒照護在知識面探討，和技術面講求，都較前豐富、多樣、有內涵。

　　到了明朝，15、16世紀，中國對新生兒照護的認識，隨著幼科醫學本身的茁壯，普遍成長。明代幼科醫書中對初誕慎護的討論，篇幅大為增加，內容更為複雜，論點也臻於成熟。育嬰方面有像《寶產育嬰養生錄》、萬氏《育嬰家秘》等專書問世[16]。當時的幼科要籍，如寇平的《全幼心鑑》[17]，魯伯嗣的《嬰童百問》[18]，王鑾的《幼科類萃》[19]，和薛氏的《保嬰全書》[20]等，對初生將護之法，都作了相當詳盡的發揮。議論中對鞠養方面的細節，各有看法。對新生嬰兒健康的變故，也各有解說。有關新生兒照護上最重要的一些原則，見解類似。共同體認到，要保障新生兒的生命安全，周到、合理、有根據的照護，是終究的解決之道。因當時新生兒健康的威脅，大半來自後天照顧方式的錯誤，或人為疏忽。許多致命的新生兒病變，根本

（續）─────────────────────

　　　全書》本第746冊），卷11，頁359-360。

15　參見〔元〕朱震亨，〈慈幼論〉，《格致餘論》（輯於王肯堂彙編《醫統正脈全書》第14冊），頁9324-9328；及其〈初生〉，《丹溪先生心法治要》（臺北：新文豐書局影印明嘉靖年間刊本），頁826-830。

16　參見〔明〕不著撰人，《寶產育嬰養生錄》（中央圖書館藏明刊黑口本影印版本），卷1；及〔明〕萬全，《育嬰家秘》（湖北科學技術出版社，1984年重印明嘉靖刊本），頁6-9。

17　參見〔明〕寇平，〈護養之法〉、〈初生將護法〉、〈將護法湯氏謂護養〉、〈髮際〉，《全幼心鑑》（中央圖書館據明成化四年〔1468〕刊本重印微捲），卷2。

18　〔明〕魯伯嗣，〈護養法〉，《嬰童百問》（臺北：新文豐出版社據故宮博物院藏明麗泉堂刊本影印，1987），卷1，頁18-21。

19　〔明〕王鑾，〈護養論〉、〈小兒初生總論〉，《幼科類萃》（北京：中醫古籍出版社，1984年影印明嘉靖年間刊本），頁7-9；頁55-56。

20　〔明〕薛鎧，〈護養法〉、〈初誕法〉，《保嬰全書》（臺北：新文豐出版社，1987年影印明崇禎沈猶龍閩中刊本），頁5-8；1-3。

可藉妥善護養，預先防範。這個預防觀念的樹立，對數百年中國初生養護
上的努力，有如畫龍點睛，提綱挈領。指出新生兒照護的根本之道，在藉
當時醫理和臨床雙方推證，設法確定為害新生兒健康，威脅新生兒存活的
因素，並提出具體可行的防範。

　　明末清初，17世紀前後，傳統中國新生兒照護的理論與實際更臻成熟。
《古今圖書集成・醫部彙考》的幼科部分，出現「小兒初生護養門」[21]。集
合過去醫家數十種分析，專論初出母胎嬰兒在照護上應注意的事項，應採
的方法，及相關的醫方與醫案。至此，新生兒的照護在傳統中國醫學中自
成一門學問。屬於幼科醫學之一部，而冠其首，盱衡舉世醫界，誠為醫學
觀念上之一重要突破[22]。此一進展，對中國新生兒照護之推展，代表一個重
要的里程碑，有承先啟後之功。至此，明代以來幼科醫學醫理研究與臨床
實際的配合，於新生兒照護上有一新的總結與前瞻。16世紀之後，中國傳
統幼醫在深入專精與普及推廣兩方面的努力，功效益彰。此時討論初生護
養的法則，已意識到愈幼齡的嬰兒，身體愈為脆弱，易於夭亡。故不但初
生頭一個月的育嬰工作十分重要，新生嬰兒的頭七日，甚至剛出腹的前
兩、三天，或者第一個24小時的照護處理，更是關鍵。因為此一認識，清
代幼科醫籍對新生兒照護的論述，轉而注重對初生嬰兒的急救措施。清代
幼醫權威陳復正《幼幼集成》中的〈初誕救護〉一篇，剖析因難產、早產
或生理異常嬰兒的種種危急狀況，並切實指出對這些嬰兒該如何作急救的
工作[23]。傳統對初生嬰兒的重視，由中世紀講求對正常嬰兒的照護，經過近

21　〈小兒初生護養門〉，《古今圖書集成》，卷422，《醫部彙考402》，頁306。

22　新生嬰兒的照顧，傳統西方向屬婦產科之範疇。近代以前，歐美新生兒之照護多為
　　助產士或收生婆（midwives）所經手。西方幼科醫學發展較晚，20世紀以前少數論及
　　兒童疾病與健康問題的醫籍，亦全不見對嬰兒照養的知識與技術面討論。新生嬰兒
　　由婦產科轉歸小兒科（pediatrics）照料，在西方是20世紀中以後逐漸的轉變。新生兒
　　醫學（Neonatal Medicine 或 Neonatology）在小兒科中成為一門獨立的學問則是晚近
　　二、三十年間的發展。參見Mark W. Kline et al., *Rudolph's Pediatrics*（NY: Mcgraw-Hill
　　Education, 2018）, 23e, "Section 4: Newborn"。

23　〔清〕陳復正，〈初誕救護〉，《幼幼集成》（上海：科技出版社，1978年據清翰墨

千年不斷的摸索和鑽研，終於走向對高危險群嬰兒的急救處理。此長久鍥而不捨的努力，在知識和技術上確有一些重要突破。其發展過程，在理念上，由做好初生養護工作，以預防健康新生兒之夭折，減低嬰兒罹病死亡的機會，進思致力於高危險群新生兒的搶救。步步取向，與近代西方幼科醫學在新生兒照護方面的進展，亦若合符節。

三、初誕之首日

　　傳統中國對新生嬰兒的照顧，各地區隨民情風俗而略有差異。正如明朝徐春甫《古今醫統大全》中《幼幼彙集》的〈嬰幼論〉及萬曆年間龔廷賢《新刊濟世全書》中〈小兒初生〉篇所言，「嬰兒初生，車籃繈褓，各隨風俗」[24]。然考其細節，所採步驟其實大同而小異。在重要處置上，絕大多數的情形類似。今依其時序先後，簡述近世中國在嬰兒初出母腹的24小時內，通常所做的一些照護工作，以為後文分析此等照護手續演進之背景。

　　舊時中國嬰兒一出母腹，收生或旁侍者立即要做的第一件事，是「急用軟綿裹指，拭去口中惡汁」[25]。此「拭口」或淨口的習俗，中古以來即盛行不衰[26]。近世醫者對此一舉動背後的理由，意見不一，但幼科醫生及民間家庭對其必要性均深信不移。一再強調必須搶在新生兒啼聲未發之先行之，以免嬰兒口中所含汙物於啼哭喘息之間被吞嚥入腹。此「拭口法」[27]是

（續）

　　園本校正重印），頁25-26。

24　〔明〕徐春甫，〈嬰幼論〉，卷88，頁3a-4a；〈小兒出生總論〉，《古今醫統大全》，頁6；〔明〕龔廷賢，〈小兒初生〉，《新刊濟世全書》（臺北：新文豐出版社，1982年影印日本寬永十三年村上平樂寺刊本），頁751-753。

25　〔明〕魯伯嗣，〈初誕〉，《嬰童百問》，卷1，頁15-18。

26　〔唐〕孫思邈，〈初生出腹論〉，《少小嬰孺方》（臺北：故宮博物院據日本文政庚寅十三年偷閒書屋刊本影印微捲），頁7-13。

27　〔宋〕不著撰人，〈初生論〉，《小兒衛生總微論方》，頁52；〔元〕朱震亨，〈慈幼論〉，《格致餘論》，頁9324-9328；〔明〕薛鎧，〈初誕法〉，《保嬰全書》，頁1-3；〔元〕危亦林，〈拭口法〉，《世醫得效方》，卷11，頁359；〔明〕不著

傳統新生兒照護工作的第一步。

　　拭口既畢，初生嬰兒啼聲亦發，一般將護之法的下一步是為新生兒作身體清潔，即「初浴」[28]。初生小兒之「初浴」，可以湯浴，亦可以乾拭。比較傳統的辦法是預先備好溫水，「先浴之，然後斷臍」[29]。近世幼醫多顧慮新生兒保暖，怕濕洗易著風寒，民間後從而多行「三朝洗兒」，待第三天再備沸湯浴兒，稱為「洗三」[30]。拭口後初步淨身的工作，即以綿帛乾拭代替。只要「周圍穢血，皆令盡淨」[31]，不必下水。

　　拭口、淨身之後的第三步，是新生兒照護的關鍵，即斷臍。近世中國民眾「斷臍」的方式不一，割斷、咬斷、燒斷、剪斷，文獻中均有記載[32]。斷臍方法，唐宋到明清的逐步改變，是近世中國新生兒養護演進的關鍵，

(續)

　　撰人，〈拭口法〉，《寶產育嬰養生錄》，卷1；〔明〕寇平，〈拭口法〉，《全幼心鑑》，卷2；〔明〕薛鎧，〈拭口〉，《保嬰全書》，卷1，頁3-5；〔清〕吳謙，〈拭口〉，《幼科雜病心法要訣》（輯於《醫宗金鑑》，卷50），頁12-14；〔清〕程杏軒，〈拭口〉，《醫述》（安徽科學技術出版社，1981年據清道光年間刊本重印），卷14，頁917-918。

28　〔明〕徐春甫，〈小兒初生總論〉，《古今醫統大全》，卷88，頁6；〔宋〕陳自明，〈初生浴兒良日〉，《婦人大全良方》（《文淵閣四庫全書》第742冊），卷24，頁800；〔明〕寇平，〈初生浴法〉，《全幼心鑑》，卷2；〔明〕王肯堂，〈浴兒法〉，《幼科準繩》，集之一，頁45；〔明〕王大綸，〈洗浴〉，《嬰童類萃》，頁4；〔清〕吳謙，〈浴兒〉，《醫宗金鑑》，卷1，頁15。

29　〔唐〕孫思邈，〈初生出腹第二〉，《少小嬰孺方》，頁7-13；〔明〕龔廷賢，《新刊濟世全書》，頁751-753。

30　〔明〕王大綸，〈初誕論〉，《嬰童類萃》（北京：人民出版社，1983年據明天啟年間刊本重印），上卷，頁61-65。

31　參見〔宋〕不著撰人，〈初生論〉，《小兒衛生總微論方》（《文淵閣四庫全書》本第741冊），卷1，頁52。

32　參見〔宋〕不著撰人，〈斷臍論〉，《小兒衛生總微論方》（《文淵閣四庫全書》第741冊），卷1，頁53-55；〔明〕不著撰人，〈斷臍法〉，《寶產育嬰養生錄》（中央圖書館藏明刊黑口本影印微捲），卷1，〔明〕寇平，〈斷臍法〉，《全幼心鑑》，卷2；〔明〕徐春甫，〈斷臍法〉，《古今醫統大全》，卷10，頁5640-5641；〔明〕孫一奎，〈斷臍法〉，《赤水元珠》（《文淵閣四庫全書》第766冊），卷25，頁843；〔明〕龔廷賢，〈斷臍法〉，《壽世保元》（上海：科技出版社，1989年重印），卷8，頁568。

容後細論。斷臍之後，傷口均必須以灸法等略作處理，敷上藥粉，仔細包
裹。這種種臍帶護理，即「裹臍」的功夫[33]，近世亦頗受重視，有一套相當
講究的辦法。

斷臍後，才將初生嬰兒以父母「故衣」或細軟綿帛裹起，稱為「裹兒」[34]。
裹兒的原則在保暖而不過熱，也有認為是一種保護嬰兒不因肢體活動受
傷，或外人外物的驚擾。故包裹嬰兒可助其穩妥、安全、溫暖、舒適[35]。

初生嬰兒啼聲既發，浴洗、斷臍、包裹料理停當，其他社會中，照護
工作可告一段落，該抱嬰兒就母懷吮乳入睡。但依傳統中國習俗，哺乳之
前，均先予以硃蜜膏、甘草湯、黃連汁等下腹，去其體內惡汁、胎糞，清
淨胃腸，再讓嬰兒就乳進食[36]。此一習俗，固可視為新生兒衛生之一節，最
早源於古來中醫「胎毒」之說[37]。舊時中國初生嬰兒，因有24小時後方得吮
乳者[38]。

前述近世初生嬰兒頭一日的照護手續，在中國各地各階層間不是一成

33　〔元〕危亦林，〈灸法論〉，《得效方》（《古今圖書集成》第456冊，卷422），頁
　　31b；〔明〕萬全，〈小兒不宜妄針灸〉，《育嬰家秘》（《古今圖書集成》第456
　　冊，卷422），頁32a；〔明〕寇平，〈新生兒戒灸〉，《全幼心鑑》，卷2；〔明〕
　　王鑾，〈芽兒戒灸〉，《幼科類萃》，頁14-15；〔明〕孫一奎，〈戒灸〉，《赤水
　　元珠》，卷25，頁843。

34　〔金〕張從正，〈過愛小兒反害小兒說〉，《儒門事親》，頁5935-5941；〔明〕龔
　　廷賢，〈小兒初生〉，《壽世保元》，卷8，頁567-568。

35　〔唐〕孫思邈，〈初生出腹論〉，《少小嬰孺方》，頁7-13。

36　〔唐〕孫思邈，〈初生出腹論〉，《少小嬰孺方》，頁7-13；朱震亨，〈初生〉，
　　《丹溪先生治法心要》，頁826-830；〔明〕方賢，〈初生說〉，《奇效良方》（《古
　　今圖書集成》第456冊，卷422），頁31b；〔明〕魯伯嗣，〈初生〉，《嬰童百問》，
　　頁15-18；〔明〕王肯堂，〈初生〉，《證治準繩》（臺北：新文豐書局，1979年據
　　明萬曆三十五年〔1607〕刊本重印），頁45；〔明〕王大綸，〈初誕論〉，《嬰童類
　　萃》，頁61-65；〔明〕龔廷賢，〈小兒初生〉，《新刊濟世全書》，頁751-753。

37　〔明〕寇平，〈下胎毒〉，《全幼心鑑》，卷2；〔明〕王鑾，〈下胎毒論〉，《幼
　　科類萃》，頁11-12；〔明〕徐春甫，〈下胎毒法〉，《古今醫統大全》，卷10，頁
　　5639；〔明〕王肯堂，〈下胎毒法〉，《證治準繩》，頁46-48；〔明〕孫一奎，〈除
　　胎毒〉，《赤水元珠》，卷25，頁1-2。

38　〔元〕朱震亨，〈初生〉，《丹溪先生治法心要》，頁826-830。

不變的定規。談其變化，最少有三種：一是步驟先後次序的調換，二是各步驟處理方式的略異，三是手續過程的簡化。在照護步驟先後次序的調整上，譬如《小兒衛生總微論方》的〈初生論〉裡所提到，將才出母腹的嬰兒，急先舉之，然後「便以綿絮包裹，抱大人懷之溫暖」，然後才進行拭口、淨身等活動。代表一派特別著重保溫的做法。其顧慮在「蓋乍出母腹中，不可令冒寒也」。所以一切衛生及臍帶護理，都可等到新生兒被綿絮包裹，體溫維持沒有問題以後，再逐一處理[39]。

二則各項照護步驟處理方式之略異，文獻上亦有線索。譬如拭口以求潔淨的手續，有些習俗講求除口舌外，連眼睛及周圍的汙汁穢血，皆亦小心拭淨。又如淨胎糞，各地各人所用的處方也不同，從最早的硃蜜法、甘草法[40]，到後來常行的黃連法、牛黃法[41]，乃至民間較簡便的豆豉法、韭汁法[42]，都是殊途而期同歸。其間所顯現的差異，代表各地習俗傳承之別，以及不同階層和文化背景的人，其知識及經濟條件之異。

三則習俗和社會背景之不同，也使近世中國某些地區和家庭，照護新生嬰兒的方法趨繁或化簡。比較考究的家庭，在拭口、初浴、斷臍、裹臍、裹兒、淨胎糞等基本手續外，還有另予其他鎮神安魂湯藥，或滴餵豬乳等滋養之品[43]。北方農家盛行對新生兒施以灸壯，以防各種風噤病變，是區域性習慣。近世南方幼醫多不贊同[44]。至於將一般初生將護法簡化行之，在鄉

---

39 〔宋〕不著撰人，〈初生論〉，《小兒衛生總微論方》，頁52。

40 〔唐〕孫思邈，〈初生出腹論〉，《千金方》（收錄於《古今圖書集成》卷422《醫部彙考402・小兒初生養護門》），頁30b-31a。

41 〔明〕魯伯嗣，〈初誕〉，《嬰童百問》，卷1，頁15-18。

42 〔明〕方賢，〈初生說〉、〈違和說〉，《奇效良方》，頁31b，31b-32a；及〔明〕薛鎧，〈護養法〉、〈初誕法〉，《保嬰全書》（臺北：新文豐出版社，1987影印明崇禎沈猶龍閣中刊本），頁5-8，1-3。

43 〔唐〕孫思邈，〈初生出腹論〉，《千金方》，頁30b-31a；〔元〕朱震亨，〈慈幼論〉，《格致餘論》，頁9324-9328；〈初生〉，《丹溪先生治法心要》，頁826-830。

44 〔元〕危亦林，〈灸法論〉，《得效方》（《古今圖書集成》第456冊，卷422），頁31b；〔明〕萬全，〈小兒不宜妄針灸〉，《育嬰家秘》（《古今圖書集成》第456冊，卷422），頁32a；〔明〕寇平，〈新生兒戒灸〉，《全幼心鑑》，卷2；〔明〕

村民眾中是很可以理解的。最普遍的，像將初生拭口與淨胎糞兩者合一，或根本只作斷臍、包裹、就乳等必行事項，在近世農村，也不足奇。

綜而論之，近世中國各地區各階層所行的新生兒照護，究竟同多異少，在觀念和技術上均屬同一醫護與民俗傳統。更重要的是，這個近世漢民族的初生養護文化中，所涉最主要的原理和方法，像初生嬰兒拭口與淨身、下胎糞、斷臍和臍帶護理、保暖與潔淨，確有共同體認。而且這些新生兒照護方法的關鍵，其知識與技術，由中古而近世，各個時代，均有重要的進展與突破。這種種進展與突破，代表整個幼科醫學辛勤鑽研的成果，更代表近世中國健康環境的大幅改善，其歷史意義與影響不容忽視。

四、斷臍法的演進

在傳統社會或比較簡陋、原始的衛生狀態下，一個健康的新生嬰兒，因照護失誤可招致生命危險，其最嚴重的威脅來自於臍帶處理不當所引起的新生兒破傷風。它常於嬰兒初生一週內發病，殺傷率極高，是近代以前新生兒死亡的主要因素。若要有效控制新生兒死亡率，對臍帶處理的正確認識，及對新生兒破傷風的防範，是首要之務。中國自古以來對斷臍、裹臍及臍帶感染所造成的「臍風」問題，即十分重視，近世幼醫，唐宋而明清，在斷臍方法和預防臍風兩方面也有重要的進步，值得專述。

傳統中國對初生斷臍和臍帶護理的重視，遠遠超過其他社會，且留下大量文獻，足使後人對過去千年斷臍法的演進，有詳細的瞭解。依民俗資料及傳統幼科產科專籍，可知舊時中國民間為新生兒斷臍，最原始的辦法大致有二：一是以利器割斷，包括用刀片割斷，用剪刀剪斷，甚至以瓦片

（續）──────────

　　王鑾，〈芽兒戒灸〉，《幼科類萃》，頁14-15；〔明〕孫一奎，〈戒灸〉，《赤水元珠》，卷25，頁843；〔清〕程杏軒，《醫述》（合肥：安徽科學技術出版社，1981年重印清道光年間刊本），卷14，頁919。

切斷。二是不用任何器具,以牙齒咬斷[45]。近代以前中上家庭大抵擇刀剪割斷者為多,農村民間則不乏用瓦片或口咬方式弄斷臍帶。

　　早在唐朝,醫界已注意到初生小兒易生臍帶病患,想摸索出一種合適的截斷臍帶的方法。7世紀中葉,權威醫籍《千金方》,在〈初生出腹論〉中提出對斷臍的看法,謂:

> 兒已生……乃先浴之,然後斷臍,不得以刀子割之,須令人隔單
> 衣物咬斷,兼以暖氣呵七遍,然後纏結[46]。

此忠告中,可見中古醫者對斷臍問題態度相當審慎,對過去逕以刀割,或直接咬斷,已啟疑慮,覺得刀割可能根本不可取,直接以口齒接觸臍帶也不合適,因建議避免以金屬利刃斷之,而在口齒與臍帶間先以布帛隔開,這算是斷臍方法上講求衛生的第一步。此一建議,因作者孫思邈及《千金方》本身的地位,備受尊崇,在中世紀後數百年間常被援引。8世紀中,王燾《外臺秘要方》的〈小兒初生將護法一十七首〉,對斷臍的說明,與《千金方》所載幾乎完全一致[47]。

　　斷臍法的下一個進步,要到12世紀中的醫學文獻才能看見。南宋紹興二十六年(1156)太醫局刊行的一部兒科醫書《小兒衛生總微論方》裡,對新生兒斷臍的處理,有了突破性的建樹。書裡討論初生慎護和臍帶照護時,首先指出,傳統所謂初生小兒的「臍風」,其發病症象與成人破傷風過程完全一樣。因而推論認定新生兒破傷風的病因也與成人因外傷而致命的惡

45　參見高鏡朗,〈斷臍法〉,《古代兒科疾病新論》(上海:上海科學技術出版社,1983),頁2-3。

46　〔唐〕孫思邈,〈初生出腹論〉,《千金方》(收錄於《古今圖書集成》卷422《醫部彙考402‧小兒初生養護門》),頁30b-31a。

47　〔唐〕王燾,《外臺祕要方》(臺北:新文豐出版社,1987年影印明崇禎庚辰新安程氏經餘居刻本),卷35,頁421-430。

疾毫無二致[48]。臍風源於後天外感既被點明，斷臍過程和傷口處理，就更為緊要。這方面，《小兒衛生總微論方》可能受到傳統瘍科和針灸的啟示，發前人所未見，提出一種以「烙臍餅子」和灸法，藉高溫燒灼處理臍帶傷口，以減免感染的處理方式。原文謂：

> 才斷臍訖，須用烙臍餅子安臍帶上，燒三壯，炷如麥大。若兒未啼，灸至五、七壯[49]。

這種以高溫燒灼處理臍帶傷口的方法，迅即傳開，其臨床上的效應可能予近世幼醫及有識父母相當的鼓勵。臍風雖未完全消滅，但經驗證明高溫燒灼可能提示了一個正確的方向。

明清時期幼科醫者日增，幼科醫學日盛，對斷臍一事議論紛紛，頗欲集思廣益，尋出一個安全的斷臍護臍之道。四百多年後，16世紀中，明嘉靖二十八年(1549)，湖北兒科世醫萬全刊印了代表祖傳心血的《幼科發揮》。書中對當時盛行的三種斷臍方法，提出了他的評論，說：

> 兒之初生，斷臍護臍，不可不慎。故斷臍之時，隔衣咬斷者，上也。以火燎而斷之，次也。以剪斷之，以火烙之，又其次[50]。

從這段文字中，可知16世紀上半，中國社會仍在多方面尋找妥善的斷臍方式。在這個集體探索與努力的過程中，日益專業化的幼科醫界，憑其豐富

48　參見〔宋〕不著撰人，〈臍風撮口〉，《小兒衛生總微論方》，卷1，頁56-58。

49　〔宋〕不著撰人於其〈斷臍論〉中所謂烙臍餅子之方，即以「豆豉、黃蠟各一分，射香少許，以豆豉為細末入射研均，鎔蠟和劑，看大小撚作餅用」。見《小兒衛生總微論方》，卷1，頁53-55。

50　〔明〕萬全，〈治未病〉，《幼科發揮》(《古今圖書集成》第456冊，卷422，《醫部彙考402‧小兒初生護養門》)，頁32b；又見康熙韓江張氏刊本(北京：人民出版社，1957)，頁11-12。

的臨床經驗與縝密的醫理訓練，自然最易有突出見解，萬全的分析，即是
一個明顯的例子。他的討論顯示，隔衣咬斷法，在當時諸般斷臍方式中，
代表比較傳統的一種，尊崇者也許仍多。16世紀前後醫籍中續有援引，可
為佐證[51]。不過，重要的是，16世紀初起，幼科醫界所倡的一些更安全合理
的斷臍方式，如明代太醫院使薛己力主的燒灼斷臍法，以及援《小兒衛生
總微論方》進一步發明的剪斷火烙的方法，在社會上和醫界評價日高，有
後來居上之勢。

明正德年間(1501年左右)薛己所提倡的燒灼斷臍法公諸於世。建議民
眾：

> 兒生下時，欲斷臍帶，必以薪艾為拈，香油浸濕，薰燒臍帶至焦，
> 方斷[52]。

這種以浸油薪艾為撚，直接火燒斷臍的方法，乍聞似乎相當原始。但就當
時醫療衛生條件而言，卻是一種十分有效的封閉傷口，避免感染的方法。
傳統中國瘍科手術上以燒灼處理傷口，達到高溫消毒的效果，成績相當顯
著。新生兒斷臍也是一個簡單的手術，斷臍後傷口要免除感染之患，火灼
仍是最好的選擇之一。誠如萬全在前段論斷臍護理的結語中所表白，目的
在「如此調護，則無臍風之病。所謂上工治未病，十得十全也」。事實上，
萬全《幼科發揮》這整篇討論的標題十分醒目，就叫作〈治未病〉[53]。

到16世紀末，醫界對臍風發病的原因愈來愈有把握。不但確知與斷臍

---

51 參見〔明〕不著撰人，〈斷臍法〉，《寶產育嬰養生錄》，卷1；〔明〕寇平，〈斷
臍法〉，《全幼心鑑》，卷2；〔明〕徐春甫，〈斷臍法〉，《古今醫統大全》，頁
5640-5641。

52 參見高鏡朗，《古代兒科疾病新論》，頁15-16。

53 〔明〕萬全，〈治未病〉，《幼科發揮》(輯於清《古今圖書集成》第456冊，卷422，
《醫部彙考402‧小兒初生護養門》)，頁32b；及康熙韓江張氏刊本(北京：人民出
版社，1957)，頁11-12。

使用的鐵器有直接關係，而且進一步肯定臍風感染，與一向揣測斷臍所用鐵器的溫度沒有什麼關係。一度有人建議將使用「剪刀先於懷中令暖」，以衣襟中納暖後的刀剪斷臍，後知並無根據。似乎亦不能減低臍風的發生率。明末著名儒醫王肯堂於其所著《幼科準繩》（1607）一書中對斷臍法的議論，證實了這個看法[54]。因王肯堂之聲名顯赫，其著作流傳極廣。生冷鐵器之為初生小兒染患臍風禍首，漸為大家接受[55]。高溫或火灼對傷口處理上的效果，也日益明顯。

　　進而言之，斷臍如此一個簡單的手續，客觀而言，非不得已，不該排除利刃割斷的方式。因就外科手術而論，以瓦器或他物斷臍，固不足取。就是隔衣咬斷，雖較口齒直接接觸略勝一籌，仍稱不上最安全便利的方式。燒灼斷臍也許對防範傷口感染相當有效，但是在新生胎兒身邊燃起火炬，直到用火燒斷臍帶為止，本身並不方便，也不免有安全上的顧慮。如果能採用鋒利的刀剪斷臍，而在器具和傷口處理上能作到高度的消毒，手術過程最為簡便迅速，傷口齊整，出血最低，應是最理想的選擇。

　　16、17世紀間，中國定有許多醫界人士和有識之人，在努力尋找這個更安全便捷的斷臍法。希望在燒灼斷臍和火烙傷口的基礎上再求突破。這些努力與嘗試，終於在17世紀末、18世紀初有了突出的結果。乾隆七年（1742），清政府編輯的醫學巨著《醫宗金鑑》，正式公布了這種安全斷臍法的內容。嬰兒初生時，先將斷臍用的剪刀過火烘燒，再以燒灼過的剪刀剪斷臍帶。以現代的眼光說，即以高溫消毒後的鋒利工具進行割斷，這是第一步。其次，以火器繞斷臍帶而烙之。即以火灼封住割斷後的傷口，並用傳統的胳臍餅子，安灸臍上，加強免疫的作用，防範臍帶感染的機會。為了更迅速有效地推廣這個理想的斷臍法，《醫宗金鑑》的編者將此番手

54　見〔明〕王肯堂，〈斷臍法〉，《幼科準繩》（臺北：新文豐出版社，1979年重印明萬曆年間刻本），頁46。

55　〔明〕孫一奎，〈斷臍法〉，《赤水元珠》，頁843；及〔清〕程杏軒，〈斷臍法〉，《醫述》，頁917。

續化作一首七言口訣：

> 臍帶剪下即用烙，男女六寸始合宜，烙臍灸法防風襲，胡粉封臍
> 為避濕[56]。

口訣可將關鍵性步驟，教給當時衛生條件和知識水準不高的民眾，比較容易在交通和傳播狀況不佳的農村社會，傳播開來。在此以前，幼科醫界也有一些著作，提到斷臍手續之前，應將臍帶在離開嬰兒六寸或更長的距離，先用細線緊紮，然後再行斷臍[57]。先紮緊臍帶，候血液流通中止，生理組織功能中斷後，再截斷臍帶。對減少出血，防止感染都很有益。

新生嬰兒臍帶，先擇合適部位紮緊，再以高溫燒灼過的利刃剪斷，然後烙封傷口，並以灸法預防感染。層層手續既達到手術上迅速便捷的效果，防範傷口感染上也作了周密的處理。如此斷臍的手術，與過去中國諸般舊法相較，或較諸世界上其他傳統社會的臍帶處理，都是一個驚人的進步。單有此知識和技術水準之改進，即使尚無詳細的新生兒死亡率統計，根據現代流行病學與病理學對新生兒破傷風的瞭解，作一大略估計，其對降低嬰兒死亡率應有相當急劇而明顯的影響。近世中國在斷臍法上步步改善，及16、17世紀所獲致成果，加上當時幼醫在普及化上所作的努力[58]，使得新生嬰兒存活的機會大為提高。傳統醫學進步，有效改善中國人口成長的客觀環境，這是一個具體的例子。

五、臍帶感染與新生兒破傷風

---

56 〔清〕吳謙，〈斷臍〉，《幼科雜病心法要訣》（輯於《醫宗金鑑》，臺北：新文豐出版社，1981年重印清乾隆年間刊本），卷50，頁14-15。

57 見繆仲淳，《廣筆記》；高鏡朗，《古代兒科疾病新論》，頁2-3。

58 參見本書第二章。

　　中國近世在斷臍與臍帶護理上的逐漸改進，不是一個偶發現象。而是一項有實證基礎的進步。其背後關鍵，是過去千餘年傳統醫界對臍帶感染和新生兒破傷風，在臨床經驗和學理知識上的持續演變。這個知識的進步，和它所帶動的技術改良，實在是中國近世幼科醫學最突出的成就之一。

　　傳統社會中，新生嬰兒生命最嚴重的威脅，來自於臍帶處理不當所引起的感染。尤其是新生兒破傷風，對健康的新生兒，殺傷力最強。近代醫學在細菌說成立，微生物學發展以後，已確知新生兒破傷風是因斷臍用具不潔，破傷風桿菌經臍部傷口侵入體內，產生毒素沿神經或淋巴、血液傳至中樞，與神經組織結合，引起全身痙攣，使嬰兒致死。此急性感染的病程大致可分三期。首先，有3到14天的潛伏期。被感染的新生兒，以4至7天內發病者最多。犯病的初期或先兆，腹脹臍腫。嬰兒哭鬧不安，不時噴嚏。吮乳口鬆，牙關緊閉。經過一天左右，即進入痙攣期。此時患兒唇口撮緊，啼聲不出，不能乳食。進而全身肌肉僵直，喉肌和呼吸肌痙攣使嬰兒終告窒息，或死於併發的肺炎、敗血症。此症死亡率極高。而且犯病癒早，預後愈差。20世紀抗生素等新藥物未發明之前，幾乎無法救治[59]。然而從另一個角度說，這是一個完全可以預防的疾病。只要斷臍工具經過某種手續消毒，斷臍後的傷口處理妥善，就可根本杜絕此可怕急症。

　　早在幼科醫學發軔之前，傳統中國已注意到臍帶感染及新生兒破傷風的問題。西元3世紀末，晉泰康年間《甲乙經》中，就提到名醫皇甫謐用針灸法治療小兒「臍風」[60]。古代中國醫籍所說的「臍風」，指的很可能是以新生兒破傷風為主的初生嬰兒疾病。當時對其他各類臍帶感染，以及對臍風本身病因認識，還相當模糊。中古中國的醫界權威，如巢元方、孫思邈、

59　《中國醫學百科全書・兒科學》（上海：上海科學技術出版社，1988），頁81-82；陳
　　聰榮，《中醫兒科學》（臺北：正中書局，1987），頁29-33。

60　《甲乙經》刊布於晉泰康三年(282)。關於中國古代對臍風的認識應可參見高鏡朗，
　　《古代兒科疾病新論》，頁14-16。

王燾等，著作中均論及初生小兒易罹「臍風」的問題[61]。此時期對「臍風」與「臍腫」、「臍瘡」等因臍濕而造成的臍部感染，其間的分別，沒有清楚的看法。有人繼續把新生兒破傷風的症候稱為「胎驚」或「胎風」。意指即初生嬰兒所患抽搐或驚厥。只有觀察力較敏銳的人推斷它是一種由臍部引發的病變，堅持用「臍風」之名。認為與斷臍不當有直接關係，並明言此為初生小兒惡症。出世一臘(7日)之內發病者，罕能逃生。

到了宋朝，11世紀末、12世紀初左右，中國幼科成形。對「臍風」一病，有了突破性的見解。首先，幼科鼻祖錢乙率先於《小兒藥證直訣》中，論初生小兒「臍風」與「撮口」的毛病。明言新生兒出現「急欲乳，不能食」，或所謂撮口的現象，其實皆源於「風邪」由臍傳入，在嬰兒體內蘊發病變所致[62]。此一症狀與病理上初步而正確的推斷，廣為12世紀醫者接受。此後百多年間，所有重要醫籍如陳言的《三因極一病證方論》，張杲的《醫說》，論及撮口不乳症候，均與初生「臍風」之患並舉[63]。確定一向所謂的初生嬰兒撮口問題，其實是「臍風」——即新生兒破傷風——發病初期的症狀，為異症而同病之一例。而這個初生小兒撮口與臍風的疾病，均為臍帶感染所致。許多醫家也承認「小兒初生一七內忽患臍風撮口者，百無一活」[64]。點明這是一種死亡率極高的新生兒疾病。常在嬰兒出世七天內犯病。而且一旦病發，群醫束手，「百無一活」。

12世紀中，關於「臍風」的第二個重大突破，見於宋代不著撰人的《小兒衛生總微論方》，對「臍風撮口」症的分析。這段論述，十分精闢。先

---

61 見〔唐〕孫思邈，〈初生出腹論〉，《千金方》(收錄於《古今圖書集成》卷422《醫部彙考402・小兒初生養護門》)，頁30b-31a。〔唐〕王燾，〈小兒臍汁出並瘡腫方十一首〉，《外臺秘要方》，頁57-60。

62 〔宋〕錢乙，〈撮口〉、〈臍風〉，《小兒藥證直訣》(《古今圖書集成》第457冊，卷427，《醫部彙考402・初生諸疾門》)，頁2a-2b。

63 〔宋〕陳言，〈小兒臍風撮口法〉，《三因極一病證方論》(《文淵閣四庫全書》第743冊)，卷18，頁427；〔宋〕張杲，〈臍風撮口〉，《醫說》，卷10。

64 〔宋〕陳言，〈小兒臍風撮口法〉，《三因極一病證方論》，卷18，頁427；〔宋〕張杲，〈臍風撮口〉，《醫說》，卷10。

描述此新生兒疾病的症狀，說：

> 兒自初生至七日內外，忽然面青，啼聲不出。口撮唇緊，不能哺
> 乳。口青色，吐白沫。四肢逆冷。乃臍風撮口之證也。

其次，推敲其致病之源。謂此病症的關鍵，在「初生剪臍不定傷動，或風
濕所乘」。用當時的醫學語言說，就是因傷口外感所致。而不是傳統醫者
一向所信內蘊胎毒，蓄發造成。這是一個非常大膽的判斷，對「臍帶」的
認識，算是跨出了一大步。不過，此書對新生兒破傷風一病最關鍵性的觀
察，在緊接著的一段文字。以初生小兒的臍風撮口：

> 亦如大人因有破傷而感風。則牙關噤，而口撮不能入食。身鞕，
> 四肢厥逆。與此候頗同。

這段分析，鞭闢入裡，揭開了自古以來初生「臍風」究屬何症之謎。明言
新生兒破傷風之發病過程，與成人破傷風發病過程一般無二。均出現牙關
緊閉，不能入食，身體僵硬，四肢痙攣等症狀，終於不治。在細菌說尚未
出現，也沒有現代科技足以直接證明破傷風桿菌為造成兩種破傷風之同一
病源之前，12世紀初，中國的幼科專家，憑其敏銳的觀察力，和正確的聯
想，明白地推斷初生小兒所患的「臍風」與大人「因破傷感風」本為同一
病症。從此進一步確定臍風一症的病因所在。也因而更有把握指出其預防
之道。這個「臍風」知識上的突破，是中國傳統幼醫實證精神的一大勝利，
足以誇耀世界醫史。

　　得此關鍵性指引，13世紀以後中國對新生兒破傷風一症的體認日益明
確。首先，建安年間，楊士瀛在幼科名著《新刊仁齋直指小兒方論》中，
揭言「初生噤風、撮口、臍風，是三者一種病也。」表示過去所見，發生
於初生嬰兒身上的噤風、撮口兩症，其實與臍風是同一疾病在初發階段的

先兆[65]。這個初生小兒的惡疾,有4到7天的潛伏期,常在嬰兒誕生後一臘(7
天)之內發病。因而舊時俗稱「四六風」,或「四七風」[66]。初生嬰兒愈早
發病,預後愈差,絕少有存活的機會。《仁齋直指小兒方論》明言「撮口
最為惡候,一臘內見之尤急」。也說臍風若出現「撮口不問」,遂告不治,
爪甲黑者,即刻會死。所以著者楊士瀛呼籲大眾,對此初生噤風、撮口、
臍風最有效的方法,還是在預防。「依法將護,防於未然,則無此患。」
《仁齋直指》的結論,14、15世紀金元間之醫家均表贊同[67]。

15世紀後,明代幼科專家繼承宋元基礎,認為初生小兒口噤、撮口、
臍風皆為同一急症。禍因種於斷臍不潔所造成的外傷感染。此疾病有一段
的潛伏期,不過一旦發作,就非常險惡,「十難救一」。最好的辦法,還
在講求斷臍與臍帶護理,如寇平在《全幼心鑑》所論能避開感染,「若過
一臘,方免此危」[68]。也就是說,新生兒斷臍和臍帶護理做得妥善,嬰兒七
天內能不犯此惡疾,就算度過危險災厄。

《幼科發揮》的作者,明代專長幼科的萬全,更沉痛地表示,根絕臍
風的辦法,唯在「治未病」。即加意講求安全潔淨的斷臍與護臍法。考慮
燒灼斷臍或以火烙封住傷口。如果:

65　《新刊仁齋直指小兒方論》裡有一篇〈初生噤風撮口臍風方論〉,分別說述三者之
　　症候,謂「噤風者,眼閉口噤,啼聲漸小,舌上聚肉如粟米狀,吮乳不得,口吐白
　　沫,大小便不通。……撮口者,面目黃赤,氣息喘急,啼聲不出……舌強唇青,聚
　　口撮面,飲乳有妨,若口出白沫而四肢冷者,不可救藥。……臍風者,斷臍之後為
　　水濕風冷所乘,風濕之氣入於臍而流於心脾,遂令肚脹臍腫,身體重著,四肢柔直,
　　日夜多啼,不能吮乳,甚則發為風搐。若臍邊青黑,撮口不問,是為內搐,不治。
　　爪甲黑者,即死。」見〔宋〕楊士瀛,〈初生噤風撮口臍風方論〉,《新刊仁齋直
　　指小兒方論》(臺北:故宮博物院據宋末建安刊本影印微捲),卷5,頁12-14。
66　高鏡朗,《古代兒科疾病新論》,頁14-16。
67　〔元〕危亦林,〈噤風〉,《世醫得效方》,頁360;〔元〕朱震亨,〈臍出血、臍
　　久不乾〉,《丹溪先生治法心要》,頁909-910;〔元〕曾世榮,〈議臍突〉,頁56-57
　　及〈議撮口〉,頁68-69;〈臍中受熱〉,頁126-127,《活幼口議》(北京:中醫古
　　籍出版社,1986年重印明嘉靖刊本)。
68　〔明〕寇平,《全幼心鑑》,卷2。

> 不知保護於未病之先，不知調護於初病之日。其泡子落入腹中，
> 變為三證。一曰撮口，二曰噤風，三曰鎖肚。證雖不同，皆臍風
> 也。撮口證兒多啼，口頻撮者，⋯⋯不乳者不治。

此處萬全不但再度肯定以往因症得名的許多小兒疾病，像撮口、噤風、鎖肚，其實都是臍帶感染而致的新生兒破傷風。而且提出一個驚人的看法，認為臍風的毛病，是因一種實體媒介——泡子——經過臍帶傷口，「落入腹中」，嬰兒因而發病。由宋代確定臍帶外傷感染，到明代設想有具體傳染媒介，中國近世對新生兒破傷風這一重要的疾病的認識，又進一步。萬全並直接辯駁他人，堅持臍風是一種無藥可救的急症。認為舊時一些藥方，其實全然無效[69]。對付新生兒破傷風，不但預防重於治療。在現代醫藥發明以前，其實只能預防，無法治療。

六、妥善的臍帶護理

16世紀起，中國醫界對臍風的認識，與其對斷臍與護臍之講求，齊頭並進。醫學知識進步與護理技術發明相輔相成。常見的數十種明代幼科醫書，論及初生小兒照護或病症時，均以很長的篇幅討論臍風及臍部疾患的問題。此時臍風、撮口、噤風三症之為一病，已成定論。王鑾的《幼科類萃》以為如此，孫一奎的《赤水元珠》亦然。〈噤風撮口臍風〉一條下，孫一奎直言此「三症一種症也」[70]。除發病過程、詳細症象外，對新生兒破

69　原文是「或問臍風三症，古人有方，何謂不治。予曰，一臘之內，謂初生八日，草木方萌，稍有觸犯，順便折傷，⋯⋯噤風者，乳食不得入，則機瘮於上矣，鎖肚者，便溺不得通，則機瘮於下矣，所謂出入瘮則神化滅者是也。神出機息，雖有神丹，不可為也。豈蜈蚣蠶蠍諸毒藥之可治耶。」〔明〕萬全，〈臍風〉，《幼科發揮》（北京：人民衛生出版社，1957年據康熙年間韓江張氏刊本重印），頁11-12。

70　〔明〕王鑾，〈治臍風撮口噤風之劑〉，《幼科類萃》，卷3，頁75-79；〔明〕孫一奎，〈噤風撮口臍風〉，《赤水元珠》，卷25，頁845-848。

傷風4至7天的潛伏期，及發病後的危險性，也有更確切的分析。這些分析，
進一步地表示，過去提及的一些一般性新生兒臍帶感染所致臍炎，如傳統
所謂臍濕、臍瘡、臍腫等，與臍風是截然不同的兩種問題。這些初生嬰兒
臍帶發炎的現象，當然也值得注意，並設法防範治療。但對新生兒殺傷力
最強，而救治罔效的「臍風」，仍是初生照護工作的關鍵。因而妥善的斷
臍方式與臍帶護理，萬萬不可輕忽。明清幼科醫家對斷臍與臍風問題的重
視，使他們鍥而不捨地繼續追究臍風一症的種種相關問題，同時極力將已
有的瞭解和預防之道，用口訣和其他淺顯的辦法，盡快普及民間。此專精
研究，和努力推廣兩方面的配合，使近世中國得獲一種相當進步的臍帶護
理法，為新生嬰兒的健康和安全，奠下了一塊穩定的基石。

16、17世紀中國幼科發展蓬勃，醫界對臍風及臍帶護理的認識多有精
進。此時醫籍言及新生兒破傷風之病因，均謂緣於斷臍過程中的外染[71]。而
且與斷臍時鐵器的處理不當，有直接關係[72]。對於具體感染途徑，《幼科金
鍼》的作者秦景明曾提及，由「初生剪縛臍帶不得法……或以冷刀斷臍」，
以致「客風侵入臍中」，所造成的「臍風撮口」之症，其疾病發展路線，
由臍帶傷口，傳入脾絡，中間會有一個「蘊邪」的現象[73]。此類對於臍風症
類似「醞釀期」的揣測，與當時多位醫者力稱此症是嬰兒初生一週內的特
殊疾病[74]，恰相呼應。清初，夏鼎甚至在《幼科鐵鏡》中申論，辨識新生兒
破傷風與其他類似的初生嬰兒疾患，主要指標就是發病期。新生兒破傷風
有固定的潛伏期與發病期，因而他可以斷言「三朝之內，便是臍風，如七

---

71 如16世紀徐春甫論「臍風候」之病機時稱「小兒先後有臍風者，多因斷臍帶後，為
  風濕所傷而成也。」見〔明〕徐春甫，〈臍風〉，《古今醫統大全》，頁5709-5711。
72 〔明〕薛鎧，〈噤風撮口臍風〉，《保嬰全書》，頁8-23；〈臍風〉，《薛氏保嬰
  撮要》（《古今圖書集成》第457冊），卷428，頁8a。
73 〔明〕秦景明，〈臍風撮口〉，《幼科金鍼》（臺北：新文豐出版社，1977年影印明
  刊本），頁5-7。
74 〔明〕王大綸，〈噤風撮口臍風論〉，《嬰童類萃》，頁66-68；〔明〕裴吉生錄存，
  《陳氏幼科秘訣》（輯於〔明〕袁體庵編著《證治心傳等十種》，臺北：新文豐出版
  社，1976），頁3-5，〈臍風〉。

朝之外，定然不是。」[75] 關於臍風一症具有潛伏蓄發之特徵，及其間可能有感染媒體，明清的幼科醫家，繼萬全的「泡子」說之後，繼續朝此方向思索。18世紀中，陳復正於《幼幼集成》一書的〈臍風論理〉中，再抒己見。謂小兒斷臍不慎所招致的臍風，在外染內傳的過程中，的確經過一段「蘊蓄其毒，發如臍風」，由醞釀而發作的過程。《幼幼集成》的論證，且對新生兒「臍風」在臨床上的診斷，再作發揮。認為當時醫家辨識臍風的辦法，多有不確，為害不小。建議照護嬰兒的母親，在三朝一七的時間內，每日仔細檢查孩兒兩邊乳房。如乳房內出現「小核」，加上小兒不時噴嚏，多啼哭而吮乳口鬆，即「真候也」。陳復正的建言，是中國診療術上注意到以摸乳下淋巴腺協助診斷的重要文獻[76]。

　　無論如何，從務實的角度而言，臍風一症的最重要特性，仍在其為初生嬰兒的急性惡症。一旦罹患發病，絕大多數「無可救療」[77]。「萬無一愈」[78]，終至不治[79]。因而面對臍風之威脅又想挽救新生兒的生命，只有預防一途。幸而時至16世紀末，中國醫界對於此症只要「防於事先，必無此患」，已有相當的把握[80]。防患於未然的辦法不止一種，最切實的還在斷臍與護臍的功夫，須作到安全潔淨，盡量消除任何污染的機會。

　　其實新生兒臍帶護理不當，傷口受濕沾汙，會導致的臍部疾患，不止臍風一端。對這一點，傳統中國的幼醫早有體認。對初生嬰兒臍帶斷而未脫之前，中世紀以來醫籍非常關心，就是因為臍帶本身傷口癒合、乾萎脫落過程不理想，會出現輕度發炎，或因水、尿沾濕，發生種種臍帶感染現

75　〔清〕夏鼎，〈臍風〉，《幼科鐵鏡》，頁5a-6b。

76　其有關臍風診斷臍術的討論，謂「惟令乳母每日摸兒兩乳，乳內有小核即其候也。然乳內有核發臍風者固多，而復有不發臍風者。此法十有七八，亦有二三分不確，但看小兒不時噴嚏，更多啼哭，吮乳口鬆，是真候也」。見〔清〕陳復正，〈臍風論症〉，《幼幼集成》，頁27-29。

77　〔明〕徐春甫，〈臍風、撮口、口噤噤風、臍突〉，《古今醫統大全》，頁5709-5719。

78　〔明〕龔廷賢，〈臍風論〉、〈臍風撮口〉，《新刊濟世全書》，頁754-757。

79　〔明〕孫一奎，〈噤風撮口臍風〉，《赤水元珠》，卷25，頁845-848。

80　〔明〕王肯堂，〈噤風撮口臍風〉，《幼科準繩》，頁52-58。

象。8世中，唐代王燾所著《外臺秘要》中，有〈小兒臍汁出並瘡腫方十一首〉。證明當時已意識到「小兒臍汁出不止，兼赤腫」，應該設法改善，思以一些簡單藥方幫助初生嬰兒臍帶自然乾落，減少傷口發炎產生「臍瘡」的機會[81]。新生兒臍部被污染而發生一般性紅腫發炎，多半因潮濕所致，因而舊時醫籍多直以「臍久不乾」名之[82]。宋代《小兒衛生總微論方》雖曾提及小兒臍瘡，久而不愈，可能轉為撮口臍風等險症[83]，不過多半情況下，臍濕、臍腫、臍瘡等臍部疾患，僅止於局部，雖可能影響新生兒的飲食睡眠，但不致構成生命危險。及至近世，幼科醫界明知此類一般性臍部感染，與臍風實為二事，病因亦不相同。臍瘡、臍腫，多為臍部為水或尿沾濕引起，其關鍵在受濕。與臍風之因生冷鐵器等致外傷風邪，迥然而異[84]。臍瘡、臍腫的解決之道，不在斷臍過程，而在斷臍後，臍帶脫落前的臍帶護理。須避免感染，方不致演為臍濕生瘡的毛病。

新生兒的臍帶護理，傳統稱為「裹臍法」。包括斷臍後的用藥、包紮，此後的檢視更換、清理，防止潮濕感染，直到臍帶自然變乾脫落。這部分裹臍的功夫，最重要的原則是注意保持清潔乾淨，避免臍帶受濕或遭污染。如明代育嬰專著《寶產育嬰養生錄》中所示：

> 凡裹臍須會白練，柔軟，方四寸，新綿，厚半寸，與帛等合之，緩急得中。……兒生二十日乃解臍視之。或燥刺其腹疼啼叫，當解之，易衣再裹。兒解臍須閉戶下帳，冬間令火裡溫暖，仍以溫

81 〔唐〕王燾，〈小兒臍汁出並瘡腫方十一首〉，《外臺秘要方》，頁57-60。
82 〔宋〕張杲，〈臍風撮口〉，《醫說》，卷10；〔元〕危亦林，〈噤風〉，《世醫得效方》，頁360；〔元〕朱震亨，〈臍出血、臍久不乾〉，《丹溪先生治法心要》，頁909-910；〔元〕曾世榮，〈議臍突〉，頁56-57，〈議撮口〉，頁68-69；〈臍中受熱〉，頁126-127，《活幼口議》。
83 〔宋〕不著撰人，〈臍風撮口〉，《小兒衛生總微論方》，卷1，頁56-58。
84 參見〔明〕寇平，〈臍瘡〉、〈臍濕生瘡〉，《全幼心鑑》，卷2；〔明〕王肯堂，〈臍濕〉、〈臍瘡〉，《幼科準繩》，頁58-59；陳聰榮，〈臍風〉，《中醫兒科學》（臺北：正中書局，1987），頁29-33。

粉敷之[85]。

這段描述，很能顯示近世中國對新生兒臍帶護理原則已有相當之掌握。詳細說明斷臍後包紮臍帶的紗布，必擇全新上等白色絲綢，裁成四寸見方後，夾以半寸新的綿帛，作成一塊潔淨柔軟的裹臍用小方墊。裹臍時，應注意鬆緊適中，以免造成嬰兒不適。臍帶裹上後，過一段時日，須解開包紮絲綿，視臍部傷口癒合及變乾情況。期間若有任何異常現象，如臍久不乾，傷口出汗，紅腫成瘡，或嬰兒本身腹疼啼叫，表示臍部不適，要隨時除去舊的包紮紗布，更新裹臍絲帛。並敷施適當「溫粉」或其他藥物，治療簡單的發炎，助其早日癒復，自然乾落。每逢解開包紮，易衣再裹時，《寶產育嬰養生錄》特別提醒家人，不要忘了先「閉戶下帳，冬間令火」。務使解裹更換的手續，在一個溫暖、安適、不懼風寒的室內進行。近世對裹臍法的建議，大抵與《寶產育嬰養生錄》所述相似[86]。其原則在保持臍帶的乾燥清潔，並顧到嬰兒的溫暖舒適。

綜合中國近世對斷臍、臍風與裹臍的知識演進，到了16、17世紀，標準的新生兒臍帶處理大致是這樣的：嬰兒出生後，接生者或家人即先用乾淨絲綿托裹臍帶，並取一細線，於嬰兒臍帶「離肚二、三寸處，以線紮住」[87]，暫時阻斷臍帶與胎盤的銜接，並防止出血。隨後以燒灼過的利剪，迅速剪斷臍帶，火烙封上傷口。斷臍完畢以後，敷上些乾燥性的藥粉[88]，再以預先備好的白色絲帛及新綿疊成的裹臍布，將臍帶仔細裹紮起來。此後最好「日

85　〔明〕不著撰人，〈裹臍法〉，《寶產育嬰養生錄》，卷1。

86　〔明〕寇平，〈裹臍法〉，《全幼心鑑》，卷2；〔明〕徐春甫，〈裹臍法〉，《古今醫統大全》，卷10，頁5641；〔明〕王肯堂，〈裹臍法〉，《幼科準繩》，頁46。

87　〔明〕李梴，〈初生裹臍〉，《醫學入門》（《古今圖書集成》第456冊），422卷，頁346。

88　傳統醫籍中提到的裹臍時敷在臍帶上的乾燥性藥粉有好幾種。常見的如《寶產育嬰養生錄》（卷1）中所說的「溫粉」，《丹溪先生治法心要》（頁909-910）等所說的白枯礬末，以及《醫宗金鑑》所說的「胡粉散」等等。

日照看，勿令兒尿浸濕」[89]。常檢視，勤更換，為的是防止臍部因水尿沾濕發炎，也注意提防新生兒破傷風之惡疾。期望初生嬰兒的臍帶，能在理想、安全的斷臍手續，及乾燥潔淨的臍帶護理下，順利癒合脫落。

這種理想的斷臍裹臍方式，近世中國的社會，知之誠難，推廣亦不容易。然而醫界深知此事攸關生死，常有舉子不易，而染臍風致命。要杜絕臍風之患，唯有推廣正確的斷臍與臍帶護理常識。因而魯伯嗣的《嬰童百問》，以簡單的問答方式，說明其理[90]。萬全的《育嬰家秘》[91]，寇平的《全幼心鑑》[92]，秦景明的《幼科金鍼》[93]，和吳謙的《醫宗金鑑》、《幼科雜病心法要訣》，均特別費心，將斷臍、護臍的辦法，編成口訣[94]。期使此重要知識，能藉口耳相傳，在城鄉各地散播開來。使初生嬰兒都能順利開始一個健康的人生，一如宋代幼科鼻祖錢乙之志：「使幼者免橫夭之苦，老者無哭子之悲。」

---

89 見《大生要旨》所論裹臍法，及高鏡朗，《古代兒科疾病新論》，頁3-4。

90 〔明〕魯伯嗣，〈噤風撮口臍風〉，《嬰童百問》，頁21-34。

91 萬全在〈臍風〉一篇中以七言口訣，提醒家長臍風對初生小兒的威脅性，並呼籲大眾注意預防，謂「臍風惡候幾遭傷，一臟之中最不詳，識得病在何處起，無求無患早隄防」。見〔明〕萬全，《育嬰家秘》（湖北科學技術出版社，1984年重印明嘉靖刊本），頁59-60。

92 〔明〕寇平《全幼心鑑》裡有關於臍帶感染的口訣五言、七言各一首，謂「水毒傷腸竅，風邪入臟中，面青唇口噤，吐沫似癎風，啼叫臍青出，膏(胸)翻乳不通，四肢加厥冷，寒喧命歸空」。又言「風邪早受入臍中，七日之間變吉凶，若見腹疼臍凸起，惡聲口噤是為風」。見〔明〕寇平，〈臍風証〉、〈撮口証〉、〈臍瘡〉，《全幼心鑑》，卷2。

93 秦景明在〈臍風撮口〉一篇之首，即以七言口訣一抉，說明嬰兒感染臍風的危險性，以「生下嬰兒臍受風，啼聲短小面通紅，痰涎不受唇收撮，急治還須總付空。」見〔明〕秦景明，〈臍風撮口〉，《幼科金鍼》，頁5-7。

94 《醫宗金鑑》對斷臍法，及臍風噤口、撮口、臍濕臍瘡，均分別有七言口訣，說明預防與治療之道。其論臍風曰：「斷臍不慎起臍風，感受風寒濕水成……臍青口噤為不治，一臟逢之命必傾。」又及臍帶護理，曰：「浴兒不慎水浸臍，或因襁袍濕積之，臍間淋漓多痛癢，甚則焮腫作瘡痍。臍濕必用滲臍散，瘡腫金黃散最宜，治療之法須如此，臨證施之不可疑。」見〔清〕吳謙，《醫宗金鑑》，卷50，頁20-41。

七、身體內外的潔淨與衛生

(一)拭口

　　中國社會很早就沿有一套對新生嬰兒身體潔淨的處理辦法，其中「拭口」的習俗，至少在唐代文獻裡已確鑿有據。孫思邈《千金方》中〈初生出腹論〉一篇，起首即謂：

> 小兒初生，先以綿裹指，拭兒口中及舌上青泥惡血，此為之玉衡（或作玉銜）。若不急拭，啼聲一發，即入腹成百病矣[95]。

依此說法，在中古時期，中國人接生初生嬰兒，所要做的第一件事，就是用綿裹指，探入嬰兒口中，急將嬰兒口中舌上的汙物拭擦乾淨。依當時醫家的看法，初生小兒隨胎所含的這點血水汙汁，一定要在嬰兒出母腹的一剎那，立即拭淨。否則嬰兒張口啼哭之間，汙物入腹，會引發各種病變。因有當時醫學權威的強調和警告，加上歷代醫籍之一再宣導[96]，「拭口」的習俗，從古代到近世，一直為民間所奉行。

　　嬰兒初生，口中確常含有一些黏液和羊水，為了保持新生兒的口腔衛生，近代醫護人員於接生後，亦多以紗布拭淨其口，或以簡便的抽吸器抽淨口腔和咽喉附近的液體。其根本理由有二，一是如上所述，純粹為了達

95　〔唐〕孫思邈，〈初生出腹論〉，《千金方》（收錄於《古今圖書集成》卷422《醫部彙考402・小兒初生養護門》），頁30b-31a。

96　〔唐〕王燾，《外臺祕要》，卷35，頁421-430及〔宋〕不著撰人，〈初生論〉，《小兒衛生總微論方》，頁52；〔元〕朱震亨，〈慈幼論〉，《格致餘論》，頁9324-9328；〔明〕薛鎧，〈初誕法〉，《保嬰全書》，頁1-3；〔元〕危亦林，〈拭口法〉，《世醫得效方》，卷11，頁359；〔明〕不著撰人，〈拭口法〉，《寶產育嬰養生錄》，卷1；〔明〕寇平，〈拭口法〉，《全幼心鑑》，卷2；〔明〕薛鎧，〈拭口〉，《保嬰全書》，卷1，頁3-5；〔清〕吳謙，〈拭口〉，《幼科雜病心法要訣》（輯於《醫宗金鑑》，卷50），頁12-14；〔清〕程杏軒，〈拭口〉，《醫述》，卷14，頁917-918。

到新生兒口腔清潔,以免口中黏液,成為污染媒介,引起新生兒口腔、唇舌的感染,妨害嬰兒健康及哺乳。近代兒科醫學所以重視去除新生兒口中液體的第二個理由,有可能是因有時嬰兒待產前或生產過程中,會經由口腔含吸部分羊水,而此部分羊水若曾遭胎糞污染,嬰兒初出母腹之際又因張口呼吸,誤將污染後的羊水黏液吸入,可能會引起呼吸道的感染,而併發新生兒支氣管炎或肺炎。因而直到現代,羊水吸入(Meconium Aspiration)仍是新生兒醫護注意防範的一個現象[97]。

傳統中國接生後要求立即為初生小兒「拭口」,社會大眾並不瞭解背後醫理所在。不過近世幼醫憑其豐富的經驗和敏銳的觀察,推敲舊時「拭口法」或「拭穢法」[98]的道理,及所謂拭口不及所引發的「玉銜疾」[99],到底因何而起。

關於嬰兒初生即應施以「拭口」,清潔口內汙汁,其理由何在,舊時醫界說法不一。大抵唐宋至明初,比較傳統的解釋,是將之與古老的「胎毒說」附會在一起。認為嬰兒誕生時,口中所銜穢汁異物,可能與胎中潛伏在身的「胎毒」有關。若不迅速拭淨,留在口中,或進入身體,會引發各種嬰童惡疾。寇平《全幼心鑑》中對拭口法的解說,即沿此主張立論。他說:

> 小兒在胎,口有穢惡。生下啼聲未出,急用新軟綿包指,拭去口中惡汁,免使嚥下。嚥下則為他日痘瘡,不可不知。若伏之在於心,遇天行時氣,久熱不除,熱乘於心,心主血則斑。伏之在胃,而胃主肌肉,發出外則出瘡疹。伏之在脾,則出水泡。伏之在肺,則出膿泡感冒風寒。其毒當出世之小兒,每不能免此者,或幼年

---

97 John P. Cloherty and Ann R. Stark, *Manual of Neonatal Care*, pp. 203-206.
98 危亦林稱之為拭穢法。參見《世醫得效方》,頁359,〈拭口法〉。
99 宋《聖惠方》及陳自明《婦人大全良方》中,都有對「玉銜疾」的討論。

不去，年至四、五十歲亦無可免[100]。

《全幼心鑑》的陳辭，代表此傳統派對初生「拭口」的看法。宋明時期，不少醫籍，如《世醫得效方》、《寶產育嬰養生錄》、《古今醫統大全》的《幼幼彙集》，論述「拭口」，均循同一路線[101]。依他們的想法，嬰兒初生口中常有的「惡汁」，相當不潔，如果出生之際拭口不及，一旦小兒將之嚥入腹中，可能變成潛伏體內的一種「毒」。這種「毒」潛藏嬰兒體內，使他一遇天行時氣挑戰，容易發生痘疹水泡等嬰幼兒惡疾，或患感冒風寒等毛病。《全幼心鑑》的作者寇平且將此番心得，編為一首口訣，勸導大家注意拭口的重要。以：

> 小兒生下不能啼，惡物咽中未去之；軟綿急須揩拭口，好將硃蜜
> 莫疑遲。勿令他日為瘡疹，免使乘心熱透肌；活法定用須講究，
> 從來此理少人知[102]。

拭口之理，民間也許確實「少人知」，明朝幼科醫界卻是人盡皆曉，而且議論不一。16世紀末，頗富盛名的業醫張介賓終以其長年的臨床經驗，敏銳的洞察力，和清晰的推理，對拭口法背後的醫理，提出了獨到的辯解。他先表示，對傳統的玉銜與胎毒說，已生懷疑。也不相信初生嬰兒口中汙物進入體內，是因吞嚥入消化道，而出毛病。認為：

> 保嬰諸書皆云，分娩之時，口含血塊，啼聲一出，隨即嚥下，而

---

100 參見〔明〕寇平，〈拭口法〉，《全幼心鑑》，卷2。
101 〔元〕危亦林，〈拭口法〉，《世醫得效方》，頁359；〔明〕不著撰人，〈拭口法〉，
　　《寶產育嬰養生錄》，卷1；〔明〕徐春甫，〈拭口法〉，《古今醫統大全》，卷10，
　　頁5637-5639。
102 參見〔明〕寇平，〈拭口法〉，《全幼心鑑》，卷2，頁14a。

毒伏於命門，因致他日發為驚風、發熱、痘疹等證。此說固似有
理，然嬰兒通體無非血氣所結，而此亦血氣之餘，何以毒遽如是？
即使嚥之，亦必從便而出，何以獨留為害？無足憑也。

他接著指出，自古拭口法背後真正的意義，乃在嬰兒誕生之時，「形體初
成，固當為之清楚」。是為了新生兒的口腔衛生，不是為了防範嬰兒嚥下
汙物，「而毒伏於命門」。他還特別申明，如果汙液進入嬰兒體內，會引
發病變，應該不是經消化道所出的毛病。依當時醫籍對初生嬰兒拭口不及
而致汙液入體，出現高熱、生痰，如感冒風寒症狀看來，其所懼者，很可
能包括羊水吸入，經呼吸道感染的新生兒肺炎。上引《景岳全書》的論述，
已排除胃腸感染造成消化道疾病的可能。

　　總之，古來流傳的初生拭口法，主要防範的可能是少數嬰兒羊水吸入
肺部而感染併發症。對絕大多正常新生兒而言，此拭口手續的目的，僅在
作到必要的口腔與咽喉衛生。如張介賓所言，「拭去口中穢惡……，亦初
誕之要法，不可無也」。道理主要就在「徧拭口中，去其穢濁，與向所附
會的胎毒說，並無甚干係。」[103] 到了明代，一般所採的初生拭口，手法亦
較過去講究，除如過去以乾淨柔軟的新綿帛包指拭口之外，有人在產婦足
月時，即：

預以甘草細切少許，臨產時以綿裹沸湯，泡盞內覆濕。收生之際，
以軟綿裹指，蘸甘草汁，拭其口[104]。

以甘草汁或淡薑湯拭口[105]，或者「用鹽茶以帛蘸洗其口」[106]。乃至以燕脂蘸

103　〔明〕張介賓，〈初誕法〉，《景岳全書》（《文淵閣四庫全書》第778冊），卷40，
　　頁75-76。
104　〔明〕薛鎧，〈拭口〉，《保嬰全書》，卷1，頁3-5。
105　〔明〕張介賓，〈初誕法〉，《景岳全書》，卷40，頁75-76。

茶清，擦拭嬰兒的口舌齒頰[107]，都是一些簡易的新生兒口腔清潔法，近世一般家庭而言，相當方便可行。

最重要的是，到了16、17世紀，中國醫界已普遍承認，初生拭口法之必要，固為防範少數汙液吸入所造成的病變，主要仍在新生兒的口腔衛生。《醫宗金鑑》的〈拭口〉篇，以口訣點明其中緣由，說：

> 拭口須用燕脂法，穢淨方無口病生；古云未啼先取穢，只緣未察此中情[108]。

到了19世紀初，業醫程杏軒所輯《醫述》的《幼科集要》中，綜合近世醫家對拭口的解說，已十分明白此手續的意義所在。認為在「小兒初生未啼時，以指輕擦其口，挖去汙血，隨以甘草湯軟帛裹指，蘸拭口中涎沫。」或「用鹽茶以帛蘸洗其口，去其粘涎」。均在清潔嬰兒口腔中的粘液，防範感染，發生傳統所稱「馬牙、鵝口、重舌、木舌」等口腔和舌部的病變。而且書中贊同陳飛霞等醫者的主張，建議照護新生嬰兒者，應考慮將此清潔口腔的「拭口」法，延長使用。不論用鹽茶或淡薑湯，每日三次至五、六次，洗拭嬰兒口腔唇舌，一直到過周歲。如此「每日洗拭，則毒隨涎去，病從何來」[109]。

初生拭口之習，是一個自古流傳，民間奉行，而不明其所以然的接生手續。經過幼科醫界之反覆探索，到近世終能闡述其背後學理根據，並細言各種拭口方式之短長。使初生嬰兒的口腔感染及羊水吸入等危險，得到適當的防範。知其緣故後，有人努力將之推展，一方面要求新生兒照護者拭口時，應連帶以乾淨綿帛，將嬰兒眼部周圍，及頭臉等部位都擦拭清潔，

（續）

106 參見〔清〕程杏軒，〈拭口〉，《醫述》，頁917-918。

107 參見〔清〕吳謙，〈拭口〉，《醫宗金鑑》，頁12-14。

108 同上。

109 參見〔清〕程杏軒，〈幼科集要・開口〉，《醫述》，頁918-919。

防止新生兒眼睛感染或皮膚不潔,引起不適[110]。另一方面,又倡言延伸此口腔衛生到初生期以後,使拭口成為嬰兒個人衛生習慣中固定的一環。這多方面的發展,使傳統中國為初生小兒拭口一事,脫離「習而不察」的階段,成為一項有實證基礎的新生兒保健,並推廣應用範圍,讓此傳統社會優良的習慣,成為近世嬰幼兒口腔衛生的基點。

(二)淨身及初浴

嬰兒經產道,乍出母腹,周身濕漉,連帶血水黏液,亟須洗淨,似極明顯。然各個社會為新生嬰兒淨身所採辦法卻不相同。早在唐朝,中國醫學文獻即已提及小兒出生初浴的問題。7世紀中,孫思邈《千金方》的〈初生出腹論〉,特別強調,兒已生,拭口,出聲後,「乃先浴之,然後斷臍」。理由在「若先斷臍然後浴者,則臍中水」。文中還說,「新生浴兒者,以豬膽一枚取汁,投湯中,以浴兒,終身不患瘡疥」。並且警告家人,「勿以雜水浴之」[111]。從這些描述中,我們可以知道,中世紀中國社會普遍以水浴初生嬰兒,且主張在斷臍之先完成浴身的手續。當時浴兒用的「湯」,可能是煮沸過後的溫水。講究的人家,且於湯水中投以豬膽汁等彼等以為有藥性作用之物,相信浴之能預防嬰兒皮膚病。8世紀中,王燾《外臺秘要》有〈浴兒法一十一首〉。內容較《千金方》詳細豐富。明言以熟湯浴兒,浴訖,且應「以粉摩兒」,其他原則大抵相似[112]。

到了宋朝,中國醫界對嬰幼兒的健康更為注重,幼科醫籍中育嬰知識也更為精湛。《小兒衛生總微論方》的〈洗浴論〉,正可代表此嬰兒健康

---

110 〔明〕張介賓,〈初誕法〉,《景岳全書》(《文淵閣四庫全書》第778冊),卷40,頁75-76。

111 〔唐〕孫思邈,〈初生出腹論〉,《千金方》(收錄於《古今圖書集成》卷422《醫部彙考402‧小兒初生養護門》),頁30b-31a。

112 籍中提及一種最簡便的浴嬰的「浴煮方」,以「湯熟,添少許清漿水,一撮鹽,浴兒。浴訖,以粉摩兒。」見〔唐〕王燾,〈浴兒法一十一首〉,《外臺秘要》,卷35,頁440-444。

常識之進展。謂：

> 兒才生下，須先洗浴，以蕩滌汙穢，然後乃可斷臍也。若先斷臍，
> 則浴水入臍而為臍瘡等病。及浴水，須入藥，預先煎下，以瓶貯
> 頓，臨時旋煖用之。不犯生水即佳。

隨後列舉當時民間常用的十種浴兒煎湯用藥[113]，並仔細說明如何準備浴兒用
湯水：

> 凡煎湯，每用水一斗，入藥，煎至七升，去滓。適寒溫用之。冬
> 不可太熱，夏不可令冷。須調停得宜，乃可用之。

　　《小兒衛生總微論方》所及，已掌握嬰兒初浴的重要原則。如浴水以
沸過為佳——浴湯約煮至十分之七，滾沸消毒自然無庸置疑——新生嬰兒
不犯生水成了共守的禁忌。為怕臨產時措手不及，可預先將浴湯煎好貯起，
屆時加煖備用。嬰兒洗浴時，應注意浴水之寒暖適宜。

　　新生兒洗浴須注意的原則——乾、淨、暖——上述12世紀育兒醫書中
已明顯可見。近世醫家，因愈來愈重視維持嬰兒乾、暖的重要性，遂思索
有無湯浴外其他的淨身方法。明代育嬰要籍《寶產育嬰養生錄》的〈浴兒
法〉中，即引《保生要方》的議論，表示初浴前後新生兒保暖的問題，實
在值得重視。主張初生小兒候浴之時，應先以綿絮裹起，浴後亦當注意保

---

113 書中所具十種浴兒之煎湯用藥為：「用豬膽汁湯浴兒，則不患瘡癬，皮膚滑澤。用
金銀虎骨丹砂煎湯，則癖邪惡，去驚。單用虎骨亦得。用李葉切半升煎湯，則解肌
熱，去溫壯。用白芷二兩，苦參三兩，挫碎煎湯，則去諸風。用蒴藋、蔥白、葫麻
葉、白芷、藁本、蛇床子煎湯，退熱。用苦參、黃連、豬膽、白芨、杉葉、栢葉、
楓葉煎湯，去風。用大麻仁、苓陵香、丁香、桑葚、藁本煎湯，治諸瘡。用金銀、
桃奴、雄黃、丹砂煎湯，則辟邪除驚。用益母草煎湯，治疥癬諸瘡。」見〔宋〕不
著撰人，〈洗浴論〉，《小兒衛生總微論方》，卷1，頁52-53。

暖[114]。此時也明白提出初生嬰兒一月不犯生水的規矩。一方面是為了保暖，也想避免新生嬰兒接觸生水而遭感染，但另一方面又需淨身。為了兼顧兩者，明朝幼科專家想出一種辦法，就是提倡以擦拭代替水洗。或用沾了沸湯的手巾，或用乾淨的綿帛，迅速拭淨嬰兒身體，立即將之包裹起來。如此乾、淨、暖三種需要可兼而得之。新生嬰兒淨身的手續以這種改進方式完成，可減少濕浴帶來感染或著涼的機會。這種改良的淨身法，最初可能源於天寒而缺水的北方。後來接受的人愈來愈多[115]，明朝中葉以後，幼科醫書中亦多可見[116]。

　　嬰兒初生淨身的需要，基於保暖及防濕感染的考慮，既可以乾拭完成，近世中國社會遂將新生兒首次濕洗的時間挪後，一般均以嬰兒誕生後的第三天為之，傳統稱之為「洗三」。且多擇吉辰。此洗三之禮，成明清新生兒初浴的普遍風俗，盛行民間。醫學文獻上固然比比皆是[117]，筆記小說及傳記資料中亦常見描述。「洗三」所用浴水仍為煮沸過的湯液，或摻以豬膽汁，或為五根湯，或用其他藥性植物（如薏苡之枝葉）煎成[118]。其中以五根湯最為普遍。其準備辦法，如《赤水元珠》所述，為：第三日浴兒，予每用五根湯極妙。五根湯者，桑、槐、榆、桃、柳是也。各取嫩枝三寸長者二、三十節煎湯。看冷熱入豬膽汁二箇浴之。周歲之內可免瘡疥丹毒，又可以避邪惡。《赤水元珠》並主張，不必太固執洗三之俗，不知變通。三朝洗兒既是為了保護新生兒不受風寒感染，那麼是否要在第三天予以初浴，就

114　〔明〕不著撰人，〈浴兒法〉，《寶產育嬰養生錄》，卷1。

115　參見高鏡朗，〈洗兒法〉，《古代兒科疾病新論》，頁4-5。

116　〔明〕王大綸謂「兒初生，將豬膽汁洗浴，令膚細膩，且無瘡疥。如無，用軟絹輕輕洗之，其白垢自還。每見穩婆將肥皂洗兒頭面，抹入眼中，致目日久不開，因害成瞽有之，且令皮膚粗澀。」見〈小兒禁洗浴〉，《嬰童類萃》，頁4。

117　〔明〕寇平，〈初生浴法〉、〈洗浴吉凶日〉，《全幼心鑑》，卷2；〔明〕孫一奎，〈浴兒法〉，《赤水元珠》，卷25，頁843-844；〔明〕王肯堂，〈浴兒法〉，《幼科準繩》，頁45；〔清〕吳謙，〈浴兒〉，《醫宗金鑑》，頁15。

118　〔宋〕張杲謂「薏苡浴兒」之記載，謂「薏苡葉湯浴初生嬰兒，一生少病」。見〈薏苡浴兒〉，《醫說》，卷10。

不必是一成不變的規矩。尤其體質較弱的新生兒，只要有適當方法保持身體潔淨，大可以多等十天半月，待嬰兒身體稍為健壯以後，再行湯浴。即如《赤水元珠》所說：

> 蓋三日浴兒，俗禮也。倘兒生脆弱，遲十數日或半月，亦無害。擇晴明吉日，於無風房內浴之[119]。

由斷臍前的水浴，到沸過的湯液，乃至不犯生水，勿濕臍部，寒暖適宜，避免著涼，到終以乾拭解決初浴之需要。而至於出生後第二日或更遲的「洗三」，湯浴新生嬰兒，至15、16世紀近世中國社會，已有一套相當務實而比較安全的浴嬰辦法。足以顧及新生兒身體潔淨的需要，同時減低感染著涼的危險。這套辦法，經由《全幼心鑑》及《嬰童百問》、《醫宗金鑑》等淺顯的傳述，或簡便的口訣，廣傳民間。三朝浴兒的「洗三」，在明清已是家喻戶曉的習俗。這個較為安全合理的初浴方式，對增進新生嬰兒健康，是一項有益的貢獻。

（三）下胎糞與初乳

嬰兒呱呱落地以後，斷臍、淨身、包裹停當，下一步就是如何或何時開始進食。依中國傳統的規矩，並不贊成在嬰兒出生後立即哺乳。主張先飼以甘草汁或其他稀薄藥飲，清除嬰兒體內與生俱來的胎糞，待消化系統較清淨後，再吮母乳。這個下胎糞或清理胃腸的步驟，中世以前常用甘草汁或黃連法為之。醫籍如葛洪《肘後方》中，已有記載，很可能是古代盛行民間的一種育嬰習俗。此習俗之流行，與當時社會普遍相信的「胎毒」說，有密切的關係。唐代醫書，如《千金方》和《外臺秘要》中，有關初生養護的言論，都述及清理新生兒「胸中惡汁」之事，甘草、硃蜜、牛黃

119　〔明〕孫一奎，〈浴兒法〉，《赤水元珠》，卷25，頁843-844。

是常用的辦法[120]。或吐或下，希望嬰兒胎糞略得滌除，再予乳食。（不過《千金方》中也說，如將備好的一分甘草汁飲盡，而無果效，亦不必勉強過量，以免傷害嬰兒。）

到了近世，這個以甘草、硃蜜等方式清理胎糞的傳統，仍為社會奉行，亦為醫界稱道。只是使用的方式變化愈來愈多，更重要的是，明清幼科專家對這層手續的原因有了更進一步的考慮。寇平《全幼心鑑》的〈下胎毒〉一篇，特別說明：古之為方書中，言兒始生落草，服朱砂、白蜜、黃連、欲下胎毒，明醫詳之。論曰：今之人比古之人，起居攝養，大有不同。其藥乃傷脾敗陽之藥，若與兒服後，必生異證。……大抵萬物人之類，從根本而生長。若根壯實，則耐風寒。……凡下胎毒，只宜用淡豆豉煎膿汁，與三、五口，其毒自下。又能助養脾氣，消化乳食[121]。從這段論述，及其他醫學文獻中，可知古代中國社會因認為胎兒妊娠過程自母體承得一種熱毒，為未來染病之原。故主張嬰兒誕生後，用一些清熱利下之劑，先清理腸胃，除去其「胎毒」，再開始餵乳。下胎毒的方法，最早常用「硃蜜法」。隋唐開始，醫家倡言以較溫和的「甘草法」代替。近世幼科醫籍，如前引《全幼心鑑》，對民間一向先令嬰兒吮嚥利下薄汁，清除胎糞，再予乳食的傳統，有了新的看法。首先，明代以後幼科權威寇平等人，均斥責過去所用下胎糞的藥劑，如硃蜜、黃連等，藥性過於峻烈。主張代以效用平和的淡豆豉薄液。明代幼科名著，像王鑾的《幼科類萃》[122]，徐春甫《古今醫統大全》的《幼幼彙集》[123] 和王肯堂《證治準繩》中的《幼科準繩》[124]，均作此議。

其次，這些幼醫著作，一再強調所謂今昔之異，力陳當時社會「起居

---

120 〔唐〕孫思邈，〈初生出腹論〉，《千金方》，頁30b-31a；〔唐〕王燾，《外臺秘要》，卷35，頁421-430。

121 見〔明〕寇平，〈下胎毒〉，《全幼心鑑》，卷2。

122 〔明〕王鑾，〈下胎毒論〉，《幼科類萃》，卷1，頁11-12。

123 〔明〕徐春甫，〈下胎毒法〉，《古今醫統大全》，卷10，頁5639。

124 〔明〕王肯堂，〈服藥下胎毒法〉，《幼科準繩》，頁46-48。

攝養」，與古代「大有不同」。因「今之人」的身體狀況異於「古之人」，
照養嬰兒的辦法也應求新求變，不能一味承襲舊習。其實，與其說近世中
國人與中世以前的人起居攝養方式有別，而倡言應採取新的育嬰態度和方
法，不如說近世幼科醫學知識拓展，推動了中國育嬰方法之轉變改進。以
下胎糞一事為例，實際上寇平、王鑾、徐春甫等人的論點，最有意義的，
還在論述最後一部分，談到他們之所以勸人使用淡豆豉汁下胎糞，是因發
酵過低鹽分的淡豆豉，有清理腸胃和幫助「消化乳食」的作用[125]。

換言之，到了16世紀，中國幼科醫界終於對民間奉行甚久，但不知所
以然的下胎糞習俗，有了進一步的學理認識。元明清醫家改良後的下胎糞
方法，如用淡豆豉汁、韭汁或豬乳等，一方面可以清理新生嬰兒的消化系
統，一如現代嬰兒室先予之以稀葡萄糖液或白水，淨其腸胃，誘導嬰兒吮
吸的動作，以為隨後哺乳之準備。另一方面，產後婦女，初乳不一定立即
湧至。近世幼科醫書亦提到母奶不即至，可飼初生嬰兒以甘草汁、淡豆豉
汁，尤其是豬乳，及時補充嬰兒體內所需液體，暫時為母乳之代用品。故
至明清，舊時「下胎毒」之習，已因此一步步的新觀念與新發現，而改稱
「開口法」。醫界及民眾均逐漸意覺，此傳統習俗，的確有其可取價值，
但其間的道理，與胎毒論已不相干，乃代表另一番育嬰常識[126]。

八、保溫與新生嬰兒急救

(一)新生兒的體溫

任何嬰兒，乍出母腹的一剎那，都是奮力求生的關鍵。對於足月正常
的嬰兒而言，維持體溫是生存的基本要件之一。中國中世醫籍已表示，保
暖是初生養護法中很值得注意的問題。《千金方》中曾提醒家長在「裹臍

125 高鏡朗，〈瀉毒法〉，《古代兒科疾病新論》，頁6-7。
126 〔明〕張介賓，〈初誕法〉，《景岳全書》（《文淵閣四庫全書》第778冊），卷40，
頁75-76；〔清〕陳復正，〈調燮〉，《幼幼集成》，卷1，頁26-27。

時，閉戶，下帳，燃火，令帳中溫暖。換衣亦然。」[127] 中國傳統醫理，自
《傷寒論》以來，一向最忌風寒，育嬰常識承此觀念，加強維護新生嬰兒
的體溫，應是自然趨勢。

　　不過到了近世，幼科專家對於維持新生嬰兒體溫的重要性，有了新的
認識。先是，宋代張杲《醫說》一書中，有一篇專論〈小兒初生畏寒〉。
以：

> 小兒初生，候浴水未得，且以綿絮包裹，抱大人懷中暖之。及浴
> 了，亦當如此。雖暑月亦未可遽去。綿絮漸漸去之。乍出母腹，
> 不可令冒寒氣也[128]。

依傳統中國習俗，一般贊成先拭浴再斷臍。張杲的主張，則建議接生者將
待浴嬰兒先裹起。也就是說，新生兒一露面，不論如何，先將之用綿絮包
裹起來，以保溫暖，防止新生兒體溫之散失，也減低遭風寒著涼的機會。

　　其實近世幼醫談及新生兒初浴、斷臍、裹臍、裹兒等手續時，均不忘
叮囑育嬰者，注意確保嬰兒的溫暖。防風、防濕、防寒，是當時育嬰秘訣
中重要的一環。明末幼醫名著，王大綸《嬰童類萃》的〈初誕論〉，所謂
「初離胞胎，亦宜溫暖」[129]，實足代表近世幼醫普遍的態度。

　　不過，更值得注意的，是近世幼醫終於意識到，對於難產下誕生，或
有其他危急狀況的新生兒而言，嬰兒體溫之維持，常為其生死存亡所繫。
這一層關係，王大綸的《嬰童類萃》中即曾論及。而最早提出這個看法的，
是宋代不著撰人的《小兒衛生總微論方》。書中論及，因難產或其他原因，

---

127 〔唐〕孫思邈，〈初生出腹論〉，《千金方》（收錄於《古今圖書集成》卷422《醫
　　部彙考402‧小兒初生養護門》），頁30b-31a。
128 〔宋〕張杲，〈小兒初生畏寒〉，《醫說》（臺北：故宮博物院據日本傳鈔明嘉靖甲
　　辰顧定芳刊本影印微捲），卷10。
129 〔明〕王大綸，〈初誕論〉，《嬰童類萃》（北京：人民出版社，1983年重印明天啟
　　年間刊本），上卷，頁61-65。

造成狀況危殆的初生嬰兒，大人亦採一些緊要措施，設法挽救。說：

> 又兒纔生下，氣欲絕不能啼者，必是難產或冒寒所致。急以綿絮包裹其兒，頓放大人懷中溫煖。若已包裹，須更添之，令極溫煖。且未得斷臍，將胞衣置炭火上燒之。仍撚大紙腳盛蘸油點著，於臍帶上往來徧燎之。以臍帶連臍，得火氣由臍入腹故也。更以熱醋湯，捋洗臍帶。須臾則氣回啼哭，然後如常洗浴、斷臍。此法甚良，救者甚多[130]。

《總微論方》此段討論，明白指出體溫之維持，對挽救難產等狀況危險的嬰兒，十分重要。特別強調遇及此類危急狀況，第一件要做的事，就是趕緊用綿絮包裹嬰兒，立將包好的嬰兒置於大人懷中取暖，增加救活的機會。並一再提醒接生人員，嬰兒包裹完妥，但狀況不佳者，應再添數層衣物包裹，「令極溫煖」。且暫緩洗浴、斷臍，待嬰兒復甦無礙，再行料理。該書的論述，顯然已相當清楚體溫之維持對新生兒的重要性。近世其他醫籍也提到，遇有類似危急狀況，嬰兒一落地，一切手續皆緩，唯當先以炭火暖過的綿絮，裹住嬰兒，保其溫暖，方可論及其他救亡功夫。近世中國尚無如現代嬰兒保溫箱之設置，但知以暖過的綿絮毛氈包裹難產或早產的新生兒，其求保溫之意則一。類似《小兒衛生總微論方》的保暖急救方法，廣見明清幼醫要籍[131]。

因對保暖一事的重視，使近世中國家庭特別注意新生兒照護上的防風、防濕、防寒。對健康的嬰兒，減低著涼感冒，引發新生兒支氣管炎和

---

130 〔宋〕不著撰人，〈回氣論〉，《小兒衛生總微論方》，卷1，頁52。

131 〔宋〕陳言，〈小兒初生回氣法〉，《三因極一病證方論》，卷18，頁426-427；〔宋〕張杲，〈小兒初生回氣〉，《醫說》，卷10；〔元〕危亦林，〈煖臍法〉，《世醫得效方》，卷11，頁359；〔明〕寇平，〈初生回氣法〉，《全幼心鑑》，卷2；〔明〕徐春甫，〈初生回氣法〉，《古今醫統大全》，卷10，頁5636-5637；〔明〕孫一奎，〈回氣法〉，《赤水元珠》，卷25，頁3。

肺炎的機會，即大大減少了新生兒死亡率。對於危急的嬰兒，強調保溫取
暖，確能增加其存活機率。這兩方面，近世中國幼科專家之見解，功不可
沒。

(二)異常狀況與新生兒急救

　　大凡一個社會對育嬰之講求，多半先及健全者，後及危殆者。中世中
國醫籍論新生兒照護，大抵均以足月健康嬰兒為對象，未嘗涉及異常狀況
或新生兒急救的問題[132]。到了宋元，醫界開始討論如何挽救因難產等而誕生
時狀況危急的嬰兒。前述《小兒衛生總微論方》建議，以保暖及暖臍、熱
醋湯捋洗臍帶等方法，設法搶救危險的新生兒，算是這方面的一個開端。
當時幼科醫界所想挽救的嬰兒，主要是落地「不啼」者。即「兒才出生母
腹中，哭聲遲者」。除上述保暖等手續外，此等所謂「小兒初生回氣法」
中，有一種傳統而簡易的辦法，俗稱「蔥鞭法」。即嬰兒產下之際，若發
現有不啼不動、呼吸困難等緊急狀況時，「急以蔥白細鞭其背」，期以輕
擊背部之助力，加上蔥白辛味之刺激，使嬰兒哇然出聲，終能轉危為安。
舊時社會，邊行蔥鞭法同時，亦有「呼父小名」者[133]。是民間醫療與祝禱並
行的一種救兒習俗。不過「回氣法」，或「蔥鞭法」，想拯救的嬰兒，多
已足月，生理上可能無大窒礙。只因生產過程遇到困難，或誕生之乍氣絕
不啼，只要急救奏效，嬰兒很可能立即啼哭如常，轉危為安。

　　然因明清中國幼科醫生，對新生兒急救，興趣愈來愈濃，關心的範圍
也逐漸擴大。除繼續鑽研如何面對「初生不啼」的問題，極力推廣已知的
「初生回氣法」外[134]，也開始研判各種誕生狀況異常的新生兒，亟思補救之

---

132 〔唐〕王燾，《外臺祕要》(明崇禎庚辰新安程氏經餘居刻本。臺北：新文豐出版社，
　　1987年影印)，卷35，頁421-430；〔唐〕孫思邈，〈初生出腹論〉，《千金方》(收
　　錄於《古今圖書集成》卷422《醫部彙考402・小兒初生養護門》)，頁30b-31a。
133 〔宋〕不著撰人，〈回氣論〉，《小兒衛生總微論方》，卷1，頁51。
134 〔明〕寇平，〈護養法〉、〈初生將護法〉、〈將護法湯氏謂護養〉，《全幼心鑑》，
　　卷2。

道。明朝王大綸《嬰童類萃》一書中，即出現好幾種初生情況異常的救治方法。包括「通便法」，「治兒初生，大小便不通，腹脹欲絕者」。及對付出生時「鼻塞氣粗」，或「無穀道」，甚至「遍身無皮」者[135]。

到了清朝，陳復正著《幼幼集成》一書時，竟出現「初誕救護」專篇，集中討論各種新生兒的異常狀況，並說明簡便的急救方法。其中談到十種異常現象，除前此醫家所及的「初生不能發聲」、「難產氣絕」、「回生起死」等外，還加上「受寒腎縮」、「悶臍不能出聲」、「初生不尿」等新的問題。此篇「初生救護」，對明代醫者偶或觸及的「生下無穀道」、「初生無皮」、「初生大小便不通」等狀況，有更進一步的處理[136]。依當時的環境和技術，陳復正所談的新生兒急救法，內容切實可行，應有部分成功的機率，挽救相當數目的早產、畸形、低度殘障的新生嬰兒。

近世中國醫者，由講求正常的新生兒的照護，到留意救助難產嬰兒，終至設法搶救早產和部分畸形嬰兒。到18世紀，傳統新生兒照護，經過漫長的摸索，在許多重要環節上頗有建樹。新生兒急救方面，其所能者誠仍不足滿足社會所期，但衡之世界幼科醫學當時的狀況[137]，其成就亦值得注意。

九、歷史意義

與西方相較，新生兒照護在傳統中國一直特別受重視。從目前文獻看來，歐美幼科醫學獨立為專科的時間相當晚。19世紀以前西方相關書籍，內容多圉於少數兒童疾病的討論，未嘗多留心幼兒衛生保健，更未嘗對新

---

135 〔明〕王大綸，〈初誕〉，《嬰童類萃》，頁61-65。

136 〔清〕陳復正，〈初誕救護〉，《幼幼集成》，頁25-26。

137 Thomas E. Cone, Jr., *History of American Pediatrics* (Boston: Little Brown and Co., 1979); *History of the Care and Feeding of the Premature Infant* (Boston: Little Brown and Co., 1985); George F. Smith and Dharmapuri Vidyasagar (eds.), *Historical Review and Recent Advances in Neonatal and Perinatal Medicine* (printed and distributed by Mead Johnson Nutritional Division, n.d.),Vol. 1, Neonatal Medicine.

生嬰兒照護作專門的探討。傳統西方接生多由產婆為之，產科醫籍中對新生兒的討論相當粗略。相形之下，傳統中國醫界在新生兒照護方面所花的心血與獲致的成果，確實相當突出。一千年來，由隋唐醫家的關注，經宋代幼科的發展，到明清，新生兒照顧各方面終有全面的進步。

中國近世的新生兒照護，如上文所述，於16世紀中葉到18世紀中葉（1550-1750）的二百年間，有了最長足的進展。這個進展，可從四方面來理解：第一，若干中世紀以來即已注意到的關係新生兒生死的關鍵，得到了突破性的解決。這方面，近世幼醫對新生兒破傷風的認識，因而對斷臍護臍方法的指導，是最有力的一個例證。單以這項對「臍風」見解上的突破，和斷臍、護理技術上的改善，即可能意味成千上萬新生兒性命的拯救。

第二，在此以前已經沿行的一些育嬰習慣，在醫理上有了新的認識，方法上也有新的改良。傳統拭口、初浴和下胎糞等習俗的演進，是明顯的例子。這些認識和方法上的進步，代表近世幼科醫學對新生兒生理衛生的需要，有了新的體認。而這個新的有實證基礎的體認，是保護新生兒健康的莫大福音。

第三，到了這個時期，幼科醫界除了繼續致力於健康新生兒的妥善照護，更開始設法挽救難產、早產或其他殘障、病變的高危險群的新生兒。對新生兒體溫的維持，其他異常狀況的處理，及簡單的急救方法，作了相當有意義的探討。這個新的探討，代表整個近世幼醫在新生兒照護上，已邁入一個新的里程。早產和難產兒及新生兒急救工作的展開，使得以前毫無希望存活的嬰兒，有了前所未有的生機。

第四，極重要的一點，是這段時期內，新生兒照護知識大量普及，並廣於流傳。一則各類幼科醫籍不斷湧現市場，其中較受重視者且在全國各地不斷重印，有的發行數版到數十版之多。民間各種幼科常識的傳抄本也屢見不鮮。這些一版再版及彼此傳抄的幼科醫籍，成為一種改善嬰童健康的社會力量。再則，期間幼科醫師及社會有識之士，將已知的理想育嬰方法，盡力化為易於傳誦的口訣，編成淺顯的問答手冊，有些且輔以示意的

圖解。這一波波普及化的功夫，將改進後的新生兒照護知識和技術，推廣
開來。有這些普及化的媒介，傳統中國新生兒的照護，乃由質的變化，而
發生量的影響，是一項不能忽視的事實。

　　目前中國歷史人口學的成果，尚無詳細的近世新生兒存活率、罹病率
或死亡率資料[138]，足以舉之與幼科醫學在新生兒照護上的進展，對照參佐，
而互相為證。但上述四方面的演進，本身意義重大。單以此類事實立論，
中國新生兒生存和健康環境，此二百年間確有了重大的改善。而此項改善，
必然有助於新生嬰兒的存活，減低其夭折率。

　　尤有進者，此新生兒照護的進步，乃近世整個中國幼科醫學演進的一
小部分。而這個整體幼醫的成長與進展，在中國近世社會史上，尚值深究。
目前可確言者，為傳統中國醫界，經過數百年摸索，持續的觀察與研究，
激烈的辯論，終於更正了過去的錯誤，在知識和技術上超脫傳統權威之囿，
於嬰童健康和幼科疾病的領域，有了豐碩的成果。澄清此一現象，使我們
對中國近世科技文明的演變，有一番新的體認。新生兒照護的進步，使人
之生存，有一個更好的開始，新生兒照護歷史的研究，或者亦可為中國醫
療健康史與歷史人口學的交相輝映，作一個具體而微的啟端。

---

138 參見 Ts'ui-jung Liu, "The Demographic Dynamics of Some Clans in the Lower Yangtze
　　Area, Ca. 1400-1900," *Academia Economic Papers*, vol. 9, no.1(March, 1981); pp.
　　115-160; "The Demography of Two Chinese Clans in Hisao-Shan, Chekiang, 1650-1850,"
　　in Susan Hanley and Arthur Wolf(eds.), *Family and Population in East Asian History*
　　(Stanford: Stanford University Press, 1985), pp. 13-61. I-chin Yuan, "Life Tables for a
　　Southern Chinese Family from 1365 to 1849," *Human Biology*, vol. 3, no. 2 (May, 1931),
　　pp. 157-179. 劉翠溶，〈明清時期長江下游地區都市化之發展與人口特徵〉，《經濟
　　論文》(臺北：中研院經濟所)，14卷2期，頁43-86。

第七章

乳與哺

　　歷史工作的責任，或者趣味，是在關鍵的事務上把普世的需求和某一時地對該普世需求所作的個別的、特定的處理，作一個交會點上的說明與分析。這個普世需求與特定處理的交會，是社會文化史的主旨，在醫療健康史的研究成果上尤其顯著。本章所要析述的近世中國社會中對嬰幼兒出生後「乳與哺」問題上的實踐，就是一個重要的例證。

　　人雖號稱萬物之靈，其生其長，其育其養，在生命啟端之初，脆弱柔軟，與其他生物或者靈長類的嬰兒，實則十分類似。生物之維持，飲食時刻亟須。甫出母胎的嬰兒，吃什麼？如何吃？想應自然而然，其實細節上的問題困難不少。這也是為什麼民俗上視嬰兒之彌月、周歲為莫大的歡慶，至今乃然。「乳與哺」一章，就要藉古代醫書典籍之助，重訪此枝枝節節，體其艱辛，方見近世中國社會對解決初生嬰兒哺養飲食的普世需求上，所衍生出的日常生活上具體的辦法。

　　嬰兒初生，呱呱落地，常人立即想到的，就是將之付予母懷吮乳。所謂養活養活，能養乃能活；養育養育，滋養正是扶育者的首要之事。而乳養方式也確實代表每個社會育嬰文化中最基本、最普遍，也最核心的一環。餵食母乳一事，對嬰兒的營養健康，及對婦女的生育調節，關係密切，是現今醫學及人口學上已知的事實。近時學者乃多有興趣，檢視婦女飲食、嬰兒吸吮可能對餵乳者乳汁分泌及乳汁成分的影響[1]。亦有學者致力於餵乳方式的比較，欲究不同的餵乳習慣對該人群之營養狀況與人口增減，可能造成的差異[2]。一般而言，大家對過去歷史上的哺育行為認識不多。此處即欲以傳統產科及幼科典籍為軸，近世傳記資料為輔，試究中國過去的乳哺

1　參見*Contemporary Patterns of Breastfeeding, Report on the WHO Collaborative Study on Breastfeeding*（Geneva: World Health Organization, 1981）。

2　可見R.G. Whitehead（ed.），*Maternal Diet, Breastfeeding Capacity, and Lactational Infertility*（Tokyo: The United Nations University, 1983）。及John Dodding（ed.），*Maternal Nutrition and Lactational Infertility*（New York: Raven Press, 1985）。

之道。其所講求乳養哺育嬰兒的方法，當時重視的原則及禁忌，並思索其
背後的原因，其所代表的社會意義和價值，及在各家庭中實行的情形和遭
遇的困難。以示近世中國育嬰文化中極家常而重要的一面，並為其理論面
和實踐面之對照。

　　一般人雖常將「哺乳」兩字並提，似以兩者所指為一事。其實嚴格言
之，「哺」與「乳」本為二事。「乳者嬭〔奶〕也」，指的是餵以奶汁；
「哺者食也」，指的是飼以食物[3]，也就是現代所說的給予嬰兒副食品。二
者並論，乃涵括育嬰法中乳養面之種種考慮。

一、傳統的乳兒法

　　唐代幼科專業尚未出現，但重要醫籍中已有言及哺乳事宜者[4]。宋承其
後，育嬰之方因幼科萌生而益見精闢。《小兒衛生總微論方》中的議論很
可以見到早期乳養論之豐富內容：

> 凡乳母，乃血氣化為乳汁，則吾謂善惡悉由血氣所生。喜怒、飲
> 食，一切禁忌，並宜戒慎。若縱性恣意，因而乳兒，則令兒感生
> 疾病也。若房勞乳兒，則令兒瘦瘁交脛不能行。若醉以乳兒，則
> 令兒身熱腹滿。若畜熱乳兒，則令兒變黃不能食。若怒作乳兒，
> 則令兒驚狂上氣。若吐下乳兒，則令兒虛羸氣弱，是皆所忌也。
> 凡每乳兒，乳母當先以手按散其熱，然後與兒吮之。若乳驚汁湧，
> 恐兒嚥乳不及，慮防槍〔嗆〕噎，則輒奪之，令兒少息，又復與
> 之，如此數次則可也。又當視兒飢飽節度，一日之中，知幾乳而

3　參見〔明〕不著撰人，《寶產育嬰養生錄》（臺北：中央圖書館藏善本微捲），卷2，
　〈哺兒法〉。

4　參見〔唐〕孫思邈，《少小嬰孺方》（臺北：故宮博物院藏善本），頁6；王燾，《外
　臺秘要方》（臺北：新文豐出版社，1987年影印），頁444-446。

足，量以為常。每於早晨，若有宿乳，須當捻去。若夏月不去熱乳，令兒吐哯，冬月不去寒乳，令兒咳利。又若兒大喜之後，不可便乳，令兒驚癇。若兒大哭之後，不可便與乳，令兒吐瀉。又乳母不可太飽，恐停滯不化。若太飽，則以空乳令吮，則消。

凡每乳兒，乳母當以臂枕兒頭，令兒口與乳齊，乃乳之。不可用膊，恐太高，令兒飲乳不快，多致兒噎。又乳母欲寐，則奪去其乳，恐睡著不覺，被乳填沃口鼻，別生其他事，又且不知兒饑飽也[5]。

篇中所論，主要涉及三個方面：一是正確的乳兒方法，包括其手續、規律、姿勢及應注意的事項；二是基於當時醫界對人乳性質的認識，形成對供應乳汁婦女的種種要求及禁忌；三是重視乳養對象——嬰兒——的生理及心理狀況，以免影響對乳汁的接受與吸收。今分釋於下：

(一)正確的乳兒法

近世幼醫教導婦女乳養嬰兒，重點在指出一套合適的餵奶方式。包括餵乳前的準備，餵乳時的姿勢，平時的餵乳的規律，以及乳汁的溫度、流速、新鮮度，和其他餵乳時應注意的細節。其目的在協助乳兒的母親或乳母用一種最安全、合宜、舒適的辦法養育幼兒。前段所引宋代《小兒衛生總微論方》的說法中對這些方面都作了一些建議。首先，關於準備手續，它要婦女在乳兒前，先用手按乳部，散去一些熱度，再予嬰兒吸吮。剛把乳付嬰兒時，要防範乳汁太豐，一時間泉湧而出，嬰兒吞嚥不及，即刻被嗆。遇到這種情形，母親可以馬上將乳頭奪出，讓嬰兒少事喘息再與。這樣反覆幾次以後，可以建立起一種和緩適中而有規律的餵乳方式。其次，

5　〔宋〕不著撰人，〈乳母論〉，《小兒衛生總微論方》（見《景印文淵閣四庫全書》741冊），卷2，頁9-11。

該設法樹立一套日常乳兒的規則，使嬰兒進食的時間和份量大致固定而規律。其訣竅在母親細心觀察孩兒飢飽程度，慢慢揣摩出一個原則。知道每天大概須乳養多少次，每次付乳份量如何。然後把這個固定的飼乳次數和食量變成一個常軌。因為如果不建立一個有規則的餵乳方式，不但嬰兒的飲食秩序可能紊亂，影響其消化和健康。更常有母親不知不覺間把孩子餵得太飽。為了防範乳母飼兒過飽，《小兒衛生總微論方》提議婦女可以把吸吮已空的「空乳」付予嬰兒，滿足其繼續吮吸的需要，而不致造成小兒腹滿，「停滯不化」的問題。

關於乳汁本身，《總微論方》的討論中說到，每天早晨，婦女如果發現胸內藏有「宿乳」，應將它捻去以後，再令嬰兒吸吮。而且要婦女夏季除去「熱乳」，冬月除去「寒乳」，再行乳兒。這些說法涉及當時對母乳性質的認識。因對母乳品質非常重視，講究新鮮溫和，所以對所謂隔宿但仍藏在母親乳房中的乳汁，或夏天、冬天溫度可能稍熱稍寒的乳汁，都心存疑慮，主張除去。

為了保持乳養時的方便、舒適與安全，《小兒衛生總微論方》勸告婦女採取適宜姿勢。每次乳兒時記得以自己的手臂托住嬰兒的頭部，使枕了母親臂膀的嬰兒，口部恰與母親乳部相齊。這樣進行乳養，對雙方都最方便舒適。依文中所談，當時婦女乳兒似常採臥姿。因而特別警告婦女，勿用肩膊托枕兒頭。如此高度太過，反使嬰兒不便吮吸，飲乳速度較慢，甚至引致吮乳姿勢不佳，被噎被嗆。在乳兒安全方面，除前所提，應注意初乳時乳汁流速太快，或乳養時姿勢不良，容易發生嬰兒被嗆噎的危險。《總微論方》特別講到，母親想就寢時，應將乳頭自嬰兒口中奪出。因怕母親入睡以後，不留意之間乳部填住孩子口鼻，發生窒息等危險。而且邊睡邊乳，很難掌握食量，最後不易知孩子飢飽。

對於一般乳兒方法，《小兒衛生總微論方》所述相當周延。凡餵乳手續、規則、份量，合適的姿勢，乳汁的狀態，及應注意的安全事項，四方面都有中肯的建言。此後近世醫籍對這方面的意見，或簡或詳，時有深入

發揮，但大抵不出《總微論方》所言範疇。在餵乳規律和份量方面，宋代
陳自明《婦人大全良方》的〈產乳集・將護嬰兒方論〉一篇，有類似的看
法，以：

> 飼乳之後，須依時、量多寡與之。勿令太飽，恐成呪妳〔奶〕，
> 久則吐妳〔奶〕，不可節也[6]。

認為每天按時餵乳，注意所予嬰兒乳汁之份量，以免飼之過飽。

　　乳兒應維持定時定量，此後醫者亦多言之。對於定時一事，元朝幼醫
名著曾世榮的《活幼口議》中且有專論，哺乳項下特別有〈議乳失時哺不
節〉一篇，說明嬰兒出生後，按時飼乳，對其健康成長非常重要。而乳養
的原則，在「合乎中道」。如果年幼嬰兒不按時餵乳，不但不能「壯其肌
膚」，健康必然受損；「不病自衰」。要家長千萬不要過早剝奪了幼兒乳
汁的滋養，予以其他食品，而使孩子生病或受別的傷害[7]。

　　曾世榮的議論，強調母親應按時乳嬰，擔心家人不重視或不善於乳養
嬰兒，影響其健康，所言平實切要。然其所注重者在當時實屬特出。因近
世幼醫顧慮家長乳嬰方式有所偏差，多怕母親愛兒心切，飼之過量。明代
傳用的《寶產育嬰養生錄》即引前賢之言，勸人乳兒時「不可過飽」。蓋
「滿而必溢，則成嘔吐」。乳兒致太飽，可能是一般家長盡量餵奶下自然易
犯的毛病。近世醫者再三以節制反覆致意，代表專業幼醫者的見解和建議。

6　〔宋〕陳自明，〈產乳集・將護嬰兒方論〉，《婦人大全良方》（見《景印文淵閣四
　　庫全書》742冊），卷24，頁8。

7　曾氏〈議乳失時哺失節〉一段原文謂：「議曰：物萌失之灌漑，長必萎焦，兒誕違
　　之乳哺，壯必怯弱。大凡生成之理，合乎中道者，以應運化之宜也。夫人失乎正禮
　　者，乃違玄元之數也。凡兒在胎，則和氣養之，食不及乳，乳飽即不食，無致剋也。
　　雖食無乳，禍害生焉。是故乳不可失時，食不可不節。乳失時，兒不病自衰；食失
　　節，兒無疾自怯。乳者，壯其肌膚；食者，厚其腸胃。所謂乳哺二周三歲，則益其
　　體，今人未用，奪其乳，入月恣肥甘，豈不致疾傷害，孰為吁嗟。」見〈哺乳〉，
　　《活幼口議》（北京：中醫古籍），頁79。

明代寇平《全幼心鑑》之〈乳兒法〉[8]，王鑾《幼科類萃》之〈乳哺論〉[9]及
徐春甫《古今醫統大全》之〈乳哺〉篇[10]，均作此論。《全幼心鑑》且有〈強
施乳食令兒病〉一篇。以不善乳兒者常怪己兒多病，其實幼兒常病，過失
不在幼兒，而在成人。並引前人之論，重申「嬰兒常病，傷於飽也」。要
家長注意控制乳養份量，勿強予乳食[11]。《幼科類萃》則援民間舊諺，謂「嬰
兒常病，傷於飽也」，贊成「忍三分飢，喫七分飽」[12]。後之醫者多承此說。

關於乳汁之溫度、新鮮度和品質，《總微論方》以後續有人論。陳自
明《婦人大全良方》警告乳兒的母親勿用「大段酸鹹飲食」，以免口味重
及刺激性食品影響母乳，不利嬰兒。不要「纔衝寒或衝熱來，便餕兒妳。」[13]
怕母乳當時體溫影響嬰兒對乳汁的接受和消化。因一種模糊的對母乳新鮮
和溫度的關切，使傳統醫者一直堅持母親每晨餵乳以前，把乳房內所謂隔
日「宿乳」，捏出去除，再開始乳兒。《總微論方》之後，元代危亦林的
《世醫得效方》[14]，明代寇平的《全幼心鑑》[15]，均作此說。這些勸戒，與
當時醫界對母乳性質的認識有關，後將再論。

至於餵乳時的姿勢，《總微論方》以後醫者也有一些修正意見。陳自
明的《婦人大全良方》，不贊成過去臂枕兒頭的主張，建議母親為嬰兒準

8　〔明〕寇平，〈乳兒法〉，見《全幼心鑑》（臺北：中央圖書館善本微捲），卷2。

9　〔明〕王鑾，〈乳哺論〉，見《幼科類萃》（1502。北京：中醫古籍出版社，1986
年重印），頁9-10。

10　〔明〕徐春甫，〈乳哺〉，見《古今醫統大全》（臺北：新文豐出版社，1978），卷
10，頁5633。

11　〔明〕寇平，〈強施乳食令兒病〉，原文謂：「不善操舟者，罪河之屈曲，非河之
罪也，不善操舟者之罪也。不善乳兒者，罪兒之多病，非兒之罪也，不善乳兒者之
罪也。後漢王潛大論云：嬰兒常病，傷於飽也。乳哺多，則生癇疾，蓋小兒飢病，
多有傷患。素問云，飲食自倍，腸胃乃傷，大抵強飽乳食，自令兒〔病〕，信然也。」
見《全幼心鑑》，卷2。

12　〔明〕王鑾，《幼科類萃》，頁10。

13　〔宋〕陳自明，《婦人大全良方》，頁9-10。

14　〔元〕危亦林，〈乳哺法〉，《世醫得效方》（《文淵閣四庫全書》746冊），卷11，
頁17。

15　〔明〕寇平，《全幼心鑑》，卷2。

備幾個填有豆子的布袋,作為枕頭。將之置其身之兩側,把嬰兒夾托起來,靠近母親身邊。另一方面,他還表示,如果母親需要夜裡餵乳,應起床坐

〔宋〕李嵩《市擔戲嬰》

　　宋代名家李嵩的《市擔戲嬰》,工筆細寫一村婦光天化日,襁褓哺乳,多兒繞身,爭攀市擔,以及擔上掛滿玩具,美不勝收的宋代士民文化訊息。
國立故宮博物院編輯委員會編,《嬰戲圖》(臺北:國立故宮博物院,1990),頁21。

好，再抱著嬰兒餵乳，勿用原來的臥姿餵乳[16]。兩則修正性的意見，表現對
嬰兒食乳時的舒適安全設想之周到。明代寇平《全幼心鑑》，續言舊式臥
時以臂枕兒的姿勢，但同意夜間餵乳應起身抱兒再飼[17]。

　　為了餵乳時的安全，母親就寢時應即不再予乳，多位醫者均作此論。
元代危亦林的《世醫得效方》，和明代寇平的《全幼心鑑》，即有此見。
但對母欲寐當奪其乳，危亦林提出的理由是「恐睡困不知飽足」[18]。寇平輒
以「恐其不知飽足，亦成嘔吐」[19]。反均未及《總微論方》重視寢時乳兒易
致窒息的危險。

　　綜而言之，12世紀到17世紀，由宋到明，中國醫界所揭示的一般乳兒
法，所講求的手續、規律、舒適、安全等原則，大致相當合理。與近代所
識並不相悖。只是對於飼乳的時間和份量，尚未意及應否隨嬰兒成長年齡
而作調整。對乳汁的品質、溫度、新鮮度等，過去十分重視，代表當時醫
者對嬰兒健康和福利的高度關切。其中難免夾有過猶不及的看法，建議捏
去宿乳即與後世對母乳認識相左[20]。至於中世紀以來部分醫籍表示，母親若
投乳汁於地，使蟲蟻食之，將令乳汁枯竭[21]，則反映舊時醫籍中仍夾有少數
民俗迷信的成分。

(二)對乳養者的要求

16　陳自明之原文謂：「夜間不得令兒枕臂，須作一、二豆袋，令兒枕，兼左右附之，
　　可近乳母之側。……如夜間餒嬭，須嬭母起身坐地，抱兒餒之。」見〔宋〕陳自明，
　　《婦人大全良方》，頁9-10。
17　〔明〕寇平，〈乳兒法〉，《全幼心鑑》，卷2。
18　〔元〕危亦林，〈乳哺法〉，《世醫得效方》，頁17。
19　〔明〕寇平，〈乳兒法〉，《全幼心鑑》，卷2。
20　亦可參見高鏡朗，〈新生兒及乳兒期的飼養〉，《古代兒科疾病新論》（上海：上海
　　科學技術出版社，1983），頁24-28；Ralph Houlbrooke (ed.), *English Familly Life,
　　1576-1716* (N.Y. and Oxford: Basil Blackwell, 1988), pp. 103-104.
21　如〔明〕不著撰人，〈乳兒法〉，《寶產育嬰養生錄》（臺北：中央圖書館善本微捲），
　　卷1；〔明〕寇平，〈乳兒法〉，《全幼心鑑》，卷2。

　　傳統中國醫者認為乳汁出自母體，與母親的生理與心理狀況有最直接的關係。乳養中的母親，其飲食、情緒、體溫、健康上的任何變化，都會立即反映在其所產生的乳汁上。隨而影響嬰兒的健康、安危。因而對乳養中婦女的日常飲食及情緒活動有非常廣泛而嚴格的約束。《總微論方》要求乳養中的婦女，重視飲食上的禁忌，不要在房勞、醉後、畜熱、發怒、或吐下的情況下乳兒，已涵蓋飲食、情緒、溫度、健康四方面的要求。也是後來醫籍中常談的問題。陳自明《婦人大全良方》，提醒婦女在「陰陽交接之際，切不可餧兒嬭〔奶〕，此正謂之交嬭〔奶〕也，必生癖」，而且「嬭〔奶〕母不可頻喫酒，恐兒作痰嗽驚熱昏眩之疾」[22]。注意行房和酒後勿乳，算是比較基本的禁忌。明代《寶產育嬰養生錄》的要求，較前廣泛。除過去提過的新房、有熱、怒、新吐、醉之外，並稱浴後、有娠、風疾和傷飽之下，亦不宜餵乳[23]。後來王鑾《幼科類萃》[24]及徐春甫《古今醫統大全》[25]和朱惠民《慈幼心傳》[26]中的討論，雖略有增損，大抵不出其議題。

　　同一時代，對乳養者身心狀況影響乳汁，殃及嬰兒一事，發揮最多的，仍屬寇平的《全幼心鑑》。《全幼心鑑》有一篇〈乳令兒病證〉，列舉了十種會致嬰兒於病的母乳。包括喜乳、怒乳、寒乳、熱乳、氣乳、病乳、壅乳、魃乳、醉乳、淫乳。皆分別講明飲後導致嬰兒的毛病，附注歷代醫

22　〔宋〕陳自明，《婦人大全良方》，頁10。

23　〔明〕不著撰人，《寶產育嬰養生錄》，卷1，〈乳兒法〉。

24　〔明〕王鑾，〈乳哺論〉中，要求母親注意飲食禁忌，病中勿乳，同時熱、寒、怒、醉、吐下、積熱、新房、新浴、熱冷、懷妊，均對乳兒有害，特別強調母安則子安的原則。見王鑾，《幼科類萃》，頁9-10。

25　〔明〕徐春甫，〈乳哺〉中，言及母親的飲食、熱寒、怒、醉、懷孕，均可影響或有害乳養。見徐春甫，《古今醫統大全》，卷10，頁5633。

26　〔明〕朱惠民，〈乳兒法〉中，除言母親注意飲食，並謂熱、冷、醉、新浴、新房、懷娠，都不直乳兒。且特別提出情緒因素之重要性，以「母為氣鬱不舒，乳必凝滯，令兒食之，疾病立至。」見《慈幼心傳》（臺北：中央圖書館善本微捲）。

者的討論[27]。十項中，病乳、壅乳、魅乳、醉乳四者涉及母親健康狀態。喜乳、怒乳、氣乳、淫乳四項指的是母親飼乳時情緒異常。而寒乳、熱乳則指母親飼乳時的溫度。首次以餵乳狀態直名其乳，強烈地反映了近世醫者一種普遍的觀念。認為婦女育嬰期間的身體和心理狀態，直接影響其所分泌乳汁的品質。因而餵乳前或當時所作活動、所處狀態，立即會使乳汁發生變化，而影響嬰兒健康。即如王鑾在《幼科類萃》的〈乳哺論〉一節起首所言：

> 初生芽兒，藉乳為命。乳哺之法，不可不慎。夫乳者，榮血之所化也。至於乳子之母，尤宜謹節。飲食下咽，乳汁便通。情欲動中，乳汁便通。病氣到乳，汁必凝滯。兒得此乳，疾病立至。不吐則瀉，不瘡則熱，或為口糜，或為驚搐，或為夜啼，或為腹痛。病之初來，其溺必甚少。便須詢問，隨證調治。母安則子安，可消患於未形也[28]。

餵乳中婦女的飲食健康，直接反映於乳汁的成分和品質，傳給嬰兒，近代醫學已確知如此。至於母親的情緒和體溫，是否也會影響乳汁和嬰兒，現今醫學尚未驗證。不過近世中國醫者確實認為乳汁反映母親之生理與心理，十分敏感細微。乳汁左右嬰兒健康安危，又最直接。故其主張，寧加予婦女格外廣泛嚴格的禁忌、約束，求保護稚弱嬰兒於無辜。

(三)嬰兒的吮乳條件

傳統中國醫者認為，要達到理想的餵乳效果，母親的種種準備、身心

---

27 〔明〕寇平，〈乳令兒病證〉謂：「喜乳涎喘生驚；怒乳疝氣腹脹；寒乳嫗片不化；熱乳面黃不食；氣乳吐瀉腹脹；病乳能生諸疾；壅乳吐逆生痰；魅乳腹急臟冷；醉乳恍惚多驚；淫乳必發驚癇。」見《全幼心鑑》，卷2。

28 〔明〕王鑾，《幼科類萃》，頁9。

狀態及餵乳方法，固然十分重要。但是接受乳汁的一方，即吮乳的嬰兒，
其狀況也會影響餵乳的結果。只是傳統健康學對接受者的要求較對供應者
要簡單得多，多半集中於嬰兒準備就乳前及吸吮當時的狀況。前引《小兒
衛生總微論方》的看法，主張小兒大喜大哭之後，不可立即乳之[29]。並沒有
解釋原由何在。但小兒哭後或啼時不當予乳，是近世幼醫普遍意見。元危
亦林的《世醫得效方》[30]，明代不著撰人的《寶產育嬰養生錄》[31]，寇平的
《全幼心鑑》[32]，王鑾的《幼科類萃》[33]，及朱惠民的《慈幼心傳》[34] 等，
均作此說。危亦林和《寶產育嬰養生錄》的議論且明言：

> 兒啼未定，氣息未調，乳母勿遽以乳飲之。故不得下，停滯胸膈
> 而成嘔吐。此患有之，可不為戒[35]。

說他們反對嬰兒哭後或啼時餵乳，因當時嬰兒情緒激動，喘息不定，會影
響吮乳時的吞嚥，及飲乳後的消化。《全幼心鑑》、《幼科類萃》和《慈
幼心傳》所表示的意見，大抵相似。都在擔心嬰兒啼哭未定之前，立即讓
他就乳，容易發生「氣逆不消」的現象。更嚴重的情形，如《寶產育嬰養
生錄》所言，嬰兒驚哭醒起，即便乳之，「兒氣未定則殺人也」，還會有
嗆噎致命的危險[36]。為了餵乳時的安全，也為了餵乳的妥貼舒適，吮乳時最
好母子雙方情緒安穩。就像當時醫籍常戒母親勿於浴後立即乳兒，也在顧

---

29 參見〔明〕不著撰人，《寶產育嬰養生錄》（臺北：中央圖書館藏善本微捲），卷2，
〈哺兒法〉。
30 〔元〕危亦林，〈乳哺法〉，《世醫得效方》，頁17。
31 〔明〕不著撰人，《寶產育嬰養生錄》，卷1，〈乳兒法〉。
32 〔明〕寇平，《全幼心鑑》，卷2，〈乳兒法〉。
33 〔明〕王鑾，〈乳哺法〉，《幼科類萃》，頁9-10。
34 〔明〕朱惠民，〈乳兒法〉，《慈幼心傳》。
35 〔明〕不著撰人，《寶產育嬰養生錄》，卷2，〈哺兒法〉。
36 同上。

及母親浴後氣息不定。勸其「定息良久」以後，再付乳嬰兒[37]。

　　嬰兒飲乳時的情緒，如何影響他接受乳汁，及事後消化乳汁的情況，近代醫學尚不清楚。但嬰兒啼哭大喜，情緒激動的情形下，急忙吮乳，確實易生嗆噎的危險。而情緒惡劣，會影響進食和消化，則是一般生理學上的常識。依此，欲達良好乳養效果，必須母親注意飲食，採取合適辦法，嬰兒亦得配合，不啼哭亂叫。母安子寧，乳養才有最佳結果。

二、擇乳母

　　傳統中國醫界一向主張嬰誕世後，以母親自餵乳為尚。宋代幼科醫籍所謂「兒生自乳養者，一切不論」[38]。認為只要是母親自己餵乳的嬰兒，大致少有問題，可以不必討論。不過，若母親自己不能飼乳，社會和醫界都不反對有能力的家庭傭請乳母代為乳養。目前看到過去對「傭乳」持保留態度的一篇言論，針對的是人道考慮，而非幼兒健康。宋儒程顥曾表示擔心被僱乳母可能棄自己的幼兒於不顧，傭乳者等於剝奪了他人嬰兒的乳汁，陷其子於飢餓，不如考慮傭「二婦乳三子」，多請幾位乳婦，將其本身的幼兒亦一起乳養[39]。過去中國士人及醫者不反對傭乳，可能因為中國傭乳者一向將乳母僱請到家，來乳養照顧孩子。由傭乳的僱主家庭負責乳母的飲食，並可監督乳母乳養時的情形。不像近世西方將幼兒送出，任乳母

37　〔明〕不著撰人，《寶產育嬰養生錄》，卷1，〈乳兒法〉；〔明〕寇平，《全幼心鑑》，卷2。

38　《小兒衛生總微論方》，〈乳母論〉，卷2，頁9。

39　宋元明清的醫家與士人，對傭乳一事，向無嚴重異議。程子建議以「二婦育三子」的方式，兼顧乳嫗親生嬰兒的需要，算是唯一的斟酌之論。《鄭氏家範·治家雜訓》中曾謂：「諸婦育子，苟無大故，必親乳之。不可置乳母，以饑人之子。」強調母親應盡量親自餵乳，而不贊成傭用乳母的原因，也是顧慮乳婦親生嬰兒被棄置一邊，挨餓受飢。(見《古今圖書集成》，321冊，《家範典·治家篇》，卷2，頁10a。)此傳統中國人道主義的看法，與西方偏重親乳對嬰兒本身營養之利，以傭乳易造成該嬰兒本身之夭亡者，出發點很不相同。

將嬰兒領回自乳。結果死亡率極高,自然引起社會的關切和醫界的反對[40]。

一旦請人代乳,中世以來中國醫界對如何選擇適當乳母,提出許多懇切的建議。早在唐代,孫思邈的《少小嬰孺方》即談到「擇乳母法」。以:

> 凡乳母者,其血氣為乳汁也。五情善惡,悉是血氣所生也。其乳
> 兒者,皆宜慎於喜怒。夫乳母形色所宜,其候甚多,不可求備。
> 但取不胡臭、癭瘻、氣嗽、瘑疥、癡癃、白禿、瘍瘍、瀋脣、耳
> 聾、齆鼻、瘨癇。無此等疾者,便可飲兒也。師見其故灸瘢,便
> 知其先疾之源也[41]。

認為乳母性情和善,形色悅人,當然最好。但在不可求全的情況下,最重要的,還是注意其健康狀態。孫思邈提出11種有皮膚、呼吸、癲癇等毛病的人,不適合傭而乳兒。他並且顧慮到,欲傭為乳婦者,本人可能不願自動透露過去病歷及種種隱疾。故巧妙地指示由有經驗的醫師查看她身上灸療留下的瘢痕。從這些瘢痕的部位可以揣測判斷出該婦人過去罹患過的疾病,決定其是否適合傭乳。隋唐到兩宋時期,論及擇乳母者,如王燾的《外臺秘要》[42] 及宋的《小兒衛生總微論方》[43],意見大抵相類。均以為性情相貌雖有關係,但健康狀況仍為擇定乳母的首要條件。宋代陳自明《婦人大全良方》的〈將護嬰兒方論〉,綜而述曰:

> 擇乳母,須精神爽健,情性和悅。肌肉充肥,無諸疾病。知寒溫

---

40 Lawrence Stone, *The Family, Sex, and Marriage in England, 1500-1800* (NY: Harper and Tarchbooks, 1979), pp. 55, 65, 269-273; Michael Mitterauer and Reinhard Sieeor, *The European Family* (Chicago: The University of Chicago Press, 1982), p. 42.

41 〔唐〕孫思邈,《少小嬰孺方》(臺北:故宮博物院藏善本),頁6。

42 〔唐〕王燾,〈揀乳母法〉,《外臺秘要方》(臺北:新文豐,1987年影印),頁446。

43 《小兒衛生總微論方》,卷2,頁9。

之宜，能調節乳食。嬭〔奶〕汁濃白，可以飼兒[44]。

理想的乳母人選，性情精神均佳，肌肉健壯而無疾病。而且懂得一般保健常識，知道如何調節飲食，善待乳兒。一切的重點，還在於她能供應濃白乳汁，飼養嬰兒。

　　明代婦幼醫籍對選擇乳母一事，考慮愈加周詳。除了前人述及者之外，新加了兩項要求。一是排斥殘廢及惡貌者，二是特別注意乳母的性情德行，怕對嬰兒有不良的影響。明代留下的《寶產育嬰養生錄》，談〈擇乳母法〉，即加稱「獨眼跛足，龜胸駝背，鬼形惡貌，諸般殘患者」，皆不可用。並特別指出，乳母與幼兒「漸染之久，識性一同，由如接木之造化也，其理甚詳」，關心乳母對嬰兒識性習染之影響[45]。寇平《全幼心鑑》的〈擇乳母〉中也說：「形容醜惡不宜乳。」加上「聯瘡麻風毒」，並沿稱嬰兒久而緣染乳母識性之說[46]。16世紀起，幼科醫籍如王鑾的《幼科類萃》，關於「慎擇乳母」一項，竟然不見古來對乳母疾病記錄的重視，專言其稟賦、情性、令兒速肖、及識性染漸的問題[47]。徐春甫《古今醫統大全》的《幼幼彙集》，亦復如是[48]。朱惠民的《慈幼心傳》也說：「乳母宜擇精潔、純厚、篤實及乳濃厚者為佳，若殘疾陋惡及乳清淡者不宜用。」並同意乳母之識性，久而染之幼兒。其性情與個人衛生、殘疾，都值得注意。當然，能供應濃厚乳汁，仍為要旨[49]。

　　17世紀之幼醫，如王大綸《嬰童類萃》的〈擇乳母論〉中所言，則綜

44　〔宋〕陳自明，《婦人大全良方》，卷24，頁9-10。

45　〔明〕不著撰人，《寶產育嬰養生錄》，卷1，〈擇乳母法〉。

46　〔明〕寇平，《全幼心鑑》，卷2。

47　〔明〕王鑾，〈慎擇乳母〉，原文謂：「凡乳母稟賦之厚薄，情性之緩急，骨相之堅脆，德行之善惡，兒能速肖，尤為關係，殊不知漸染既久，識性皆同，猶接木之造化也，故不可不擇也。」《幼科類萃》（北京：中醫古籍出版社，1984），頁14。

48　〔明〕徐春甫，〈擇乳母〉，《古今醫統大全》（臺北：新文豐出版社，1978），卷10，頁5634。

49　〔明〕朱惠民，《慈幼心傳》（臺北：中央圖書館善本微捲），〈擇乳母〉。

合諸說。先指出「小兒隨母呼吸，母安則子安，母病則子病，此必然之理也……。且兒稟父母之精血，化育而生。初離胞胎，血氣脆弱，憑乳母之乳而生養焉。」確定乳母對嬰兒重要十分。擇乳母時，一則要重其氣質，「須要婉靜寡慾」。因為嬰兒「強悍暴戾，和婉清靜，亦習隨乳母之性情。稍非其人，兒亦隨而化矣。猶涇渭之分焉，源清則脈清，源濁則脈濁」。另一方面，也不能忽視其身體健康。以「無痼疾並瘡疥者」為宜。而乳母健壯與否，常決定幼兒身體之強弱。「乳母肥實，則乳濃厚，兒吮之則氣體充實。乳母瘦瘠，則乳清薄，兒吮之則亦清瘦體弱。壯實肥瘦，係兒終身之體格，非小故也。」不過他不如過去醫者，未一一舉出不宜傭乳的疾病名稱，也未再排除殘廢惡貌者。倒是特別提出「生過楊梅瘡者，兒吮此乳，即生此瘡，如出痘症，十難全一」，以為不可。並謂「有體氣者，兒吮此乳，則腋下狐臭不免」。但並未排斥拒絕[50]。

　　傳統醫者對選擇乳母的主張，與當時彼等對乳汁性質的認識，及對乳母的職責之規範，均有關係。乳母體格的強弱，及罹患的疾病，可能影響所產乳汁的量與質，是一個合理的假設。不過婦女的疾病狀況，包括過去曾患的疾病，和目前正患的疾病。目前正患的疾病，多半直接影響乳汁分泌，即所謂「病乳」，不宜飼兒。雖則當時醫籍並未言及替代之道。至於曾罹疾病，慢性病或傳染病，會影響乳婦健康，或傳給嬰兒，自然不適餵乳。如過去醫籍中所提慢性咳嗽、結核症、傳染性皮膚病，或某些精神病等，均在禁忌之列。至於有些急性疾病，婦女病後健康已完全康復，並不一定會影響到乳汁分泌或哺乳情況，其實不必否定。近世醫籍一度排斥殘疾者及醜陋者傭乳，多半是一種社會歧見，不見得有醫學生理上的根據。至於論及乳母性格及習性的重要性，一則是乳母性情暴燥不穩，可能影響其乳嬰時的責任心及可靠性。二則當時乳母除餵乳外，還代司母職，負責照顧幼兒種種瑣事，可能是其嬰幼年時期關係最親密的人。故其性格習慣，

50　〔明〕王大綸，〈擇乳母論〉，《嬰童類萃》（北京：人民衛生，1983），頁7-8。

自然影響孩子生活及心理。有些關於嬰兒睡眠、洗浴、抱提、行動、嬉戲、受驚等問題，也成為叮囑乳母的一部分。此為擇乳母時的社會面及心理面考慮，與狹義的醫理無關。

三、哺食之方

嬰兒吮飲母乳同時或稍後，常有輔以乳汁外其他食物者，古時稱為「哺」，即現今所謂的副食品或固態食物。因為嬰兒出生時胃腸脆弱，所以何時及如何開始飼予固態食品，成了一個值得斟酌的問題。中世醫籍中議及「哺兒法」者，重點在如何擇定合適的時間，開始哺以乳之外的食物，對食物的內容則談得相當簡略。王燾《外臺秘要方》僅謂「平定成日」，或「寅、丑、辰、巳、酉日」，是初哺兒之良日。並謂男孩不得於戊、己日開始哺食，女孩則應避開丙、丁日。至於食物的準備，只說「其哺不得令鹹」，勿予嬰兒口味太重的食物即可[51]。其中未及嬰兒開始哺食的年齡，也沒有討論該如何調製哺食食品。擇吉時開始哺兒，固然表示中古社會對嬰兒哺食一事的重視，也顯示當時醫者一部分看法仍為民俗信仰所影響。

中世以後，中國幼科醫籍中論及哺兒法者漸多。其議論大致圍繞四個主題：一是哺食份量的節制，二是乳哺併用的警誡，三是對開始哺食時間與食量的建議，四是對嬰兒哺食品內容的指點。

關愛幼兒因欲滿足其飲食之需，大約是為人父母自然的本能。對於有經濟能力的父母，此不斷飼兒乳食的衝動，可能造成哺養過度之弊。傳統醫者多以中上家庭為其服務對象，故常憂心婦女哺兒過量。元代曾世榮《活幼口議》中〈哺乳〉一篇，即以「哺不節」與「乳失時」並列，為嬰兒乳養上的兩大問題。認為適當哺食，可「厚其腸胃」。但須注意太早開始哺食。所謂「入月恣肥甘」。尤其「食不可不節」，沒有節制地給予嬰兒副

51　〔唐〕王燾，〈哺兒法〉，《外臺秘要方》，頁444。

食品，將使「兒無疾而怯」[52]，反而造成身體衰弱。這是哺食方面需要注意的第一個原則。

　　慎於哺食的態度，使近世幼醫擔心嬰兒腸胃不能同時接受消化乳汁和食物。要求家人將兩者分開餵兒，不要同時連續飼之。如元代危亦林《世醫得效方》的〈乳哺法〉所言：

> 乳後不與食，哺後不予乳。脾胃怯弱，乳食相併，難以剋化。幼則成嘔，而結於腹中作疼。大則成癖、成積、成疳，皆自此始[53]。

哺乳不交雜而食，以免造成消化困難，明代幼科醫籍如《寶產育嬰養生錄》[54]，及《全幼心鑑》[55]，仍續言之。代表當時幼醫對哺食方面的第二項主張。

　　更重要的是哺食幼兒開始的時間和份量的問題。對於何時適於給予嬰兒固態副食品，過去醫者議論紛紛。早期醫者，似乎贊成給年齡極小的嬰兒副食品。明代《寶產育嬰養生錄》中引葛氏《肘後方》說，「兒生三日，應開腹，助穀神。用碎米濃作汁飲，如乳酪。與兒大豆許，旋令燕之」。認為小兒剛出生三天，就可以研碎米作濃汁，令嚥豆大份量，以開胃助腸。又謂「兒生三日之外，當與少哺，以粟米煮粥飲，研如乳汁，每日與半蜆殼許。以助穀神，導達腸胃。」這是主張最早哺兒的例子。書中所引孫真人言，則謂「以粳米飲，七日外，與三大豆許」。由初生三日變成生後七日。不過最初給嬰兒的副食品，都是米漿等以穀類加水製成的嬰兒食品，成分單純，口味平淡，適於嬰兒腸胃。當時的看法，予剛初生幾天(三日或七日)的嬰兒以少量的穀製副食品，用意在助開幼兒胃口，幫忙刺激消化道

52　〔元〕曾世榮，《活幼口議》，頁79。
53　〔元〕危亦林，《世醫得效方》，頁17。
54　〔明〕不著撰人，《寶產育嬰養生錄》，卷2，〈哺兒法〉。
55　〔明〕寇平，《全幼心鑑》，卷2。

的蠕動，不是現代所在意的豐富所攝營養。中古之後，愈到晚期，醫者主張始哺的年齡也愈晚。上書所引巢氏之言，已改稱：「兒生滿三十日後，當哺少物，如二棗核許。至五十日，櫻桃許。上百晬，如大棗許。若乳少，當以意增之。不可多與，恐不能勝。」認為嬰兒出生三十天之後，可予微量固質食品，份量隨年齡漸長而逐增，但不可多與。文中並首次提到母親乳汁供應不足者，可酌增副食品的份量，表示已視副食品為嬰兒輔助食品。又引《聖濟經》言，以「兒生三日用飲，過三日用哺哺之，以賴穀氣也。」對於始哺之量，謂「哺之多少，量日為則」。並謂：「三十日後須哺，勿多者。若不嗜食，勿強與。強與則不消，而後成疾。」[56] 明寇平《全幼心鑑》對「哺兒」表示的意見，細節不同，而原則相類。以「初生小兒始哺，十日前如棗核，二十日倍之，五十日如彈子大，百日如棗。若乳母嬭〔奶〕少，不得從此法，當用意增之，卻不可過飽。若兒不嗜食，勿強與之，強與之則不消，必成疾也。」[57] 總之，嬰兒哺食之始，早期醫者謂於生後三日或七日，稍後改稱三十日後。所予食品，多為米粟等穀類，研細和水製成濃汁。而且份量極少，以數大滴為始。目的在助開腸胃，故不勉強。乳哺均不宜過，是近世多位幼醫共同的看法[58]。這些何時及如何開始嬰兒哺食的建議，是有關哺兒的第三類意見。

　　最後，近世幼醫對初試哺兒時，應如何準備食品，或餵予何類食品，亦有一些具體的主張。有經驗的幼醫如錢乙等，一方面看到「兒多因愛惜過當，三兩歲猶未飲食，致脾胃虛弱，平生多病」，深覺遺憾。另一方面又深知嬰兒腸胃脆弱，特別調製適當食品才能開始哺食。錢乙的建議是：

　　半年，宜煎陳米稀粥粥麵時時與之。十月後漸與稠粥爛飲，以助

56　〔明〕不著撰人，《寶產育嬰養生錄》，卷2，〈哺兒法〉。
57　〔明〕寇平，《全幼心鑑》，卷2。
58　參見〔明〕王鑾，〈乳哺論〉，《幼科類萃》，頁9-10；〔明〕徐春甫，〈乳哺〉，《古今醫統大全》，卷10，頁5633。

中氣，自然易養少病。惟忌生冷油膩甜物等[59]。

錢乙此處所談的哺兒食品，與中古哺兒所予初生數日嬰兒開其胃腸的穀汁不同。已較接近近代所謂的副食品，用以輔助半歲後嬰兒乳汁外食物的需要。即文中所謂「助中氣」，使之增強體力，「易養少病」，非早期所言「開腹助穀神」。此時的哺兒，始於半歲左右，仍以稀軟粥麵為宜。嬰兒十月以後，粥可逐漸變稠。但是一切生冷、油膩、甜物，仍應避免。王肯堂《幼科證治準繩》中引《寶鑑》，贊成「兒五十日可哺如棗核，百日彈丸，早晚二哺」。但認為在「三歲未滿，勿食雞肉」，以免「子腹生蟲」[60]。清代程杏軒《醫述·幼科集要》，也主張哺兒當謹慎為之，不必太早開始。一周歲前，嬰兒可單靠母乳。如果母乳不足，可輔以炒熟早米磨粉加糖，用沸水沖成的米漿。無論如何，應勿予肉食[61]。

　　整體而言，傳統對給予嬰兒副食品，態度相當謹慎，且略趨保守[62]。在哺食開始的時間和份量上，主張採漸進的方式，逐步增加。一再強調勿飼食過度，使之太飽。並要求避免味重難化的食物。均為合理原則。但乳食不得併予，則為無端過慮。對嬰幼兒副食品內容的限制，也過嚴格。三兩歲內幼兒，除乳汁外，只能輔以爛熟的粥麵和蔬菜，蛋白質和維生素及礦物質的攝取，都可能不足。中國傳統育嬰法在乳食方面，重消化而忽營養，於此可見。中古醫者建議嬰兒哺食，可自出生後數日至數十日後開始，重

59　《古今圖書集成》，卷422，頁34a。

60　同上。

61　《醫述》所引《幼幼集成》之原文曰：「小兒在胎之時，沖脈運血以養之，及其產下，沖脈載血以乳之。乳為血化，所以兒之脾胃，獨與此乳汁相吻合，其他則皆非所宜矣。凡小兒一周二歲，止可飲之以乳，不可餔以穀食。蓋穀食有形之物，堅硬難消，兒之脾氣未強，不能運化，每多因食致病，倘乳少，必欲借穀食調養者，須以早米炒熟磨粉，微入白糖，滾湯調服，不致停滯。至於肉食，尤為有害。」見〔清〕程杏軒，《醫述》，頁915-916。

62　亦可參見高鏡朗，《古代兒科疾病新論》，有關「新生兒及乳兒期的飼養」，及「斷乳後的飼養」之討論，見頁24-25；26-28。

點在「助穀神」，協助消化系統發揮功能，不注意哺食品內容對嬰兒營養
之助益，亦為此論點的一項明顯輔證。

四、幾項乳養問題

一般母親乳養嬰兒，即便遵循醫者之建議，不見得皆能順利。傳統幼
科醫籍中亦討論了一些有關乳兒問題，足以反映婦女常遭遇的困難，及當
時的應付之道。這些環繞著乳兒問題的議論，以涉及乳汁不足時的嬰兒代
用食品、不乳、吐乳、及斷乳四項主題者為最多。

(一)代用食品

母乳供應量不足時，若無力僱人傭乳，可用的代用品一般有二，一是
其他動物之乳，一是稀薄的穀粉製品。以家畜之乳飼兒，中國社會中一定
早有人嘗試。農村家中普遍飼豬後，豬乳飼兒，以補充母親初乳未至或乳
汁不足，更多為醫者鼓勵贊同。錢乙甚且教導民眾一種最衛生便捷的擷取
豬乳的方法。以豬仔吮吸，引得母豬乳汁湧出後，再將母豬自後腳提起，
豬仔將自動脫開，即可取得乾淨、安全、新鮮的豬乳，飼養嬰兒[63]。豬乳之
外，羊乳亦可為用，且被視為補品，北方民眾用者尤多。若無畜乳代用，
平常家中母乳不足時，最常用的補救辦法，是以各種磨細的穀粉，加水煮
成薄汁飼兒。其方式與開始哺兒時所備之嬰兒副食品相類。許多談哺食的
醫說裡，亦明言依法製成的哺食品，可供母乳不足時，作為嬰兒的代用食
品[64]。

63　「張煥論云：初生時或未有媧子，產婦之乳未下，可用豬乳代之，可免驚癇痘瘡。
　　錢氏曰：初生小兒至滿月內，可常取豬乳，滴口中最佳。按《聖惠方》取豬乳，須
　　令豬兒飲母，次後便提豬母後腳，豬兒口自離乳，急用手持之，即得乳矣，非此法
　　不可取也。」見《古今圖書集成》，卷422，頁33a。
64　如〔明〕寇平，〈哺兒〉，見《全幼心鑑》，卷2。

（二）不乳

　　嬰兒「不乳」的問題，宋代錢乙已注意到。以為嬰兒急欲乳而不能食，意味不正常之現象，可能為某些病症表徵，不能不理[65]。此後之醫籍，對不乳的現象，或試施療治[66]，或申述其因。認為造成不乳之原因多端，難產、著涼、胃撐脹、患病，或急性感染、排泄困難等，都可能使嬰兒拒絕乳食，應辨症而論治[67]。總之，大家均同意《幼科雜病心法要訣》的看法：「兒生能乳本天然，若不吮兮必有緣。」應究其因而矯正之[68]。嬰兒若持續不肯就乳，照養者必須正視解決[69]。

（三）吐乳

　　嬰兒吐乳，是另一個常見而廣為近世幼醫討論的問題。早期醫者注意到，有初生嬰兒吐乳，及患病與發熱時吐乳等兩種吐乳現象[70]。元明以後，對小兒「哯乳」及「吐乳證」的討論益詳[71]。以幼科名醫萬全的分析，最為深入切要。他提綱挈領地將小兒吐乳的問題，依其原因分為三個類型。一是因過飽而造成的「嘔乳」。謂：

65　〔宋〕錢乙，〈急欲乳不能食〉，《小兒藥證直訣》（臺北：新文豐，1985），頁18。

66　如：〔宋〕張杲，〈不乳〉，見《醫說》，卷10。〔元〕危亦林，〈不乳〉，《世醫得效方》，卷11，頁14-15。〔明〕王鑾，〈治不乳之劑〉，《幼科類萃》，頁61-62，74-75；其中多為刺激胃腸蠕動，及輕瀉、助消化之藥。

67　參見〔宋〕不著撰人，〈初生不乳不小便〉，《小兒衛生總微論方》，卷1，頁56。〔明〕王肯堂，〈不乳〉，《證治準繩》，頁49-50。〔明〕龔廷賢，〈不乳〉，《壽世保元》，頁572-573。及〔清〕程杏軒，〈不乳〉，《醫述》，卷14，頁920。

68　〔清〕吳謙，〈不乳〉，《幼科雜病心法要訣》，頁18-19。

69　亦可參見陳聰榮，〈不乳〉，《中醫兒科學》，頁24。

70　見〔宋〕錢乙，〈生下吐〉，及〈吐乳〉，《小兒藥證直訣》，頁14-15。〔宋〕張杲，〈小兒傷乳食發熱〉，《醫說》，卷10。

71　如〔元〕曾世榮，議〈哯乳〉，《活幼口議》，頁73-74；〔明〕魯伯嗣，〈嘔證吐乳證〉，《嬰童百問》，卷5，頁338-345。

> 嘔乳者，初生小兒，胃小而脆，容乳不多，為乳母者，量而與之，
> 勿令其太飽可也。子之胃小而脆，母之乳多而急。子縱飲之，則
> 胃不能容，大嘔而出。嘔有聲，而乳多出。如瓶注水，滿而溢也。

二是因抱兒姿勢不適，造成的偶然「溢乳」的現象。謂：

> 溢乳者，小兒初生筋骨弱，左傾右側，前俯後仰，在人懷抱扶之
> 也。乳后〔後〕太飽，兒身不正，必溢出二、三口也。如瓶注水，
> 傾而出也。

三是無特別原因而微滲出的「哯乳」。謂：

> 乳者，小兒無時乳常流出，口角唇邊常見，如瓶之漏，而水滲出
> 也，即哺露。

萬全隨即則云，嘔乳、溢乳，均非嚴重問題，只要飲乳量稍予節制，注意
舉姿抱姿，即可避免。時常哯乳的嬰兒，可能胃力較弱，應考慮予藿香、
木瓜等辛香之劑以助消化而改善之[72]。
　　萬全的論述，將嬰兒吐乳的各種原因和徵象，一一解析。將日常吐乳
和伴隨疾病出現的嘔吐兩種現象分別開來，為此前醫者所不及。其後醫籍
續論吐乳，多著力於二者之分別。正常的吐乳，常見而不必診治。因病而
致的吐乳，則不能不予療治，賴細察形色脈證而辨治之[73]。

72　〔明〕萬全，〈嘔吐〉，《幼科發揮》，卷1，頁66-69。
73　參見〔明〕薛鎧，〈嘔吐〉，《保嬰全書》，卷5，頁662-663。〔明〕王肯堂，〈傷
　　吐乳〉、〈吐不止〉，《證治準繩》，頁530-534；頁50。〔明〕張介賓，〈吐乳〉，
　　《景岳全書》，卷41，頁101-102。〔明〕孫一奎，〈傷乳〉，《赤水元珠》，頁25。
　　〔清〕吳謙，〈哯乳〉，《幼科雜病心法要訣》，頁39-41。〔清〕程杏軒，〈哯乳〉、
　　〈吐瀉〉，《醫述》，頁954-955。

（四）斷乳

嬰兒以母乳為主食，到達某一年齡，必須中止。轉而攝取其他食品。此斷乳之年齡，各個社會不同。傳統中國乳兒時期較長，斷乳的時間較晚。極少早於一周二歲者，多半在二周三歲，也就是兩足歲左右，才真正斷乳，轉採哺食[74]。遇有母親乳汁不足，或懷妊在先者，也有在一至兩周歲間嘗試斷乳的。

斷乳一事，常非易事，古今中外皆然。一則幼齡斷乳對嬰兒的飲食習慣和身體健康是一項挑戰。二則不論何時斷乳，總有許多嬰兒啼哭不就，使母親很難順利達成任務。有鑑於此，自古幼科醫籍中多有論及斷乳之方者。欲協助斷乳不成的母親，達成中止餵乳的目的。從這些斷乳方等資料中，更可以確定，過去中國婦女多以居家育兒為責，乳兒時期延長，三、四歲尚未斷乳的情形並不稀奇。醫者與社會大眾均不以為意。到四、五歲，五、六歲後，還繼續吮乳的幼兒，才被視為問題，欲予改善[75]。

至於實際上如何解決嬰幼兒斷乳不成的問題，過去醫者建議跡近民俗療法。中古以來盛傳民間的一項「斷乳方」，唐代醫籍已有載記。元代朱震亨的《丹溪先生治法心要》中，仍然可見。此方之內容指：

> 山梔子三個，燒存性，雄黃、朱砂、輕粉各少許，共為末，生麻油調勻。兒睡著時，以藥抹兩眉，醒則不食乳矣[76]。

---

74 參見〔明〕寇平，〈乳兒法〉、〈哺兒〉，《全幼心鑑》，卷2。

75 〔明〕寇平的《全幼心鑑》，和王肯堂的《證治準繩》，均以「小兒年至四五歲當斷乳而不肯斷者」，為關心之對象。〔明〕龔廷賢的《壽世保元》，則以「小兒三、四歲或五、六歲，當斷乳，不肯斷者」為衡量採用斷乳方之標準。見〔明〕寇平，〈斷乳法〉，《全幼心鑑》，卷2；〔明〕王肯堂，〈斷乳法〉，《古今圖書集成‧醫部》，卷422，頁34a。及〔明〕龔廷賢，〈斷乳〉，《壽世保元》，頁518。

76 〔元〕朱震亨，〈斷乳方〉，《丹溪先生治法心要》（臺北：新文豐影印明刊本，1982），頁913。

這個處方是傳統中國醫籍中最常見的協助母親斷乳的辦法。近世幼醫之
述，或略有增減修飾，但基本題旨不變[77]。以山梔、雄黃、朱砂等磨粉，調
入生麻油，塗在熟睡中幼兒的雙眉上，謂能使之醒後即不再食乳。此處方
的效果，應以自我安慰成分居多，與實際奏效的關係不大。正如當時流傳
社會的，講求為幼兒斷乳特別擇定吉月吉日一樣[78]，這類號稱能助母親斷乳
的辦法，表達了家長對幼兒順利斷乳的強烈希冀。更重要的，是這類處方
對母親心理可能有的助益。因有具體可行之方，或賦予斷乳困難的母親額
外的信心和勇氣。得此鼓勵，堅其意志，終告成功。

　　傳統醫籍中一再載錄斷乳之方，一方面顯示斷乳對許多婦女確是困
擾，另一方面也表示當時醫界對此瑣碎問題的關切。號稱中國醫史上開宗
立派的金元四大家之一的朱震亨，對嬰兒哺乳問題僅有的一項申述，就是
斷乳之方，可為力證。此外，近世醫者談論嬰兒斷乳問題時，或兼及嬰兒
胃腸不適，消化有恙，以為均可能影響斷乳的順利與否，提醒大家注意[79]。
也有提供協助母親消退乳汁的處方，以配合斷乳之需要[80]。凡此均見傳統醫
者對嬰兒斷乳及相關事宜的重視，與設想之周到。

五、實際的例證

　　哺乳嬰兒之不易，從近世幼科醫籍案例，及明清傳記資料中，亦可略
窺一二。

77　參見〔明〕寇平，〈斷乳法〉，《全幼心鑑》，卷2；〔明〕龔廷賢，〈斷乳〉，《壽
　　世保元》，頁518；〔明〕王肯堂，〈斷乳法〉，《古今圖書集成》(引《證治準繩》)，
　　卷422，頁34a。及〔明〕孫一奎，〈斷乳法〉，《赤水元珠》，卷25，頁57-58。
78　〔明〕寇平的斷乳方中，以「子虛、丑斗、寅室、卯女、辰箕、巳房、午角、未張、
　　申鬼、酉觜、戌胃、亥壁」為斷乳吉日，尤以卯日為吉，並認為「三月、五月、七
　　月、忌斷乳」，見《全幼心鑑》，卷2。
79　〔明〕寇平，〈斷乳法〉，《全幼心鑑》，卷2。
80　〔明〕龔廷賢，〈斷乳〉，《壽世保元》，頁518。

(一)醫籍所見

明代萬全的《幼科發揮》中，列舉了五個具體的嬰兒吐乳的個案。其中兩件是嬰兒因病吐乳不停。一位是該縣（湖北羅田）陶姓儒學教官八個月大的兒子，「湯凡入口即吐」。一位是王次峰三個月大的次子，也是「藥乳不納」。均以豬膽汁、童便調理中湯丸劑，冷服而愈。另外有一個例子，是英山鄭孔韶三個月的女嬰，患傷食吐乳。據萬全判斷，是因積食過飽所致。家人起初否認，後來嬰兒吐出飯食，才承認五天前到外祖父家探訪，顯然有人愛兒過切，竟哺予三個月的女嬰大量（半碗以上）飯食。使她幾天後，仍然「壅塞腸胃，格拒飲食，所以作吐」。最後萬全乃以「下」法解決問題。後面兩個例子涉及的，都是新生嬰兒吐乳的現象。第四個例證，是「一兒初生即吐」。萬全顧慮一般所用錢氏木瓜丸，新生兒脆弱的胃腸可能承受不住。建議家長設法分辨此兒吐乳的原因。如果是「初飲乳，乳多過飽」所致，只要令母親注意緩緩與之即可。若因浴時著涼所致，亦可用溫和的辦法調治。如以一盃乳汁與薑蔥同煎，而少與服之。或用炙甘草煎湯，清理腸胃。第五個案例，是一嬰兒，「自滿月後常吐乳」，父母十分憂心。萬全先即判斷，可能非疾病所致。告之曰，「嘔吐者，非常有之病也，今常吐乳，非病也」。以為因病而致的吐乳，數日來去，不會經常發生。經常發生吐乳，一定是乳養方法出了問題。建議父母，觀察母親平日乳兒及嬰兒吐乳時的情況。如果「母氣壯乳多者，唯恐兒饑，縱兒飽足」。乳兒過度，會使嬰兒將「所食之乳，湧而出」。這種嘔乳，情勢「如瓶之注水，滿而溢也」。「宜損節之」。如果母親懷抱時左右傾側，使乳流出，是因姿勢不當造成的溢乳。只要「能緊護持，則不吐也」。如果嬰兒胃弱，消化力不強，「不能受乳而變化之」，以致「無時吐之」，而「所吐不多」，是一般所稱的哺露。萬全建議，給予整腸胃、助消化的肥兒丸[81]。

---

81 〔明〕萬全，〈嘔吐〉，《幼科發揮》，頁66-69。

　　清代魏之琇所輯《續名醫類案》中，〈小兒乳病〉一篇也刊錄了八個嬰兒乳養困難的實例。其中有兩個例子，是乳兒得病，影響乳食。一是16世紀湖北一位兩個月大的嬰兒，忽然發熱不乳。還有一位嬰兒，忽患瘄不能出聲。皆分別對症診治。

　　另有兩個例子，是嬰兒飲了酒乳或醉乳而出的狀況。一是名醫張從正（子和）所遇一小兒，「寐而不寤」。諸醫均以睡驚治之，甚或有欲以艾火灸之。嬰兒的父親謂：「此子平日無疾，何驟有驚乎？」對諸醫的判斷，表示質疑，以之求教張從正。張從正診其兩手之脈，決定並非驚風。乃竊訊其乳母：「爾三日前曾飲醉酒否？」乳母遽曰：「夫人以煮酒見餉，酒味甚美。三飲一罌而睡。」張從正至此確定此嬰兒久寐不醒，是母親、乳母雙方大意，貪飲美酒，酒後「乳兒亦醉也」。乃以醒酒劑解之。此外，明御史陳公金陵家中小兒，一日亦忽「閉目，口不出聲，手足俱軟」。急延醫治之。孟友荊見之乃云：「公子無病，乃飲酒乳過多，沈醉耳。濃煎六安茶，飲數匙便醒。」由此二例，可見母親酒後乳兒，使兒乳後昏睡不醒，確曾發生。

　　魏氏《續名醫類案》中又有二例，涉及「交乳」或「淫乳」，即母親交媾後立即乳兒，造成嬰兒不適。一是萬氏所遇的一位小兒，出現吐乳便黃，身微熱等現象。萬氏起疑是「熱乳」所致。詢母，謂並未食熱物。萬氏乃密語其父曰：「必傷交媾得之。」並解釋謂「父母交感之後，以乳哺兒」而成。另一個例子，是薛立齋所治的一小兒，有「目睛緩視，大便臭穢」之症，據判斷也是「飲交感時乳所致」。母親交媾後立即乳兒，近代臨床記載，有時確會使小兒出現嘔吐、啼吵、腹瀉等輕微不適，但逾時即安，影響並不如舊時醫者所言之廣泛嚴重[82]。不過受當時的中國醫療文化及社會所影響，傳統中國對淫乳不宜仍相當重視。

　　最後魏氏還錄了兩個例子，是母親或乳母乳汁供應不足所造成的問

82　參見高鏡朗，《古代兒科疾病新論》，頁25。

題。內容情景均十分動人，值得注意。一是王三峰二歲的兒子。多病。萬氏往視，認為「此乳少病也」。父親最初的反應是很不贊成，說：「兒乳極多」。待醫生走後，母親回頭檢查乳媼，才發現她果然無乳。再問她平日如何養育孩子，她答道：「晝則飯以哺之，或啖以粑果。夜則貯水以飲之。」原來這兩歲的嬰兒白天靠乳母嚼飯哺之，夜間則單飲水度日。久之營養不足，難怪經常生病。父母發現實情以後，又回頭去找醫生。此時醫生在構思對策時，表現過人的智慧，特別為嬰兒的處境設身考慮。曰：

> 欲使即換乳母，則兒認慣，不可換也。若不使有乳婦人哺之，則疾終難治也。不若仍與舊母養之，擇一少壯有乳者，夜相伴，以乳哺之。久而慣熟，自相親矣。

醫生建議，暫留乳母，而另以有乳的婦人夜伴嬰兒眠並乳之，漸熟後再換。兼顧嬰兒心理及營養雙方面的需要，十分周到。此例亦反映，覓得可靠乳母，著實不易。而嬰兒二歲仍仗乳汁為主食，與醫籍所載斷乳晚、哺食的一般策略，相當吻合。嬰兒缺乳時的代用品，以細軟穀類和水為主，亦在在反應過去哺乳上的保守傾向。

第二個缺乳的例子，是陸養愚所治姚明水的兒子。此兒甫滿一歲，母親無乳，「乃以糕餅棗柿哺之」。久之，小兒的營養和消化都出問題。「上則口舌腐爛，下則膿血相雜。治療半載，肉削如柴，飲食少進。」後以補中益氣湯，緩以匙灌，經過相當時間的療養，才逐漸改善[83]。兩個缺乳的實例，都顯示婦女無乳乳兒，過去仍是相當常見的問題。而代用食品，以甜果或碳水化合物為主，更是造成這些嬰兒營養不良，體弱易病的原因。

萬氏及魏氏兩種醫籍所載案例，可見嬰兒吐乳、過乳、飲醉乳、淫乳或乳時罹病，均為實際問題。母親乳少或無乳，及哺食不宜，亦會使嬰兒

83　均見魏之琇，〈小兒乳病〉，《續名醫類案》（《文淵閣四庫全書》，冊785），頁82-84。

哺養出現困難。過去的父母，育嬰時遭遇這些問題，不論男嬰女嬰，有能力的家庭均嘗就教專長幼科的醫生。當時有經驗的幼醫乃以其專長之臨床學識，設法助人。

（二）傳記所載

明清所遺傳記資料中，偶或透露當時育嬰乳養的個別狀況。披沙揀金，彌足珍貴。當時一般家庭均以母親自乳兒為原則。家族及傳記資料常有記載。不少婦女生育間隔呈二至三年的規律，亦可為一輔證[84]。母親乳養嬰兒，吐乳及乳汁不足是常遇到的困擾。黎培敬（1826-1882）幼時母親自乳，即曾發生吐乳不適現象[85]。此外，母親健康發生變化，乳汁供應自然受影響。陳衍（1856-1937）嬰兒時期，其母患病，乳汁遂絕[86]。嬰兒期，母親缺乳或乳汁不足，若家庭無力傭人代乳，孩子的健康也隨之受到影響。皮錫瑞（1850-1908）幼時因母無乳，乳養狀況不佳，遂致「幼弱」[87]。

母親乳汁不足，或失去供應，又無人代乳，迫使轉用其他代用食品，哺養嬰兒。左宗棠（1812-1885）生時，母親即無乳。宗棠日夜號泣，母親只能飼以米汁[88]。岑毓英（1829-1889）原由母親自乳，不幸周歲前喪母，他又不肯接受別人代乳，不得已之下，祖母只好哺之以粥[89]。傳記資料中提到的嬰

84　黎培敬，《竹閒道人自述年譜》（《年譜叢書》第44輯，臺北：廣文，1971），頁3。
85　同上。
86　陳聲暨，《侯官陳石遺年譜》（見《年譜叢書》第57輯，臺北：廣文，1971），頁11。
87　「公述先母瞿恭人事略云：後復有孕而病，醫者誤以藥下之墮，幾殆，自是羸弱多疾，錫瑞幼善病，幾不全者數矣，恭人病，無乳，雖雇乳媼，恭人躬保抱撫護，寢食不離側，遇錫瑞病，輒日夜不眠，藥餌祈禱，至困頓弗惜。」皮名振，《清皮鹿門先生錫瑞年譜》（《新編中國名人年譜集成》第16輯，臺北：商務，1981），頁4-5。
88　「按家書甲子與孝威書云：吾家本寒素，爾父生而吮米汁，日夜號聲不絕，臍為突出，至今腹大而臍深，吾母嘗言，育我之艱，嚼米為汁之苦，至今每一念及，猶如聞其聲也。」嚴正鈞，《左文襄公年譜》（見《年譜叢書》第38輯，臺北：廣文，1971），頁5。
89　趙藩，《清岑襄公毓英年譜》（見《新編中國名人年譜集成》第2輯，臺北：商務，1978），頁7-8。

兒代用食品，仍以稀薄的穀類製品為多，與醫籍中之記載相當一致。

士人家庭母親乳汁不足，或者不願不便自乳，傭人代乳的情況很多。如前所述，明清的醫界和社會輿論對傭乳一事並無異議。只是適當乳媼難求。近世傳記常提到僱請乳母，而合適的乳母並不易得。曾紀芬(1852-1942)的傳記曾提到，曾氏家族僱請乳媼乳兒的事[90]。陳英士(1878-1916)母親產後多疾，亦仗傭乳媼乳之[91]。但要找到好的乳母，十分困難。過去醫籍家訓中充滿警誡家長應慎擇乳母的忠告，史實中亦反映出許多家庭尋找乳母所遭遇的困難和挫折。邵行中(1648-1711)襁褓中需人餵乳，祖母等為他四處徵選乳母，都不成功。最後「十易保母，乃得乳」[92]。徐鼐(1810-1867)的傳記也說，家人為他「覓乳媼，不稱意，久得孫氏乃安」[93]。汪康年(1860-1911)幼時，母親為他找人代乳，一直不能如意。其後他的二弟、三弟出生，決定不再僱用乳媼，都由母親親自乳養[94]。這些例證，及前醫案所錄乳母無乳，以飯水相詐之事，一方面顯示，傭乳一事，易生流弊。想請到好的乳母，的確十分困難。另一方面，也表示當時醫界，及經常傭乳的士人家庭，對「選擇乳母」之事，一直相當重視。而這種仔細重視的態度，自然為嬰兒福利多加一層保護。

六、結語

整體而言，傳統中國對嬰兒的乳哺之道，非常重視。醫界對乳養嬰兒

90 曾紀芬，《崇德老人自訂年譜》(見《年譜叢書》第56輯，臺北：廣文，1971)，頁9。

91 徐詠平，《民國陳英士先生其美年譜》(見《新編中國名人年譜集成》第8輯，臺北：商務，1980)，頁4。

92 「祖母撫先生，十易保母，乃得乳。」(據〈五世行略〉及邵國麟所作〈念魯先生本傳〉)姚名達，《清邵念魯先生廷采年譜》(見《新編中國名人年譜集成》第17輯，臺北：商務，1982)，頁9。

93 徐鼐，《清敝帚齋主人徐鼐自訂年譜》(見《新編中國名人年譜集成》第6輯，臺北：商務，1978)，頁3-4。

94 汪康年，《汪穰卿先生傳記》(見《年譜叢書》第59輯，臺北：廣文，1971)，頁10。

時的規律、食量，及位置、安全等原則，所論切實詳細。這一套乳兒的主
張，假設嬰兒在飲食消化和體能狀況上，都比較脆弱，故對所有乳養相關
之事，講求加倍的留意與保護。而將一切乳養的責任與禁忌置於乳養者(母
親或乳母)之身。

這種加意保護幼兒的立場，亦反映在選擇乳母和講求哺食方面。擇乳
母的標準，繁複嚴格。所示始哺和斷乳的時間，都比較晚，而且哺食的食
物內容清淡簡單，重消化過於營養。層層建議，將嬰兒視為一個十分脆弱
而易受傷害的生命體，無力自保。整個傳統中國的育嬰文化，在這個方面
似乎顯得有些保護過度。相形之下，西方近代醫界所談的哺乳之方，立論
上要大膽而放任得多。雖仍強調母親自乳等原則，但基本上假設嬰兒生來
已備若干自求多福的條件，不會輕易受損。乳養者很可以視情況，隨意調
整哺乳的細節和規律[95]。

然反而思之，傳統中國一般衛生防疫條件，不能與現代相提並論。當
時的醫藥環境下，嬰兒健康若生變故，事後能有的補救和治療方法非常有
限。權衡之下，加倍講求保護就成了最穩妥的撫養之道。醫案及歷史實例，
顯示其顧慮的林林總總問題，確實存在民間。也說明了所揭示的原則，曾
發生過真實的影響力。在當時衛生醫療和經濟社會各方面的客觀環境下，
傳統所講求的乳哺之道，即便在保護嬰兒上有些微矯枉過正之處，但是其
維護幼兒的苦心，的確為保全嬰兒生命，綿延幼年人口，發揮了可貴的力
量。

總之，傳統中國對嬰兒哺乳的討論，相當務實。雖無生物化學及營養
學等現代科學知識，其對餵乳及哺食的種種原則，考慮理性，技術面之講
求亦相當周詳。依當時醫籍及傳記資料所示，餵食母乳乃為近世最通常的
的餵養嬰兒方式。動物之乳和穀類薄汁，只是母乳不足時的代用品，傭乳

95　Thomas E. Cone, Jr., *History of American Pediatrics*(Boston: Little Brown Co., 1979),
　　Chapter 6, "Infant Feeding of Paramount Concern," pp. 131-150.

亦僅限於中上家庭。普遍餵以母乳,對傳統中國的嬰幼兒健康及人口增長,均有重大的意義。首先,對嬰幼兒而言,母乳營養安全,加強免疫,又無虞於其他代用品(常以生水調製,易受污染)之衛生問題,健康上最有保障。其次,相當長的餵乳期(一般中國婦女斷乳較晚,通常於嬰兒二週歲左右才停止餵乳),對婦女之自然避孕,及加長生育間隔期,都有幫助。中國歷史人口學之研究,發現一般生育間隔期在二至三年,而婦女平均生育率只有5.2左右,可視為一相關輔證。尤因近世中國對產後行房雖曾有禁忌,而並未使之絕跡,醫書對淫乳(行房後立即乳兒)的警告,足以說明當時夫婦之房事常常並不受乳兒之影響。如此情況下,較長的餵乳期可能是傳統時期,在有限的技術條件下,最普遍而有效的一種控制生育的因素。過去醫者及民眾,對此因素之運用,已有相當之認識。另外一方面,中上家庭僱用乳母,可能縮短生育之間隔期,增長富裕家庭婦女之生育率,而延長乳婦(通常出身貧家)的生育間隔期。惟因乳母住入主人家庭,飲食餵乳都有主人之供應監督,與西方相較,依賴僱乳之嬰兒存活率,大為提高。

最後,哺乳歷史上多由婦女負責。若以近世中國醫籍建言所示,乳育嬰兒之婦女,其福利與需要都頗受關注。對乳養中婦女之種種要求,乃因將之與幼弱嬰兒對舉,「為母者強」,婦女此時被視為強有力之供應者;非相對於男性權威下,為弱者之一種。一般對傳統婦女角色之討論,重社會面而忽生理面。近世乳哺資料之提示,亦可略為矯正。

第八章

嬰幼兒生理

　　對從事科學史研究，尤其是醫學史工作的人而言，其概念上一向須面對的一個挑戰，或者突破的一個關口，就是於重重疊疊的史料、古籍中如何披沙鑠金，確定哪些是過去一時一地的「舊說」，哪些又是千古不移的「真知灼見」，或者躲藏在這些「真知灼見」背後的永恆的疑問，乃至穿戴著舊時語言習慣的說法，一些披掛了歷史灰塵、色彩、模樣的某種對宇宙、人生不變的追求過程中，所留下的一些對某個特定問題在思索、推敲、追問，設法解決過程中所留下的一段時代演變在科學史與生命醫學史上的「軌跡」。

　　這項揭開層層知識面紗的工作之所以不易，一則是19、20世紀以來近現代科學之演變神速，給了世人一種「謎底終已揭曉」、我們終於有了「標準答案」，掌握全部「科學真理」的錯覺。也就是說，如今一般人對現代科學之普世性定論，其為「真知灼見」，既然深信不移，對照之下，此前所有「近代以前」的想法、說法、做法不免相形而見絀，顯得十分可鄙可笑，既為過去的「無稽之談」，不得已之無知與無助之狀況，應該也就不值一提，沒有太多需要重翻故紙，重提的往事，重訪的舊址、老路。這種近現代科學的一往情深，崇拜信仰，在生物醫學領域尤其突顯，從而也就更增加了在醫學史上重訪舊跡的困難。

　　此外，揭開「歷史辭語」，尤其是醫學技術上的陳辭舊說，本身也是件困難的功夫。要能拂去語言上的舊塵，考慮「歷史辭語」背後對人類生理健康上長久不變的「疑問」，以及每個時代、地區對這些長久不變的生理健康疑問所曾有的預設，其想法、做法，不論如今看來，有多少站得住、站不住的地方，因其設想曾為過去人口存活實踐上的憑依，總是值得重看、重想。

　　從上述兩個層面上說，過去幼醫流傳多時的對嬰幼兒生理變化上所謂的「變蒸」一說，是一個很好的範例。

　　因為，出生一、兩歲之內的嬰幼兒，生理上有兩個最突出的特徵，就是他們一方面成長發育的速度很快，即便以肉眼觀察，不謂之日新，月異

則是確鑿無疑。另一方面，這些幼齡小兒還常常出現身體上的不適，容易發生體溫上升、腹瀉乃至飲食不思等情形。兩種現象並存，很為過去照顧他們的家人與醫生擔掛。大家都想了解這快速成長的表象之後，其生理變化的步驟到底為何。更欲判斷常有的不適中，何者為自然的生長變化，何者為異常病變，必須尋醫救治。

　　面對這個嬰幼兒生理變化的基本議題，傳統中國醫界曾嘗試提出一種看法，稱為「變蒸」之論。以之說明嬰幼兒健康之常態和變態，及與嬰幼兒成長發育間的關係。這個傳統變蒸說的理論，前後在中國幼醫界風行千年左右，其間經過不同階段的發展與辯論。如今重新檢視此「變蒸」說在中國幼醫界興起、發展與變化的過程，一則可以瞭解過去千年來中國醫者對嬰幼兒生理曾有之基本知識為何，二則從其中的曲折變易，也可以意識到推動過去健康與醫療知識興衰進退背後的理念或動力所在。

一、初步假設

　　中世紀以前，中國醫界對初生嬰兒的生理變化並沒有任何特殊的看法。西元第7、8世紀左右，重要醫典中才開始提出一種新的理論，謂嬰兒出世後的前五百多天裡，生理上乃循著一種「變蒸」的法則逐步成長變化[1]。當時這種有關小兒「變蒸」的初步假說，可以唐代孫思邈《少小嬰孺方》中的論述作為代表。孫氏對所謂「變蒸」一說的敘述相當詳細，首謂：

> 凡兒生三十二日一變，六十四日再變，變且蒸；九十六日三變，
> 一百二十八日四變，變且蒸；一百六十日五變，一百九十二日六
> 變，變且蒸；二百二十四日七變，二百五十六日八變，變且蒸；

1　明代張介賓的〈變蒸篇〉亦謂：「小兒變蒸之說，古所無也，至西晉王叔和始一言之，繼自隋唐巢氏以來，則日相傳演，其說益繁。」見〔明〕張介賓，《景岳全書》（《四庫全書》，778冊），卷41，頁110。

二百八十八日九變；三百二十日十變，變且蒸。積三百二十日小
蒸畢後，六十四日大蒸，蒸後六十四復大蒸，蒸後一百二十八日
復大蒸。凡小兒自生三十二日一變，再變為一蒸，凡十變而五小
蒸又三大蒸，積五百七十六日，大小蒸都畢，乃成人[2]。

基本上這是一段相當機械化的敘述，認為嬰兒初生前一年半左右的生理變
化，依照一種刻板規則進行。前320天之內，每32天經過一「變」。再過32
天（也就是每64天）有「變」加上「蒸」的情況，總共經過十變和五小蒸（即
320日），再有三次「大蒸」（分別在生後384日，448日和576日），小兒生後
576日之時，此階段之成長方告一段落，「乃成人」。

這段文字中所謂的「變」，簡單的說是變化或改變的意思。「蒸」則
指的主要是小兒體熱的現象。依孫思邈此處所言，嬰幼兒生理成長變化循
一種「固定進階」的方式進行。每32日（即一個月左右），有一次明顯的變
易。而每64日（即二個月左右），會有身體發燒不適等現象伴隨此正常變易
出現。如此一共經過十次變化和五次輕微的發燒不適，320天後（即一歲左
右），小兒再有三次比較嚴重的發燒不適（前兩次間隔64天，後一次間隔128
天），小兒一歲七、八個月時，其身體成長變化乃大致完成。這就是有關嬰
幼兒生理變化的「變蒸」論初步提出時的面貌。其重點在認為小兒生理變
化，循一定規律進展，每到固定時日，會出現「變」和「蒸」的現象。這
種解說，將小兒生理變化視為一種機械化過程，而且首度將自然的成長變
易與嬰幼兒健康異常身體不適現象，相提並論，以為兩者是相關一物之兩
面，同為幼兒生長所必經。

至於「變蒸」說中所謂的「變」，到底指的是小兒生理上何部門之變，
如何之變。所謂的「蒸」，到底是為何而蒸，背後的道理何在，這個時期
的醫說均尚未及。孫思邈僅簡言：「小兒所以變蒸者，是榮其血脈，改其

2　〔唐〕孫思邈，〈變蒸〉，《少小嬰孺方》（臺北：故宮博物院善本收藏書），頁2-3。

五臟,故一變竟輒覺情態有異。」表示變蒸的現象代表小兒的血脈需要發
展增榮,五臟也在改變之中。並指出每過一段時日一變後,小兒神情體態
均較前期不同,作為證據。

如今重讀孫氏等的變蒸之說,除其對小兒生理變化之假說值得檢視,
更應追問,中世紀中國醫者為何突然提出此一理論,其動機與背景何在。
要解此疑,關鍵在變蒸論的後半段所述,言及此看法在臨床上的應用,及
其所帶動育兒習慣的變革。孫氏變蒸論在敘述變蒸的過程後,立即提起此
變蒸徵象,通常包括體熱、出汗、不欲食等。症狀之輕重,與發生的時間,
各個別嬰兒可能會有差異[3]。重要的是,照養嬰兒者須能確認其症候為正常
變蒸過程的一部分,與小兒其他疾病症狀不同[4]。主張變蒸說的中世醫界權
威,如孫思邈等,論說中一再強調,呼籲醫者及家長注意,小兒成長的生
理變化中,本常伴有一些身體不適。家人不應大驚小怪,當思此為必然而
正常的生理成長變化。慎勿慌亂中求醫施藥。孫氏對照養嬰幼兒的家人建
議:

> 變蒸之時,不欲驚動,勿令傍多人。兒變蒸,或早或晚,不如法
> 者多。又初變之時,或熱甚者違日數不歇。審計變蒸之日,當其

---

3 孫氏原文謂:「其變蒸之候,變者上氣,蒸者體熱。變蒸有輕重,其輕者體熱而微
 驚,耳冷尻冷,上脣頭白泡起如魚目珠子。微汗出。其重者,體壯熱而脈亂,或汗
 或不汗,不欲食,食輒吐晛,目白睛微赤,黑睛微白。又云目白者重赤,黑者微變,
 蒸畢自精明矣。此其證也。單變小微,兼蒸小劇。凡蒸平者,五日而衰,遠者十日
 而衰,先期五日,後之五日為十日之中,熱乃除耳,兒生三十二日一變,二十九日
 先期而熱,便治之如法。至三十六、七日蒸乃畢耳。恐不解了,故重說之。」見〔
 唐〕孫思邈,《少小嬰孺方》,頁3-5。

4 孫氏原文續謂:「若於變蒸中加以時行渴病,或非變蒸時而得時行者,其診皆相似,
 惟耳及尻通熱,口上無白泡耳。當先服黑散以發其汗,汗出溫粉粉之,熱當歇,便
 就瘥。若猶不都除,乃與紫丸下之。……變蒸與溫壯傷寒相似,若非變蒸,身熱耳
 熱尻亦熱,此乃為他病,可作餘治。」見〔唐〕孫思邈,《少小嬰孺方》,頁4-5。
 亦見《古今圖書集成・醫部》,卷427,頁1b。

時，有熱，微驚，慎不可治及灸刺，但和視之[5]。

顯然在中世紀以前，中國家長常有一見嬰兒發燒出汗，不思飲食，立急求醫。而當時醫界對這些小毛病又動輒施以峻厲的吐下等藥，結果造成大量嬰幼兒的夭折傷亡。醫者中深思熟慮者，亟欲改革此育兒習俗及可悲的社會現狀，乃提出此新立的「變蒸」之論，說明小兒初生一、兩年內，生理上須經許多階段的生長與變化。過程中本易出現發燒等輕微不適。扶幼者應理解此自然與正常過程，勿輕易投醫施藥，帶給稚弱者不必要的傷害。孫氏〈變蒸論〉一篇，分於四處再三申誡，成人切勿隨便對嬰兒施以不必要的灸刺藥治[6]。可見中世醫者欲改革舊時習氣，提倡一種較溫和自然的育嬰法，很可能是推動變蒸說產生最主要的背景。

無論如何，中世重要醫典均贊同此變蒸說之假設。孫思邈外，隋代巢元方的《諸病源候論》和唐代王燾的《外臺秘要方》，均有類似討論[7]。

二、變蒸之議

關於小兒生理的變蒸理論，中世醫界權威提出以後，曾盛行一時。尤以宋代幼科興起到元明兩代，歷經七、八百年，中國幼科及醫界普遍遵奉變蒸之說。其間亦不斷有醫者提出對小兒變蒸現象的諸般看法。但綜其內容，不外有二。一在進一步推論此生理變化的具體步驟及背後原理。二在繼續推敲對變蒸中嬰幼兒應有對策及當注意事項。這兩方面議論中，有幾

---

5 〔唐〕孫思邈，《少小嬰孺方》，頁4-5。亦見《古今圖書集成・醫部》，卷427，頁1b。

6 除上引之段落外，其餘三處分別謂：「（他症之外）審是，變蒸不得為餘治也」；「當其變之日，慎不可妄治之，則加其疾變」；及「當是蒸上，不可灸刺妄治之也。」見〔唐〕孫思邈，《少小嬰孺方》，頁6。

7 〔唐〕王燾，〈小兒變蒸論二首〉，《外臺秘要方》（臺北：新文豐出版社，1987影印），卷35，頁431-434。

個特別值得一提的里程碑。

　　首先，在嘗試進一步說明變蒸此一小兒生理的內情上，近世中國幼科鼻祖錢乙的努力最為明顯。錢乙在《小兒藥證直訣》的〈變蒸〉一篇，開頭即謂：

> 小兒在母腹中，乃生骨氣，五藏六腑，成而未具全。自生之後，
> 即長骨脈，五藏六腑之神智也[8]。

錢乙於此提出一個主要的看法，認為小兒之所以會有變蒸的現象，是因為嬰兒剛出生的時候其骨骼臟腑雖成形而未完全。所以要經過相當時日成長變化，才漸發展成完備的狀態。為了解釋為何32日一變，並確指320日內長骨氣及生長臟腑的過程，錢乙刻意建立了一套理論。仔細說明這個過程發生的原理和可能的步驟[9]。姑不論其推論是否合理，錢乙之所以要鋪陳這一大套說辭，除代表他對小兒生理變化的揣測外，更重要的，是他希望進一步說服家人及醫者，相信他的看法，從而承認變蒸是所有嬰幼兒自然必經。如他結語所言「是以小兒須變蒸蛻齒者，如花之易苗」。因而各家成人遇到嬰幼兒身體略微不適，不要輕易求醫，遭峻藥之害。

8　〔宋〕錢乙，《小兒藥證直訣》（臺北：新文豐出版社，1985），頁8。

9　原文先說明長骨之理，後述及生臟腑之次序，大抵謂：「何謂三十二日長骨添精神，人有三百六十五骨，除手足中四十五碎骨外，有三百二十數，自生下，骨一日十段而上之，十日百段，三十二日計三百二十段，為一遍，亦曰一蒸。……凡一周變，乃發虛熱諸病，如是十周，則小蒸畢也。計三百二十日生骨氣，乃全而未壯也。故初三十二日一變，生腎志，六十四日再變，生膀胱，其發，耳與𩪘冷，腎與膀胱俱主於水，水數一，故先變。生之九十六日三變，生心喜。一百二十八日四變，生小腸，其發，汗出而微驚，心為火，火數二。一百六十日五變，生肝哭，一百九十二日六變，生膽。其發，目不閉而赤，肝主木，木數三。二百二十四日七變，生肺聲。二百五十六日八變，生大腸，其發，膚熱，或汗或不汗，肺屬金，金數四。二百八十八日九變，生脾智。三百二十日十變，生胃，其發，不食，腸痛而吐乳，此後乃齒生，能言，知喜怒，故云始全也。」見《小兒藥證直訣》，頁8。

〔清〕姚文瀚《歲朝歡慶圖》

此《歲朝歡慶》，署清代姚文瀚之作。局部放大，可見繪者白描當時幼齡
人口之日常舉止習好，難如Philip Ariés對傳統歐洲繪畫中的兒童圖像，咎其
不過是「縮小尺寸的成人」。
國立故宮博物院編輯委員會編，《嬰戲圖》（臺北：國立故宮博物院，1990），頁38。

　　錢乙的這些看法，認為小兒在母腹中時，皮膚筋骨腑臟氣血，均未充
備。故生後有變蒸現象，以「長神智，堅骨脈」。此說當時頗能為人接受。
11、12世紀宋代重要醫籍，如《小兒衛生總微論方》[10]、《聖濟經》，及陳

10　《小兒衛生總微論方‧變蒸論》謂：「小兒在母腹中，胎化十月而生，則皮膚、筋

言的《三因極一病證方論》等[11]，對變蒸一事均有類似的討論。終究亦在強調嬰幼兒許多偶發的身體不適，經過幾天，自然會調整過來而完全消除。成人只要注意小心照顧，切忌妄予藥治或灸刺。

　　繼唐宋醫者之後，試言其理與勸慎求醫兩方面的努力，元明醫界多仍承續。亦有醫籍集中議論後者，亟言小兒成長中發熱等不適，應以合適照拂，助其度過。元代曾世榮的《活幼口議》有〈議身體熱〉一篇。開宗明義，即謂「嬰孩變蒸作熱，按法依期」，是自然現象。「所受相參，有造化之令者，……煩助也」，不須外力相助。過程中，嬰兒容易出現種種不安不適，乃致「兒與母俱勞」。但一切應付之道，仍以「善調理」為原則，通常「少頃即愈」。即便父母擔掛，可以祝禱達其心意，或以溫浴助其舒適。要在「初生胃弱，不必加餌」，仍以避免用藥為上[12]。這方面，《全嬰方論》有更痛切陳辭，論云：

　　　變蒸者以長血氣也。……竊謂此證小兒所不能免者，雖勿藥可
　　　也。……予嘗見一小兒至二變發熱有痰，授以抱龍丸一粒，卒至
　　　不救。……然父母愛子之心勝，稍有疾病，急于求醫，而醫不究

（續）─────────────

　　骨、腑臟、氣血，雖已全具，而未充備，故有變蒸者，是長神智、堅骨脈也。變者易也，蒸者熱也。每經一次之後，則兒骨脈氣血稍強，精神情性特異。是以《聖濟經》言，嬰孺始生有變蒸者，以體具未充，精神未壯，尚資陰陽之氣，水火之濟，甄陶以成，非道之自然，以變為常者哉。……其輕者五日而衰，重者十日而衰。……不得驚動，勿令傍邊人多而語雜，不可妄行灸刺。……」見《古今圖書集成‧博物彙編‧藝術典》，卷428，〈醫部彙考‧小兒初生門〉，頁47a-48a。

11　〔宋〕陳言的《三因極一病證方論》，有〈千金變蒸論〉一篇，內容如其示，大抵在摘錄孫思邈述中之要點，而誡妄治及灸刺。見《文淵閣四庫全書》，743冊，卷18，頁27-28。

12　此篇除談嬰兒體熱之適當照拂外，並記述父母可以祝禱表達關切，疏導焦慮而助其康復，顯示當時醫界並不忽視心理因素在實用療法中之意義。原文略謂，「法以父母各呵兒囟頗七遍，父先祝之曰：爾為吾兒，順適其宜，我精我氣，受天弗迷，陰陽綱紀，聖力扶持，薄有違令，隨呵愈之，急急如律令。母復呵祝之曰：爾為吾子，胎氣充汝，我血我脈，毋艱毋阻，萬神喝生，有福為主，稍失調度，隨呵而愈，急急如律令。」見《活幼口議》（北京：中醫古籍出版社，1986年重印），頁56-60。

病情，率爾投劑。殊不知病因多端，見濕相類，難以卒辨。況古
人稟厚，方多峻厲之劑，慎服可也[13]。

當時醫者既無能力辨識小兒複雜多因之病情，處方中又多為幼兒臟腑所不
能承受的峻厲之劑，醫界中有識之士只有勸誡父母，改變病急求醫的習慣。
以週到的照顧代替不盡可取的醫療。前述二月幼兒投藥而死的案例，可為
鑑誡。

　　宋元而明，中國幼科由萌發而鼎盛。當時醫籍對「變蒸」現象的討論，
不一而足。其中固有如《丹溪心法》，內容簡略[14]。或如《幼科類萃》[15]，
多襲前言。但亦有醫者陸續依其經驗，於舊說之上加添一己觀察。如元代
危亦林《世醫得效方》，指出小兒變蒸可能轉為他症，應予注意[16]。或明代
方賢《奇效良方》，談到小兒變蒸時，眉上有脈紅、脈青的現象等[17]。12世
紀到17世紀，變蒸說盛行醫界之時，除前述錢乙及曾世榮的議論外，尚有
三家言論，多有創見，值得一述。

　　一是明代寇平《全幼心鑑》中的討論。寇氏書中對小兒變蒸一事，載
有四篇不同論述[18]，詳盡繁複，冠諸醫籍。除一一詳引巢氏、錢乙等前人之
說外，亦有新見。其中尤以二兩項說法，值得注意。一是對變蒸時小兒生
理變化之內情，每一蒸所涉之臟腑，提出一套新的假說。此假說始於所蒸[19]，

13　見《古今圖書集成・醫部・初生諸疾門》引，在《圖書集成》，卷427，頁29。
14　號稱金元四大家之一的朱震亨，於其《丹溪心法・小兒論》中僅謂：「小兒變蒸，
　　是胎毒散也。」見《圖書集成》，卷427，頁2b。
15　〔明〕王鑾，〈變蒸論〉，《幼科類萃》（北京：中醫古籍，1984年重印），頁80-86。
16　〔元〕危亦林，〈變蒸〉篇中謂，「其候與傷寒相似，亦有續感寒邪者。」見《世
　　醫得效方》（《四庫全書》746冊），卷11，頁15-17。
17　〔明〕方賢，〈變蒸〉，《奇效良方》（見《圖書集成》卷427），頁3b-4a。
18　分別是〈變蒸〉、〈八蒸歌〉、〈小兒變蒸歌〉，及〈小兒變蒸候〉，見〔明〕寇
　　平，《全幼心鑑》（臺北：中央圖書館藏善本書），卷2。
19　〔明〕寇平，〈變蒸〉一篇謂：「一肝蒸，呼為尚書童子。二肺蒸魄，相開胸臆咳
　　吃。三心蒸體舌為帝王血脈。四脾蒸精志為大夫。五腎蒸烈精生骨髓。六耳蒸筋脈
　　通流能行。七蒸踝骨漸行。八蒸呼吸精神定。」見〔明〕寇平，《全幼心鑑》，卷2。

與過去錢乙所談始於腎者迥異。可見當時醫界已有反對舊權威，意欲另立新論者。其〈八蒸歌〉的說法，顯示對嬰幼兒精神意志之生長變化，與運動器官之發育成熟，觀察細密[20]。二則指出變蒸現象並不必發生於每位嬰幼兒身上。對「例外」的情況，寇平說：

> 亦有不驚不熱，或無證候，暗變者多矣。蓋受胎壯實故也[21]。

認為有些嬰兒生長中從來沒有發燒等不適的現象，乃是因為其生理變化在沒有表徵下進行。並不代表他們沒有變蒸的現象。這些小兒，可能受胎時先天稟賦比較「壯實」。生長時不會表現出明顯的不適。其實部分嬰幼兒臨床上全無傳統所述變蒸之症，是否即代表其先天生理上較強壯，而在背後「暗變」，嚴格說來，是層次不同的兩件事。不過至此幼醫已正式承認，傳統所稱的變蒸，不是一個普遍必然的現象。臨床上此一觀察之確立，對未來變蒸說的進一步演變，很有關係。

　　近世幼醫討論「變蒸」之說，足資重視的第二個例子，是明代魯伯嗣的《嬰童百問》。魯氏《百問》一書中的〈變蒸〉篇，大抵接受前人看法，以為小兒生長之際多出現變蒸現象。不過特別指出，沒有變蒸等不適，健康嬰兒的身體精神應當如何。謂：

20　〔明〕寇平，〈八蒸歌〉原文謂：「深嗟初育小孩兒，才出胎來識飽飢，在母胎中無觸犯，乳哺溫和漸覺肥，第一肝蒸生三魂，雙眼難開瞳子昏，三兩日間微壯熱，定眼看人似欲言。第二肺蒸生七魄，噴嚏咳嗽開胸膈，見人共笑語喃喃，暗視時時長筋脈。第三心蒸生百神，方能識母畏傍人，血脈初生學反覆，肌肉皮膚漸漸勻。第四脾蒸生意智，尻骨初成學坐戲，三焦胃脘初受盛，乳哺甘甜不間離。第五腎蒸生精志，血脈相通轉流利，掌骨初成學匍匐，反覆投搹隨其意。第六筋骨初成蒸，九竅精液皆相應，時時放手立停停，氣力加添日漸勝。第七膝脛骨初成，顏色紅光遍體榮，舉腳始身學移步，嘍囉語舌百般聲。第八呼吸定精神，氣血調和暢一身，自喜自欣連自樂，見人見物便欣欣。」見《全幼心鑑》，卷2。

21　〔明〕寇平，〈小兒變蒸候〉，《全幼心鑑》，卷2。〔明〕王鑾〈變蒸論〉中亦有類似的「暗變說」，見《幼科類萃》，頁80-81。

> 變蒸之外，小兒如常。體貌情態，自然端正。鼻內喉中，絕無涎
> 涕。頭如青黛，唇似朱鮮。臉腮如花映竹，情意若天淨月明。喜
> 引方笑，似此平安。⋯⋯凡觀嬰孩，顖顱固合。睛黑神清，口方
> 背厚。骨麤臀滿，臍深肚軟。齒細髮黑，聲洪睡穩。此乃受氣充
> 足，稟賦得中，而無疾也[22]。

魯氏之說，正面而詳細地描述了健康嬰童的體態精神，使醫者家人見到清
朗美麗、神清喜笑，厚實豐滿，聲音洪亮，睡眠安穩的孩子，更確定其平
安無疾。這一項提醒，很可能幫助後來幼醫加強分辨嬰兒是否健康，或在
變蒸。從而重新思索變蒸現象之普遍性與必然性的問題。

　　近世幼醫中對變蒸的看法中，第三個值得注意的，是16世紀幼醫世家
萬全在《育嬰家秘》和《幼科發揮》中的議論。萬全的著作，基本上仍承
認過去幼醫對變蒸的主張。以為：

> 變蒸非病也，乃兒長生之次第也。兒生之後，凡三十二日一變。
> 變則發熱，昏睡不乳，似病非病也。恐人不知，誤疑為熱而汗下
> 之，誅罰無過，名曰大惑[23]。

萬全雖認為變蒸之說，大致仍可成立。但也提出幾項自己的見解，修正過
去的理論。一則他不贊同前人執意將變蒸二字分論臟腑，將先後各變各蒸
固指某臟某腑的生長變化。他也不認為小兒經過變蒸的320日後，還有三大
蒸的說法。以「變蒸之後，有三大蒸之說，后〔後〕人因之，莫有覺其非
者。」依他之見，三大蒸之論，「誠未達其旨也」，不足為取。二則特別
指出，變蒸之徵象，與嬰兒身體強弱有關，是一具個別差異的生理現象。

22　〔明〕魯伯嗣，〈變蒸〉，見《嬰童百問》（臺北：新文豐出版社，1987），頁38-44。
23　〔明〕萬全，〈變蒸〉，見《幼科發揮》（北京：人民衛生出版社，1957重印康熙年
　　間韓江張氏刊本），卷1，頁12。

因為：

> 若一歲之內變蒸之日，似亦不可執也。形有強弱，氣有清濁，變
> 有遲速。故形壯氣清者，其變常速。形弱氣濁，其變常遲。謂三
> 十二日一變者，乃舉其大數如是也。至于形之強弱，氣之清濁，
> 則又稟于父母，出于造化陰陽之殊也[24]。

強調嬰兒形體強弱之異，會影響其變蒸時之表現。與寇平等所謂「暗變說」，
以「受胎壯實」者表面可能不會出現發熱微驚等症候，頗有相互呼應之處。
均在凸顯小兒生長變化生理，常規之下，仍有許多差異。而且這些差異，
與嬰幼兒身體強弱，有直接的關係。第三方面，萬全欲與前人之說斟酌的，
是認為過去幼科治變蒸常用發表攻裡之藥，固「誤兒多矣」。但家人亦不
可矯枉過正，將所有一、二歲內幼兒不適，均歸為自然的變蒸。完全聽其
發展，不求醫治。依萬全的看法，嬰幼兒於變蒸預定發生的時間，出現不
適，不一定都是生長變化所引起，很可能真為其他疾病所苦，應尋求適當
的診治。故曰：「兒當變蒸之時，或有傷風，或有傷食，法當治之。」一
味忽視，可能造成另外的失誤，照顧者「不可不辨」[25]。總之，萬全憑其豐
富的臨床經驗，對傳統變蒸說的許多細節，提出更深刻的看法。目的不外
再次呼籲醫者及民眾，勿過度拘執相信前人變蒸之說，應設法觀察實情，
彈性處理。萬全固仍承認變蒸之說，但他實事求是的態度，及商榷前說的
做法，可為後代進而質疑者之鼓勵。

　　總之，關於變蒸一說，到16世紀末，近世幼醫大致均持相信態度。一
如徐春甫在《古今醫統大全》所示，彼等亦知關於變蒸的理論，有不止一
家的解釋。醫者多半諸說並陳，徐氏則謂：「（《寶鑑》與錢氏之）二說皆

24　〔明〕萬全，〈變蒸證治〉，見《育嬰家秘》（湖北科技出版社，1984），頁62。
25　〔明〕萬全，〈變蒸證治〉，頁62。

通。」重點總在主張變蒸是一種小兒自然的生理變化。如「龍蛻骨，虎換爪，豹變文」。照顧嬰兒的家人，只要注意「不可深治太過」，視其症狀之輕重，施予適當之調理，助兒度過，「至期自愈」[26]。

不過也就在這個時期，一方面變蒸說仍普遍盛行，另方面醫界也開始有人用更縝密的推理與臨床驗證，對過去的假設提出若干質疑。

三、啟疑

近世醫籍中首先對變蒸說提出疑義的，見於1584年孫一奎所著的《赤水元珠》一書。孫氏於書中〈變蒸篇〉，提出自己的看法，說：

> 古謂三十二日一變生一臟，六十四日一蒸生一腑。三百二十日十變五蒸畢，則臟腑完而人始全也。大意謂人有三百六十五骨度，而合周天之數，以期歲該之云云也。愚謂嬰孩離母，則腑臟已自具足，豈待變蒸完而後始生哉。觀其下地，囟然一聲，便能呼吸、飲乳、大小便，一如大人。設臟不完，啼聲安出，又安能飲乳而成小大便哉。由是推之，所謂變蒸者，乃氣血按月交會煆煉，使臟腑之精神志意，魂魄遞長，靈覺漸生爾。……不然，觀今之嬰孩，未嘗月月如其所云，三十二日必一變，六十四日必一蒸也。發寒熱者，百中僅一二耳。間或有之，亦不過將息失宜，或傷風傷乳而偶與時會耳。雖不服藥，隨亦自愈。……若謂生臟生腑之助，則其謬也，不辯自知[27]。

孫氏憑其敏銳的觀察力，對傳統變蒸說提出了大膽質疑。他首先根據嬰孩

---

26 〔明〕徐春甫，〈變蒸〉，《古今醫統大全》（見《古今圖書集成》卷428），頁9a。
27 〔明〕孫一奎，〈變蒸〉，《赤水元珠》（《文淵閣四庫全書》766冊），卷25，頁25-26。

出生後就能呼吸飲乳，大小便排泄如常的事實，反駁舊謂小兒生時臟腑未全，須經一次次變蒸才能成長充備的說法。其次，據他觀察，當時嬰孩並沒有依時發生變和蒸的現象。他所看到偶發寒熱的嬰孩不過百分之一、二。而這些嬰孩所以有發燒等症狀，多半是照顧不周、著涼或胃腸不適，只是時間上與所謂變蒸之期巧合罷了。依他之見，嬰幼兒生長，是一個持續漸進的過程，並沒有跳躍性階段。把小兒偶有的身體毛病，說成協助臟腑生長的徵候，孫一奎認為是過去的一大謬誤。

　　孫氏一番論辯，對變蒸說提出了重要質疑。此後醫者雖有繼續衍襲舊說者[28]，但醫界中較深思者，對小兒生理變化，顯然已不能以過去變蒸說為滿足。孫氏書出四十年後，明代名醫張介賓果在其《景岳全書》中，再度發表強烈疑義。以中世醫者提出小兒變蒸說後，理論「日相傳演，其說益繁」。但：

> 以余觀之，則似有未必然者。何也？蓋兒胎月足離懷，氣質雖未成實，而臟腑皆已完備。及既生之後，凡長養之機，則如月如苗，一息不容有間。百骸齊到，自當時異而日不同。豈復有此先彼後，如一變生腎，二變生膀胱，及每變必三十二日之理乎？又如小兒病與不病，余所見所治者蓋亦不少。凡屬違和，則不因外感，必以內傷。初未聞有無因而病者，豈真變蒸之謂耶。又見保護得宜，而自生至長毫無疾痛者不少，抑又何也？雖有暗變之說，終亦不能信然。余恐臨證者有執迷之誤，故道其愚昧若此[29]。

張介賓與孫一奎同樣，認為小兒足月出生時，各種臟腑器官皆已完備。若

28　例如17世紀初(1615)，〔明〕龔廷賢，《壽世保元》(上海：上海科技出版社，1989)中的〈變蒸論〉，頁568-569；及〔明〕王大綸，《嬰童類萃》(北京：人民衛生出版社，1983)中的〈變蒸論〉，頁75-78。
29　〔明〕張介賓，《景岳全書》，頁109-110。

謂出生後的成長發育，也該是持續而全面的現象。張氏以為，其過程不可能是依序生長個別器官，也不該固定每32天必變一次。接著，以他臨床檢視過的健康與患病小兒為據，表示他診查過的嬰幼兒，若有身體違和，均因特定外感內傷所致，沒有聽說過完全沒有原因而出現病狀的。過去指為變蒸的假設，很可能站立不住。何況正如孫氏所言，他也注意到嬰兒發生病變，並不是普遍的現象。孫一奎說：「發寒熱者，百中僅一、二耳。」且均為「將息失宜，傷風傷乳」而致。張介賓則謂，依他所見照料妥當，從出生到長大，毫無疾痛者也不少。他還說，過去認為這些表面不見病痛的小孩，是在暗中變蒸。張介賓考慮後表示，他不能接受這種「暗變」的說法。覺得整個變蒸理論，不過為愚昧不明者帶來更多的執迷之誤。

變蒸之說，經張介賓再度提出辯駁，17世紀至18世紀中，醫界保守者如夏鼎、徐大椿者，雖仍持舊說[30]。但到18世紀中，陳復正著《幼幼集成》（1750）之時，其〈變蒸辨〉已不再徵引前人之說。逕自提出質疑之說。陳氏辯駁變蒸，主要的論點有四。一謂過去談變蒸者，均以之為幼兒生養五臟六腑徵象。然細考所附處方，多含巴豆、水銀等「峻下」之藥。不免令人閱而生疑：「夫既曰長氣血，生精神，益智慧，惟宜助其升生可也。顧且用毒劣滅其化元，不幾於非徒無益，而又害之耶？」此為其一。再者講變蒸過程者，將其日數與小兒骨節，一一與周天之數勉強湊合。關於臟腑變蒸，又有兩、三種不同臆說。或謂一變腎，或謂先變肝。依陳復正之見：

> 夫小兒臟腑骨度，生來已定，毫不可以移易者。則變蒸應有定理。今則各逞己見，各為臆說，然則臟腑竟可以倒置，骨度亦可以更張。是非真偽，從何究詰。……徒滋葛藤，迄無定論。將使來學，

30 例如〔清〕夏鼎，〈蒸變〉，見《幼科鐵鏡》（1695），卷2，頁9b-10a；〔清〕吳謙，〈變蒸〉，《幼科雜病心法要訣》（1742，臺北：新文豐出版社，1981），頁47；及〔清〕徐大椿，〈變蒸〉，《蘭臺軌範》（1764，見《景印文淵閣四庫全書》，785冊），卷8，頁538。

何所適從。……總之，此等固執之言不可為訓[31]。

陳氏亦如前之孫一奎、張介賓，認為小兒之臟腑骨格，生來已大致固定，不太可能依序重新生長。而主變蒸論之諸家，言論彼此矛盾，更使人難以信從。此為其二。更重要的是：

> 予臨證四十餘載，從未見一兒依期作熱而變者。有自生至長，未嘗一熱者。有生下十朝半月，而常多作熱者，豈變蒸之謂？[32]

陳復正以執業四十多年的經驗，與孫、張二氏一樣，對變蒸說中固執僵化的一面，不能苟同。他說自己從未見過一個嬰兒，到時間果然發燒的。而且關於小兒發熱的時間，各個案例差別很大。有的孩子從小到大，從來沒有發燒的問題。有的孩子卻生下十天半月，就常常發作。難道這些情況都可以用變蒸一辭全部概括嗎？此為其三。最後，陳氏表示：

> 凡小兒作熱，總無一定，不必拘泥。後賢毋執以為實，而以正病作變蒸。遷延時日，誤事不小。但依證治療，自可生全[33]。

認為小兒發燒並沒有固定的時候，卻總有原因。提醒後世家長，不要拘泥於過去理論。把孩子的「正病」也當成所謂變蒸的徵象，耽誤時間，遲不求醫。照陳復正的看法，嬰幼兒如果發燒，最好還是正視其症狀，「依證治療」，才是保全之道。此為其四。最後，陳氏並引張介賓之疑義，支持己論。

---

31 〔清〕陳復正，〈變蒸辨〉，見《幼幼集成》（1750，上海：上海科技出版社，1978 重印），頁47-49。

32 同上。

33 同上。

經過孫一奎、張介賓相繼發難,再有陳復正的一番說辭,像為變蒸說畫上了一個休止符。此後幼科醫籍如《幼科集要》等,再談變蒸,已完全看不到對宋明舊說的引述。只完全採用張介賓《景岳全書》上的辯駁之辭[34]。數百年來曾盛極一時的變蒸論,至此竟已成一過時的假說。

四、嬰幼兒生理學說的蛻變

變蒸這個傳統中國醫學對小兒生理變化的重要理論,由第8世紀孫思邈等的倡言,經過千年曲折起伏,到18世紀陳復正的反覆辯駁,算是走完自己的里程,達到一個學說的終點。回顧此一學說的興衰變化,不僅看到傳統生理學知識本身的步步演變,更重要的,是意識到這知識演化過程背後,社會狀況和幼科專業兩方面的轉變。當中世紀醫者初步提出變蒸之說時,所面臨的社會實況,是家長逢兒有病就急於求醫。而當時醫界不僅對小兒生理無甚瞭解,習用處方更都是些峻厲無比的汗下吐劑,結果當然容易造成嬰幼兒的大批傷亡。有感於現狀,加上對小兒旺盛生機的觀察,孫思邈等乃建立了變蒸的理論。重點在提醒醫者及家人,重視小兒快速成長的事實。並推測其間出現發燒不適等症狀,可能與此生理變化有關,勸告大人勿急於求醫投藥。

此說一出,11到15、16世紀間,幼科發展時期,幼醫權威亟欲在小兒生理方面,建立起一套較完整、有系統的理論,以為新立專業診療之據。故錢乙以後的五、六百年,重要幼醫紛紛對變蒸提出詳盡完密的理論。這些說法,內容繁複,環環相扣,惜無基本生理解剖學之助,完全建立在推測之上。與傳統五行臟腑呈機械性的對照,其對應十分工整,卻多半失於無憑據。當然,變蒸之說,不能說完全是無的之矢。因為小兒快速成長,

---

34 〔清〕程杏軒,〈變蒸〉,《醫述‧幼科集要》(合肥:安徽科技出版社,1981年重印),卷14,頁929。

的確是一件值得注意的事實。而體質較弱的兒童，值生長發育某些關鍵，如生齒長骨等，確實可能出現微燒腹瀉、不思飲食等不適[35]。故近世幼醫亦有小兒變蒸，俗稱「牙生骨長」之說[36]。更重要的是彼等對「變蒸」之說，言之鑿鑿。數百年間，醫界奉為圭臬，一方面使許多家長對嬰幼兒，更注重調養照顧的功夫。偶遇不適，考慮到自然生理因素，不率爾輕易求醫。另一方面也使醫者見到輕病幼兒，思及其成長變化之理，慎勿輕用古代峻下之藥。以目前對中世以後數百年醫界及藥學發展的認識，妄求醫不如不治，的確常是可取的原則。中世以來變蒸的說法，因而可能挽救了許多嬰兒的性命。

　　16世紀以後，幼醫本身對變蒸之說由信而疑，遂以推翻。主要是對其學理根據（小兒初生臟腑未全的假設），產生懷疑。同時又注意到臨床驗症（許多幼兒從無變蒸之候或不依期而變），與舊說不能配合。故有質問駁斥之言。這背後，可以進一步推論，到了16、17世紀，中國社會的育嬰習慣，因幼科醫界本身的進展，乃至嬰幼兒健康的狀況，較數百年前，都有重要的改進。部分有識家庭減少了病急亂投醫的習慣，有些醫者也不再動輒對小兒下重藥。所以孫一奎、張介賓、陳復正等在臨床上所見到的健康幼兒，比例愈來愈高。孫氏謂：「發寒熱者，百中僅一、二耳。」張氏說：「保護得宜，而自生至長，毫無疾痛者不少。」陳氏以：「臨證四十餘載，從未見一兒依期作熱而變者，有自生至長，未嘗一熱者。」[37]這個嬰幼兒健康大幅改善的情形，值得進一步研究。不過此客觀事實的成立，有部分正可視為變蒸舊說勸人重調養慎求醫的結果。可能正是因為上一階段的努力和進展，17世紀以後的幼醫才得以有新的客觀事實根據，回頭檢查「變蒸」說曾造成的矯枉而過正的現象。要求家人勿對所有幼兒不適置之不理，聽

35　參見陳聰榮，《中醫兒科學》（臺北：正中書局，1987），頁62。
36　見〔明〕寇平，〈小兒變蒸歌〉，《全幼心鑑》，卷2。
37　〔明〕孫一奎，《赤水元珠》，頁25；〔明〕張介賓，《景岳全書》，頁110；〔清〕陳復正，《幼幼集成》，頁48。

其發展。遇有明顯症狀，仍宜求醫，對症治療。

　　傳統變蒸一說演變至此，讓我們更認識到過去中國幼科醫界的一些特質。一則舊時醫者固為專業人士，但常兼扮社會改良者的角色。變蒸舊說的提出，和新證的確立，顯示中國幼醫對其社會責任和專業精神兩方面的重視。

　　二是變蒸說演變的歷程，亦可見第8世紀，第11、12世紀，及第16至18世紀，為關係中國幼醫發展的三個重要階段。第一階段幼醫尚未正式分立，但醫界對小兒健康問題已擬出一些重要假設。第二階段幼醫專科初成，正努力建立系統化理論與診治方針。第三階段特色則在臨床經驗之豐富成熟，與專科論述之更細密深入。三階段各有成就。而第三階段的進展，尤為重要，可謂傳統幼醫之巔峰。

　　最後，變蒸之實例，在在讓我們認識到，所謂傳統醫學或中醫，本身並非一套單一學說，而是一片壯闊的洪流。其間不斷有許多支流匯入或分出。同時清濁諸水雜然紛陳，因而對同一個議題，就有正反合多種辯論的聲音。即以變蒸論為例，最初醫界因為對某些現象的關注、推測，而提出初步的假說，其後嘗試與學科中其他相關的學說結合，發展更詳細的解釋，最後並因新的觀察與證據，產生疑問與辯駁。整個經歷由假設，經推理和實證檢驗，轉而駁斥，並走向新階段的假設，其過程之本質，與西方或近代任何一學科的經驗並無二致。只是到17、18世紀之前，近代對病理、免疫、及體質解剖上的一些重要認識尚未誕生，所以當時中國幼醫界，雖已以其精闢的見解，揚棄變蒸的舊說，然而對小兒患病或成長，其生理上的原委卻未能建立起一套更為確鑿的新說。對小兒生理的認識，在變蒸說上我們看到的是一個學理上一個循環的落幕，而期待著下一個序幕的揚起。

第九章

成長與發育

　　社會之繁衍，家族之緜延，代代之傳遞，均仗新生命之誕生、存活、茁壯成長。在一個重視家族緜延之社會，如受儒家孝慈傳統影響下的近代以前的中國，對其一代代新生嬰幼成員誕生後的成長、茁壯的狀況，關注之切，不言而喻。關注所至，因之遂從而想找出一些關鍵的「指標」，某些是以顯示嬰幼兒落地後最初一個階段裡，是否生機旺盛，茁長如常？或者說，如果嬰幼兒成長和發育有某個「正常」的「進度」可言，有沒有所謂的「進度超前」，或者「進度落後」的問題？如果有，一般人可以憑靠什麼外觀的「現象」，肉眼可見的形體、五官等的狀況，作一個判斷的憑據？好去注意、改善？

　　這種凡常庶民因對新生命之殷切期盼，不免推動、敦促著當時的專家學者、傳統中國幼科的醫生研求出了一套觀測嬰幼兒最初成長與發育機制的概念、辭彙、和簡易能懂、不難操作的「指標」（indicator）。

　　這套指標，如今看來，像許多「專家知識」與「庶民生活」的交會點，固有不可磨滅的「實證性」（empirical character），也有其難以否認的、帶有主觀、情感成分的地方，「禮俗文化面」（local customs）。走過千百年以後，承載當時特定語言的科學實證性觀察，當然珍貴。其間所雜糅的民俗、象徵性祈望，也不是全無意義。

　　人是自然界的生物，冬去春來，萬物萌生時，欣欣向榮，林木茂密，葉生草長。反觀人之幼兒，若要冀望其生機（vitality）旺盛，滋養充沛，是不是一樣要髮生齒長、能走能行，發聲語出，一切「依期」？「依期」若是關鍵，就代表一個對人類嬰幼成長生長發育某種時間表（timetable）之預想，期望、關注時的祝禱。萬一不幸有些進度跟不上，大家口中的「遲」，生髮生齒，站立行走，出聲言語上的「遲」滯，相對而言，也就教給了尋常百姓一種帶著某種認識之下的揣測工作（educated guess work）。從下面對中國幼醫和民俗交織下所討論的嬰幼兒生育發展上的「五遲」，遂可窺知當時醫療知識在實證上的觀察，以及一般民眾扶育嬰兒的關注、興奮、與焦急所在。

因為，人體正常之成長與發育，是生理上基本而重要的現象。前者表示形體的成長，後者指機能的演進。實則人身形體成長與機能演進，關係密不可分，均為反映正常生理和人體健康之主要指標[1]。而人體之生長與發育，以嬰幼兒時期最為快速明顯，容易引起人們重視。採擷近世醫籍資料，析述傳統中國醫界對嬰幼兒生長與發育現象之瞭解，可示近代以前中國醫學及生理學在此方面的知識，並視其觀點變化，其認識長短及緣由所在。

一、正常的生長和發育

傳統中國對嬰幼兒生長發育的現象，早有注意。中古醫籍即已述及，唐代孫思邈在《少小嬰孺方》中的看法可為代表。他表示，嬰童：

> 凡生後六十日，瞳子成，能咳笑，應和人。百日，任脈成，能自反覆。百八十日，尻骨成，能獨坐。二百一十日，掌骨成，能匍匐。三百日，臏骨成，能獨立。三百六十日，膝骨成，能行。此其定法，若不能依期者，必有不平之處[2]。

依這段文字記述，可知中世紀中國醫者已知正常嬰幼兒的生長發育，循序而進，有一定的階段。由出生後兩個月左右能識人知物，到百日能翻身，六個月會坐，七個月能爬，十個月能站立，周歲左右能行走。其進度與近代醫學之瞭解，大抵相似。值得注意的是，孫思邈的觀察中，除了嬰兒的生理發展，亦包括其能咳笑應人等精神心理狀況之表現。而且所述各階段進展，舉動表現均有生理體質上之成長為基礎。如嬰兒六月時因尻骨長成，故能獨坐。七月時是掌骨長成，乃能匍匐等等。不過，整體而言，孫思邈

---

1 Victor C. Vaughan, R. James Mckay, Waldo E. Nelson, *Textbook of Pediatrics*（Philadelphia: W.B. Saunders, 1975）, pp. 13-24.
2 〔唐〕孫思邈，《少小嬰孺方》（臺北：故宮博物院藏善本書），頁2-4。

用以為嬰幼兒生長發育的主要指標，仍以其舉止上的表現為主。尤其以嬰兒在運動上面的進步，為判斷其生長發育各階段的重要憑據。這方面，孫思邈的看法，代表了傳統中國醫界一個普遍的傾向：即較重嬰幼兒發育的功能面現象，而比較少注意其成長的形體面變化。他的記錄說明嬰兒到一定年齡，應該會做某些動作。未嘗如近代醫學要求成人注意嬰兒身高、體重、頭圍、胸圍等快速成長之現象。發育比生長似乎更易成為中國醫者關心的重點。最後，孫思邈明白指出，每個嬰幼兒成長之過程，應大致依此「定法」。若發現有「不能依期者」，即代表某嬰童的成長發育出了問題。其異常現象，背後定有某種特殊原因。有此看法為據，宋代以後的醫者乃欲進一步指出嬰幼兒生長發育上的異常現象，以為辨識憑據。

二、成長發育上的異常

傳統中國醫界早就發現嬰幼兒的成長和發育是一個值得注意的問題，有經驗的醫者意識到正常的發育成長，代表幼童身心健康，卻非人人皆然，更非理所當然。中國中世紀的醫書，已提到一些協助小兒顱骨閉合的處方[3]。宋代以後，幼科獨立發展，醫者更特別指出若干嬰幼兒發育的異常現象，反覆討論，並試予治療。這些幼科醫者首先注意到的，是有些嬰兒幼童，在身體心智發育的階段上，遲於正常孩童。前引孫思邈所論「不能依期者」，以為「必有不平之處」。就是說部分幼兒未能於預定時間，達到正常發育，可能代表他們的健康出了問題。不過，傳統典籍中述及嬰幼兒成長發育現象很多，包括嬰兒到了一定年齡能咳笑、識人，會翻身坐立，開始匍匐、站立、行走等等。而宋元以後的醫家，卻僅選擇性地舉出幾項嬰幼兒發育上的指標，作為討論的焦點。包括毛髮生長之枯疏，稱為「髮遲」。牙齒

---

3 西元8世紀，〔唐〕王燾有〈小兒顱開不合方四首〉，見《外臺祕要方》（臺北：新文豐出版社，1987年影印），頁54-56。〔唐〕孫思邈的《千金方》中，也有〈療小兒顱陷方〉。

發育上的遲緩，稱為「齒遲」。言語表達之遲滯，稱為「語遲」。站立行走之困難，稱為「行遲」。這種種嬰幼兒發育上的問題，合稱為「諸遲」[4]。明清後又有加上坐立不穩，為「立遲」，而有所謂「五遲」之說[5]。

　　諸遲或五遲中的各個項目，引起醫界興趣之早晚不同，所受到的重視也有輕有重。同一幼科醫家醫籍未必兼及各項，可能只擇其中二、三論之。然而要了解傳統中國醫界對嬰幼童成長發育問題的看法，應對各項論述，逐條剖析。今依嬰兒成長發育上程序之先後，分別解說如下。

(一)髮遲

　　傳統中國人的健康觀中，毛髮之榮枯一直很受重視。古代養生及醫療著作，多以一人毛髮之濃黑茂密為其身強體健、精血豐盈之象徵。故幼科醫者早即以嬰兒頭髮之生長狀況，為其健康指標。宋代幼醫始祖錢乙的《小兒藥證直訣》中，已有「髮遲」一項。謂：

　　　髮久不生，生則不黑，皆胎弱也[6]。

錢乙的論述反映出中國人一向認為健康的人頭髮應密而黑，故嬰童頭髮久不生，或毛髮生而色澤不黑，都不是好現象。前者是標準的髮遲，後者醫家或直以「髮黃」稱之[7]。

　　嬰童頭髮生長不如理想，雖則早有錢乙提出問題，但不為後輩醫家普遍重視。明清幼科醫籍中只有少數論及「髮遲」。明代寇平的《全幼心鑑》說：

4　〔明〕龔廷賢，〈諸遲〉，《壽世保元》（上海：上海科技出版社，1989），頁596。

5　〔清〕吳謙，〈五遲〉，《醫宗金鑑・幼科雜病心法要訣》（臺北：新文豐出版社，1981），頁211-212；〔清〕程杏軒，〈五遲〉，《醫述・幼科集要》（合肥：安徽科技出版社，1983），頁948-949。

6　《古今圖書集成・醫部》，卷431，頁23b。

7　見〔明〕王肯堂，〈髮遲髮黃〉，《證治準繩》（《古今圖書集成》，卷431），頁26a。

> 兒稟受血氣不足，不能榮於髮，故頭髮不生。或者呼之為疳病，胙也[8]。

看法大抵與錢乙相類，將幼兒頭髮不生，歸因於先天稟受之血氣不足。也就是錢乙所謂的「胎弱」。

明朝中葉(16世紀中)以後的醫家，如萬全和王肯堂等，對於嬰童毛髮不生或頭髮疏落，有了進一步的觀察。他們以為造成這個現象的原因不止一端。尤應將先天體弱和後天遭損兩項因素分別清楚。萬全在《育嬰家秘》的〈髮遲〉篇中，承認一般幼兒若「髮久不生」，或「生不黑者」，是因「腎虛」。但孩童大病後，身體遭受虧損，也會造成「其髮成穗或稀少」[9]。王肯堂亦謂小兒髮疏薄不生，多因稟性血氣不足，但有些情況則因患「頭瘡而禿落不生者」，是頭部皮膚病變所造成。治療上不能不作分別。

清代醫籍，少數論五遲時兼及髮遲。如吳謙的《幼科雜病心法要訣》，或程杏軒的《幼科集要》。其所言症狀(「髮疏薄」，「髮久不生，生而不黑」)，所論原因(「稟氣血虛」，「胎弱，父母精血不足，腎氣虛弱」)[10]，均不出前人範疇，並無新見。

綜而言之，「髮遲」，即嬰幼兒頭髮遲久不生，或生而不茂，色澤不黑，是傳統中國幼科特別指出孩童發育不良的現象之一。這個深具中國醫學傳統特色的見解，早在宋代經醫家錢乙等提出，後來卻未得幼醫界的重視。可能因為頭髮遲生稀疏，固然有礙觀瞻，也可能代表孩童身體虛弱，

---

8 〔明〕寇平，《全幼心鑑》(臺北：中央圖書館善本書室藏微捲)，卷2，〈髮遲〉。

9 原文謂「頭之有髮，猶山之有草木也。髮者血之餘。髮之多寡由於血之盛衰也。坎為血卦，血者腎之液。髮者腎之苗也，故其色黑也。兒髮久不生，生不黑者，皆腎虛也。宜地黃丸主之。大病後，其髮成穗，或稀少者，乃津液不足，疳勞之外候也。宜集聖散主之。」見〔明〕萬全，〈髮遲〉，《育嬰家秘》(《古今圖書集成·醫部》，卷431)，頁24b。

10 〔清〕吳謙，〈五遲〉，《醫宗金鑑·幼科雜病心法要訣》(臺北：新文豐，1981)，頁211-212；〔清〕程杏軒，〈五遲〉，《醫述·幼科集要》(合肥：安徽科技出版社，1983)，頁948-949。

但畢竟不是嚴重問題。對孩童日常生活不致造成太大妨礙。因而醫者與家人視其為不急之務，少予關注。對造成此生長異常現象的原因，多歸於先天稟受血氣不足。主張用內服補中益氣湯液濟助。時或輔以敷劑，刺激毛髮生長。因頭髮生長，是一個持續漸進的現象，沒有固定或明顯的年齡標準。此外，「髮遲」之遲，只是一個比較性和概略性的說法。並沒有時間上精確的指標，以嬰童何時尚無毛髮，可謂之遲。「髮久不生」，何時方視為久，也沒有清楚的定義。只以毛髮生長相對上之遲速榮枯疏密為身體健康之表徵，觀念深植中國傳統。視嬰兒而觀其髮，至仍為民間比較其成長正常與否的簡便指標。

（二）齒遲

　　早於宋代，中國幼科醫籍中已指出有些嬰童生齒時會出現困難。錢乙《小兒藥證直訣》中說明這種「齒遲」的現象是：

> 齒久不生，生則不固，皆胎弱也[11]。

以為這些嬰幼兒長齒過期不生，或雖然發了牙齒，但脆弱而不堅，不能發揮正常功能，都代表孩童成長上的異常。且常以之與骨骼成長異常所造成的「行遲」並列，認為兩者反映的是相關的問題。

　　其後幼科醫者大抵承認「齒遲」是一值得注意的問題。明代幼醫典籍多有論及者。寇平《全幼心鑑》的〈齒遲〉一條謂：

> 稟受腎氣不足者，即髓不強。蓋骨之所絡而為髓，不足故不能充於齒，不生也[12]。

11　《古今圖書集成》，卷427，頁2b。
12　〔明〕寇平，《全幼心鑑》，卷2。

認為嬰幼兒牙齒之生長,跟身上骨骼一樣,靠髓之充足滋養。髓不足是因
先天稟受的「腎氣不足」。見解中斷定孩童牙齒和骨骼成長,息息相關,
反映之生理實為一體之兩面。正如錢乙將「行遲」與「齒遲」並列,顯示
此時幼醫臨床觀察診斷,已有相當經驗。只是對齒骨生長的原因,仍歸先
天腎氣不足,未及後天滋養缺乏的問題。也尚未意識到現代所謂營養缺乏
的毛病,或嬰幼兒對鈣質之需要。魯伯嗣的《嬰童百問》,及《萬氏秘傳
片玉心書》對「齒遲」的討論,與寇氏大抵雷同,僅療法稍有變化[13]。

　　明代著名幼醫薛鎧論「齒遲」,也說:

　　　　齒者,腎之標,骨之餘也。小兒稟受腎氣不足,腎主骨髓,虛則
　　　　髓脈不充,腎氣不能上營,故齒遲也。

看法與明代其他幼醫大抵相似。然薛氏於《保嬰全書》中隨列兩件親治驗
案,頗值檢視。其一為:

　　　　一小兒,三歲,言步未能,齒髮尤少。體瘦艱立,發熱作渴。

另一例是:

　　　　一小兒體瘦腿細,行步艱辛。齒不堅固,髮稀短少[14]。

　　從這兩個實例中,可以進一步獲知當時幼醫界對「齒遲」一事在臨床
上的態度。一則是他們對嬰幼兒牙齒生長之「遲」,其實持相當寬緩的尺
度。因為嬰兒發牙的現象,不像長髮之持續漸進。乃有明顯時序。現代醫

13　〔明〕魯伯嗣,《嬰童百問》(臺北:新文豐出版社,1987),卷4,頁216。《片玉
　　心書》(見《古今圖書集成‧醫部》,卷435),頁44b。
14　〔明〕薛鎧,〈齒遲〉,《保嬰全書》,頁448-450。

學固明列嬰幼兒二十只乳齒先後生長之大致時間[15]，古時中國亦知嬰兒八、九個月時應已「發牙」。然明代幼醫卻待小兒長至三歲（實足年齡二歲左右），齒仍少生，才視為異常，思予處理。二則是兩個案例中記錄的幼兒，除了牙齒生長上的困難（齒少，不堅）外，同時呈現不能言步，體瘦腿細，艱於坐立，髮稀短少等現象。可見當時醫者從實際經驗中，已知「齒遲」在孩童生長發育上常非孤立現象，而是反映整體生理發育遲滯的一個方面。可能幼科醫界對這一層的認識日益深刻，因而17世紀醫籍，如龔廷賢、王大綸、王肯堂之論述中，對「齒遲」雖仍表示類似於薛鎧的看法[16]，但到18世紀以後，清代幼醫已不單論「齒遲」。而將其置於「五遲」之中，視其為嬰幼兒生長發育遲滯之一端，而作整體之討論[17]。

（三）語遲

　　嬰幼兒成長發育到相當階段，即能出聲，以言語達意。此一事實，傳統中國醫界皆知。中古以後，幼科醫者注意到有些孩童屆時，無法順利發聲吐字。特別記錄此異常狀況，稱之為「語遲」，以為值得留意。中國幼科對「語遲」現象的認識和看法，歷代曾經過一些演變。宋代錢乙在《小兒藥證直訣》中提起「語遲」的現象時，謂：

> 若患吐瀉或大便後，雖有聲而不能言，又能嚥物者，非失音。此腎怯不能上接于陽也，當以地黃丸主之。凡口噤不止，則失音語遲[18]。

15　Victor C. Vaughan, R. James Mckay, Waldo E. Nelson, *Textbook of Pediatrics*, pp. 23-25.

16　〔明〕龔廷賢，《壽世保元》，頁596；〔明〕王大綸，《嬰童類萃》（北京：人民衛生出版社，1983），頁218-219；〔明〕王肯堂，《幼科證治》（臺北：新文豐出版社，1979），頁756-757。

17　〔清〕吳謙，〈五遲〉，《醫宗金鑑‧幼科雜病心法要訣》，頁211-212；〔清〕程杏軒，〈五遲〉，《醫述‧幼科集要》，頁948-949。

18　《古今圖書集成》，卷427，頁2b。

錢乙的這段文字，有幾個值得注意的地方。一則敘述中表示孩童語言上的困難，常伴有其他症狀，如吐瀉、口噤不止等。不一定是一個單純孤立的現象，常與別的健康狀況相關。二則指出兩種不同「語遲」。一是「有聲而不能言」，即非因失音造成的語言困難。孩童仍能發聲，代表他發音的功能沒有問題，聲帶發育正常。（宋代中國醫者尚不能分辨發音與吞食實經不同管道，所以錢乙特別稱此類孩童「又能嚥物」，以食道正常強調其喉嚨完好，不是先天啞者。）唯不能言語。這種情形，錢乙歸之為腎怯。主張以地黃丸療治。第二種「語遲」，則連發聲都有問題。錢乙謂小兒「口噤不止」，會有「失音語遲」的情形。以錢乙的論述為例，可知宋代幼醫已注意到「語遲」的問題。但對此症狀只有初步的認識，也沒有指出發育到何年齡尚不能言語者方屬語遲之列。宋代另一醫著《醫說》中有「治兒語遲」一條，作者張杲列出語遲的一些民俗療法。對其症狀之定義或分析，則完全付之闕如[19]。

16世紀以後，幼醫對「語遲」乃有進一步的討論。當時關於此症之原因，流行著一種「胎兒受驚說」的看法。如寇平《全幼心鑑》中所謂：

言，心聲也。小兒受胎，其母卒有驚怖，邪氣乘心，故兒感受母氣，心官不守，舌本不通，四五歲長大而不能言也[20]。

寇平的討論中，點出「語遲」的年齡指標以幼兒四、五歲為準。可見當時幼科注意嬰幼兒言語能力的發展，尺度相當寬鬆。對孩童罹致此症之原因，則以為早植母親妊娠時期，因懷孕的母親遭受恐怖的經驗，胎兒間接受驚，「感受母氣」，致使長大後言語發生困難。這種推論，沒有特別的依據。顯示傳統「胎教」說之氾濫，及早期幼醫習將幼兒病症推謂植因久遠。此

19 〔宋〕張杲，《醫說》，卷10，〈治兒語遲〉，謂：「社壇餘胙酒，治孩兒語遲，以少許喫，吐酒噴屋四角，辟蚊蟲。」
20 〔明〕寇平，《全幼心鑑》，卷2。

受驚說明代曾風行一時，王鑾《幼科類萃》，魯伯嗣《嬰童百問》，孫一
奎的《赤水元珠》等，對語遲證治的看法均出一轍[21]。倒是寇平的推論，述
及小兒在母胎中遭驚，致使「心官不守」，「舌本不通」，「長大而不能
言」。注意到孩童言語能力，涉及精神（心官）和器官（舌）兩種條件，必須
生理心理狀況都健全，言語表達才能順暢。這個認識，點明嬰幼兒語言表
達的兩種關鍵因素。

　　16世紀中，幼醫世家薛氏父子，秉其豐富的臨床經驗，對小兒語遲現
象提出了更進一步的看法。指出肇因不僅一端，除過去常說（薛鎧引謂源於
「錢氏云」）的妊母受驚，使「邪乘兒心，致心氣不足故不能言也」，另外
還有四種狀況：

> 有稟賦腎氣不足而言遲者。有乳母五火遺熱，閉塞氣道者。有病
> 後津液內亡，會厭乾涸者。亦有脾胃虛弱，清氣不升而言遲者[22]。

前兩項仍歸因於先天稟賦及乳母影響。後兩項推論，首度將焦點轉指嬰童
本身，值得注意。依薛鎧的瞭解，認為孩童罹病後，或根本發育不良，身
體虛弱，都會產生言語遲滯的現象。前者或許屬暫時現象，後者則可能是
長期的健康問題。薛鎧隨舉兩個實例，都是小兒有吐瀉等毛病，同時發生
喉音瘖瘂的狀況。

　　17世紀中國的幼醫，續此發展，討論「語遲」問題，均轉而歸因孩童
本身體弱，不再強調母親妊娠受驚。龔廷賢的《壽世保元》說：「小兒語
遲，心氣不足也。」[23] 王大綸的《嬰童類萃》則認為，是孩子本身「腎稟胎

21　〔明〕王鑾，《幼科類萃》，頁440-441；〔明〕魯伯嗣，《嬰童百問》，頁221-222；
　　〔明〕孫一奎，《赤水元珠》（《四庫全書》766冊），卷25，頁57-59。

22　〔明〕薛鎧，《保嬰全書》，頁461-463。

23　〔明〕龔廷賢，《壽世保元》，頁595-596。

氣不足」,「心肺失調,致舌本強,故不能發為言也。」[24]《壽世保元》中,
並記載一具體案例:

> 一小兒,五歲不能言,咸以為廢人也。但其形瘦瘁,乃肺腎不足。
> 遂用六味丸,加五味、鹿茸,及補中益氣湯加五味。兩月餘,形
> 氣漸健,將半載,能發一、二言。至年許,始聲音朗朗[25]。

依此,知近世幼醫對「語遲」現象,所持年齡尺度亦相當寬緩。小兒到五
歲仍不能言,方施療治。17世紀醫者已將此問題視為嬰童本身健康缺失,
若調養得法,幼兒健康獲得改善,「形氣漸健」,久之自然「聲音朗朗」,
發音語都不會再有困難。

　　18世紀以後的幼醫,不再單獨討論「語遲」現象,而將之與「諸遲」
並提。視為孩童成長發育整體缺失之一面[26]。清代幼科醫籍已少舉「語遲」
個別為論,但仍視語言表達遲滯,為一發育上的異常。若持續數年,應設
法補救[27]。

(四)行遲

　　嬰幼兒成長發育的困難中,最受傳統醫者重視的,是「行遲」。即幼
兒逾時不能行走,行動發生問題。宋代錢乙初提及此,論點相當簡單。僅
以「長大不行,行則腳軟」,指為「行遲」現象。實包括兩種狀況。一是
嬰幼兒行走上較正常為「晚」,故曰「長大而不行」。二是其行走功能有
缺失,雖然勉強能行,但腳步不穩,出現「腳軟」無力之狀。行動不能自

24　〔明〕王大綸,《嬰童類萃》,頁216。
25　〔明〕龔廷賢,《壽世保元》,頁596。
26　〔清〕吳謙,〈五遲〉,《醫宗金鑑・幼科雜病心法要訣》,頁211-212;〔清〕程
　　杏軒,〈五遲〉,《醫述・幼科集要》,頁948-949。
27　〔清〕魏之琇,〈小兒語遲行遲〉,《續名醫類案》(《四庫全書》子部91冊),卷
　　47,頁146。

如。對此症狀之發生，則與齒遲一般，籠統地歸因於「胎弱」[28]所致。

明代幼醫，對此問題有進一步的觀察。寇平的《全幼心鑑》說：

> 兒生周歲，三百六十日，膝骨成，乃能行也。近世小兒多因父母
> 氣血虛弱，故胎氣不強。骨氣軟弱，故不能行也。骨者髓之所養。
> 小兒氣血不充，則髓不滿骨，故軟弱而不能行。抑亦肝腎俱虛得
> 之。肝主筋，筋弱而不能行也[29]。

此一論斷，先即點明嬰幼兒正常發育下，到固定年齡應能行步無礙。通常
週歲，或生後三百六十日左右，骨骼發育成熟，「膝骨成，乃能行也。」
若有不能依期行走者，推其原因，可能有幾個不同的原因。一方面，有先
天的因素。即父母身體不健康，「氣血虛弱」，使嬰童在胎兒時期健康已
有虧損。所謂「胎氣不強，骨氣軟弱」，埋下日後「行遲」伏因。另一方
面，是後天因素所致。即幼兒本身發育狀況不佳。包括論述中所及，骨骼
和臟腑健康不如理想，或「小兒氣血不充」，骨骼發育有缺失，「髓不滿
骨」（類似「齒遲」之現象），造成「軟弱不能行」。或因「肝腎俱虛」，
造成「筋弱而不能行」。總之，幼兒遲遲不能行走，代表筋骨發育不正常。
寇平的看法，16、17世紀中國幼醫界仍多採納。王鑾的《幼科類萃》，和
龔廷賢的《壽世保元》，對行遲方面的討論可為明證[30]。寇氏隨後列舉的治
方和案例，顯示兩個值得注意的現象：一是當時中國社會及醫界雖均以為
正常發育的嬰兒，周歲即應能行。但在臨床上，幼科醫生對「行遲」的年
齡標準(一如其對「齒遲」、「語遲」)要寬緩得多。寇氏的治方，「治嬰
孩小兒三歲不能行」，可為佐證。二是幼醫憑其實證經驗，知悉出現「行

28　《古今圖書集成》，卷427，頁2b。

29　〔明〕寇平，《全幼心鑑》，卷2。

30　〔明〕王鑾，〈行遲證治〉，《幼科類萃》，頁444-445；〔明〕龔廷賢，〈行遲〉，
　　《壽世保元》，頁595。

遲」問題的嬰童，通常整體健康狀況均差。因而會呈現成長發育上多方面
的困難。如寇氏案例中所舉嬰童表面看來，已有「顱顖開解，肌肉消瘦，
腹大如腫」等異常狀況。生理功能上，除行遲外，還有語遲、齒生遲的現
象。甚至精神也不健康，「神色昏慢」。

這兩層認識，近世其他幼醫對「行遲」的討論中亦明顯可見。王肯堂
《幼科準繩》中所述多起行遲實例，年齡從三數歲，到五、六歲，甚至十
數歲皆有[31]。薛鎧《保嬰全書》論行遲時，所舉兩個治驗的案例，「一小兒
體瘦，腿細，不能行，齒不堅，髮不茂。……一小兒六歲，面色㿠白，眼
白睛多，久患下痢。忽聲音不亮，腿足無力。……」[32] 所描述的孩童，除行
走上有困難外，均伴有多項成長發育上的缺失，身體瘦弱，腿細無力。齒
不堅，髮不茂。面色蒼白，精神不濟。第二例甚至出現久患下痢，類似現
代所稱「佝僂症」的現象。故長期服用含膠、鈣等滋補性湯藥後，即「漸
能行」，孩童的行動能力獲得改善，其整體健康亦有進步，其他症狀同時
消釋。「諸症悉愈，形體亦充實。」

近世幼醫對嬰幼兒「行遲」的看法，16至17世紀中，除承襲前見之外，
也略有進展。一方面發揮前人推論，立說更為細密確實。一方面也設法分
辨因不同情況所造成的行走困難，有走向「多因說」的傾向。

前者如16世紀中名醫薛鎧《保嬰全書》中所說：

> 行遲者亦因稟受肝腎氣虛。肝主筋，腎主骨，肝藏血，腎藏精。
> 血不足則筋不榮，精不足則骨不立，故不能行也。……行遲用地
> 黃丸加牛膝、五加皮、鹿茸，以補其精血。精血既足，則其筋骨
> 自堅[33]。

---

31 〔明〕王肯堂，《幼科證治》，頁754-756。
32 〔明〕薛鎧，《保嬰全書》，頁439-448。
33 〔明〕薛鎧，《保嬰全書》，頁439-448。

論述較前詳細具體。特別強調精血滋養身體，使筋骨堅立，對小兒行走正常之重要性。

〔宋〕蘇漢臣《長春百子》（局部）

　　近世中國的市景工筆，固為理想式描繪，但其中並不是完全見不到社會活動的側寫。此處長卷段落中見到的孩童戶外遊戲，幼齡群體中大背小，引伴呼朋，當時可能再常見不過，不以為奇。但穿隔世紀以後，如今看來，仍有其彌足珍貴的力道。

國立故宮博物院編輯委員會編，《嬰戲圖》（臺北：國立故宮博物院，1990），頁69。

　　後者如16世紀末，孫一奎《赤水元珠》中的〈行遲〉篇中，謂：

　　設未經跌撲損傷，及發驚搐強被束縛者，乃下元不足也。蓋腎主

骨，肝主筋，下元不足則筋骨痿弱，不能行動[34]。

明白指出跌撲等外來傷害，或發病驚搐，都可能導致幼兒不良於行。提醒
醫者當分辨不同肇因，再施補救。當時也有幼醫憑其經驗，注意到有些幼
兒步行困難，並非生理缺失障礙。純粹是照養者呵護過度，抱保不令落地，
反使其腿細羸弱，站行無力。王肯堂的《幼科準繩》即載有此例。以「兒
自小傷抱，腳纖細無力，行立不得。」[35]龔廷賢則提到親身診治一位「富翁
子，八歲不能步履。皆因看得太嬌，放不落手。兒身未得土氣，以致肌肉
軟脆，筋骨薄弱。」[36]可見近世幼醫亦意識到，孩童成長發育上的缺陷，有
些並非生理問題，實因人為照養方式不當所致。

　　17世紀幼科論著如王大綸的《嬰童類萃》，對「行遲」的看法，多沿
襲以前名醫如薛氏等之論點[37]。17世紀中以後，醫者不再將「行遲」當成個
別問題舉論，而將之視為嬰童成長發育諸多健康缺陷之一，分析「諸遲」
或「五遲」時，綜合討論[38]。

　　18世紀以後，幼醫談論嬰幼兒成長發育缺陷，即所謂「五遲」問題時，
新標出「立遲」一個項目。此「立遲」所指，並非嬰童站立上發生困難，
而是逾期不能獨自「坐立」。即吳謙《醫宗金鑑·幼科雜病心法要訣》中
所說的，小兒「身坐不穩」的情形[39]。程杏軒《醫述·幼科集要》中，描述
其症狀為「長不能立，立而骨軟」[40]。此「立遲」現象，顯然與隨後發育上

34　〔明〕孫一奎，《赤水元珠》，頁58。
35　〔明〕王肯堂，《幼科證治》，頁754-756。
36　〔明〕龔廷賢，《壽世保元》，頁599；〔清〕魏之琇，《續名醫類案》，亦引此案
　　例，見《景印文淵閣四庫全書》，子部78冊，卷47，頁146。
37　〔明〕王大綸，《嬰童類萃》，頁217-218。
38　〔清〕吳謙，〈五遲〉，《醫宗金鑑·幼科雜病心法要訣》（臺北：新文豐出版社，
　　1981），頁211-212；〔清〕程杏軒，〈五遲〉，《醫述·幼科集要》（合肥：安徽科
　　技出版社，1983），頁948-949。
39　〔清〕吳謙，《醫宗金鑑·幼科雜病心法要訣》，頁211。
40　〔清〕程杏軒，《醫述·幼科集要》，頁948。

的「行遲」問題，關係密切。但因此時幼醫已將五遲視為整體，而綜合論述，故並未針對「立遲」發生原因及療治方式作專門而深入的討論。

三、近世幼醫的認識

　　嬰幼兒成長發育，是一持續而複雜的現象。涉及新陳代謝與營養等生理因素，也關係心理智力之發展，非一、二言可詳。傳統中國醫者依其觀察，先確定所有正常嬰幼兒，其成長與發育應循定軌而有定期。健康嬰童到一定年齡，自然會生髮長齒，能言善語，能立能行等等。而且其生長情況和功能應達一定標準。頭髮不但應如期而生，而且茂密濃黑。牙齒不但應適齡而發，而且堅固能嚼。嬰童不但在該言語、坐立、行走的時候，都能言語立行如故，並且發音清朗，坐立得穩，行步有力。如果幼兒毛髮稀疏不黑，齒生而動搖不固，發聲而模糊難辨，勉強坐立而不穩，站起行走而腳軟無力，都代表其成長發育的狀況不甚理想。

　　所以傳統中國幼醫一如近代醫學，先對嬰童正常的成長發育過程有了瞭解，以之為基準，來衡量成長發育異常的情況。當時所注意到的成長與發育範疇，已相當廣泛繁複。除了生理面如髮生齒長，已兼及心理情智的發展。彼等對語遲之討論，涵括心智與器官雙方面之健全，為一明證。除了靜態的成長，傳統幼醫也很重視動作上所反映的發育狀況。嬰童能否如期坐立，穩當行走，對當時觀察者都是顯示其成長發育正常健康與否的重要訊息。從他們對生長發育異常情況的討論，亦可見彼等於此方面觀念和知識的進展。其次，過去幼醫界對嬰童發育上「語遲」或「五遲」現象，所用之「遲」，其實涵義相當廣。一則代表嬰幼兒生髮、發齒、言語、行走上較預期年齡較晚，是「遲」的第一義。因為生長現象和發育功能上的遲滯，是其生理機能最明顯易見的異常。因有「髮遲」「齒遲」、「語遲」、「行遲」諸名。但這些「遲」，還有深一層的意義，即生長發育的「不健全」。髮不黑，齒不固，語不清，立不穩，行而腳軟，也都名之為「遲」，

涵括廣義的成長發育之不理想狀態。

對於嬰童成長發育,近世中國幼醫雖知正常應在周歲前即已完成,但實際處置時所採尺度相當寬鬆。常待幼兒三、五歲後仍無齒、不言,或不能行走,方施療治。他們也意識到「諸遲」的現象,可能代表幼兒成長發育上的輕度困難,與身體出現長期殘疾或嚴重障礙,如所謂五硬五軟,龜背、雞胸、拘攣、驚癱等,仍有差別[41]。

與西方近代醫學對生長發育的認識相較,傳統中國重視發育現象過於成長。嬰童能言語行走,功能發育健全,成為判斷其生理機能正常之重要指標。不如西方近代醫學,習於注意生長指標。如嬰童身高體重之增加,固定年齡的頭圍、胸圍數字,以為辨別發育成長進度正常與否的標準。這種以固定年齡的成長指數表示成長發育狀況的方式,較概括描述性的觀察,要固定而精確。或者也反映西方較重計量數字,而中國較重性質功能的傳統。同義,傳統中國幼醫擇為生長現象之指標者,為頭髮和牙齒之生長,在傳統中國文化上均有特殊意義。對諸項生長發育現象重視的程度不同,則反映當時社會對個別現象或功能重視之差異。傳統中國社會對整個發育生長過程,最關注行遲問題。其次是語遲,再次才是齒遲與髮遲。可見嬰幼兒發育功能中,能否正常行走,關係孩童是否能及時行動自立,影響所及之社會意義最為重大,最受重視。其次,幼兒能否言語達意,對其日常生活影響相當明顯,亦受關注。再次則是齒堅能嚼,使嬰童能得滋養,不能忽視。至於髮茂而濃黑,雖一向代表生機旺盛。但實質上的影響最不明顯,故備列而不視為急務。諸態度所反映的,是當時社會價值實情,並不見得緣於該成長或發育現象在生理或體質上意義之輕重。

近世中國幼醫對嬰幼兒成長與發育現象之認識,整體而言,發現問題甚早,但認識上進展不大。傳統幼醫由11、12世紀提出諸遲之現象,描述其狀況,並粗推其原因。到17、18世紀,有五遲個別或整體的分析與療治。

---

41 高鏡朗,《古代兒科疾病新論》(上海:上海科技出版社,1983),頁57-62,66-69。

五、六百年間，知識見解上有幾個值得注意的發展。一是對成長發育遲滯的原因，由原本歸咎先天或胎兒期的缺陷，即所謂「胎弱」之類籠統的說法，到16、17世紀，漸轉而著重嬰童出生後本身生長發育上的缺失。古代歸因先天或母胎，使人對幼兒成長發育的缺陷，產生無可奈何之遺憾。後來漸重後天調養的缺失，比較容易考慮補救和改善方案，算是在健康與醫學的理性化上，又進了一小步。二則近世幼醫憑其豐富臨床經驗，對語遲行遲等現象，提出多種不同解釋，明言外傷、疾病、與發育不健全，亦可能使幼兒出現同樣生理機能上的障礙。這種「多因說」的發現，顯示近世幼醫對嬰兒成長發育諸現象的客觀症狀和背後原理，其推理有複雜化和細緻化的傾向。三則17、18世紀以後，幼醫典籍不再個別討論髮遲、齒遲、語遲、行遲等問題，而將其置於「五遲」之中，綜合談論，可能表示近世醫界愈來愈意識到，這些原本看來似乎為個別缺失，若先後出現同一孩童身上，或伴隨其他病弱症狀出現（如神色昏慢、肢體瘦弱、言行無力、泄瀉倦怠等），可能代表整個生長發育機能不佳，顯現於不同階段、不同方面的表徵，應視為一整體健康問題，而思改善。

雖有上述三方面局部進展，但此進展並不普遍。整體而言，近世中國幼醫對嬰幼兒成長發育的認識，由宋而清，並無突破性進展。主要因為對營養學，及新陳代謝功能，基本認識上未有大的進步。因而對成長發育遲滯或障礙發生的原因，不能有具體而更深入的剖析。對近代所謂營養缺乏所引起的諸多症狀，也不能聯想並論。

四、中西比較生理學之省思

從數百年來傳統中國醫界對嬰幼兒成長發育認識的演變，可附帶注意到幾個問題。一是近世中國幼科醫學在知識面和技術面的發展相當突出[42]，

42　見本書第二章。

但發展過程，有長有短，並非全面均衡、齊頭並進。從11、12世紀，中國幼醫發軔，到17、18世紀傳統醫學轉變之前，幼科醫界，曾在一些重要問題上，如新生兒照護、痘疹防疫等方面，有重大的發現與突破[43]。但其他方面，則進展緩慢甚或少有起色。對嬰幼兒生長發育現象認識，是中國幼醫進展不大的一個例子。

從這些進展遲速不同的各個方面，將中國幼醫與西方醫學發展歷程作一比較，可逐漸揣摩出中國幼科醫學的特色。即以對嬰幼兒成長發育認識一事為例，其長處在對症象之早期發現與描述，與臨床上詳細的觀察。事實證明，對成長發育認識上所有進展，皆緣於臨床經驗豐富的幼科醫者之推斷。

最後，從傳統中國幼醫對嬰童成長發育，所重視的現象與程度看來，健康或醫學的發展，背後仍受社會價值觀念的影響。此一例證與其他例證比而齊觀，更可說明，科學與學術思想的其他支脈一樣，宏而觀之，均為社會思想的一部分。其思路多少受社會文化之左右。從而於不同時地，展現不同的面貌與特點。近世中國對嬰幼兒成長與發育現象的看法，有其實證科學的一面。也顯現了社會人文的另一面，頗值沉吟。

43　見本書第六章。

第十章
士人筆下的兒童健康

　　史學工作者對開拓新領域、展開傳統史學範疇以外的新議題，常遭到一手史料何在的苦惱或質疑。不論是嬰幼史、童年史，尤其是要追究過去兒童健康的狀況，很容易遇到這類挑戰。也就是說對過去歷史上曾經發生過的事情、現象，有很多值得瞭解的問題，如今人們想要追問，但總苦於訊息、資料太少，線索零星、寂寥，不足以連綴編織起一串演變的敘述，幫助詮釋其前前後後的緣由發展，這中間固然常常顯示了史學概念和方法的不足，因為不知道研究歷史的重點問題何在，也就茫茫然不明白要如何調整研究的角度、焦點，從而由新視野出發，利用新鮮的方法，撿拾連綴起過去人們不在意、不留心的片紙隻字、周遭物件、身邊景物，用以點出、說明一件以前所一向輕忽、瞧不起的歷史問題。

　　重訪中國嬰幼兒的歷史天地，毫無疑問，正是這樣一個過去不疑有他，往常以為無關宏旨、不值一顧，但在現今社會價值體系下，又好像愈來愈不能完全不理的一個問題。

　　現代學術要重新為「知識之考據」（archeology of knowledge），翻開舊籍，訪查過去兒童的世界，當然也不免碰到「原始史料」何處求的疑問。尤其如果大家的訪求不以「童年概念史」為滿足，還想要挖掘出一些過去兒童生活之片段實情，甚至兒童日常生活衣食住行，乃至疾病健康之變化細節，有無具體史料足為憑藉，就成了一個重要的關鍵。

　　這方面，唐宋以來幼科醫籍為大家意外地提供了豐富的「技術性」細節，不但是中國社會史之瑰寶，也是世界史學發現之大幸。但是在「專家」記錄、說辭之外，當時一般的民眾對兒童健康又是持著如何一種態度？留下了怎樣一些訊息，也是一個不能不考慮的問題。

　　而同時期中國士人日常留下的文字所流露出的零碎訊息，也是一類值得注意的線索。一則，從「側寫歷史」（profiling）而言，這些是所謂的「無意史料」（unintended sources），其實為其他的動機而起，不是為了記載兒童或者健康，其有意經營、捏造的成分少了一些。二則，中國士人是當時握有讀寫文字能力的社會菁英，受過相當教育，其習慣上所交換流傳的書信、

日記、筆記、傳記，不但一向是社會文化動態之關鍵訊息，無意間所言所及，也透露了當時中上階層，乃至周遭地區左右、影響兒童健康的知識與物質條件，是形成兒童健康環境的重要部分。

當然，更進一步說，這批材料則像所有史料一樣，都是一柄「雙刃之鋒」（double-blade sword），由之可知史事，亦可由之反觀當時史料和書寫活動的性質，知道為什麼有或沒有某種訊息，以及左右影響產生、製造這些材料之所以「有與無」的原因。也就是說大家為什麼關注或漠視兒童健康，社會中非專業教育菁英（educated lay）在這方面所知所能的局限所在。

自宋代以後，因傳統幼科發軔，故有關兒童健康的問題，有幼科醫書、醫案、醫方之討論，代表當時專業人員的認識和記錄。然而檢視此類材料，我們心中常不禁興起一種疑問：除了專門解決兒童疾苦為業的幼科醫生之外，一般人對兒童健康到底有多少瞭解？

為了說明這個問題，我們只有遍閱近世中國士人之私人及傳記性資料，披沙揀金，看看這些常人筆下是否曾經留下任何有關兒童健康的消息，如果有的話，此等非專業人員對兒童疾病的認識如何？而對兒童病痛多半採取何等的對策？因為他們的瞭解和態度，相對於幼科醫者，反映了當時兒童求生存的健康環境中很重要的部分。而且，從健康史和社會史的角度而言，這些消息算是反映兒童健康的「無意史料」——當時人留下這些記錄時，其關心的重點並不在健康——因而彌足珍貴，經過細心的解讀，可以讓我們一窺現代以前，一般中國家庭及兒童健康世界之一斑。

一、常人留下之健康記錄

在著手分析這些常人所留下的有關兒童健康的資料以前，我們應該對這整批材料有進一步的瞭解、思索：這些記錄是在什麼情境下留下來的？它有沒有什麼特徵？包括哪些內容？

舊時中國家庭或個人並沒有保持健康記錄的的習慣，一般人也沒有什

麼特殊的動機，要記下兒童成長過程中所罹之疾病。只有少數的傳記材料，在記載一個人幼年的遭遇時，提到某些與健康相關的經驗。所以我們在閱讀、運用這批史料時，必須意識到這些材料是在偶然的情況下留下來的，不是一個普遍的記錄。當時曾經發生於這些個人童年中的健康問題，有些留下了一些蛛絲馬跡，有些則完全不見諸傳記之記載。而且，在留有若干記錄的一個家庭中，也不是事事都提。他們很可能記下了有些兒童所遭病痛，而對家中另外一些孩子的疾苦則完全略而未及。

這些有關個別兒童健康的資料，明清傳記中偶或可見。而清中葉(18世紀末)之後所見更多。可能與此後個人傳記內容日豐，對童年部分載錄漸詳也有關係。這些傳記中之所以提到某些與健康有關之消息，大致有兩類，一類是一般性地談到此人自幼身體強弱之狀況，另一類是提到某些特別的健康上的事故。其用意，除了略為說明某人先天體質稟賦如何之外，多少有些慶幸此人幼來「遭難不死」的意思。因為疾病就像一種幼時所遭遇的「特異經驗」一般，若能逢凶而化吉，有驚而無險，倖免災厄，或者代表此人活來不易，或者對其未來人生代表一種祥徵。因而幼兒罹疾病而癒，除了感念母親照顧之勞外，有時也認為是得鬼神祖先之助。

在這種心理之下，我們見到的傳記中有關兒童健康的記錄，遂有「報憂而不報喜」之一特徵。對於兒童正常健康成長發育之情況，日常之飲食、睡眠、運動，隻字不提。只有在孩子不幸罹病受苦時，才會略提其遭遇經過。

從這些不完整的記錄中，我們綜合起來，大致可以瞭解三方面的消息：一是當時兒童所罹之疾病，及一般人對兒童疾病的認識；二是當時家庭對兒童疾病所採之對策，及其反映的社會上對處理兒童健康問題的態度；三是當時兒童因病致死的事例，及其所代表的兒童健康狀況指數之一。此三方面之消息，得來不易，今分述於下。

二、私人傳記中所見之兒童疾病

(一)記錄中所見之兒童疾病

1. 消化道疾病

　　傳統社會中，消化道和呼吸道的問題，是兒童常患的疾病。舊時中國雖無消化道疾病之稱，但記載中卻常見兒童為腹疾、吐、瀉所苦。崔述(1740-1816)在《考信錄・附錄》中自謂：「十四、五歲時，嘗得腹疾，先孺人百方為之營救，竟以漸愈。」[1] 這腹疾的症狀如何，崔述未加細談，但兒童因飲食不適或外物感染，導致消化道發炎，或出現吐、瀉，是很容易發生的事。崔述的腹疾，曾經過一段相當的時間，也許是慢性的消化道發炎。文祥(1818-1876)謂其於11歲那年，「又患胃熱咳血」，則似乎已有潰瘍的現象。而且到了第二年夏天，「又患翻胃證，食後即吐，冬初始愈。」[2] 此類胃腸疾病，當時並無有效療法，常拖成慢性消化道問題。

　　黎培敬(1826-1882)自言三歲時，「每反胃吐乳，先祖贈公憂之，用藥嘗加厚樸少許。」[3] 幼兒反胃吐乳，影響正常飲食，家中長輩當然深為擔憂，思以自知之處方為之調治。也有的兒童腸胃不適，似與飲食習慣有關，家人遂試為忌口，而舊時中國對控制飲食最常採取的辦法，是避免葷腥。如張大千(1899-1983)幼年「翻胃嘔吐」，家人認為是沾葷腥所致，遂令其自幼吃素[4]。

　　至於兒時誤食或貪食某些食品，導致短暫的吐瀉，也經常發生，但數日即過，算是比較不嚴重的情形。楊一峰自謂幼時一次隨母歸寧，趁家人不注意，爬上後園的大杏樹，一口氣吃下了十四、五個正熟的大白杏，待

1　〔清〕崔述，《考信錄・附錄》(臺北；世界書局，1989)，卷1，頁10。

2　〔清〕文祥，《文文忠公自訂年譜》(臺北：廣文書局，1971)，頁4-5。

3　黎承禮編，《竹閒道人自述年譜》(臺北：廣文書局，1971)，頁3。

4　關志昌，〈張大千多采多姿的一生〉，《傳記文學》，4卷25期，頁38。

母親發現,「下得樹來,因為吃得過多,感覺肚子疼痛,結果瀉了三、四次了事。」[5]

2. 呼吸道疾病

傳統中醫常以「痰疾」稱呼吸道的毛病,民間因亦仿此一詞。但仔細考察彼等所謂痰疾之症狀下,似常夾雜其他胸腔內器官問題,甚至神經方面的病變。像沈兆霖(1801-1862)自稱六歲時「有痰疾」,然隨又言「時患厥逆」,「發厥時,身仰後」,常連所坐高椅「並椅俱踣」[6]。其症候應不單是痰塞使呼吸不能順暢,痰疾只是表徵,時患厥逆則疑似小兒癲癇之類的毛病。

較典型的幼兒呼吸道問題,是咳嗽不停。如陳澧(1810-1883)三歲時,「欬嗽幾死」[7]。久咳不愈,演為支氣管炎或者肺炎,對幼兒生命威脅極大。但過去中國並無此方面的知識,到20世紀初以後的傳記文字中,因有現代醫學詞彙與觀念引入,才有此類說法。如鍾明志(1892-1956)自謂「兒時每月發一次氣管炎,診為肺部太弱,須滿四歲才能完全康復。」[8]

另外一項與呼吸道相關的疾病,就是兒童的氣喘,傳統稱為病喘或者病哮。徐鼒(1810-1862)幼年時即有「病哮」之苦,當時似乎也無任何有效的對策[9]。

3. 天花

天花,傳統中國亦稱為「痘」,是近世威脅兒童健康最為嚴重的傳染病之一。罹患者死亡率相當高,即使僥倖熬過,奮鬥的過程也十分辛苦,

---

5 楊一峰,〈童年樂事〉,《傳記文學》,1卷5期,頁33-34。
6 〔清〕沈兆霖,《沈文忠公自訂年譜》(臺北:廣文書局,1971),頁2。
7 汪宗衍,《陳東塾先生年譜》(澳門:于今書屋,1970),頁3。
8 鍾明志,〈我的回憶〉,《傳記文學》,17卷3期,頁12。
9 〔清〕徐鼒,《敝帚齋主人年譜》(臺北:廣文書局,1971)。

而且常有併發症發生。金忠潔(1610-1644)五歲時「發痘，得逆症，百藥罔效，勺水不入者數日，氣垂絕。」後來據說是得異僧之佑，才度過險關，漸有起色，不過也拖了一個多月，才慢慢痊癒[10]。明清傳記資料中提到兒童患痘的事例不少，詳略不一，但均謂罹者深為所苦。李殿圖(1738-1813)九歲那年「出痘」，遍體勻圓飽綻，甚苦之[11]。家中有兒童罹病，並無有效醫藥之助，多半靠母親或家人耐心照顧調養，乃得熬過難關。孫星衍(1753-1818)九歲時「出痘花，幾危」，即賴其祖母「許太夫人、金太夫人抱持不眠者兩旬始愈」[12]。王先謙(1842-1917)生始八個月，即「患痘瀕危」，亦因其母「備極艱劬，遇救得活」[13]。

明清社會已知「痘疫」是一種傳染性疾病，民間行醫者亦各有一些偏方對付，雖然並不一定有可靠的效果。張崟(1761-1829)三歲那年，痘疫大行，街號巷哭者相繼。不久，張崟「亦患痘，顆粒曾累，體無完膚。」當時地方上有位醫師見其症狀，「謂是痘將內陷，恐不可治。」要他的家人將他「姑臥之地，藉土氣以禦燥火」。當時據謂張崟已奄奄一息，家人不得已遂真的把他放在地上躺了七天七夜，他的母親亦隨之「臥於地者七日夜，哺以米汁藥液，憂愁涕泣，殆無寧刻。」到後來才漸有生意[14]。駱秉章(1793-1867)在他六歲那年三月，出天花，「幾至不測」，後來據說是因恰有姻親到省城找人開了補藥，「始得保全」[15]。

因為對天花一症並無特殊療法，不少人家於孩兒遭此病變時，即轉而求諸宗教鬼神之助。文祥(1818-1876)，在三歲那年冬天，出天花，自以為過程極為順利，事後才聽母親說他的祖母「為予焚香拜佛，額幾腫」[16]。李

10 〔清〕金鏡，《金忠潔年譜》(臺北：廣文書局，1971)，頁2。

11 〔清〕錢景星，《露桐先生年譜》，清嘉慶八年(1803)刊本，頁6。

12 〔清〕張紹南，《孫淵如先生年譜》(臺北：新文豐出版社，1989)，頁1-2。

13 〔清〕王先謙，《葵園自定年譜》(臺北：廣文書局，1971)，頁4。

14 〔清〕鮑鼎，《張夕庵先生年譜》(臺北：文海出版社，1973)，頁2。

15 〔清〕駱秉章，《駱秉章先生自敘年譜》(臺北：商務印書館，1978)，頁3。

16 〔清〕文祥，《文文忠公自訂年譜》，頁1-2。

根源(1879-1965)在十一歲那年十月,出痘。最初,是家中三個妹妹先後得痘,最後終於傳給了根源,但他「上漿時忽漿收色黑,昏沈不醒,狀至險惡」。群醫束手之下,其祖母乃「虔誦觀音經,愈三日」,據說其「漿忽突起,色轉紅,得以治愈」[17]。鬼神宗教之外,有些家人亦信夢徵可救危兒。劉景山(1885-1976)自謂「六歲染天花症,病危。」此時其母夢桂花開放,芬芳滿室,保姆盧媽亦得同夢,其後景山之病竟亦轉危為安[18]。

幸而熬過天花之劫的兒童,事後多仍不免留下一些後遺症。其中最輕微的,是身體上留下深淺大小的疤痕,俗稱麻子。舊時不論男孩女孩,落得麻臉,都可能遭人譏笑,尤其常構成婚姻上的困難。楊仁山(1837-1911)幼時與之訂親而未過門的女孩,即因在家鄉出天花,全身落疤,而臉上更重,父親即來詢問是否要改變婚約[19]。李根源出痘後落得「面麻」[20],當時人均知皮膚上的疤痕會因被抓而更嚴重,卻不能完全禁止孩子都不抓撓。黃季陸(1899-1985)四歲時出天花,當面部發出無數痘疤時,即因「任性把他抓得稀爛,雖然過了痘痳關不曾夭折,卻形成了一個既醜又痳的小人物。」自謂幼小的內心籠罩著一種自卑的陰影[21]。因為社會上的訕笑,即使疤痕並不明顯,兒童心中仍相當自覺。劉健群(1902-1972)也說「因為幼年出天花,臉上還留下幾點不十分看得出的小麻子」,而覺得自己「說起美觀體面,真正一無是處」[22]。

其實天花肆虐,在幼兒身上造成的傷害往往比麻面更為嚴重。不少人知道顧炎武(1613-1674)自幼左眼異常,有人說是有點斜視,有的記載則謂瞎而不能視,其實就是他三歲時患痘致危,愈後所遺下的後遺症[23]。當時也

17 李根源,《雪生年錄》(臺北:廣文書局,1971),頁6。

18 劉景山,〈劉景山自撰回憶錄〉,《傳記文學》,29卷3期,頁41。

19 趙楊步偉,〈我的祖父〉,《傳記文學》,3卷3期,頁17。

20 李根源,《雪生年錄》,頁6。

21 黃季陸,〈我難忘的仁慈的父親〉,《傳記文學》,9卷4期,頁33。

22 劉健群,〈艱困少年行〉,《傳記文學》,14卷1期,頁82-83。

23 沈嘉榮,《顧炎武》(南京:江蘇人民出版社,1982),頁5;〔清〕張穆,《顧亭林

有一些事例，提到天花餘毒事後會凝聚患兒體內某些部位，造成潰膿的現象。吳榮光(1773-1843)六歲出痘，據謂即因「遺毒未盡，聚於右腿，腿生腐骨」。經用針灸法治之，半歲後，腐骨始出而愈，但在出腐骨之處，仍留下了「寬寸許，長二三寸，深五六分」的疤痕[24]。完顏崇實(1820-1872)三歲時出痘，結痂後，「餘毒發於喉間，左右各一，危甚」，多日後，膿潰方愈[25]。陳濟棠(1890-1954)記其長兄濟華，年七歲時出痘，「毒落其足，竟成殘廢。」[26]

明清時中國人對於預防天花已發展出一種初步的防疫辦法，即以濕漿或痂皮製成「人痘」，由兒童鼻孔吹入。此方法雖為許多兒童成功地得到防疫效果，但施行稍一不慎，或漿苗效力太強，仍會造成傷亡。故直到19世紀末，許多民眾對之仍持戒慎之態度。黃季陸即謂幼時鄉下家人已知有傳統吹苗之法，但卻未為他種人痘[27]。當時在沿海市鎮，已有西方傳入牛痘法，且有臨時設立的施種牛痘局。比較講究的家庭，還特別請醫生到家中為孩子種痘，魯迅(1881-1936)三歲時就是在這種情形下種的牛痘[28]。

4. 季節性疾病及急性傳染病

舊時中國家庭已注意到，兒童疾病常與季節之更替有關，而四季中，以夏季最常發生，春秋次之。加上幼兒夏季罹病，常出現高燒現象，故傳

(續)————————————————
　　先生年譜》(臺北：廣文書局，1971)，頁4。
24　〔清〕吳榮光，《吳榮光自訂年譜》(香港：中山圖書，1971)，頁3。
25　〔清〕完顏崇實，《惕盦年譜》(臺北：廣文書局，1971)，頁2-3。
26　陳濟棠，〈陳濟棠自傳稿〉，《傳記文學》，25卷3期，頁8。
27　黃季陸回憶「三四歲時，種牛痘的辦法在我家鄉尚不曾有，一般都是用藥苗從小孩的鼻孔吹入。由這種方法處理，當然是經過十分的險惡，稍為不慎，幼孩便因而夭折了。」他自己終因家人未予種痘，而於四歲時患了天花。見黃季陸，〈我難忘的仁慈的父親〉，《傳記文學》，9卷4期，頁33。
28　魯迅於文中曾提到，幼年時「種牛痘的人固少，但要種痘卻也難，必須等到一個時候，城裡臨時設立起施種牛痘局來，才有種痘的機會。我的牛痘是請醫生到家裡來種的。」李何林，《魯迅年譜》(出版資料不詳)，頁8；復旦大學，《魯迅年譜》(合肥：安徽人民出版社，1979)，頁4。

統又以「熱疾」或「熱症」統稱此類疾病。一般民眾並不確知熱症因何而起，常將之附會於兒童當時所進行之其他活動。李殿圖的傳記資料中說他三歲時「以穿花捕蝶，得熱疾，幾殆」[29]。吳榮光在十八歲那年三月，亦因「得熱疾，幾殆」[30]。可見這類熱疾對當時少年及幼年人口健康，威脅相當大，而罹患者年齡愈少，危險愈高。聞一多(1899-1946)自謂「一歲多的時候，生了一場大病，叫『熱病』」，險些送命，他的祖母為其裝殮的衣鞋都準備好了[31]。

從這些記載中反映，人們也知道這些夏秋間的流行病，與地方水災有密切關係。徐鼐十二歲那年，當地「秋七月，大水，瘟疫作」[32]。此外，它還容易發生在多人聚集的城鎮。唐文治(1865-1954)十八歲那年七月，隨父赴金陵省試，並遊書肆，乃「熱患暑病」[33]。

當時兒童在夏天容易感染的疾病中，有些是皮膚病。黎培敬六歲時，「盛暑，患頭瘍。」[34]葉恭綽(1881-1968)六歲，「夏，病瘄，垂危，二閱月始愈。」[35]瘍和瘄，指的都是一種皮膚疾病。但多在夏季困擾兒童的，仍以胃腸病和各種急性傳染病為多。陳衍(1856-1937)三歲時，「常患腹痛，七八月颱風起時尤甚。」[36]而季節性疾病除了盛行夏季，亦有部分出現在春秋二季。伍受真(1901-1987)十五歲那年春天，「患痧麻症，幾殆。」[37]李光地(1642-1718)十七歲時，「值秋熱，病痢幾殆。」[38]

29　〔清〕錢景星，《露桐先生年譜》，頁2-3。
30　〔清〕吳榮光，《吳榮光自訂年譜》，頁3。
31　李鎮淮，《聞朱年譜》(北京：清大出版社，1986)，頁3。
32　〔清〕徐鼐，《敝帚齋主人年譜》，頁5-6。
33　唐文治，《茹經自訂年譜》(臺北：廣文書局，1971)，頁2。
34　黎承禮編，《竹閒道人自述年譜》，頁3-4。
35　遐庵彙稿年譜編印會編，《葉恭綽先生年譜》(出版地不詳；遐庵彙稿年譜，1946)，頁2。
36　陳聲暨，《侯官陳石遺先生年譜》(臺北：廣文書局，1971)，頁13。
37　伍受真，《受真自訂年譜》(臺北：文史哲出版社，1981)，頁5。
38　〔清〕李清植，《李文貞公年譜》(臺北：廣文書局，1971)，頁12-13。

　　如上舉部分例證所示，近世傷害兒童健康的季節性疾病中，有許多是盛行於暑熱之時的急性傳染病，痢疾、瘧疾、白喉等。陸寶忠（1850-1908）六歲那年六月，染患「瘧疾甚劇」，到八月方小愈，後曾拖延成為久病不愈的老瘧（當時稱為「痁」）[39]。瞿中溶（1769-1842）自謂十八歲那年十月初起，「患間日瘧，纏綿三閱月，逼歲除始就痊。」而且此後形容瘦弱，時有寒熱頭痛之患[40]。傳統稱為喉痧，19世紀末以後知為白喉的，也是當時常威脅兒童健康的一種急性傳染病。李宗侗（1894-1970）自謂幼年時曾「被染白喉，聲啞不能說話」[41]。李先聞（1902-1976）亦謂少年時曾發高燒，被診為患白喉[42]。

　　然而對於這些威脅家中兒童生命的季節性疾病，直到19世紀末，一般人的瞭解仍非常有限，除了注意到其常出現在夏季，且多能傳染之外，對其病因及防治之道，幾乎一無所知。楊步偉（1889-1981）於其自傳中曾描述一場急性傳染病，在短短的十幾天內，傳上附近的十一個孩子，奪去了七條性命，並使一人瞎了一隻眼睛，但是家人和醫生對遏止或控制這場疫疾，卻拿不出有效的辦法。對疾病本身，有的醫生指為腥紅熱，也有醫生說不出是什麼疾病[43]。

5. 耳、目、齒、皮膚、腳氣等雜症

　　除了上述消化、呼吸道疾病，天花、季節性及急性傳染病，是近世威脅兒童健康的幾種主要疾病外，還有耳、目、齒病、口吃、皮膚、腳氣等雜症，時為健康兒童之困擾，傳記資料中偶亦可見。沈兆霖六歲後「耳常流水，聽不聰」，過了十歲以後才愈，可能是一種復發性的耳炎，因拖延

39　〔清〕陸寶忠，《陸文慎公年譜》（臺北：廣文書局，1971），頁66。
40　〔清〕瞿中溶，《瞿木夫先生自訂年譜》（民國二年〔1913〕吳興劉氏上海刊本），頁3-4。
41　李宗侗，〈從家塾到南開中學〉，《傳記文學》，4卷6期，頁45。
42　李先聞，〈一個農家子的奮鬥〉，《傳記文學》，14卷5期，頁12。
43　趙楊步偉，〈一個女人的自傳〉，《傳記文學》，11卷1期，頁49-50。

時久，終致破壞其聽覺[44]。

關於眼睛和視力方面的毛病，因為會影響兒童閱讀乃至未來進舉之前途，更易引起士人家庭之重視。兒童眼睛或視力上的問題，有些似乎是先天性的，據謂邵晉涵（1743-1796）生來「左目微眚」，眚即是一種眼病[45]。楊守敬也說他的三弟自幼聰穎，「惟目神不足，數丈外不見人，向夕即同瞽者。」可能是一種天生的弱視或夜盲[46]。但是有些孩子眼睛視力出了問題，則純為後天罹疾而致。前文曾及顧炎武三歲後「左目為眇」，即為罹患天花所遺[47]。目疾在中國南方濕熱之地尤為普遍，台灣老作家王詩琅（1908-1984）「三歲即開始患眼疾」，是為一例[48]。因為眼疾影響視力，曾限制了有些少年對某些活動的選擇。張人傑（1877-1950）十八歲時「因骨痛及目疾加甚，乃改研書畫」。是因其視力已不適繼續苦讀而然[49]。不過也有一些資料提到，士人子弟自幼常在光線不足的環境下勤讀不輟，正是使視力受損的原因。唐文治自謂七歲起，「夜課恒隨月讀書，目力已受傷害。」[50] 程天放（1899-1967）也說自己「晚間也喜歡在微弱的燈光下看書，所以從十歲起，眼睛就變成近視」[51]。

齒痛有時亦困擾幼年兒童，影響正常飲食。牛運震（1706-1758）說自己「三、四歲時常齒痛，劇則一、二日不能食」[52]。還有的描述幼兒牙齒異常現象，用語簡略模糊，不易確知其意所指。如文祥自述二歲時，「甫生齒，齒亦黑」[53]，不知是否是一種幼兒的齲齒。

---

44 〔清〕沈兆霖，《沈文忠公自訂年譜》，頁2。

45 黃雲眉，《邵二雲先生年譜》（臺北：廣文書局，1971），頁12。

46 吳天任，《楊惺吾先生年譜》（臺北：藝文印書館，1974），頁2。

47 〔清〕張穆，《顧亭林先生年譜》，頁4。

48 毛一波，〈台灣老作家王詩琅〉，《傳記文學》，46卷1期，頁88。

49 吳相湘，〈疏財仗義的張人傑〉，《傳記文學》，6卷2期，頁32。

50 唐文治，《茹經自訂年譜》，頁6。

51 程天放，〈我的家塾生活〉，《傳記文學》，1卷5期，頁20。

52 蔣致中，《牛空山先生年譜》（上海：商務印書館，1935），頁2。

53 在此以前，文祥曾自謂「生時舌黑，火盛」，故此處乃言「齒亦黑」。見〔清〕文

　　清代家庭還注意到有些兒童自幼有口吃的毛病，並且認為它是一種天資遲鈍的象徵。閻若璩（1636-1704）自謂六歲入小學時，「口吃」，而且「資頗鈍。讀書至千百遍，字字著意，猶未熟」[54]。但是有的兒童，其口吃的習慣並非天生，而是模仿他人學來的。柳亞子（1887-1958）九歲時，「始患口吃病。係從費家五舅父樹達及表兄弟孟良與仲賢處學來。」並言受口吃之影響，背書困難而常遭老師責打[55]。

　　舊時兒童身體衛生未臻理想，易患各種皮膚病，暑熱季節尤然，前已略及。黎培敬六歲時，盛暑，即因「患頭瘍」而未入塾[56]。薛光前（1910-1978）亦自言五歲時，「頭生疥瘡，醜相可知。」[57]而且因為普遍衛生條件欠佳，富裕家庭中的兒女亦不免受蝨蚤等體外寄生蟲之苦。幼兒有頭蝨，家人即剃其髮以便清理。曾國藩的女兒曾紀芬（1853-1942）即自謂「幼時頭上常生蝨，留髮甚遲，十一歲始留髮」[58]。有的兒童所患肌膚之病更為嚴重。沈雲龍自謂年少時曾「生了一場中醫名叫『流注』的外症，最初的病症，是在出過痧疹之後，全身墳起無名的腫塊，有七處之多」，最後擴大化膿，不得不動刀割治[59]。

　　南方的兒童有時還有腳氣病的毛病，並無有效藥物可治，多半視其為一與環境相關之疾病，罹之則試易地療養。朱屺瞻（1892-1996）少年時曾患腳氣病，多方醫治無效後，遂由學校「回鄉。不數日，病症豁然而愈。」此後腳氣病並未斷根，「於是病劇則歸里，愈後便返校，經常往返於上海、瀏河之間。」[60]陳寅恪少年時亦曾患腳氣病，因須易地療養，乃返家休養年

（續）―――――――――
　　　祥，《文文忠公自訂年譜》，頁1。
54　〔清〕張穆，《閻潛邱先生年譜》，頁17。
55　柳無忌，《柳亞子年譜》（北京：中國社科出版社，1983），頁8。
56　黎承禮，《竹間道人自述年譜》，頁3-4。
57　薛光前，〈困行憶往〉，《傳記文學》，32卷5期，頁47。
58　曾紀芬，《崇德老人自訂年譜》（臺北：廣文書局，1971），頁11-12。
59　沈雲龍，〈四十年前中學時代的回憶〉，《傳記文學》，11卷6期，頁50。
60　馮其庸，《尹光華・朱屺瞻年譜》（上海：書畫出版社，1986），頁10。

餘[61]。

（二）其他影響兒童健康的因素

1. 體弱

　　近世一般家庭有關兒童健康的記錄，並非均具體指明其疾苦所在。許多記錄僅籠統提曰，某兒自幼體弱，因而多病。魏禧（1624-1680）之弟在〈先叔兄紀略〉一文中謂禧「少孱，善病」[62]。據載王昶（1724-1805）亦為「少羸，善病」。六歲時尤劇[63]。此類記錄簡略而模糊，或因家人之關注即此而止，未詳言，也可能父母家長對幼兒身體健康之認識不足，不能更詳細明確敘述。

　　因為身體不夠健壯，或使此等兒童的日常活動受到限制。吳梅村（1609-1671）於〈秦母于太夫人七十壽序〉中自謂：「余自少多病，由衣服飲食，保抱提攜，惟祖母之力是賴。」並以年少多病疾之故，自幼鮮有戶外活動，〈與子暻疏〉曰：「十五、六不知門外事。」[64] 李鴻藻（1830-1897）則因「幼本瞿」，其母「惟恐致疾，令勿苦讀」，擔心他因身體瘦弱又用功過度而招疾病[65]。

　　有少數的例子，幼兒之體弱是有原因的。如梁濟（1859-1918），因「懷七月而生，故稟賦素弱」，知道他的體弱是來自先天早產[66]。汪康年（1860-1911）則「以自始生至四歲，無日不在奔走流離之中」，遂「及長而身體羸弱」，歸因於出生後動亂遷徙，居住飲食不定，照顧不周，使他自幼健康受損[67]。李季亦自謂其母生他時已久受生育之勞，身體極弱，產後無乳，又

61　蔣天樞，《陳寅恪先生編年事輯》（上海：上海古籍出版社，1981），頁24-25。
62　溫聚民，《魏叔子年譜》（臺北：商務印書館，1980），頁2。
63　〔清〕嚴榮，《述庵先生年譜》（臺北：商務印書館，1978），頁4。
64　馬導源，《吳梅村年譜》（上海：商務印書館，1935），頁12-13，18。
65　劉鳳翰、李宗侗，《李鴻藻先生年譜》（臺北：商務印書館，1966），頁4-5。
66　梁煥鼎，《桂林梁先生年譜》（臺北：廣文書局，1971），頁2-3。按：梁煥鼎即梁漱溟。
67　〔清〕汪康年，《汪穰卿先生傳記》（臺北：廣文書局，1971），頁9。

無固定乳母，使他自幼營養不良，發育受到影響。「幼年時常患病，枯瘦如柴，每當六月炎天，也不流汗，有時還須加夾衣。」[68] 陳其美(1878-1916)據說「初生體氣屢弱」，也與其母「產後多疾，雇乳媼乳之」有關[69]。

　　然多半記錄中所載兒童體弱，並未言及明顯的緣由，只是一再提到體弱的兒童自幼易病且多病。據謂湯爾和(1878-1940)自小「細小身量，精瘦焦黃」，而且「從小多病，一來就感冒，再不然就是下痢，成天和藥罐做伴」[70]。郁達夫(1896-1945)父早歿，兄弟三人均賴母親撫育，達夫又「幼體弱多病」，母甚憂之[71]。趙元任(1892-1982)說自己「小時身體不好，動不動就是傷風、發燒」，害過痢疾、疝氣、傷寒等病[72]。朱光潛(1897-1986)也道「從幼年起，我就虛弱多病，大半生都在和腸胃病、內痔、關節炎以及並發的失眠症作鬥爭」[73]。這類的記載，描述兒童自幼體弱多病，固然可能屬實，但是也反映了中國民間對人體健康的一種普遍觀念，認為多病、常病的人，是因為先天稟賦不強，體質較他人為弱，因而遇有小兒多病，立即與根底差、體質弱相提並論。

2. 意外傷害

　　舊時社會與現今一樣，對兒童健康的傷害不全來自疾病感染，人為的疏忽與意外，也常傷及其身。幼兒在家中或附近活動，摔傷跌破是免不了會發生的事。居正(1876-1951)四歲時，「抱著吃飯的磁碗學步，跌了一跤，被破碗的磁鋒將鼻尖劃出一大塊。」[74] 孫科(1891-1973)六、七歲時騎馬，

68　李季，《我的生平》(上海：亞東圖書館，1932)，頁13-14。

69　徐詠平，《陳英士其美先生年譜》(臺北：商務印書館，1980)，頁4。

70　作者不詳，《湯爾和傳》(出版地不詳：出版者不詳，1942)，頁2-3，6-7。

71　劉紹唐，〈民國人物小傳〉，《傳記文學》，24卷4期，頁123。

72　趙元任，〈早年回憶〉，《傳記文學》，15卷4期，頁36。

73　關國瑄，〈中國美學播種者朱光潛〉，《傳記文學》，48卷4期，頁15。

74　趙玉明，《菩薩心腸的革命家——居正傳》(臺北：近代中國出版社，1982)，頁2。

「不慎自馬背上摔下,跌破頭。」[75] 都是這類的例子。這些傷害,有些是兒童自己日常起居遊戲不慎所致,如李季自述:「小時最好活動,喜歡自己做各種玩具頑耍,如紮鞭子,削地雷公,編草龍頭,造車子等等。一日,我拿著祖父的篾刀砍一個杉樹小輪盤,預備作一張小車子,不意用力過猛,輪盤向旁邊一跳,篾刀的餘力未盡,直向我的左手中指殺來,把牠的頭砍去三分之一。」[76] 有些則是照顧的人失責所致。徐道鄰(1906-1972)襁褓時,背他的女傭不慎,背上的包袱鬆扣,使他幾乎從她背上滑下來,慌亂中她倒提道鄰的一隻小腳,硬從後肩拉回來,亦未告知其父母,待發現時,已因胯股脫臼,發炎生膿,連小便裡也帶膿了,雖經求醫診治,卻落得終生兩腿不齊之結果[77]。有些兒童幼時不幸遭遇不止一次意外,導致種種傷害。李先聞記載他的祖父,「善倫公在六歲時跌傷,發育後背駝手彎。小時又被頑皮孩子在耳邊放炮仗,把耳朵震聾了。」[78] 類似的情況,一定不在少數。而且這些偶發的意外,常造成嚴重的後果,影響兒童一生的健康。吳詠香(1912-1970)十三歲時,一個風雨之夜,「在睡夢中由床墜地,因當時無人在側,竟自暈沈睡去。翌晨醒來,兩臂不能轉動,從此遂罹骨炎,亦稱為脊椎結核病。」不但影響了她的發育,肩背亦成畸形[79]。

傳統農村中,孩童嬉水或落水遭溺,也是常見的意外。郝更生(1899-1975)自言即因「曾游泳溺水,幾死獲救,故改名為更生」[80]。梁寒操(1899-1975)則謂六歲以前,有一次家裡住的地方,山洪爆發,立時水深三、四尺,他為了想救一隻心愛的小貓,「跌落水中」,撈起來時已經不省人事。經

---

75 孫科,〈八十述略〉,《傳記文學》,23卷4期,頁8。

76 李季事後道及自己處理這場小意外,「並未告及家人,以當時痛不可耐,一直跑回母親房中,偷偷地將指頭的血滴在床下,然後拿一塊布包紮起來。」見李季,《我的生平》,頁43。

77 徐櫻,〈我的娘親〉,《傳記文學》,23卷5期,頁43。

78 李先聞,〈一個農家子的奮鬥〉,《傳記文學》,14卷5期,頁10。

79 齊崧,〈女畫家吳詠香〉,《傳記文學》,25卷3期,頁34。

80 郝更生,〈更生小記〉,《傳記文學》,11卷4期。

置牛背上，使肚中水倒流出來，並藉牛的熱氣幫助甦醒，經過一天多的時間，才被救活[81]。

　　此外，兒童好動，不乏與人打鬥受傷的事。居正五歲時，「隨人放牛，與牧童對山歌，鬥口打架，頭破血流，面門和嘴唇受傷，留下三處創疤。」[82]

〔宋〕蘇漢臣《長春百子》（局部）

　　百子圖像是理想構圖，但其中仍不免透露間接之社會文化訊息。近世中國士族家庭，本不鼓勵戶外玩耍，赤身戲水更是大忌，溺水是當時男孩的首宗意外死因，這圖並列，文化之拉扯掙扎共見。

國立故宮博物院編輯委員會編，《嬰戲圖》（臺北：國立故宮博物院，1990），頁17。

81　梁寒操，〈回憶我在十八歲以前一些有趣的事〉，《傳記文學》，1卷1期，頁17。

82　趙玉明，《菩薩心腸的革命家──居正傳》，頁2。

　　而舊時父母師長，多主嚴教，有的平常體罰孩童手法甚重，造成身體傷害，雖不謂意外，卻是一種人為之傷害。據謂居正幼時頑皮，常受朴責，屢有血光之災[83]。郭沫若(1892-1978)則記家塾中「朴作教刑」的教育方式下，相信「不打不成人，打到作官人」。塾師教刑極嚴，愛用細竹打學生，七歲左右的沫若，「頭上被打得都是瘡塊，晚上睡覺時痛得不能就枕，只好暗哭。」[84]

3. 心理與情緒問題

　　近世少數有關兒童健康的記錄中，述及情緒問題對其健康的影響，顯示當時一般人對心理衛生問題的若干認識，值得注意。明末復社的主角張溥(1602-1641)因為婢女所出，少時常受宗黨輕視，家僕之侮。據載他在長期心情鬱悶憤懣之下，不得不日夜苦讀，希望雪恥復仇，「因病鼻血」[85]。是比較激烈的例子。

　　有的兒童，生活環境中某些變故或因素，使他們抑鬱不歡，雖無明顯病痛，但正常發育不無受影響，因而身體羸弱，不甚健壯。譚嗣同(1865-1898)七歲時其母藉攜伯兄南歸就婚之故，離開其北京的家園，獨留下幼年的嗣同與父及父親的新歡共處。母親離別前，雖戒令他以毋思念，但嗣同拜送母親車前，目淚盈眶，而強抑不令出。從此他人問起母親，嗣同終不言，「然實內念致疾，日羸瘵。」[86]憂思愁苦，或操心過度，會影響人的身體健康，是傳統中國社會的一個普遍的觀念。羅振玉(1866-1940)少年時，曾以一方面要兼理家事，二方面又要徹夜讀書，常常「雞鳴就寢」，久而久之，「遂得不寐疾」，造成了失眠的毛病，而且「羸瘵日甚」[87]。胡漢民(1879-1936)

83　趙玉明，《菩薩心腸的革命家——居正傳》，頁2。
84　王繼權，《郭沫若年譜》(天津：人民出版社，1982)，頁6。
85　蔣逸雪，《張溥年譜》(上海：商務印書館，1980)，頁6。
86　慎初堂，《瀏陽譚先生年譜》(臺北：廣文書局，1971)，頁3。
87　羅繼祖，〈羅振玉年譜〉，《大陸雜誌》，26卷5期，頁7。

少年時，亦以父母及一兄一姐兩弟皆以醫養不足，相繼去世，「以是常憂傷憔悴」，而致長年「體弱多病」[88]。

當時中國民間還相信，在激憤之下，人會突然口吐鮮血。據載紐永建（1870-1965）年少時，即因「應鄉試，不售，憤而吐血」[89]。幼兒因受驚嚇，而大病一場，也嘗見記載。李根源年少時偕堂弟赴山上祭掃祖母之墓，不意墓旁伏有兩豹，高四尺，突猛撲其前，欲攫之去。正當其驚愕失措時，兩豹竟反身搖尾而逸。然而根源「歸未二日，大病」。源於驚駭，且一度昏死過去，據言彌留中經其祖宗導其魂方復甦。此後常患腹瀉，且精神萎頓[90]。

不論是憤懣、抑鬱、傷痛或受驚，少年及兒童身體健康之受損，均為情緒狀況在生理上的反映，類似今日所謂的身心症。有時心理受挫，不一定使身體不適，但會反映到其他心理與行為上的異常狀況。李抱忱（1907-1979）自謂幼時本慣用左手，但被迫強改為右手，在改手寫字的那段時間，心緒顯然十分不快，結果使他一方面脾氣變得非常急躁，另一方面竟然產生了口吃的現象[91]。

三、一般家庭處理兒童健康問題的方式

（一）自療

傳統社會中一般家庭的兒童若發生健康上的問題，並不一定會立即尋醫求治，而常設法自己照顧求癒。這是因為一則當時醫生的分布並不普遍，許多鄉村及山間，「山僻乏醫」[92]。附近並沒有醫生或醫療設備方便民眾求

88　蔣永敬，《胡漢民先生年譜》（臺北：中央文物供應社，1978），頁17。
89　楊愷齡，《紐錫生先生永建年譜》（臺北：商務印書館，1981），頁3。
90　李根源，《雪生年錄》，頁11。
91　李抱忱，〈童年的回憶〉，《傳記文學》，6卷3期，頁36。
92　〔清〕錢景星，《露桐先生年譜》，頁11-12。

診。另一方面,當時一般人並沒有病即求醫的習慣,遇到兒童罹病,常就家中已知療養方式,或求教附近鄉人朋友之建議與調養。因而過去傳記中描述兒童如何度過疾病難關,常歸於家人辛勤調養之功。孫星衍九歲出痘,據載即賴其祖母及母親「抱持不眠者兩旬始愈」[93]。吳榮光少時「得熱疾幾殆」,亦因其母「日夕調護得瘥」[94]。李根源少年時,「嘗患腹瀉,精神萎頓」,得其「三母劉太夫人調護數月始痊」[95]。

因為一般家庭求醫不易,遇疾常以自療,兒童有病,常就家中長者之醫療常識應付之。黎培敬幼時體弱多病,三歲左右時仍常反胃吐乳,祖父甚為之憂,家人亦如其指示,「用藥嘗加厚樸少許」[96]。王闓運(1832-1916)六歲時,患病危篤,及愈,體羸弱,足不能過門限,「其曾祖母乃保抱扶持,日以白朮餵之,病始有瘳。」[97]家中老人所累積的經驗和常識,常成為兒童保健之藥方或指導原則。

這種自療的情況,不獨對兒童為然,實為當時民眾對照料自己健康的一種相當普遍的態度。陳寅恪曾記他十歲居南昌時所識一陳姓傭婦,說她「終日不飲茶水,若有疾,則飲茶,一甌而愈」[98]。

既賴自療,當時若逢友朋來訪,或旁人建議,常亦欣然接受。章乃器(1897-1977)自幼體弱常病,十四歲時,一次在餐桌上暈過去,適有「葉叔珪老伯在座,診脈,說是虛證」[99]。伍受真(1901-1987)少年時曾得「腦漏症」,或謂「以木筆花代茶可愈,服半月許果瘳」[100]。在此習俗之下,民間流傳的各種偏方和流走江湖的「鈴醫」,均可援以應付日常健康問題,雖士大夫

93 〔清〕張紹南,《孫淵如先生年譜》,頁1-2。
94 〔清〕吳榮光,《吳榮光自訂年譜》,頁3。
95 李根源,《雪生年錄》,頁11。
96 黎承禮編,《竹間道人自述年譜》,頁3。
97 王代功,《湘倚府君年譜》(臺北:廣文書局,1971),頁6-7。
98 蔣天樞,《陳寅恪先生編年事輯》,頁19-20。
99 章乃器,〈七十自述〉,《傳記文學》,39卷3期,頁39。
100 伍受真,《受真自訂年譜》,頁6-7。

家庭亦然。楊步偉述及自己六歲那年，五六月裡，「左眼中間長了一塊白東西，越長越大，不久右眼也有，不到三個月，全不能看見，只周圍看見點亮光」。有人傳來一個方子，囑「用象牙磨點蜜點眼睛，又吃一種叫珍珠草白燉豬肝，還得躲在門後吃」。其間親友對此疾之來由紛云不一，又有一天，看門的老蔡告訴她的母親說，「大行官地方有一個山東人擺攤子的，標明專治眼睛和賣膏藥」，家人也就依言將步偉帶去，叫那個山東人看，「他就給太陽穴內打兩針，出了兩小酒杯血」，再給了一包草藥沖水吃，據言半個月後居然就漸漸好了[101]。這種就便求治買藥的情況，顯然並非偶見。陳寅恪說他曾祖母一日與他閒話舊事時告訴他，過去曾患咳嗽，「適門外有以人參求售者，購服之，即愈。」雖然他祖父後來說所購得的可能是薺苨而非人參[102]，然則其所反映的民間對疾病自行處理的態度則十分清楚。

　　因為慣於自療，所以地方上常流傳著一些應付兒童健康問題的方法，不求背後醫理，只要能夠靈驗。劉健群(1902-1972)即謂在產鴉片的貴州地區，一般家庭均知，「爐煙上的草紙，倒是有一最大的用途。即無管是幼童和嬰兒，凡是肚痛下痢，只要將爐煙紙包在肚上，不到一時三刻，立刻痊愈，其效如神。」有此類經驗為據，當時人家遇事不請醫生，一概自理[103]。蔣君章記其祖母吸煙，逢父親幼時啼哭，「噴以煙霧則止」[104]。但是如此自己隨意處理，當然也容易發生意外。李季自言「六、七歲時，一日肚痛大作」，父親即將他所吃的鴉片煙泡一小個給他吞服，以為可以止痛。「不意煙泡分量過重，煙性太烈」，竟使他昏迷不省人事，至一日一夜之久[105]。

---

101 趙楊步偉，〈一個女人的自傳〉，《傳記文學》，11卷1期，頁49-50。
102 蔣天樞，《陳寅恪先生編年事輯》，頁14-20。
103 劉健群，〈難困少年行(六)〉，《傳記文學》，13卷6期，頁37。
104 蔣君章，〈最難報答是親恩〉，《傳記文學》，45卷1期，頁88。
105 李季，《我的生平》，頁40。

（二）求醫

　　傳統中國社會民眾求醫行為並不普遍，有時要視當時家中景況及機緣而定。駱秉章（1793-1867）六歲那年「三月，出天花，幾至不測」，原先家長似無求醫之行動，「後得鄭端州姻伯到省，請曾華麟先生用補藥，始得保全。」[106] 是因適逢有親戚有事要到省城，乃央請他代替病兒向人間接求醫，當時他們求助的人，不一定是專業醫生，或許只是地方上較懂醫藥的讀書人。

　　這種求醫型態，原因很多，與當時醫療人員分布之不普遍，一般民眾對疾病及求醫的觀念，都有關係。還有一層原因，是當時所謂醫者，其專業知識及技術程度，有的與一般流傳民間的偏方或民俗信仰療法，似無二致。張崟三歲時，地方上「痘疫大行，街號巷哭者相繼。」崟亦患之，「顆粒曾累，體無完膚」，待家中請來醫者，「醫師謂是痘將內陷，恐不可治，姑臥之地，藉土氣以禦燥火可耳。」家人遂依言將奄奄一息的幼兒臥置地面七天七夜，並哺以米汁藥液，後乃漸有生意[107]。病兒雖愈，而醫者所建議的臥高燒發痘之幼兒於地，可能確有藉地面降低其體溫之作用，而於病情有助。然其醫療行為表面看來，少有專業化色彩，或者亦降低了民眾心目中求醫與依傳言偏方自療的差別。齊璜（1863-1957）出生後，「身體很弱，時常鬧病，鄉間的大夫說是不能動葷腥油膩，這樣不能吃，那樣不能吃，能吃的東西就很少了。」[108] 醫者對病兒的建議，亦僅止於忌口，與一般常識無二，這類狀況，或者減少了民眾求醫的動機。

　　因而家人逢兒童罹病，即使向外求援，其求助的對象，僧卜丐巫，各種民俗療者皆有。這些人兼行若干治病療傷的活動，並非現代所謂的專業醫療人員，而在傳統社會的醫療活動中扮演著不可忽視之角色。陳璧（1852-

---

106 〔清〕駱秉章，《駱公年譜》（臺北：廣文書局，1971），頁3。
107 〔清〕鮑鼎，《張夕庵先生年譜》，頁2。
108 張次溪筆錄，〈白石老人自述〉，《傳記文學》，卷3期1，頁40。

1928)五歲時，「受火燙傷，病幾殆」，是靠「有丐者示以方藥，匝月而愈」[109]。李宗侗記幼時「叔陶弟忽患抽瘋，眼睛已經翻上去」，急得他在旁邊床上大哭，家人亦不知所措。適「有人介紹薛小刀的靈藥。他的舖子在北京楊梅竹斜街，正名雅觀齋，祖傳秘方，買來一試，果然有效，不久遂愈。」[110]

　　舊時中國民眾求醫型態的另一特色，是醫卜並用，即使對醫者，亦眾醫雜取，雜方皆用，只要有效，兼容並蓄，毫無從一而終的觀念。此多元醫療文化的特色，逮清季西醫進入中國沿海市鎮後，尤為明顯。孔祥熙(1880-1967)十歲那年秋天，患疒腮，先是「請了幾位中醫吃藥敷治，一概無效，隨即成瘡潰爛，繼續蔓延」。其父焦急獨子生命攸關，乃決定送他到基督教開設的仁術醫院，接受治療，祥熙及家人先雖心存疑懼，最後仍同意住院醫治，一星期後乃完全平復[111]。郭沫若十六歲時，據言中秋後得了腸傷寒，頭痛、下痢、咳嗽，且時時流鼻血，疲倦而無食慾。第二天在家裡先吃了「儒醫朱相臣先生的一服大熱藥」，病情反而變重。第四天乃致請「太平市的趙醫生診治，服了他的涼藥，病情轉輕，逐漸好轉」[112]。

　　尤其值得注意的是，即使是同一個家庭，其求醫行為亦無定軌，在不同的孩童遭遇不同的健康問題時，尋求各種各類的解決辦法。楊步偉自述幼時種痘，依母親主張是用傳統吹鼻苗的辦法插苗的。六歲時得眼疾，先後用旁人傳來的偏方和門房介紹的擺攤藥販對付。待後來家中別的孩子得了疑似猩紅熱的傳染病，又決定送西式貴格醫院求診[113]。

(三)祝禱與醫禱並行

109 陳宗蕃，《陳蘇齋年譜》（臺北：廣文書局，1971），頁1。
110 李宗侗，〈從家塾到南開中學〉，《傳記文學》，4卷6期，頁44。
111 郭榮生，《孔祥熙先生年譜》（臺北：商務印書館，1970），頁9。
112 王繼權，《郭沫若年譜》，頁23。
113 趙楊步偉，〈一個女人的自傳〉，《傳記文學》，11卷1期，頁49-50。

在一個多元的醫療文化下，近世中國民眾罹病不以求醫為唯一的解決途徑，加上當時人對疾病本身發生的原因，有其特殊的認定，所以在所見的有關兒童健康的資料中，常見家人以祝禱的方式，祈求解除兒童的病痛。沈兆霖六歲時患有痰疾，常因發厥而蹈跌倒地，其母「黃太夫人百計祈禱，心力交瘁」[114]。家中長輩如此做，是因為他們視幼兒之疾苦，一如人生中之死生、災阨、禍福，認為與天意之違逆有關。所以文祥生時，「舌黑、火盛」，其祖母為之憂，乃將之「寄名於瀋陽小西關外關帝廟」，意在祈其福祐。平日有病痛，固亦延醫服藥，但終不忘以祝禱為事。文祥三歲時出天花，表面上一切順利，據謂乃背後祖母為之「焚香拜佛，額幾腫」的結果[115]。此類禱天拜佛的活動，尤以家中孩童罹重病險疾時為最。李根源一歲時，「十二月，中驚風，舌捲牙閉，不乳，四日無啼聲，僅一息存，戚里咸謂無生理」，其祖母乃「日夜虔誦觀世音經」，據謂「第五日忽兩目轉動，微汗，啼聲大作，未服藥愈」。十一歲時，繼諸妹之後出痘，「上漿時忽漿收色黑，昏沈不醒，狀至險惡，群醫束手」，其祖母亦「虔誦觀世音經。愈三日漿忽突起，色轉紅得以治愈」[116]。這種「死生在天」的觀念，顯然深植民間，連青少年亦以之為念。金忠潔(1610-1644)十九歲那年冬天十二月，四弟鉉有遽疾，忠潔甚為之憂，一夕乃謂其弟鑣曰：「四弟危矣，為我裁黃箋來，吾為請命於天。」遂挑燈草表，再拜焚之。據言「翼日弟鉉漸有起色，不數日愈焉」[117]。

民眾祝禱求助的對象範圍很廣，從禱天拜佛，誦觀音，到祭拜各種地方神祇，乃至神仙道士，先世列祖，都在求援之列。這是因為他們相信許多超自然的力量都可涉手人間禍福，導致兒童的疾苦與痊癒。李根源十九歲時，偕堂弟祭祖母墓，途中為豹所襲，返家後因受驚過度，而大病，一

---

114 〔清〕沈兆霖，《沈文忠公自訂年譜》，頁2。
115 〔清〕文祥，《文文忠公自訂年譜》，頁1-2。
116 李根源，《雪生年錄》，頁11。
117 〔明〕金鏡，《金忠潔年譜》，頁5。

度昏死過去。據謂昏死後見其高祖對他說：「余為汝高祖，汝不應死。」並「導之復甦」。因視此死後復甦的經驗為「祖宗德蔭」所致[118]。

　　一般民眾不但相信上天神祇與疾病健康有關，而且在疾苦遇難時，常援引夢徵為據，以夢中所見之事為疾苦得治的緣由或指引。完顏崇實三歲出痘，據言事後「餘毒發於喉間，左右各一，急甚」。其乳母照顧，晝夜懷抱，至廢眠食，迷惘間，見一老人撫視所患，因求救治。老人曰：「此非我不能，然汝毋恐。隨於鶴氅中掣寶劍出，左右割之。」其時父母驚覺，而見崇實之兩頤同時膿潰，哭始有聲[119]。援夢治病，主要在民眾心中之信仰。李殿圖三歲時「得熱疾，幾殆」。其母抱持兼旬，「夜夢老人，衣冠古樸，攜白物，置几上，似粳米糕」，對母揖曰：「兒服此則瘳矣。」遂去。次日清晨，家中老奴李陞捧刀圭入，傳醫者言曰：「大相公服此則瘳。且時以西瓜湯飲之可也。」其母因刀圭與她所夢顏色分寸相符，乃述老人狀，詢其奴僕，老奴告以所夢正是過去名醫劉河間祠中之塑像也，並謂其每昭靈感云[120]。陳澧（1810-1883）十歲那年五月，患「暑病，幾死」。一方面服醫師所予大承補氣湯而愈，一方面又云「病時夢大火，中有五色輪搜身其中。」以為代表陽氣太盛，方為真正病因[121]。

　　因為一般民眾常以疾病與超自然的力量有關，故家人延治時所請教的人士，常兼有醫卜雙方的色彩。陸寶忠六歲時「遘瘧疾甚劇」，夏日八月稍愈，乃隨母返鄉。其時外祖母正擬赴外祖父任所，乃將遠行及外孫健康等事，一併叩問宿楞伽山岩下之一異僧，此僧據言「能知未來事」。叩之時對遠出安否之事默然不答，唯對外孫「體弱多病，能長成否」，答曰：「伊自有福」，並出一膏藥，謂貼之可愈。二十日後，外祖母果因小病離世，而寶忠之瘧疾，雖拖為久瘧（稱為「病痁」），卻「以僧所畀藥貼之，

118 李根源，《雪生年錄》，頁11。
119 〔清〕完顏崇實，《惕盦年譜》，頁2-3。
120 〔清〕錢景星，《露桐先生年譜》，頁2-3。
121 汪宗衍，《陳東塾先生年譜》，頁4。

漸瘳，腹中結痞亦消」[122]。

因為有這種種與疾病健康相關的民間信仰，所以在家中兒童遭遇疾病
或健康攸關的時節，連家中也隨之立下一些禁忌，家人並從事各種具特殊
意義的活動，均以意在避疾祈福。連19世紀末楊步偉種人痘後，因併發嚴
重後果，「發熱非常利害，天花又非常重」。所以除了一邊派八個人日夜
看守外，「全家斷葷十四天」，為之祈福[123]。

在多半家庭的觀念中，這種種祝禱求神的活動，與求醫服藥絲毫不相
違悖。所以遇兒童得病，藥禱並行的例子經常可見。吳榮光六歲出痘後，
遺毒聚腿腐骨，一方面用針灸法治之，一方面，其母梁太夫人「多方籲禱」
達半年之久[124]。病兒得愈，家人均歸功於藥禱共同的效力。齊璜三、四歲時
多病，祖母和母親一方面「滿處去請大夫」，到藥舖子裡抓藥來吃，一方
面兩人三天兩朝到附近各處神廟燒香磕頭，「常把頭磕得礊礊地響，額角
紅腫突起，像個大柿子似的，回到家來。」有時還請鄉中巫師到家裡來，
胡言亂語，或變把戲治病。後來齊璜病漸漸好了，母親還為之忌食葷腥油
膩[125]。黃季陸(1899-1985)也說自己小時身體不好，幼年曾患便血症，家人
求助醫藥之外，生命危在旦夕時，平時虔奉觀世音菩薩的祖母，更勤於早
晚燒香頂禮和默祝，成為日課[126]。這些例子，說明了類似祝禱的活動，常伴
隨出現在近世中國家庭為孩童治病的過程之中。

四、兒童健康的殺手

近世私人的傳記資料中，曾留下一部分兒童因病致死的例子，雖不能

---

122 〔清〕陸寶忠，《陸文慎公年譜》，頁16。
123 趙楊步偉，〈一個女人的自傳〉，《傳記文學》，11卷1期，頁24。
124 〔清〕吳榮光，《吳榮光自訂年譜》，頁1。
125 張次溪筆錄，〈白石老人自述〉，《傳記文學》，3卷1期，頁41。
126 黃季陸，〈我難忘的仁慈的父親〉，《傳記文學》，9卷4期，頁33。

視為普遍性記錄，對於瞭解當時兒童健康的一些致命傷害，仍有其參考價值。記錄中所見致兒童於死的疾病，以出痘的情況最多。可見現代以前的數百年間，中國雖有初步的防疫辦法，但天花對明清時期兒童生命的威脅仍相當嚴重。而且對年齡愈幼小的兒童殺傷力愈強。金忠潔二十歲那年六月，他的長子誕生，生後五個月左右即「以痘殤」[127]。翁叔元（1623-1701）八歲那年三月出痘，不久年幼的妹妹亦隨而感染，母親急於照顧叔元，妹妹遂因「出痘遽驚死」[128]。這種家中孩童彼此傳染天花，結果終有人因而夭亡的情況似乎殊為常見。趙光（1797-1865）六歲那年三月，兄、姐、弟與光，及堂兄、表兄先後「皆患痘證」，結果他一個三歲的弟弟百祿即「以痘殤」[129]。感染天花的兒童以三、四歲到六、七歲最多，因出痘而殤亡的也以這個年齡的孩子較多。陸寶忠十歲時，他一個剛入塾的順弟即因「十二月十九日感受溫，發疹未透」，四天之後，「二十三日黎明殤」[130]。曾紀芬記其一位長兄楨第，「三歲，以痘殤」[131]。蔡元培也說他的四弟及幼妹，「在三、四歲時罹痘早殤」[132]。魯迅則謂其妹端姑，年未滿周歲即「因天花夭折」[133]。

其他常奪去兒童性命的仍以一些急性傳染病居多。像當時稱為痧子的麻疹，或者疑似白喉的喉痺，都能在極短時間致患兒於死地。柳亞子曾謂其長妹因「患痧子去世」[134]。程滄波（1903-1990）亦言一位大他兩歲的哥哥，在五歲那年，以「出痧子夭亡了」[135]。劉健群（1902-1972）說他有一位二姐，

127 〔明〕金鏡，《金忠潔年譜》，頁5-6。
128 〔清〕翁叔元，《翁鐵庵年譜》（臺北：廣文書局，1971），頁5-6。
129 〔清〕趙光，《趙文恪公自訂年譜》（臺北：廣文書局，1971），頁31-32。
130 〔清〕陸寶忠，《陸文慎公年譜》，頁18-19。
131 曾紀芬，《崇德老人自訂年譜》，頁9。
132 孫常煒，《蔡元培先生年譜傳記》（北京：中華書局，1980），頁1-3。
133 李何林，《魯迅年譜》，頁14。
134 柳無忌，《柳亞子年譜》，頁9。
135 程滄波，〈根富老老〉，《傳記文學》，3卷3期，頁6。

幼年時也「因為出痲疹而去世」[136]。喉痹亦易致兒於死，胡林翼（1812-1861）
提到他有位妻弟慧壽，「甫十歲，以喉痹殤」[137]。楊仁山的三、四兩子，在
十歲、十二歲，才入學後不久，「在三天之內，兩人同日得喉症而亡」[138]。

其他兒童易染的急性傳染病，如下痢、腦膜炎、腥紅熱，也是醫者束手，
常使幼兒夭亡。曾紀芬說她的五姐幼時「因脾虛病痢，失於調理而殤」[139]。
腦膜炎與腥紅熱是19世紀下半期以後才有的新病名，在人口聚集的市鎮尤
易傳開。居上海的顏惠慶（1877-1980）記他的三哥，在「十四歲時，患腦膜
炎夭折」[140]。童軒蓀則謂弟妹兩人「以染腥紅熱，相繼死去」[141]。

傳統稱為癆疾的肺結核及因呼吸道感染惡化而成的肺炎，亦嘗使兒童
致死。其中，結核病傷害的為少年人，如陸寶忠記其十三歲時，十八歲的
大姐在夏天「以癆疾亡」[142]。而肺炎傷害的常是幼年兒童。瞿秋白（1899-1935）
的一個妹妹懋紅在三、四歲時，即「因患肺炎病死」[143]。李煜瀛（1881-1973）
記其妹「病肺殤」[144]。童軒蓀記其兄因積勞得肺病夭逝[145]。則均未言明是何
種肺病。

綜前所述，關於近世兒童因病致死的情況，可歸結得到兩項結論，一
是當時一般家庭對能致兒童於死地的疾病，認識仍然相當有限。在18世紀
末以前，有關兒童病死的記錄，指明確定病名或緣故的居極少數。此後提
到兒童亡故的時候，未明原因的仍然可見。究其因實以一般民眾常無法確
知身邊親友究因何夭亡。此類狀況到19世紀末仍然，徐永昌（1887-1959）述

---

136 劉健群，〈艱困少年行（六）〉，《傳記文學》，13卷6期，頁27。
137 梅英杰，《胡文忠公年譜》（臺北：廣文書局，1971），頁22-23。
138 趙楊步偉，〈我的祖父〉，《傳記文學》，3卷3期，頁20。
139 曾紀芬，《崇德老人自訂年譜》，頁9。
140 姚崧齡，〈顏惠慶自傳〉，《傳記文學》，18卷2期，頁13。
141 童軒蓀，〈梨園名優藝事及其他〉，《傳記文學》，18卷2期，頁69。
142 〔清〕陸寶忠，《陸文慎公年譜》，頁20-21。
143 周永祥，《瞿秋白年譜》（廣東：人民出版社，1983），頁9。
144 楊愷齡，《李石曾先生煜瀛年譜》（臺北：商務印書館，1970），頁9。
145 童軒蓀，〈梨園名優藝事及其他〉，頁69。

及其幼時的一段經驗，頗足以為證。他說：

> 我小時候住大同南關牛家的宅院。此宅內外二院，各住三家。記
> 得院新搬來一家高姓。有女十七、八歲，來時即病，不能舉步，
> 不久死去。遲了一年半，裡院與我家很熟的吳姓十五、六歲女孩，
> 名美人子的死了，再過半年，我的二姐死了。我二姐與美人子均
> 清秀，不很壯碩。又過半年，外院王家，是一種地人家，有女潤
> 子十三、四歲，很壯碩的，亦死了。又過不久，外院劉家女孩名
> 仙子的，十二、三歲也死了。二、三年中連喪五女，年均不大（十
> 二、三至十七、八），又不一定是傳染病（我時年幼，不知他們所
> 患是否一個病，若是傳染病，我二姐應先傳染我，且亦不能傳染
> 二年之久），而同院中尚有二、三女孩則仍好好的，這是偶然抑非
> 偶然？我母傷心於二姐之死，又因我父與人家做生意，在鼓樓西
> 街，常有病，回來太遠，即在鼓樓西街找一房住，不到一年，房
> 東太太死了，又遲半年，我兄亦死了。我母因住此傷心，又搬到
> 泰寧觀附近某巷樊家宅院。我們住內院，外院住一開銅舖的人家，
> 出來進去，見其太太臉黃黃的，不久死去。樊老先生有兒子，兒
> 媳，四孫與二孫媳，其次孫媳我呼為樊二嫂的，二十歲不到，遲
> 半年也死了。她死後幾個月，我母逝世，又過三個多月，我父逝
> 世。短短一年多，先後又是四人。這些事故果真都是偶然麼？何
> 以偶然的如此巧而慘怛，若非偶然，那又是什麼原因，一直到現
> 在我莫名其妙[146]。

徐永昌的困惑，一定代表了當時多數人的心聲。

　　另一方面，留有病名及死因的事例中，我們發現痘疹、痢疾、喉痹等

---

146 徐永昌，〈徐永昌將軍求己齋回憶錄〉，《傳記文學》，48卷5期，頁11。

急性傳染病似乎仍是當時扼殺兒童性命最主要的原因。若依時下公衛學中有關健康轉型（health transition）及疾病轉型（epidemic transition）的理論，則顯示當時中國社會的兒童健康狀況仍屬健康轉型及疾病轉型期以前的階段。當時尚未有現代防疫及抗生素得以控制急性傳染病，故威脅兒童健康，造成兒童死因的，仍以此類疾病居多。

五、傳統社會對兒童健康與疾病的認識與態度

從這些有關兒童健康的資料看來，近世中國士人家庭對兒童健康及疾病的問題並不是毫不重視。而且其記載中常兼及家中女孩的遭遇，可見這些家庭亦未均視女孩健康於不顧。

然而整體而言，其對兒童健康的關懷仍然受限於一般人在此方面的認識。故而一則有不少記錄，僅籠統提及家中兒童罹病有何等症狀，卻不能舉其病名。對幼兒患病的原因，更常有附會之時，所言不一定有據，如謂李殿圖「以穿花捕蝶得熱疾」，或是吳稚暉「偶因駁剔肚臍塵穢，腹絞痛三日」等病名混淆不清者有之。甚至連家中幼兒得大病，亦未及詳情，如謂傅青主七歲時「數得怪異之症」[147]，或崔述十四、五歲得腹疾，對症狀、病因及療法均付闕如。一般而言，以為「無病便是福」，對日常飲食、營養，以及運動強身的觀念不是沒有，但是並不普遍。

在對整體健康及疾病認識有限的情況下，兒童健康成為其人生禍福的一部分。所以幼兒罹病，不一定急於求醫，自療之餘，求神問卜及搜羅偏方都成了避禍趨福的途徑。

家長對兒童健康的態度，則有相當功能性的取向。兒童健康出了一般性的毛病，只要不影響其正常活動，尤其是求學或生產的活動，即常置之不理。即使影響兒童本身的體力狀況，多半不以為憾。所謂羅振玉「羸弱

---

147 方聞，《傅青主先生年譜》（臺北：中華書局，1970），頁259。

多病，不為嬉戲」。湯化龍「體弱而強於心，無嬉戲之失」。反映的其實是成人的價值觀。

　　另外一個值得注意的事實是，一般民眾對兒童健康的看法，有些方面與傳統幼科的認識一致，例如以生齒、長髮、能言、能行的早晚判斷其發育成長之進度等[148]。但在另一方面，一般民眾的處理態度則與幼科醫界迥異，例如傳統幼科一直鼓勵乳養者盡早試予副食品，增加營養，加強消化能力[149]。但家長卻常對體弱幼兒延長其餵乳時間，唯恐其不能接受哺食。陳獻章以體弱，到九歲時仍「以乳代哺」；羅振玉生而羸弱，三歲冬「始免乳」；章乃器幼弱，食粥直到九歲；顯示民間父母常犯的正是傳統幼科所警戒的「過愛幼兒適足害兒」的過失。

六、結語

　　近世士人所留私人及傳記資料中述及兒童健康問題者不多，但其中仍透露若干珍貴訊息。仔細檢視，乃確知消化、呼吸道疾病、天花、季節性疾病、急性傳染病，乃至耳、齒、皮膚、腳氣等雜症，確曾困擾當時兒童。此外，意外傷害及心理情緒問題亦為影響兒童健康之因素。而一般家庭遭遇兒童健康問題時，處理方式不一，常視情況或當時條件，或自療，或求醫，也不乏以祝禱或醫禱並行而求癒者，清楚反映了多元化的求醫行為模式。至於常致兒童於死的疾病，則仍以痘、疹、痢疾等急性傳染病為多。得此等常人私下所載有關兒童健康及疾病的記錄，與當時幼科醫生的醫籍與醫案並列，遂更能顯示近世中國兒童健康狀況之一斑。

---

148 參見本書第九章。
149 參見本書第七章。

第十一章

幼蒙、幼慧與幼學

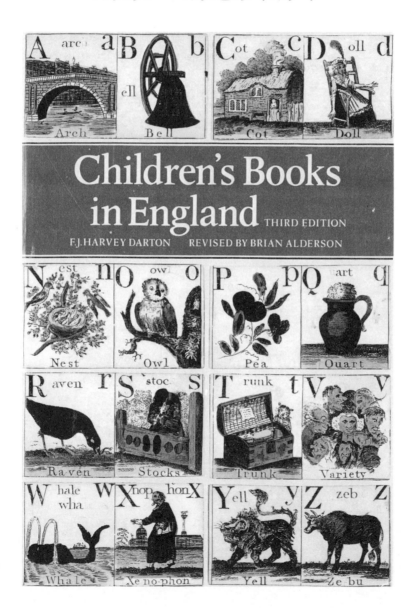

一、前言

　　人雖亦為哺乳類生物，有繁衍後代之演化性本能，然其代代相傳，所冀者往往不僅於生物性之軀體。雖則生命與物質性之存活，延續不斷，已屬不易。但早在人類進入歷史時代之際，其群體之繁衍早已將身體生命之延續與社會文化之持續傳遞（socio-cultural reproduction）雜糅為一。

　　萬千年前活動於如今東亞大陸板塊，後世演為大家口中的華夏或中原民族，其各族群進入歷史時期時，即展現日愈明顯的對道德倫常之重視（moral philosophy），其流風所被，遂使其於扶養嬰幼成員時挾帶了強烈的道德規訓。此類特徵，衡之同時期世上其他民族文化，並不稀奇。多半人群之扶幼都帶有相當的道德規範，世上數大文明遺跡所見即然，雖則其規誡之內容輕重可能各異。

　　鑽研中國哲學史或教育史之著作，對上古儒家立世之後所形成的幼蒙、幼教傳統，一路發展，已有專著。其間對朱陸理學嚴明與順適間的路線之爭亦多剖析。也就是說近世種種教導或提攜幼兒發展的論述，歐西多萌於近世，中國社會文化中亦有演變起落。「兒童中心說」之類的提倡，只不過是比較近代式的措辭方式。下文所引宋代陸游：「教兒童，莫匆匆」之提醒即為一例。至今兒童心理學家仍在此路上為不斷之發揮，想問父母師長，意欲扮演一對雕塑生命素材的巧手，還是澆灌培育生命嫩芽的園丁[1]？

　　下文所示清初、盛清、晚清的三例，不論再談「父師善誘」，或一任強調早教、嚴教的明清傳家之寶，乃至晚清西學環伺之下再省體罰責求之適用與否。種種言論，也許毫不新鮮，卻足為再叩再鳴之文化迴響。一次次催問著在此華人幼慧幼蒙傳統中踽踽前進中的師長、父母，與茁長中的

1　Alison Gopnik, *The Gardener and the Carpenter: What the New Science of Child Development Tells Us About the Relationship Between Parents and Children*（NY: Farrar, Straus and Giroux, 2016）.

青年、少年，看看大家對此傳承有何體會、看法？

　　倚仗生生而不息的社會人群，其生活技能、特殊知識，如何由長而幼，代代相傳，一向是人類社群存活、成長、擴張或消亡關鍵之所繫。由此觀之，蒙學或幼教非因近代而起，更不是中國獨有。

　　過去學者析述人群間知識更替、技藝移轉之歷史時，嘗關注典範移轉（paradigm shift）的問題。以為漫長的思想傳承、技術變化過程中，重要時刻某地（區）某人（群）在一項概念、實踐上的關鍵性懷想、興革，往往有意或無心地將人群該項特定之瞭解操作帶上了一條迥然不同於前之新徑，而一次次如此一去不返的範疇性丕變，正是催生人群知識更新，造成技藝進步，乃至啟動社會與科技「革命」的根本緣由所在[2]。

　　惟此一頗具啟發之灼見，經過科學史、思想史與經濟史數十年來之反覆推衍，巧思既明，局限亦露。最主要的，是當時隱涵於此思維論述下一股人類歷史大抵循直線而前進（linear progression）的基本預設，是既因視為當然而未嘗言宣，事後憬覺亦未必尋得任何修補或替代性模式。

　　即以下文所觸及的近世中國蒙學與幼教發展問題而言，中國上層社會之重視蒙學，一般人群之企求神童早慧，確可追溯遠古，早見於古史。因之若仿直線前進與典範移轉之歷史發展模式立論，極易訪得資料，建立起一套由幼慧、幼蒙與幼教的循序漸進之邏輯。近世二百多年來清代兒童教育之討論，依此理路而釐出一番眉目，甚易完功，覽之似亦不妨。坊間所見蒙學資料之纂輯[3]，乃至歐西、中國教育史、幼學史之研究成果，多半均為此模

2　Thomas Kuhn（孔恩）對近世西方科學革命的結構性詮釋，是此一由知識內涵及典範轉移之角度析述科技發展流派之最主要論著。參見Thomas S. Kuhn, *The Structure of Scientific Revolutions* (Chicago: University of Chicago Press, 1996) 書中第八章 "The Response to Crisis"、第十章 "Revolutions as Changes of World View"中關於典範移轉（paradigm shift）之討論。

3　參見韓錫鐸主編，《中華蒙學集成》（瀋陽：遼寧教育出版社，1993）中收錄之中國歷代訓蒙書，及張岱年為該書所作之〈序〉中之所述：「中國古代很重視兒童教育。《周易・蒙卦》說：『蒙、亨。匪我求童蒙，童蒙求我。』〈象傳〉云：『蒙以養正，聖功也。』……近幾年來，出版界注意到過去時代的蒙學書的歷史價值，翻印

範思維下之產品[4]。

惟若檢繹當時所遺文獻，即便有清一代，清初、中葉而清季，聞似「開明」、「進取」之幼蒙倡議，與執信奇慧、神蹟等福澤積善之追求，彼落此起，喧嘩多聲。在清代早期固可見相當自由、放任的幼教態度，與相當體恤、合情合理的幼蒙設計，看似進步之聲音、努力，直抵晚清，興而未艾，似可視為一脈相承的進步理路，然而民間報章、坊間文肆，種種白描神啟幼慧的故事流行未艾，充斥街角。理性進步與封建迷信並列，開明與落後雜存，下面的尋思顯然有待「後典範」說明模式之助。

援古往今來，求知或知識，或被視為一種工具理性上的必要活動，然亦有因宗教倫常中對自然、天機之嚮往；兩造之下，個人及群體遂不免對文明與教化持兩端之見，出現不斷反覆曖昧與低迴。就中國歷史文化長期發展之例而言，儒家對教化固持正面態度，但儒者中仍不乏對不識不知、一塵不染的天真陶然不能忘情。上古而中世道釋之倡絕俗遺世，益發強化了當時士庶間對求知向學與棄智灑脫兩難之間的拉扯。

此一對知識與學習既迎還拒的淵源，到宋明以後，因程朱、陸王兩極性發揮，以及商業經濟與文化市場的相互激揚，揭開了數世紀文明教化與返璞保元的曲折攻防。影響所及，無論城鄉士庶，老幼男女，常直接、間接面臨一波波「文明化」的挑逗挑戰，各為進取之選擇或遺世之淘汰。對教者、學者而言，要義無反顧追求制度性知識，或自安自得抱殘守缺以終，明清社會

(續)——————————————

了若干種，引起人們的讚揚。」

4 可參見拙著Ping-chen Hsiung, *A Tender Voyage: Children and Childhood in Late Imperial China* (Stanford: Stanford University Press, 2005)；熊秉真，〈好的開始：近世士人子弟的幼年教育〉，《近世家族與政治比較歷史論文集(上)》（臺北：中央研究院近代史研究所，1992）；熊秉真，《童年憶往：中國孩子的歷史》（臺北：麥田出版公司，2000）；以及翁麗芳，《幼兒教育史》（臺北：心理出版社，1998）。外國學界之研究則可參考：Philippe Ariès, *Centuries of Childhood: A Social History of Family Life* (New York: Vintage Books, 1962); Shulamith Shahar, *Childhood in the Middle Ages* (London: Routledge, 1990); Linda A. Pollock, *Forgotten Children, Parent-child Relations from 1500 to 1900* (Cambridge: Cambridge University Press, 1983).

的個人與群體均不斷在界定其有益之知識與競逐之生活，所涵孕誘惑與危機。而轉變中的各種幼學幼教模式，如何於幼齡學子步步走向文明化機制過程中幕幕展出，更是成了家長、教師殷盼取捨之考驗。欲論歷史變化中典範之移轉，探究清代幼學與童年論述所呈現之多重起伏與反覆轉折，自有其理論上之複雜性（complexity）與修正原本預設之力度[5]。

下文之作，一是在構思上擇清初、盛清至晚清三組代表性素材，試析中國社會在此步向教育普及的漫漫修旅中所顯示的疑難與掙扎。二是在研究方法上欲藉此例一試以習慣上思想史、制度史之文獻，側窺社會史、文化史訊息之可能。兩者之繫，均在將「知識」與「生活」之內涵與特徵視為一游移流動之現象，不斷隨特定歷史時空而轉移。陽明論天真良知，幼教普及後所面臨的出、學實踐上的諸般困境，益使推動蒙學的父師日常思維中，無時不透露對學步學語之牙兒邁入學堂之際所揮之不去的惶恐與質疑。當父兄催促田野孩娃暫擱其原有寬廣的生活之知，肅容端坐、企首引頸，力求狹義難得的扉頁之知，乃至特定技藝上的有用之識、入仕陞遷的科舉之學。其孜孜之追求，一如其日常之挫折、四圍之陷阱，無不閃現著前近代與近現代交替之際，對孰謂知識、如何生活的無盡搏鬥與未了的困惑。

由此角度考量，清代的幼教發展與童年文化，深值細究，另有幾層緣故：一是由於辛亥革命與五四新文化運動的精神遺產，以及20世紀「現代化」的洶湧波濤，形成對「傳統」與「過去」一些根深蒂固的看法。這些看法中，

5　對於程朱性理一派與陸王心性一派對蒙學觀念的差異，則表現在朱紫陽和王陽明之蒙學著作論述中。略而言之，朱子《小學集解》、《童蒙須知》兩著承襲性理之說，希冀透過蒙學教育開始的種種規範和教育灌輸，「去人慾，存天理」，以至「入于大賢君子之域」。而王守仁之《訓蒙大義》則較強調誘導之道，一反前述制約之理，企圖透過「誘之詩歌」、「導之習禮」和「諷之讀書」，以漸進、順導或默化的方式達到儒家教育的目的。究其兩者差異，朱子之法欲制約幼兒的嗜慾以達教育的理想，而陽明則以幼兒之本性本心作一起點，擬定適合的引導教育之法，進而引申出明末李卓吾〈童心說〉所主張之幼兒的「童心」即「心之初」、「最初一念」的「本心」，並回歸、讚頌一切純真與本初之人性。參見熊秉真，《童年憶往》，頁191-216。

意見與主張居多，實際了解之成分不大[6]。以致認為近代革命新天地降臨，
改造19世紀末、20世紀初的中國社會時，所遭遇的是在一個頑固僵化、封建
腐朽、不合世理人情，而又一成不變的舊有文化體系。並印象式地主張步向
現代性進步或革命性解放之前，男女老幼、貴賤貧富、地南天北均在高壓桎
梏的悲慘世界中，苟延殘喘。這個既模糊、籠統，卻又揮之不去的夢魘般的
印象，置之於歷史微觀座標上試以史料史事為之定位，切需清代幼學幼教多
種相關素材之填充、佐證。

再者長久以來，在革命情操，文化推陳出新，與整體現代化浪潮鼓舞下，
大家習以為常的歷史（包括歷史資料、歷史研究、和歷史詮釋等），莫不認
為是由僵化遲窒的過去，接觸現代化之推動後，個人與群體自動或不自主
地，或早或晚都邁入了一個義無反顧的單線進程。在此頑固不通的「過去」，
直線單向進入合理而進步的「現在」史觀照耀下，清代而民國，數世紀間中
國境內各民族、各階層、各性別，乃至不同年齡的民眾生活，不論個別或群
體經驗，因早有通盤說法，後世學者只在稍費手腳，略假思索，卒得掌握合
適的來龍與去脈，即可套上命定式的歷史萬用公式。

三者，此一整個套裝預設，對人類社會之假想，大家均清楚是模擬歷史
先行者、歐美之文明化進程為度量衡，直以西方或近現代思想文化與生活方
式，為舉世人類「進步」之同義詞。那種現代文明與進步的化身，既如「永
恒之定律」，任何社會人群不過在卯足全勁，馳達終點，遂亦無須行進，不
復有變化必要或可能。人類在「現代化」與「現代性」之後，遂無下一站的
歷史變幻可想可言。而群策群力步向現代的蹣跚之旅，只有將「過去」與

---

6 最近中國近世與近代的史學作品中已漸有注意到此現代政治立場與文化心態對中
國歷史的渲染與曲解。Dorothy Ko, *Teacher of the Inner Chamber: Women and Culture in
Seventeenth-century China* (Stanford: Stanford University Press, 1994) 一書前言中對五
四論述之左右傳統中國性別形象，頗多析述。Prasenjit Duara, *Rescuing History from the
Nation: Questioning Narratives of Modern China* (Chicago: University of Chicago Press,
1995) 則意在釐清並矯正民族主義與現代國家意識下所造成的「泛政治化」以後的歷
史面貌。

「現今」錯綜複雜的群體生態與百味俱備的日常生活,均制式地化約為單一的善惡、良窳之取捨對象。如此歷史圖像中,不但豐盈的平日「庶民經驗」變成陌生而不可解,連帶地近現代社會制度與文化生命力中所呈現的多面多樣活力,以及不斷亟須的迴思與反省,似乎也在專斷信仰的殃及之下,邈無立足空間。

　　本文之作,即欲藉清代社會與人文生活中之一環節,即清代童年文化與幼教傳承之演變,針對上述政治意識型態傳統,與人文科學之假設,作一對談,試以兒童文化與幼教論述之推衍細節,呈現中國近代啟動之前,變幻多端、生機四綻、而又爭辯激揚的所謂傳統時期,曾以如何之力道,運轉其重要文化支柱,以之迴映西方現代演進式思緒之特性與局限之所在。一則展示20世紀中國兒童文化與幼教演變,原有一未曾細察,或曾被遺忘、掩埋了的過去。再則亦藉此視角,與其他扞格主流之角落人群,重思群體意識與時代慣性,常築於許多日常流傳的不言而喻而實際上又相當專橫的預設。中國傳統幼幼之道的傳承歷史,不但於清末民初曾理所當然地孕生了近代中國的兒童文化與幼教世界,如今重新檢視,仍隨時因知識視野關懷轉變而展示其新解意涵,啟動另類之凝想、併發他種臆想之玄機。傳統童年文化與幼教論述,本含一番省思與斟酌,既因近代革命與五四新文化之典範漸遠,其政治文化與社會心理上特定之基礎與需求早已位移,如今重揭清代幼教演變之面紗,省視過去幼慧、幼蒙思維下醞生之幼教,舊貌與新思間別有一番契機。

二、近世的兒童文化與幼教論述

　　中國幼齡人口之經驗,近世流變是一大歷史轉折[7]。此轉折在晚明至清

7. 對於中國童年在上古至近世之歷史分期,筆者於他處另有闡述,請參閱熊秉真,《童年憶往》,頁271-326;Ping-chen Hsiung, *A Tender Voyage* (Stanford: Stanford University Press, 2005), pp. 9-15.

Chinese Roman Catholics of many generations

　　舊時中國家庭，父母子女，年輕而常肅穆。此20世紀初外人攝得的所謂當時中國奉（天主）教中家，肢體語言，動作表情，未見西化。

Archibald Little, *Intimate China: the Chinese as I have seen them*（London: Hutchinson & Co., 1899）, p. 92.

季之浮現，上與明代中葉以來版刻活躍後對兒童知性天地的衝擊，以及明清
兩代幼蒙市場的擴張，均不可分。過程中，教者、學者、送館家長、社會人
士對幼教方式與內容的種種困惑與議論，未必如後代之激烈，卻隨處可見。
兩方面力量的匯集，加上前述程朱、陸王兩支不同人性論之持續發酵，以及
儒、道、釋雜糅，士庶合流，南北城鄉來往所造成對兒童與撫幼之看法漸
移，使得清代各樣幼教論著，與諸般蒙學素材，內容中不免五味雜陳，新舊
俱見。對幼兒的先天稟賦，人生知性感性之各種理解，乃至幼齡初學階段可
以如何、理當何是，於市井所談可能頭頭是道，在筆端論著似亦引典據經，
但實際上恰恰在少知少覺中不斷左右張望、在一是莫衷間探索匍伏。

　　追究兒童史者，若受西歐社會在歷史過程中兒童與童年呈現古今變異的
慣習解釋之影響，不足對社會文化史中年齡與人生週期等變因有所體認，
亦不能不意識兒童、幼教均為特殊時空下之產物，與人文社會上之任何其他
現象、事物，並無二致。雖然目前所見兒童與幼教史論著，仍多以西方為中
心、以現代為權威、以科學為標準、以進步為信仰，但對此類課題之少數回
顧與前瞻，不論著眼歐美經驗、或者聚焦於其他社群之歷史發展，其認識與
思考若落實於具體細節，往往不免牽扯出廣義的人文社會思潮，及狹義的兒
童、教育問題，在不同的價值假設、目標認定與社會經濟條件下相互作用[8]。
西半球現代幼教啟動前夕，義務教育普及之際，推動社會改革者對社會秩
序的關懷，常高過對兒童自身福祉之憂慮。19世紀提倡英法幼兒教育者多半
是為了協助警局維持治安。1820至1840年代紛仿傚尤的幼兒學校（infant
school），因之對幼教目標（是為了啟迪民智還是灌輸宗教倫常）、幼教方法

8　關於西方幼教之歷史演變，論著極多。1993 年冬季的 *Daedalus*（Journal of the
American Academy of Arts and Sciences）曾有一波的回顧與討論，可特別參閱如下四
文：Martha Minow and Richard Weissbourd, "Social Movement for Children," *Daedalus*
122（1993）: 1-29; Mihaly Csikszentmihalyi, "Contexts of Optimal Growth in Childhood,"
Daedalus 122（1993）: 31-56; Maris A. Vinovskis, "Early Childhood Education: Then and
Now," *Daedalus* 122（1993）: 151-176; David K. Cohen and S.G. Grant, "American's
Children and Their Elementary Schools," *Daedalus* 122（1993）: 177-208.

（究竟應該用力於字母學習還是道德行為）、乃至教材與內容都在激辯，而始終未得任何一致之結論[9]。

回檢中國視角，歷史上中國的兒童是否生活於一個高壓權威、不合情理的傳統社會裡？目前或未來是否已擁有、將邁向一個進步文明的美麗新世界？面對此類初聽似極自然，但有關訊息零星，尤其提問動機十分曖昧，追究之終極目的莫衷一是、茫不可解的課題，挖掘歷史、向時光流變前的人世沉潛學習的歷史工作者，在追蹤綿長的過去與流動的現在之間的關係時，必須小心翼翼地撥去塵封，仔細掀開兒童、童年、蒙養與幼教的層層扉頁，其於梳理點滴往事之中，覺悟到的將不止是人世曾經之錯雜繁複，更將不能不訝然於時間翻轉、後來居上之後，所有現今的觀察分析與發言立論者，皆自縛於必然之偏執與難免之驕矜[10]。

本文之所以擇清代蒙養文化與幼教論述中的一些主要議題，說明其立場、面貌、內容上之多樣多變，並由清初、盛清、清季三大時段出發，略示二百多年來兒童與幼教問題在中國社會中的演變大勢，正在於藉著重訪過去波波攸關學習之改革、嘗試與轉折，以其思維步履，折照20世紀初以來中國民眾生活與幼教制度之接軌，證明舊式幼教傳統既未必抽象空洞，也不全然僵滯固執，不過是立足於另一段對人生之「知」與「能」的領會與期許。竊期此一歷史文化上的迴游，能助吾等擺脫部分衍生於近現代追求進步演化之實證面自信，與知性上的我執，對所由來徑，得掙脫若干慣性又盲目之抨擊與鄙視，置此一時與彼一時之掙扎，於相類的歷史平台，同時去摸索於今而後，未必勝券在握、棋高一籌的兒童處境與幼蒙問題。看看減少幾分固定的自以為是、貶史以自高之後，是否足以對全球「現代性」籠罩下的求

---

9 Colin Heywood, *Childhood in Nineteenth-Century France: Work, Health, and Education among the 'Classes Populaires'* (Cambridge: Cambridge University Press, 1988), 202-213.

10 對於近世西方和中國幼童教育思想之演變與比較，筆者於拙著《童年憶往》第五章第四節「中西幼教觀與童心論」有較細闡述，請參閱該書，頁216-229；另見Ping-chen Hsiung, *A Tender Voyage*, pp. 32-37.

知識、謀生活之既定企劃，能增幾分必要的疑惑，與掏去成見以後久違了的清新。

三、善誘與傳家：不達更欲速

(一)父師善誘

浙江瀔水士紳唐彪(字翼修，確切生卒年不詳)，生於明末，活動於康熙年間。曾摘宋元以來蒙學議論，輔以個人訪查經驗，匯成一部幼學綱領，名為《父師善誘法》[11]。此書分上下兩卷，以30子題說明蒙學教育所涉切要問題[12]。原書之範例稱「集古人成語與自己所著」刪次而成(自謂將「二十五萬餘言」之原稿刪汰而「僅存九萬餘言」)，構思之際並曾「數數請問」兩浙名儒「如毛西河、黃黎洲、吳志伊諸先生」，均蒙「不吝指示」[13]。書前有自署家眷弟的仇兆鰲和毛奇齡兩序(分署康熙三十七、三十八，即1698、1699年)，稱唐氏乃「金華名宿」，清初回歸後，於「東西兩浙人文薈萃之所」，「出為師志若干年」。「理徒講學」之餘，輯成「學規二書」。可見書之孕生，與作者個人教塾鄉里的經驗，當時地方士人對蒙學的看法，

---

11 〔清〕唐彪的《父師善誘法》輯成後，曾刊刻多版，或以原名家刻本重刊，或與其另著之《讀書作文譜》合刻而成《家塾教學法》(最早刊於康熙年間，前有毛奇齡康熙三十八年〔1699〕之序)。此書近代續有刊刷，最近者如1992年上海華東師範大學所出的趙伯英、萬恒德選注本，參見〔清〕唐彪輯注，趙伯英、萬恆德選注，《家塾教學法》(上海：華東師範大學出版社，1992)。

12 上卷的13個子題是：「父兄教子弟之法」、「尊師擇師之法」、「學問成就全賴師傳」、「明師指點之益」、「經蒙宜分館」、「師不宜輕換」、「學生少則訓誨周詳」、「教法要務」、「讀書分少長又當分月日多寡法」、「父師當為子弟擇友」、「損友宜遠」、「勸學」、「字畫毫厘之辨」；下卷17個子題是：「童子初入學」、「童子最重認字併認字法」、「教授童子書法」、「童子讀書溫書法」、「讀書訛別改正有法」、「童子讀註法」、「覓書宜請教高明」、「背書宜用心細聽」、「童子學字法」、「童子宜歌詩習禮」、「童子講書復書法」、「童子讀古文法」、「童子讀文課文法」、「改文有法」、「童子宜學切音」、「教學雜條」(附「不習舉業子弟工夫」、「村落教童蒙法」)。

13 〔清〕唐彪輯注，趙伯英、萬恆德選注，〈前言〉，《家塾教學法》，頁3。

以及朝廷部議頒行的朱子《小學》，都有密切關係。是時內地童子「無分貴賤少長」，亟以就傅入塾競相成士最為急務[14]。唐氏書中自稱：「父兄教子弟，非僅六、七歲時延塾師訓誨，便謂可以謝己責也。」必自「幼穉時」，即「多方陶淑」、「教以幼儀」，期其日後「學必有成」[15]。《父師善誘法》一出，異軍突起，立刻為清初幼教風貌樹一特出範本。

書中不但對父兄擇師尊師[16]、覓書擇友等啟蒙的基本態度[17]，童子初入學時識字、學字、讀書、溫書、講書、復書[18]，訛別改正、學音讀文等具體幼學活動內容[19]，說明詳細。最重要的是全書對幼學旨意，主張以「善誘」為「教學」之本，二義互通為一。唐氏初以《父師善誘法》名其書，合刻重印後則常稱為《家塾教學法》（毛序中稱《家塾教學法》乃其舊名）[20]。細索內容，全書對幼兒進學之階，考慮仔細，態度剴切，尤其下卷第10小節，以「童子宜歌詩習禮」為題，抄錄王陽明〈訓蒙大意〉一段全文，一再重申陽明對「教童蒙」者，重童子「樂嬉游而憚拘檢」之情，強調接近童子時，「必使其趨向鼓舞，中心喜悅」，「譬之時雨春風，沾被草木……自然日長月化」[21]。故上卷第1篇〈父兄教子弟之法〉即有「導之以色聲並誘其嬉

14　參〈仇兆鰲序〉、〈毛奇齡序〉，〔清〕唐彪輯注，趙伯英、萬恆德選注，《家塾教學法》，頁1。

15　〔清〕唐彪，〈父兄教子弟之法〉，《父師善誘法》，上卷，輯於《家塾教學法》，頁3。

16　〔清〕唐彪，〈尊師擇師之法〉，頁4-5；〈學問成就全賴師傳〉，頁6；〈師不宜輕換〉，頁9。

17　〔清〕唐彪，〈父師當為子弟擇友〉，頁13；〈損友宜遠〉，頁14；〈覓書宜請教高明〉，下卷，頁25。

18　〔清〕唐彪，〈童子最重認字併認字法〉，頁17-18；〈教授童子書法〉，頁19-20；〈童子讀書溫書法〉，頁20-22；〈童子學字法〉，頁26；〈童子講書復書法〉，頁28-29。

19　〔清〕唐彪，〈讀書訛別改正有法〉，頁22；〈童子讀古文法〉，頁29-30；〈童子讀文課之法〉，頁30-32；〈童子宜學切音〉，頁35。

20　〈毛奇齡序〉，〔清〕唐彪，《家塾教學法》，頁1。

21　〔清〕唐彪，〈童子宜歌詩習禮〉，《父師善誘法》，下卷，頁27；〔明〕王陽明，〈訓蒙大意〉，《陽明傳習錄》（臺北：世界書局，1962），頁219-221。

遊博弈」之言，流露出清初用心幼教者，外程朱而內陽明（仇兆鰲序中曾美言唐著，當與部頒朱子《小學》並行），特重「循循而善誘」之旨。書中各節，對蒙學每一步驟，均指明適用蒙童之年齡，使用之場合，易有之訛誤差池。頻期依「經蒙分館」、「讀書分少長，又當分月日多寡」等原則，循序漸進，適時適性[22]，亟欲試施於清初活躍而快速成長中之幼教大環境。為矯時俗，唐氏高揭自然緩進，切誡執意勉強。其議論以個人所行所知立說，透露出務實之蒙幼作者，以「實證資料」，對質前賢理論、朝廷政策、與社會時俗之立場[23]。

　　教與學相提而並論，上承《禮記‧學記》「學然後知不足，教然後知困」等教學相長的一脈之理。然二千年後唐彪重拈「父師善誘」為「家塾教學」之旨，更表達了他對清代家庭與學校環境中，實踐幼教之重要性，即於幼兒心智發展，不但不仗天生聰慧、神童稟賦、性靈天啟，而且執意無論教學，其善偽也，一切都在父兄家塾之用心經營，有意謀劃、費力栽培，在古典基礎上重賦近世體會。蓋時至17世紀末，不但作者於價值觀上，關懷所及已不再只是上層縉紳子弟之進學中舉，實際上散落各地的社學、義塾中還包括鄉間「不習舉業子弟」，及「村落教蒙童」等新增成員[24]。

22　〔清〕唐彪，〈經蒙宜分館〉，《父師善誘法》，上卷，頁7-8；〈讀書分少長又當分月日多寡法〉，頁12；〔清〕唐彪，〈看書須分界限、段落、節次〉，《讀書作文譜》，卷10，輯於《家塾教學法》，頁65-66；〈看書分層次法〉，頁66。其中，〈看書須分界限、段落、節次〉、〈看書分層次法〉等二節對學習循序漸進，學子心智進層之有階有次，亦有類似體認。

23　《父師善誘法》中多篇內容均舉唐氏個人經歷，以所知、所聞、所見、所訪之學童實際學習舉止，日常狀況，為構思立論之根據。下卷〈童子讀註法〉中，自言：「余每聞遊諸鄉塾，塾師每言資鈍者苦於讀註。余意於經書讀畢之後，將注另自讀之。」相對更「有一友極非余言」，端衡之間，至「余不能決」，並不斷舉觀察所見，反覆推敲。〈童子讀文課文法〉中亦先標出問題爭議所在，隨舉之「余至親二人，一學文五年，一學文六年，而文理皆不能明通」之實例，與「何以余少時學文僅一年而即條達」相對，推敲之間，對左右「師與徒皆大笑，以余為妄」，亦不以為意，堅持所主「此非余一人之臆見也」，而「凡事試驗者方真」。見〔清〕唐彪，〈童子讀註法〉，《父師善誘法》，下卷，頁23；〈童子讀文課文法〉，頁30。

24　〔清〕唐彪，〈不習舉業子弟工夫〉，頁37-38；〈村落教童蒙法〉，頁38-39。

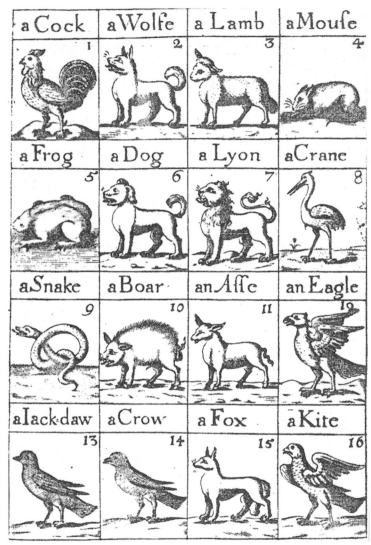

Sixteen Aesopic beasts

　　啟蒙識字，是乳哺者的短期目標，中西皆然。英文字母與中國的《三字經》、
《百家姓》、《千字文》一般，是幼兒牙牙學語是父母師長的冀望，此處圖
示近世歐洲以伊索寓言中的故事教導幼兒依序認識字母。
　F.J. Harvey Darton, *Children's Books in England: Five Centuries of Social Life*
（Cambridge: Cambridge University Press, 1982）, p. 18.

Free School

嬰幼兒童，正常成長，健康發育，期在有一天能入學求藝，展開有識有用
人生。此清末南方之義學，透露的是幼醫而幼蒙，社群共同努力，緜延家族
文化生命的一個環節。
Mrs. Archibald Little, *Intimate China: The Chinese As I Have Seen Them*（London:
Hutchinson & Co., 1901），p. 47.

　　唐氏全書意旨非謂深奧，亦不在提出高妙教育理論。然藉強調善誘漸
進之「教」與「學」，另方面亦間接透露出近世由明而清，市鎮富鄉中工

農庶民子弟大量湧進塾學之趨勢，以及都會城坊中士商家庭力督子女盡早向學的走向。探討此蒙學新市場衝擊之下，在供應面，對塾師及幼教方法上所造成的因應與調整。此幼蒙需求面之擴大，加上科考落榜者在供給面所提供的豐沛師資，使得16、17世紀以後，中國由南而北，塾學中面臨了齒齡日稚、數目益增的待蒙幼童。此一幼學人口與幼教市場之新型態，固為不少就館謀食卻未必有心長為塾師者增添不少煩惱。另一方面，對究心蒙幼問題者，明代陽明學所倡良知良能說，此時此景下突如天助，適而提醒也提供大家一個以短為長的幼教另類蹊徑。即從揄揚人性自然天真之理，重視個人分殊之性，看是否能掙脫刻板規律之教條化設計。

此一理路，上舉《父師善誘法》中行間字裡固所多見，唐氏著作外，亦散見明季清初其他論教育與塾學、書院論著之間。此論述系譜下，生活與知識不再如宋儒預設對執之兩端，蓋或教或學均不必單作日常生活庸謹之約束或終結一解，亦不再以有組織系統之學堂教育為知識學習獨一無二之開端。蒙學對象年齡稚幼，依陽明之說正去天機不遠，若以善誘善導，勿折其性嗜癖好，或竟得撥負為正，反為欣然求知問學之天賜樞紐[25]。是故唐氏全書中，段段充滿對塾師父兄之警誡，謂「六歲且勿令終日在館，以苦其心志而困其精神」[26]、「凡教童蒙，清晨不可即上書」[27]。要為師者「教讀書，不可過五、六遍，至多不過十餘遍止矣」[28]。所有這些切切萬勿之告誡，固可能代表成千學堂實景，更點出陽明學為近世教育和社會心理所蘊深刻自省自疑契機，及與其制式人生、制式教育相抗相擷的萬鈞雷霆。就理念和價值觀而言，程朱陸王人性之爭無時或息，生活是否即為知識、良知是否啟於良能，更是古今東西迄今未決之大惑。如是重觀清代為幼蒙請命者如唐彪之力竭聲嘶，其所始者，或者不過是一己幼兒入學時之挫折困

---

25 參見熊秉真，《童年憶往》，頁198-216。
26 〔清〕唐彪，〈童子初入學〉，頁17。
27 〔清〕唐彪，〈童子最重認字併認字法〉，頁17。
28 同上，頁18。

頓[29]，然所牽出評量思慮卻不限一兒一戶，甚至清初任何一地一時之辯解或疑惑。鼓動興趣、導之向學為旨趣的幼教典範，使此書之刊布流傳持續不斷。二百多年後近代教育專家陶行知再次提出「先生的責任不在教，而在教學，而在教學生學」，以「教學」為「教授」之真意[30]，中國幼教自唐彪之後，精意直貫現代，後得新生，古今之脈，代代新機，遂非由對立中擇一之慣性史學能盡。

（二）傳家之寶

入清一代，類似《父師善誘法》談論家塾教學的訓世書刊固然不少。然而明季而盛清，幼教塾學多方成長，學童不僅人數增加、年齡下降，且繼續散播普及社會一些新的階層，地域上也由市鎮而及鄉里。加上科考失意淪為塾師者多，師資供應無虞。教師中遂不乏以實地經驗補過去理論之不足，從而調整衍生出重重新義，此為是時蒙學幼訓著作大量問世的大背景。著作雖未全直接以幼學專論面貌付梓，而側身一般訓俗雜言之中。日用類書形式下產生的《傳家寶》，康熙年間刻行，清至民國刊刷多版，流傳民間極廣，影響更大，尤為一項值重視的藏幼教於訓俗之樣品。

《傳家寶》的作者石成金，乃清初揚州一位不見經傳的地方小儒。在四集數十卷、百多篇的內容中，涉及幼教部分散見初集各卷，以十多種不

29　唐彪曰：「余子正心，自六歲入學，因書不成誦，三歲歷三師，至四年無可如何，不復易矣。其歲，則甲寅也。因兵亂，避居山中，適有朱兩生設帳其地，因令就學。從游至五月，所讀新書，不減於前三載，且於前三載不成誦之書，無不極熟。彪敬問其故，答曰：『吾無他術，惟令認字清切而已。令郎非鈍資，止因一二句中，字認不清，不敢放心讀去，則此一二句便不熟；因一二句不熟，通體皆不成誦矣。又嘗試驗之，童蒙苟非先生強令之認字，必不肯認；認過而仍忘者，苟非強令之來問，必不肯問。此皆先生所當知者也。』彪思：讀書在認字，甚為淺近，何以前三師皆見不及此？乃知甚明之理，未經人指出，未易知也。」參見〔清〕唐彪，〈童子最重認字併認字法〉，頁18。

30　〈前言〉，〔清〕唐彪輯注，趙伯英、萬恆德選注，《家塾教學法》，頁3。

同專題形式出現[31]。與當時其他論幼學之著述相比,此書因類書雜纂之背景,顯得強調家庭教育、家長態度與學校教育、塾學師長之配合,偏重子女日常行為規範之訓練。此一特色與《傳家寶》作為一般家庭日常參閱之百科全書,固不無關係,與作者視世風社教與幼學訓子為一物之兩面,家教與塾課不可偏廢的原則亦正相符。清代課兒教塾先生對社會環境因素的體認,以及對兒童行為訓練上的重視,於此例上遂成了一個一分為二的知識市場現象,亦可視為二而為一的文化生態問題。

《傳家寶》初集卷之一的俚言中,有題為「教子」一節。全篇主旨在告誡家長須加意善教子孫,論理上先承認「世上接續宗祀、保守家業,揚名顯親,光前耀後,全靠在子孫身上。子孫賢則家道昌盛,子孫不賢則家道消敗」。因此,「無論貧富貴賤,為父祖的,俱該把子孫加意愛惜」。而「所謂愛惜之道,『教』之一字,時刻也是少他不得」[32]。然後藉說明嬌溺子孫之不是,拈出教子之重要。有謂:

> 可惜而今有子孫者……嬌生慣養,使性氣也不惱他,罵爹娘也不
> 禁他,欺兄壓長也不約束他,慢鄉鄰辱親友,游手好閒,任意為
> 非也不責治他。一切飲食衣服從其所好,滿口膏粱,渾身綾羅。
> 甚至誣賴騙詐,好爭慣訟,壞盡心腸,除不警戒他,更有反誇子
> 孫乖巧者[33]。

---

31 《傳家寶》刊行後,常見的有康熙刻本、乾隆刻本,及道光十四年掃葉山房刻本,
   還有四集20卷及四集32卷兩種形式,近年金青輝、閻明遜曾出一點校本《傳家寶》(天
   津:天津社會科學院,1992),分上、下兩冊,共四集20卷。其中卷之一的「傳家寶
   第一」、「傳家寶第二」、「學堂條約第三」、「讀書心法第四」、「師範第五」、
   「課兒八法第六」、「學訓第七」,卷之六的「神童詩第二十九」、「正學歌第三
   十」、「天福編女訓第三十一」、「童禮知要第三十二」、「常禮須知第三十三」,
   都是與童蒙與幼教直接相關的篇章,參見〔清〕石成金,《傳家寶》(臺北:中央研
   究院傅斯年圖書館藏,清乾隆四年〔1739〕序重刊本)。
32 〔清〕石成金,〈傳家寶第一‧教子〉,《傳家寶》,卷之一,頁29。
33 同上,頁31。

石氏所指恃寵而驕的子弟，除了部分江南與華北高官富戶外，未必真是社會實情。但他數落世上「老年得子的」、「生子艱少的」，「俱愛之如掌上明珠，恨不得時時捧在手裡，日日含在口裡，止知道驕養放縱，全不知道教訓、責成是為子孫的好事」。還有「逞強的人」、「護短的人」、「糊塗的人」，種種偏頗，縱容子孫矯飾非為，吝於干涉[34]，一發難以收拾，卻是清代中葉內地人口滋生大勢，遭逢登科仕道所提供的上行社會流動（up-ward social mobility）之刺激，以及商品市場經濟之活絡鼓舞，在城鄉街道，各階各層之間，因社會結構性鬆動（sociological change），加上經濟誘因（economic incentive）之明顯化，兩項匯合之下在一般民眾之心理上所造成的一種充滿期待下的焦慮，或者市井心態下因對成長、牟利、上進時機之興奮，反而投射身上的某種恨鐵不成鋼的怨艾。

《傳家寶》的作者痛砭時非之餘，強調「教子」的重要性，以及「教子之法，全在幼小時候」（「教婦初來，教子嬰孩」），以及「教子之法，也要循個次序」的道理（「六、七歲時，便送學讀書」，「到十三、四歲，更要擇賢師良友，⋯⋯教他讀書上進⋯⋯，便教他習學技藝」[35]，一再倡言教子務「嚴」，不可寬縱，但又表明，嚴不等於罰[36]，均可視為此興奮期待中，家長、教師亟欲進取，訓俗作者亦搶著進言，以為奧援的蒙學大躍進下的部分社會圖像。

卷二「課兒八法」一篇中，說「少授」（「如念書能念十行，只與之七、八行念。一則力省易熟，二則養其精神，講解字義」）。並特別標出「活機」一義，要求課兒教子者留心[37]：

夏秋晝永，正務易完，不妨令其隨師閒步。或問其平日所習字義，

34 〔清〕石成金，〈傳家寶第一・教子〉，卷之一，頁34。
35 同上，頁35-36。
36 同上，頁37。
37 〔清〕石成金，〈課兒八法第六・少授〉，卷之二，頁58。

> 當日所講書理，或見草木鳥獸，俱與誌名識義，或古今帝王師相，
> 歷代賢儒名佐，俱就便敘論。久之開益神智，積累自富，正不獨
> 散其困倦已也[38]。

夏秋晝長之時，為了驅散孩童的困倦，攜之野地閒步，進行「戶外教學」，頗帶陽明先生遺意，亦可見此書主張嚴教之外，濟之以寬，欲試倡啟發誘導並重之微意。也就是說傳統幼蒙堅持「記誦」的習慣，經明代三教合一後大家對忘懷與天真的正面表彰，於此匯見於陽明學上對「悟性」的一脈承衍。

書之卷六處，列有「正學歌」一篇，以七言律詩十首，誦習「誦書」、「坐位」、「行走」、「言語」、「飲食」、「孝親」、「敬長」、「待人」、「安份」、「戒非」等義[39]。其內容精神則又與程朱小學，及朱熹「童蒙須知」所立拘謹之幼教行為規矩，甚為接近。

如前所述《傳家寶》之類的清代幼教文獻，透露出的歷史情境訊息豐富而駁雜。從社會史的意義上看，早教、嚴教、循序以進，乃至束其行為等幼教幼儀要義，早存中國本土士人階層之間，並非新義。只在教學內容與言語趣味，有趨豐饒生動傳神之勢。儒者無時或休的化民成俗、推廣教化的責任感，在明清以來，因社會流動加劇，商業繁興，士庶雜處，城鄉交流，是否適藉像石成金所倡教塾經驗，化禮教為俚俗的聲音，同時反映迎合了供需雙方心理，而益得商業文化市場的發揮空間。

38　〔清〕石成金，〈課兒八法第六·活機〉，卷之二，頁60。

39　據石氏〈正學歌自敘〉，其作「正學歌」之源本於：「予幼從蒙師啟讀，每晚授以放學文，歌詠而散，其歌俚亂不切。及長而見九峨李先生童訓十二章……一日於廢紙中偶獲蒙訓七律，作者姓氏逸而弗傳，予又另取樂吾韓先生詩五律合成十首，謬名曰『正學歌』。」敘中所稱實不可考，但可見清世各種童訓詩之著作流傳，頗多且廣。參見〔清〕石成金，〈正學歌自敘〉，《傳家寶》，卷之六，頁28。又近年出版之點校本將此段文字句讀為：「予幼從蒙師啟讀，每晚授以放學文歌，詠而散其歌，俚亂不切」，似誤。見〔清〕石成金撰集，金青輝、閻明遜點校，《傳家寶》，頁265。

Illustration for "Dodsley's fables" book

F.J. Harvey Darton, *Children's Books in England: Five Centuries of Social Life*
（Cambridge: Cambridge University Press, 1982）, p. 22.

〔明〕仇英《人物圖》（局部）

　　此幅相傳仇英所作的明代《人物圖》，可見嬉戲中的幼兒著官服，戴官帽。
如當今古物市場仍可見的明代梨花木家具之嬰兒座椅（high chair），以官帽造
型，示當時登科入仕之嚮往。同時亦見大孩背小孩之常態。
國立故宮博物院編輯委員會編，《嬰戲圖》（臺北：國立故宮博物院，1990），頁3。

　　就文化史上看來，平民化與俚俗化以後的幼教宣導，寬嚴並濟而雜採，程朱之禮教與陽明之自然，因並存而得折衷兼取，教女與教子，舉業與習藝，頌經與認字，城鄉士商，士庶各階均躬身自照，各依所處所需，拼湊擇取，自適其適，並舉不廢，一則呈現當時價值倫常上日趨寬容與多樣，二則實務面亦順勢配合上了社會需求面之擴大與成長（女孩與男孩，城鄉士庶、貧富貴賤，大小年齡的孩童都在走入塾學的過程之中，逐漸全成了教育的對象）。受激發後重新調整的多管道幼教，考慮形形色色動機不同的家長、良莠不齊功能各異的教師、多立場幼學需要（各類子弟，各種生計發展），在這價值鬆動與市場需要所造成的雅俗並進、各取所求的社會態勢中，兼牽扯出文化生態上漸趨多元多樣的走勢，《傳家寶》提供的恰是此喧嘩眾聲之際與俗見中綜合新的小結的實例之一。

　　在這個盛清幼教洪流和訓俗雜遝的文化剎那，事後可以觀察到的放大切片或歷史特徵，一方面是日常生活上泛義性知識有走向狹義的專業性、制度性知識的衝動與可能，雖則同一時空中原來天機自然，爛漫隨意的認識、瞭解和生活技能，仍然四處可見、比比皆是，固然在蒙學普及與蒙生幼齡化時，遭遇到僵化刻板的塾師塾課的困頓，卻適可借晚明方興而未艾的陽明良知良能說，枯木還春、躍然再興。另一方面，此一漫長歷史文化發展過程中留下的一支伏筆，其後遭逢近代學校教育與幼教發展的另一波浪潮之鼓動，進退迎拒間，又成了中國啟蒙教化與革新幼教者隨時可汲的本土源泉、隨處可用的反手之拍。其中關鍵無他，只緣盛清時所嚮往的未來、所追求的教育與幼教上之光明壯闊遠景，迨至歷史洪流轉及清季民初，一時間全化為替「全盤西化」助勢之形色。此時東亞或中國之時序緜延已不僅於所謂清季民國一域一國之考量，20世紀初「近代性」（modernity）在西半球之變化詭譎，雖未定鼎，然而單就幼教與教育之發展而言，19世紀下半葉與20世紀初制式學堂內一體同仁式的科班教育，短時間內既可滿足了驅貧兒亂童入學堂而端坐木立、敬謹受教，以為富國強種之新（國）民之義。暫時也就顧不得、想不到後來歷史時光拉長下，都市中拘謹的課室，

制式教與學所顯得的匱乏貧瘠。也就是說,早在1870年代起,義大利鄉村與瑞士學院中,追求純樸鄉里的蒙特梭利(Montessori School)與放縱天地、企近自然的福祿貝爾(Friedrich Froebel, 1782-1852)式的小小實驗,如何緊緊扣住了日新又新、翻前波啟蒙而起的另一波質疑與反思,必須待現代後期歷史態勢之降臨,方得躍升雀起。而這下一波的鬆動與商榷,在下波歐風美雨,尚未御駕東來之際,其企圖、動機、氣質上,與陸王對程朱之擷抗,乃至基本人性與教養上的良窳所恃及張弛互用,在沒有全球教化聲息大通的情況下,少了古之遠東與今之歐西之相互奧援,過去史跡文獻在當時當地的面貌與真義,也就基調難定,少了後代時空不斷重訂的歷史意義座標之反射,近世明清幼教蒙學內情之詮釋,隨亦顯得游移而漂泊。

四、「教兒童,莫匆匆」?——幼慧與蒙養

童蒙幼教應如何開始適時、進度合宜,宋元明清以來部部幼學書刊,每位關心蒙養者念念不忘。陸游詩中嚮往農閒時課兒自適,謂:「教兒童,莫匆匆」[40],點醒了蒙教的兩重面向,叮嚀家長塾師於幼慧啟蒙不必固執心急,要父師注意勿因自身之急功近利,逼趕學童之成長進度。開明的態度,自由放任的聲音,與坊間幼蒙教材並列,及各方源源不絕對神童早慧的信仰、祈求相映,亦顯出近世士庶各層對兒童與童年,各異其趣的看法,及社會勢力間的拉鋸。明清幼學幼教蓬勃發展時大談其道的書籍,談識字、授書、誦背、作文,有一再告誡父師大人,勿急疾、勉強,以免成效不彰,倒收反效的聲音。然而市井均知,宋元而明清,家長、塾師希其督導下的

---

40 宋代文人雅士頗有以歸隱教兒為浪漫雅趣者,故常有山中鄉間課兒之即景詩作。號放翁的陸游所留下的一些詩句,是其中的部分代表。此處所引乃陸游晚年八十歲所作〈農事稍間有作〉中的詩句,曰:「孝經論語教兒童;教兒童,莫匆匆。」他在〈山行贈野叟〉詩中亦有:「幼學及時兒識字」之句。參見〔宋〕陸游,《劍南詩稿》,卷57,頁13a,卷56,頁20a;收入《景印摛藻堂四庫全書薈要》(臺北:世界書局,1986),第389-390冊,引文見390冊,頁219及211。

子弟急求進科取士。即便退而活躍市場，技藝工商、生殖農產，百行百業各有利潤吸引，競爭刺激，老幼男女，少有不趨進若鶩者。啟蒙年齡愈來愈小，一如蒙書充斥，教法日密日嚴，塾師紛紛束手，不過是此競相爭先的社會潮流中的一二面向[41]。大勢之下，教塾授課者固不能不營營汲汲，父母家長常恨不得子弟日進千里，趁早出人頭地。環境風氣如此，任何逆勢欲挽狂瀾者，只能在希世警俗與推波助瀾雙向奔流下操其迎拒。

（一）《年華錄》與《人壽金鑑》

清代中葉乾隆後期，出現了一部《年華錄》異書，其內容及刊編過程，頗可反映此時波瀾中承襲流俗的一面。此書初問世時，署名全祖望著，讀者褒貶不一[42]。及至乾嘉之際，江蘇學者程得齡（約1780年生）見書，不但「決為謭淺者偽託」[43]，且斥「擇焉不精，語焉不詳」[44]；然又以內容體例頗具市場價值，棄之可惜，乃大幅增修刪訂，改為22卷。一方面自稱援原書，「於古人嘉言懿行，勝事美譚，凡屬有年可稽者，經、史、子、集，兼收並取，以每年為經，以各人為緯，而分繫之。」卷首「初生」，末卷「一百歲至百千歲」，其餘2至21卷以歲為序，一至九十九歲，井然成編。於嘉慶廿五年（1820）重新成書後，改名《人壽金鑑》，刻版上市。

再經五十多年後，安徽出身的地方官林之望（1847年進士），於同治十三年（1874）閱及《人壽金鑑》一書，又謂深感其教化意義重大，決摘部分，另以蒙養形式刊布。晚年任湖北布政使時（同治十二年至光緒元年），復將

41　熊秉真，〈好的開始：近世中國士人子弟的幼年教育〉一文中，對近世自由或競爭式幼教之愈演愈烈，宋元而明清，啟蒙年齡日降，早慧與自課之強調日深，有若干討論。見中央研究院近代史研究所編，《近世家族與政治比較歷史論文集》（臺北：中央研究院近代史研究所，1992），頁139-170。

42　參見〔清〕全祖望編，《年華錄》（上海：商務印書館，1929）。

43　〔清〕程元吉，〈程序〉，〔清〕程得齡編，《人壽金鑑》（臺北：中央研究院傅斯年圖書館藏，清嘉慶廿五年〔1820〕刊本），頁1。

44　〔清〕顧廣圻，〈顧序〉，〔清〕程得齡編，《人壽金鑑》，頁1。

原書2至11卷,刪縮為上、下兩卷。上卷收一至十歲古人嘉德美事,下卷列十一至二十歲之賢良事蹟,每歲一章,每人一節,號稱為啟迪蒙養之主旨,專供授童之用,題稱《養蒙金鑑》,光緒初年刊布傳世[45]。

考之,有識者均知,妬羨神童,仰仗早慧,千百年來向為中國兒童及童年論述之主要底蘊。因此文化傳承之下,異賦天啟,是眾人真正豔羨卻求之不得的恩寵、神賜。百姓寄望可修德積善,祈陰德陽報,得一子孫聰慧過人。一般人常言勤以補拙,也可視為無從回天之下善盡人事的一種努力。由此視之,名之為《年華錄》或《人壽金鑑》方近其原來意涵面目。有新的開明人士欲以之為《養蒙金鑑》,由天生穎慧之記錄,轉而導向人為努力之榜樣,志固可嘉,不過包裝改換之間,未必能全掩其內涵之承襲,保證其實踐之成功。

(二)《養蒙金鑑》

迨見《養蒙金鑑》問世,其收錄史籍、雜著中數百古人幼小事蹟傳聞,嘉言善行,仁、義、禮、智、信等德目。幼兒部分仍如往者,特重生而穎悟,聰慧異人的故事。更欲從之突顯此等氣宇不凡之幼童,自小好學,勤奮有成等事蹟,端出此番特殊的激勵幼學,好成提攜後進之焦點。譬如「一歲」項下,記《舊唐書》載白居易「始生六、七月」,指識「之」「無」二字之典;與《金史》中記大定年間進士王庭筠「生未期視書識十七字」故事[46]。「二歲」項下,則舉《宋史》中日後擒李後主有功的樞密曹彬「始生周歲,父母以百玩之具羅於席,觀其所取,彬左手提干戈,右手持俎豆,斯須取一印。它無所視,人皆異之」的掌故。以及明代《涌幢小品》中說

---

45 參見〔清〕林之旺輯,《養蒙金鑑》,輯於韓錫鐸編,《中華蒙學集成》(瀋陽:遼寧教育出版社,1993),頁1282-1376。《養蒙金鑑》於光緒元年刊行於世,由湖北布政使司官署刻印,扉頁有「光緒紀元春月刊於鄂垣藩署」字樣,《中華蒙學集成》所輯即此版本,未見其他版本。

46 〔清〕林之望輯,〈一歲〉,《養蒙金鑑》,輯於韓錫鐸編,《中華蒙學集成》,頁1284。

張戾「二歲從父官上黨，所過山川、道里、廛置，若城郭、廨宇、園亭，久而不忘」舊事[47]。

「三歲」之例，則有《北史》記北周人顏之儀（之推之弟）「幼穎悟，三歲能讀孝經」；《唐書》記權德輿「生三歲知變四聲」，許法慎「三歲已有知」、「母病，不飲乳，慘慘有憂色」[48]。《文獻通考》曰，真宗召試神童，北宋奇子蔡伯俙方三歲，被授校書郎春官伴讀，且蒙賜御製七言律詩之贊。甚至《元史》說，耶律楚材「生三歲而孤，母楊氏教之學」[49]。元代仇遠《稗史》中以：「東方朔三歲，秘讖一覽，暗誦於口」[50]。連明代《天中記》中提到「黃泳年三歲，書一過輒成誦」[51]。四、五歲後，神童苦讀成名的事蹟更是不勝枚舉[52]。

從《年華錄》到《人壽金鑑》，再由《人壽金鑑》到《養蒙金鑑》，一路演變轉化，頗可見盛清以後，太平繁華中人皆思進取，蒙養要求固得及早起步，希望進境神速早已成了眾民安老怡親，自勵勵人的寄託所倚。至於同時間的開明識理之士所寫的種種幼蒙指引及幼學教材，在在告誡父師萬勿躁進，不必強逼，啟蒙太早，不免欲速不達。但無論如何勉求都難擋父母師長速達之心，遍存僥倖。中國經史子集積蓄神童早慧故事於廟堂、戲曲間偏傳遐邇。父兄親師可早讀早課，自授面命奮力直追[53]；亦可如此所

47　〔清〕林之望輯，〈二歲〉，《養蒙金鑑》，頁1285。

48　〔清〕林之望輯，〈三歲〉，《養蒙金鑑》，頁1286。

49　〔清〕林之望輯，〈三歲〉，《養蒙金鑑》，頁1286-1287。

50　同上，頁1287。

51　同上。

52　見〔清〕林之望輯，卷上〈四歲〉至卷下〈二十歲〉，《養蒙金鑑》，輯於韓錫鐸編，《中華蒙學集成》，頁1288-1376。

53　Anne Behnke Kinney, "Dyed Silk: Han Notions of the Moral Development," in *Chinese Views of Childhood* (Honolulu: University of Hawai'i Press, 1995), pp. 17-56; Kenneth J. Dewoskin, "Famous Chinese Childhoods," in *Chinese Views of Childhood*, ed. Anne Behnke Kinney, pp. 57-78. 亦可見熊秉真，〈好的開始──中國近世士人子弟的幼年教育〉，頁201-238、及《童年憶往》，第三章「環境的堆砌與塑造」、及 *A Tender Voyage*, Section II Social Life, Chapter 4-6.

示,重新包裝舊說,以半新半舊、左右駁雜之勢充斥堂屋鄉里。然而幼慧
之祈望,或轉成幼教之經營,常見於傳說、自述中。氣急而敗壞的長輩、
呵斥至酷罰的塾師,全然無需渲染。因為一再編纂問世的神童事蹟、幼慧
故事裡,連襁褓中三歲幼兒事蹟,都擠上名榜。從此鼓動大家,不但不可
輸在起跑點上,更戒慎戰慄的是輸在中途與終點線上的故舊、姻親與門生
的身影(此書乃有百至千歲之神奇故事為例)。同一書冊三度改編,具體而
微地展現了清代幼教與童年文化,正隨時代的詭變而異化,同時也闡明幼
教書籍所反映的,不僅是當時社會長幼單一前進中的「人心所向」,更是
泛義多重、彼此拂違的兒童論述與童年文化在短期市場上之拉扯。

五、游移中的責與罰:幼教之踐履與幼學之挑戰

近世蒙學幼教議論的另一焦點,是有關責罰、體罰,如何方得寬嚴適
中的問題。對有效而適度的約束兒童行為,督促其學習求知之效率進度,
向有持結果論或目的論者,如程朱一脈及民間文化中的嚴教派(「子不教,
父之過,教不嚴,師之惰」)。主張為達預期結果,一切必施嚴格管制,不
惜(其實是重視)運用體罰,以收實效。另一派人性樂觀論者,對教育與育
兒傾採較自由、溫和、開放態度。理學中心性一派由陸而王,亦看重學習
領悟之過程與經驗,相信習者各憑觀察領悟,父師等從旁輔助者僅須以鼓
勵、關懷,誘其能,不必傷其天真愉悅。此種立場重在揄揚幼教與育兒。
看似中心自發而歡喜的活動,故亦反對採拘禁責罰等「教」與「學」中的
下下之策。清代幼教作者、塾學教師,對此問題一如先秦以來人性論者,
各執一論,向來看法不一,致意反覆。清初崔學古的《幼訓》,王筠的《教
童子法》等作,對責罰是否適切,再三考量,終難苟同[54]。強調民間鄉鎮、

---

54 參見熊秉真,〈近世中國兒童論述之浮現〉,《近世中國之傳統與蛻變:劉廣京院
士先生七十五歲祝壽論文集》(臺北:中央研究院近代史研究所,1998),頁139-170;
熊秉真,〈誰人之子:中國社會文化脈絡中的兒童定位問題〉,輯於漢學研究中心

家庭塾學，以打罵教育和「棒頭出孝子，嚴師出高徒」等口號，信口斥兒、隨手打人，乃至兒童常遭酷罰，絕非蒙學的可取之道。

（一）鄉塾正誤

　　長期未了的辯論，適逢近代啟蒙後之教化論述襲自日本和西方，使清季咸同年間又出現了一個微弱而清晰的聲音。薊州（河北薊縣）士紳李江（同治元年〔1862〕進士，九年即因病自兵部乞歸）於清同治八年（1869）寫成《鄉塾正誤》一書，表達了他對當時民間教育發展狀況的瞭解與建議[55]。

　　《鄉塾正誤》的第一部分，稱為〈幼學〉。逐條列出十數項作者指為當時塾學常見的陋習劣象，如「不敬蒙師」[56]、「年年更換先生」[57]、「不習禮儀」[58]、「立冬散館」[59]等。一一指摘，針砭時俗，就是書中標的所在的「正誤」。因拈出「偏於嚴偏於寬」的紀律之爭，說：

（續）——————————

　　　主編，《中國家庭及其倫理研討會論文集》（臺北：漢學研究中心，1999），頁259-294，本文原發表於「如何的幼教，怎樣的童年」中國社會史研討會（北戴河，1995），之後又經過修改，參見熊秉真，《童年憶往》，頁129-188。

55　李江，字觀瀾，薊州人，同治元年(1862)舉進士。同治九年(1870)，因病乞歸。在穿芳峪建屋數間，名龍泉園，務農著書（有《龍泉園集》），一向關心教育，同治八年(1869)寫成《鄉塾正誤》一書。此書問世後曾有單行本流傳，其弟子於光緒廿至廿二年間(1894-1896)匯集其著作，編成《龍泉園集》，與同鄉王晉之（為清咸豐五年〔1855〕舉人，卒於1888年）的《問青園集》一同刊刻出版，此一版本可參見韓錫鐸編，《中華蒙學集成》，頁1396-1405；其單行本則可見〔清〕李江，《鄉塾正誤》（臺北：中央研究院傅斯年圖書館藏，清光緒七年〔1881〕津河廣仁堂刊本）。上述兩種版本在章節安排上略有不同，在《中華蒙學集成》僅收錄〈幼學〉一篇，但於頁1400注釋①則標明該書分成〈幼學〉、〈諸儒論舉業〉、〈諸儒論幼學〉、〈舉業〉、〈性習圖說〉、〈窮理層級圖〉等六個部分，而在清光緒七年〔1881〕津河廣仁堂刊本中，書分上下二卷，包括卷上〈幼學〉、〈舉業〉，中間附〈性習圖〉、〈性習圖說〉、〈讀書義利圖〉、〈窮理層級圖〉（橫圖）〉、〈窮裡層級圖〉（豎圖）〉等圖、文，並重新編頁；以及卷下〈諸儒論幼學〉、〈諸儒論舉業〉等，特此說明。

56　〔清〕李江，《鄉塾正誤》，頁1。

57　〔清〕李江，〈幼學〉，《鄉塾正誤》，卷上，頁2。

58　同上。

59　同上，頁6。

過嚴則弟子身心拘迫，血脈不能疏暢，因而作疾者有之矣；過寬則放縱驕惰，難完功課。必外寬而內嚴，或外嚴而內寬，而又必視我與弟子之性情如何。……[60]不親愛、不力行、不學文，反復警戒。嗣後遇學徒行事有合於孝弟等項者，則指其合於書中某句，而對眾稱之。如有所犯，則指其不合於書中某句，而對眾責之。如此，則講一章書即受一章書之益，即知即行，始基於此[61]。

此段議論，先稱過嚴過寬均易生弊，認為寬嚴須內外均衡相濟，並視師生雙方性情而定。子弟不論有惡行或善舉，或反復警戒或公開稱讚，不應涉及體罰。此處《鄉塾正誤》對揄揚或糾舉子弟善惡、行為良窳的看法，若與〈幼學〉篇中「子弟魯鈍便不加意培養」[62]，「子弟入塾，能上進者所望僅在進學、中舉、會進士，不能上進者所望僅在識字」[63]、「讀書貪多」[64]、「每日不就所讀之書考察其言動」[65]、「字畫不講」[66]等部分互證，益可見李江對兒童一體重視，賢愚不肖同樣顧及，尤重鼓勵提攜，助其滋長。注重人性及童子性善趨向甚明，反對教學上急功近利之風亦切。尤有進者，書中〈諸儒論舉業〉、〈諸儒論幼學〉等篇，雖列舉宋代程朱諸儒對考試舉才及幼學教育之相關言論，然卷上〈性習圖說〉則標出人性本善主軸，以為無論成善成惡，均在後天形塑[67]。可見李江既重實際考察，又期革鄉塾

---

60 〔清〕李江，〈幼學〉，《鄉塾正誤》，卷上，頁7。
61 〔清〕李江，〈諸儒論幼學〉，《鄉塾正誤》，卷下，頁7。在《中華蒙學集成》所收版本之中，將前注引文與本注引文合併在同一段落之中，與清光緒七年〔1881〕津河廣仁堂刊本不同，而且在《中華蒙學集成》所收版本中的「我親愛不力行」與津河廣仁堂刊本的「『不』親愛不力行」，有一字之差，特此說明。
62 〔清〕李江，〈幼學〉，《鄉塾正誤》，頁1。
63 同上。
64 同上，頁3。
65 同上，頁4。
66 同上，頁5。
67 〔清〕李江，〈性習圖說〉，《鄉塾正誤》，卷上，頁1-2。又此「無論成善成惡，均在後天形塑」之幼教觀與乾隆時期大儒戴震之新義理思想契合，由此或可看出戴

風氣，遂以為程朱陸王之說，未必對立二執，實可並列參考。他號稱由實
際經驗出發，造成重視兒童之立場，主採溫和方式，逐漸建立一套新的幼
教幼學理念。明清以來，中國幼科醫學所衍伸的身體認識，身心相關等體
會（「過嚴則身心拘迫，血脈不能疏暢，因而作疾」），與陽明所說：「誘
之歌詩者，……亦所以洩其跳號呼嘯於詠歌，宣其幽抑結滯於音節也。導
之習禮者，……亦所以周旋揖讓而動蕩其血脈，拜起屈伸而固束其筋骸」[68]，
至此，類似主張之生理與哲思二重書寫，經時光沉澱，與日本歐西新說匯
流成一有力表述。適為清季舊習欲折，新序求生之際。一種生熟交替、新
鮮又不失親切的文化語彙與社會導體。作者為上段引文作結時，再申「即
知即行，始基於此」[69]，以承陽明心跡，昭然若揭。

　　幼蒙教育中寬嚴賞罰之爭，不分東西，古今早有。初不因留守傳統或
步向近代可全然廓清。然實證場域中，泛義混齡啟蒙，迨近世幼教市場大
開，幼學年齡下移，使得過去未必專以稚齡人口為對象的蒙學問題，益顯
棘手。不論是執行上的困擾（不少清代鄉間塾師說到教授幼童之不易，承認
就算嚴罰酷刑也未必發揮得了當下清楚的效應），或是價值鬆動後的於心難
忍，都催逼著父兄塾師不能不重新檢視慣性看法、作為之因循。此一內部
因蒙學人口與設置之結構性轉型所蘊發的自我質疑，到19世紀中，適逢間
接傳自沿海及日本的粗略啟蒙洋風。不論是身心茁育、腦不可傷等近代早
期身體生理論述的提醒，或者是愛幼護苗盧梭式開明派之微風，正以逐波
蕩漾般氣勢，薰向中土。有清一代始終未艾的陽明學餘韻，至此無論語彙
概念上遂得裡應外合效應。重新包裝下，此類外洋論說者引介出一個舊瓶
新裝的社會支點。彼為我用、挪乾為坤、聲東以援西的事故，中外古今漫
漫史頁中層出不窮，幼蒙之舉並非頭遭。不過如此再檢視所有對「近代化」、

（續）────────────────

　　東原之樸學在有清一代之傳播與影響。有關戴震學說對幼蒙的影響，請參閱熊秉真，
　　《童年憶往》，頁191-232；Ping-chen Hsiung, *A Tender Voyage*, xiii-xvi, 1-5, 19-28.
68　〔明〕王陽明，〈訓蒙大意示教讀劉伯頌等〉，《陽明傳習錄》，頁57。
69　〔清〕李江，〈諸儒論幼學〉，《鄉塾正誤》，卷下，頁7。

「現代性」議論，進步或革新即未必如倡議者所繪影繪聲、固執清明。蒙學方法之「過去」因幼教終程與新價值觀之丕變，自須另呈蹊徑。於此，長久以來，不庸言喻的嚴罰誨教也可能由亙古至理頓而幻化為可憂可疑的地方陋習。

(二)蒙師箴言

重視受教兒童感受，強調誘導，主張寬嚴並濟以提攜幼兒的論述，到晚清倡導新學之時，內外勢力合流，卒以新貌現形。此傳統與近代接軌，例證俯拾可見，未必須以斷裂性進步論或革命說，作歷史單線前進解說。

光緒年間，浙江吳興士人方瀏生（約1878年生），曾習法律，任小學教師，並關心教育改良。受20世紀初新式教育啟發（如1902年出版的《初等國文教授法》），對教學原理、素材、方法上漸生一番主張。初以系列文章連載於與友人合辦地方《通俗報》上。放言雜抒幼學理念，民初整理出版，成為《蒙師箴言》[70]。

第二章〈教授略法〉第一節綱目就針對傳統塾學，疾言「勿背誦、勿扑責」[71]。因扑責會「傷腦筋、害廉恥」[72]：

何以云傷腦筋也？蓋腦為靈性所在，無腦，則無知覺；無腦，則

---

70 方瀏生另著有《文字教授改良論》。此篇《蒙師箴言》，除緒言外，有兩大部分，前一部分〈教授略法〉論幼教原理、教材、教法，及具體實施方案。包括年級組織、課程安排、課時計劃、教授方法，及平日考核、考試、記分、獎懲等。且重視書法、珠算（〔清〕王晉之，《問青園課程》中亦及，且提議並習古樂音律，「調習牛馬」，「宜於農務」，以近「武備之道」）、造句、寫信等實務訓練。他排除眾議，主張學生閱讀演義小說，且應增設遊戲、體操、圖畫、手工、唱歌等活動。《蒙師箴言》的後半部分且在強調教育救國的理想，雖仍一再提倡「訓蒙志，樂事也，非苦事也」，且特別要蒙師用「合群」的方法，互相濟助以解決經費、時間、精力之不足。《蒙師箴言》連載於《通俗報》外，另有民初商務印書館鉛印本。參見〔清〕方瀏生，《蒙師箴言》，輯於韓錫鐸編，《中華蒙學集成》，頁1717-1719。

71 〔清〕方瀏生，《蒙師箴言》，輯於韓錫鐸編，《中華蒙學集成》，頁1721。

72 同上，頁1725。

> 無智慧。……是知腦也者，宜保護而不可或傷者也。然腦之為物，
> 柔嫩無比，最易受傷。外雖有頭殼包之，仍不宜磕碰。嘗有頭殼
> 受傷，猝然昏暈，醒後若無其事。及越數日，忽失去一種性靈；
> 或本來靈巧，受傷後變為木偶；或本來善記，受傷後竟無記性，
> 皆腦筋受傷不能復原之故。此非特西醫千試百驗之說，我國名人
> 亦嘗論及者也[73]。

腦既為一切性靈所在，外傷就可能使人失去靈巧記性，彼謂此乃西醫千試百驗結果，顯示作者以當時西學薰陶欲倡新說：

> 童子之腦，柔嫩更甚，若一擊碰，即受損傷。而世之蒙師，全然
> 不顧，往往以夏楚撻人頭殼。童子其危哉，童子其危哉[74]！

以腦部受傷為告誡塾師扑打之基礎，當時確屬新論。舊時清代傳記曾載如章學誠幼時所遇塾師，每日扑人，生生遭打，且重擊傷頭，皮破血流，倒地昏迷，癒後頭部隆起[75]。可見作者方氏「童子其危」之言未必誑語。然就實踐面考慮，他亦知要勸得塾師改弦更張，並不容易。轉而婉言相勸：

> 「諸君向日，特出於不知耳」，以不知不罪，「從茲以往，但願諸君
> 之勿憚改而已。」[76]

扑責之害，除了生理上會「傷腦筋」，心理精神上還會導致「害廉恥」：

73　〔清〕方瀏生，《蒙師箴言》，頁1726。
74　同上。
75　胡適，《章實齋先生年譜》（臺北：商務印書館，1980），頁5。
76　〔清〕方瀏生，《蒙師箴言》，頁1726。

> 何以云害廉恥也？……人之所以奮發，賴乎有恥；人之所以成就，
> 賴乎有恥。扑責者，最足傷童子之廉恥者也。……誠能訓導有方，
> 豈在扑責？……蓋人之知識、人之德性，循序而進。……而世之
> 蒙師，怠於訓誘、濫用夏楚，一若師之責任可以一打盡之者[77]！

痛批為師之責盡在體罰，又稱「星期餘閑，游覽各鄉塾。見有三人一群、
四人一黨，捉盲者、擺播者、相罵者、打架者，擾擾紛紛，頗不寂寞。」[78]
學堂秩序顯然也有問題。還說「又歷一塾，初近門，即聞拍案聲、呼叱聲、
扑責聲、飲泣聲；入其室，則背書也。先生危坐，凶若惡神；學生植立，
呆若木雞。學生愈背不出，先生愈打；先生愈打，學生愈背不出。」[79] 於是
在「書背不出，則打；自己失察，學生偶有小過，則打」[80] 的情形下，使學
生在校「如登法堂、如遊地獄」[81]，教與學都陷入末路窮途，因為：

> 當其打時，或謊言欺飾，或忍痛受苦。一旦放學或先生他出，則
> 如野馬之無繮、狡猴之斷鏈，無惡不作以為快。而先生乃憤然曰：
> 「頑劣！頑劣！」嗚呼！豈學生之生而頑劣哉？有迫之使然者也[82]。

除了痛斥打罵教育之錯誤與無效外，作者仍希循著甫聞之兒童心理學新徑，
看是否能建立起某種迥別於前的新式教學倫理，乃至新的教與學的方法。故
其欲張體罰的負面效應與破壞性後果，也在為此新式幼教蒙學之道德理
論、社會心理與制度理性上尋一新支點：

77　〔清〕方瀏生，《蒙師箴言》，頁1726。
78　同上，頁1719-1720。
79　同上，頁1720。
80　同上，頁1726。
81　同上，頁1720。
82　同上，頁1726。

> 屢屢用之，則學生反以被打為常，不以受罰為恥。凡迎合先生、誘
> 過同學以及規避、設詐……種種無恥之事，無怪其無所不為矣[83]！

此處重點在指出，教師常施體罰很可能會使被罰的學童習以為常，而一旦
學生以被打為常規，毫無恥感，即可能導出百般巧詐，終致無所不為。為
教與學的良性互動設想者遂不能不感歎：「嗚呼！童子而無恥，欲其奮發
也，難矣！童子時而無恥，望其將來之成就也，更難之難矣！」[84] 換言之，
仗體罰為蒙學教育之措置，將使之與所欲灌輸之教材內容、教學目的、以
及幼教的建設性效應，相抵相消。

　　《蒙師箴言》提出「稱讚法」、「詰問法」、「功過法」、「離群法」、
「直立法」、「拘留法」，取代扑責，用以面對「學生有貪玩不肯讀書，
頑梗不聽教訓者」之情[85]。其設想諸法，莫不以兒童之性情喜惡、習慣傾向
為旨歸（「小兒喜戴高帽子」、「人無不喜群而惡獨，童子尤甚」等等）[86]。
明言許多靈感，源於已有之文化習俗（稱讚法「又名褒貶法」）[87] 或地方上已
有的規距（直立法「吾潯曰立壁角」[88]，拘留法「吾潯曰關夜學」）[89]，如今
不過考慮斟酌，修改整理，融為新義。

　　強調幼教勿用扑責的說法，與作者倡言「勿背誦」（「窒性靈」，「廢
時刻」）[90]，代之以抄課、勤講、問答等法[91]，以及奉勸「勿讀經書」（四書
五經「冗長」、「牽強」、「艱深」）[92]，增加遊戲、體操課程等，宗旨一

83　〔清〕方瀠生，《蒙師箴言》，頁1726。
84　同上。
85　同上，頁1726-1728。
86　同上，頁1726，1727。
87　同上，頁1727。
88　同上。
89　同上。
90　同上，頁1721-1723。
91　同上，頁1723-1725。
92　同上，頁1728-1731。

致。始終寄望教與學均為樂事，企求教育活動之本質奠基於幼童師長無可剝奪之中心愉悅。初閱者見此議論，固可逕稱引自外洋，但熟知陽明人性論與近世蒙學演繹、及明清幼教傳承者，再考其遣詞淵源用意曲折，尋繹其微言大旨，不能不考慮到19世紀內外雙股歷史流變，於是世紀之變匯現中土的另一番來龍與去脈。

六、再看清代童年文化與幼兒世界之喧嘩與移轉

(一)境遷、時移與波折紛湧

上舉數端，流覽概略，可示一般人心目中的文化傳統，以有清一代為例，至少在幼教發展和兒童文化上，未必呈現一個僵化不動，停滯不移之局。清初兩種風貌不同之文獻《父師善誘法》與《傳家寶》，新舊交織均倡教學在善誘之議。盛清時期，由《年華錄》至《人壽金鑑》至《養蒙金鑑》，顯示對早慧早熟的習慣信仰始終未艾。由異稟神童而得榜樣，不論看之為年華、人壽，或舉之為養蒙之鑑，舊酒如故，新瓶亦不新，幼學所仗的，是不可期的天寵。至晚清，《鄉塾正誤》與《蒙師箴言》兩書，可見鄉曲間對責罰的斟酌及爭議。來自三個時期的三組幼蒙文獻，展現了清代幼教論述和童年文化的多重變奏。其他有關蒙養幼學的觀念商榷、教學方法的商議，以及一般兒童生活與教化規矩的材料，所遺尚多，猶待細析。本文所舉三個段落所示三套議題，不過勾劃出清代幼蒙天地與幼齡文化，變與不變之部分輪廓，如對文化史所作大筆寫意，或對社會神態理得之側面景象，自難盡曲折之細緻。

三議題牽出的疑問非拘文獻所屬時代。善誘導、莫匆促、戒體罰的呼聲，之所以上承明代之前，延伸近代以後，有其更深之故由。也就是說近代中國師長中，之所以有認為過去幼兒教養觀必須汰換，與近世數百年來各城鄉中層人士質疑傳統的適用性，很有關係。倡善誘者，由明而清初，經盛清而晚清，少人不曉，各人的領會主張，氣質重點雖紛陳自異，但對

早慧早學，急趕進度的心態，盛清以前，早有非議。清初而清末，勸誡家長教師欲速則不達，蒙幼「莫匆匆」者，與一心崇仰神童，趕鴨上架之間的拉扯紛爭，至今未歇。管理責罰如何適當，更是宋元明清，或者說此前彼後，歷萬古而常新的疑惑。三組大議題拱托下，清季再見陽明心性說對開放式幼教的啟迪與鼓舞，近世中國幼學與童年文化之演變過程與形成大貌自難全歸於西力之衝擊，或引進西說後單線之歷史進步。

　　因幼學與童年之議題，實證現象、理論預設、與歷史發展三者環環相扣，於認知學習與兒童發展上相互生產，十分明顯。迨清季而近代，啟蒙西化挾歐美勢洶頓成近代化動力，啟迪民智、立國立民者，隨勢援引，亦稱確據鑿鑿。然一旦倒轉時光，則質疑驅童入學，為教與學發展上的死胡同[93]，甚至對全球近代歷史之走向，興出不善不可等等悖逆思緒，此另股歷史洪流，同樣可興起沛然不可禦之勢。弔詭的是，對於兒童或者蒙學，何者為文明之開發，而非專斷之戕喪，何者為殘酷之催折，而非必要之培育，古往今來，或東或西，專家或俗子，始終未得一個足資永式的憑仗。近代之演變並非一去不返之進化，不論在清季的中國，或稍前乃至同時的西方各地，也就不能不落入史無定軌之低迴。眼前無盡而不安的抉擇中，或進取，或保守，甚至執意「迷信」，過去、面前、與邏輯或歷史延伸出的未來，新舊並存而不斷反置。前跡斑駁，後道不一，歷史上的清代幼教與童年，不是新舊二義，前進或守後足以定奪。正因如此，當時因幼蒙與幼童所興之論，良知良能說所加入的拉鋸，在知識或生活領域，都投下一把引人注目的碎石，在近世文化社會史與兒童心理發展論上激起陣陣漣漪。

(二)重想「現代性」議題之提出

93　參見Philippe Ariés, *Centuries of Childhood: A Social History of Family Life*書中引言及第二部分Scholastic Life中第三章 "The Origins of the School Class"、第四章 "The Pupil's Age"、第五章 "The Progress of Discipline"及結論 "Conclusion: School and the Duration of Childhood" 等章節中對童年與近代教育之質疑。

　　上文重檢清代幼教論說與當時童年文化，所透露的既不如以近代化動力自居的後來興革者(如辛亥革命、五四運動、中國共產黨)所自詡，有優美而堅定不移的千古傳統，也不像外來抨擊者(如宣教士、西方列強或西方衝擊說者)的主觀定見，直指原有之傳承核心，僵化而少變，過時且與既有權力體系相結，難有反省自變之蟄動。反而是以層層素材間之矛盾交雜，折而質詰種種現代學院知識之眼光凝視，反生各樣對近代學術論述意覺後的一連串疑問、矛盾、不安。若依社會改革與現代性論述學者之說，傳統社會及其價值，反覆承衍代代依從，則成長受教其中的塾師父兄、子弟蒙童，遂無自我省視、贊同掙脫樊籬之可能？如此預設之下的幼學或童年歷史容或僅有單一而固定的承襲而無行進之途？

　　也就是說時光之淬煉，不論在史學所究之史實、史事層次，以及激發引導此歷史研究，與協助建構歷史解釋(過去稱為史識)與文化論述，另有其自省與變化之來源，此學理反思對歷史研究如幼學、童年解釋之影響，不能不理。如近世蒙學與兒童生活之演變，到了清代，村野鄉塾一般的日常經驗，從教子弟為務的父兄，到終生課塾的中下層教師，他們所遇所見，經常面對的情境，導其心思所向、疑問所在，正醞發著波波異於高頭講章企劃出的歷史動力。這一層社會文化背後的動力，催促他們即便本願照舊崇奉程朱式的小學、大學之道。卻身不由己地不能不心儀嚮往陽明知行學說的抒解與鬆動。在此層次下，微觀經驗層次的需求，帶動也醞釀了操作者的自然興革，與自動選擇其之所以棄程朱而重陽明，有實證和執行面的理由，未必皆因形上或哲理上的考量。也就是說，近世南北鄉里村塾個別學童與塾師實際經驗的導引，適逢明代心性之學對人性、天理鼓舞的「舒活」、「開放」式訓蒙與啟智契機，到清代幼教蓬勃普及、幼學人口大量增長後，彼此匯合而築構、摸索出一束束自以為幼教幼學上的曙光，類似經驗與理念的不斷交融互動，才是使中國近世幼學的議論和童年經驗之型塑，視似上承宋明，下啟近代，實則在持續重構每一階段各自與環境相銜的幼蒙教育與文化心理生態。

　　再思這個望似不覺中迎向清季近代啟迪人性、教化眾生的文化生態，其所捐棄之成見，其所擲諸腦後的傳統，在當代學術論述高張近代啟蒙理性，與革新革命的價值觀引領之下，左右後代學術詮釋之焦點的，並不是清代庭訓塾學中教、學不已的大小成員，而是其周圍高唱新穎幼教與人生理論之人，尤其是其中若干聲息之所向適得呼應下一波歷史論述下新民建國實踐之道者。

　　最後一層的問題是，近代之歷史或歷史發展之現代屬性，於20世紀與21世紀初之交，又復醞生出不少異於往昔(形塑前二階段學術思維的19世紀末20世紀初以及20世紀下半葉)之立場。此等日新又新的知識論述，對於人生各階段之發展、教育制度之界定方針與童年經驗與幼學啟迪的立基所在，意見紛披，與上數階段之認識主張歧異均深。過去以為由西而東，由地方而全球的幼教啟蒙發展，今知並非單因西力東漸的結果。至此，歷史之延長發展與延伸性反省，遂使歷史軌跡與歷史意義雙層時空均生倒置作用。後世對歷史之挖掘愈認真，對史料史事之掌握愈細緻，對歷史視角考量愈多，對歷史之發展軌跡，詮釋之學愈不能不持開放之想像。近代的歷史，至少在幼教和童年的交織點上，在史事與史識兩層次的發展上即呈現此一反覆爭議、前後相互顛覆而交叉演變的過程。

七、童年與幼教史之素材、方法與學理論述之遷移

　　跨越世紀之交，重拾舊問題，對清代幼教的轉折與童年論述文化的新瞰，不僅對所謂的「傳統」與「前近代性」(pre-modernity)之風貌與相互關聯得一非線性(non-linear)認識，對所涉數百年家庭、社群因環境、制度而顯現之自變與因變，亦由微觀研究之抽絲剝繭，而另得多重瞭解。由之史學之外，其他究心幼教與童年研究者，亦獲若干有別於先前預設之概念與驗證。清代中國的童年文化與幼教發展，一如許多其他近代之前的社會，原有繁複多面與矛盾兼存之特徵，此童年與幼教世界，既為駁雜的制度、

互斥的概念所環繞，史學掌握之結果自須於方法論和概念上，重建一多面寬闊而難以制約化的人文生態，及其靜動互見之演變機制。

19、20世紀所謂近代化之初啟，一度於全球論述與學科專業上使兒童、童年、幼教變成專精特殊，又科學制式之領域與議題。晚近重思此事始覺其利弊互見，遂期重啟反省調整。因之，此際，回頭檢視清代幼教演變之跡，對當今幼教與兒童研究仍以西方(歐美)為主流之知識論述與文化環境，可收一番切磋與提醒之功。蓋過去一世紀間，歐美自由主義、個人主義、資本主義、和實證精神主導下的幼教與兒童文化主流，可取之處固然不少，然其偏執與褊狹實為同一事之另面，亦十分鮮明。時下欲矯其武斷與自我中心之失，正仰賴對前此19世紀之前發展的另立視野，重構意義。

幼蒙與童年理論，由近代之前經過近代之振奮、翻騰，走向近代之後重新的徘徊與斟酌。不但為知識、生活與現代性三者間不斷游移、糾葛，時竟周而復始的過程，端出一組鮮活的事例。對史學方法，學科理論與歷史事實之間的相互憑仗，彼此對質，也提供了一個尖銳而凸出的示範。近代史學，既為近代知識生產與文化論述之一環。此專業成品與知性工具，於舉世邁向近代之初(歐西的啟蒙以後，中國的晚清民國)，因社會人心多方面需要，價值概念重釐時，嘗提出一波波關注教育(尤其是普及幼齡的國民義務教育)，護愛兒童為近代式倫常，與進步式設計。在這套設計與主張的提倡之下，近代的史學也未嘗不懷其仁心智術，挖掘東西各社群在此前世紀所處蒙昧、智愚賢不肖之參差，理成一番階段有致、大勢配合的「傳統」圖像，以投入一同打造新天地之近代知識工程。問題是，經過百多年來全球社經、政治、文化發展的歷史大躍進後，兒童發展心理學新益求新，幼教理論均不約而同地對全球競逐者頓興驀然回首、昨是今非式之理解與醒悟。不論在理論或實踐上，都有俯首承認過失的態勢。指出近代制式教育、課堂蒙學對幼兒之拘泥，對教師之束縛，對人性之伐害，社會資源之浪費，對群體未來之局限，負面影響似乎日益明顯。流風所及，社會文化史工作者，亦有從史料細節中發現，意及當下社會理念之變，正可重覓歷

史素材，更新研究方法，重思詮釋座標，一則用以應付這一新階段史學與史識之再調整，二者亦與變動中的外在環境，重新尋找近代之後文化與學術之立足點。

　　值今再檢視與近代接軌之際，及與以前的近世蒙學與童年天地，遂有另一番史實呈現、史跡羅列與學理詮釋之可能。以見早在歐西啟蒙理念與制式教育輸入，近代化之人生規劃與民族國家論述蔚然成風之前，清代之中國，一如西半球少數歐西社會之外的社群，曾在另一套（或數套）歷史意義之軌道上滾動。這個近世中國幼教實作與童年論述的軌道上，因有程朱陸王之爭，衍生幼學勿匆、勿揠勿助，謹責慎罰等提醒。同時又因知性制度變化（科舉普及），人力市場之成長（工商士農均需其子弟識字，又有大量科場失意待業者投入塾業），生徒日益增加，塾師源源不絕與大量增長心焦意切的家長合流。這些現象發展與歐西有相類亦有相遠，上世紀之交，短時間內一度為全球近代化與現代性之大勢所吞噬淹沒，合流為一。值今世紀又變，西方自省復甦，中文學界或近世史學者卻愕見其原本涵藏的若干另類傳承，如陽明學對人性、自然、與人生發展的另番執著，及道家佛釋對蒙學幼教與兒童、童年所暗示的玄機。若擷取其中若干概念預設為新基，未嘗不可延伸發揮，以掙脫近世西半球歷史思維之常態（或魔障）。

第十二章

結　語

　　個別的生命，如何啟端，怎麼方成可能，這類疑問，在過去文史哲領域，不論以經世濟民為志，或懷天地哲理胸懷，都是未遑聞問的。因之，傳統幼醫與幼蒙的努力，即便另有洞天，在近代人文學術裡少有立足之地。

　　晚近二、三十年來，或西或東，多少有了一些鑽研，或者因知識民主化之風雲際會，有男不能無女，有長應亦有幼，尊卑稚弱，遂得一席之地。其於人文研究學理、概念、材料、方法上自然也有了一些啟動、拓展。

　　不過，如今回頭，在基本突破點上，起初所檢視的，其實聚焦於在個人的層次而言，生命如何開始，年齡（age）與生命週期（phases of life）如何在結構上組成了個別生命之步步展開，逐漸前進。

　　經過這一段基礎研究，現今的嬰幼兒史、童年史，不能不由個人而群體，由單一生命推而思及其家庭基礎、社群環境。推而度之，知道嬰幼兒的歷史是搭建在家庭代代相傳的緜延之道上面。這不論對中國或世界，都是一樣。幼醫與幼蒙之發展，或早或晚，可西可東，其為軀體（physical）存活與文化繁衍之職志則一般無二。此為本書發行動機之一。

　　動機之二，則因披沙揀金後不免躬身自省，知道幼醫也罷，幼蒙亦然，最終所發現的，應不止於竊竊私喜於其成就，以中國之記錄沾沾傲世。其實所謂文明之成績，不但代價高昂，後果堪憂堪疑。幼醫濟世活人，幼蒙啟迪民智，其積極所致，難免有過猶不及的時候。醫者下重劑，蒙師父兄催逼孩童，愛之害之，古已有之，於今尤烈。家庭家族求繁衍，以目的肯定手段，一切不顧，文化生態一如自然環境，疲困早見，雖則眾人一志，不願回頭。竭盡人群之社會、自然資源而不悔，剝削個人、環境之儲蓄而不返。這在大家走過近現代之旅程，到了21世紀初，能不憬然？

　　這些角度的考慮，沒有拉長時段、放寬視角的觀察不行，沒有社群與社群、地域與地域間，在多學科相對端詳，是看不見的。

　　這類因知識的初步收成而觸發的更強烈的疑惑，更深的探索，沒有其他視覺、圖像、文物、遺跡之助，單憑過去所執著的文獻考掘，也是辦不到的。是為動機之三、四。

因諸，期之與翻閱者共議、同行。

Tracks

　　勞工家戶中的健康狀況，無論老幼、城鄉，直接準確之資料不多。牽拖船工清末日常工作時，依稀可見兒童身影，可算是直接捕捉的間接訊息。
Archibald Little, *Intimate China: the Chinese as I have seen them* (London: Hutchinson & Co., 1899), p. 76.

參考文獻

中文

（一）醫書與古籍

〔漢〕司馬遷，〈扁鵲倉公列傳〉，《史記》（臺北：鼎文書局，1980）。

〔漢〕張仲景，《金匱要略》。※《景印文淵閣四庫全書》（臺北：臺灣商務印書館，1983）收《金匱要略論註》，〔漢〕張機撰，〔清〕徐彬註，24卷，在子部40冊（734冊，頁1-200）。提要云：「機字仲景，南陽人，嘗舉孝廉，建安中官至長沙太守。是書亦名《金匱玉函經》，乃〔晉〕高平王叔和所編次。陳振孫《解題》曰：此書乃王洙於館閣中得之，曰《金匱玉函要略》，上卷論傷寒，中論雜病，下載其方，併療婦人。乃錄而傳之。」

〔漢〕張仲景，《傷寒論》。※《景印文淵閣四庫全書》（臺北：臺灣商務印書館，1983）收《傷寒論注釋》，〔漢〕張機撰，〔晉〕王叔和編，〔金〕成無己注，10卷，附成無己著傷寒明理論（3卷）及傷寒論方（1卷）。在子部40冊（734冊，頁201-335；336-347；347-363）。

〔晉〕葛洪，《肘後方》。※《景印文淵閣四庫全書》（臺北：臺灣商務印書館，1983）收《肘後備急方》，〔晉〕葛洪撰，〔梁〕陶弘景、〔金〕楊用道補，8卷，在子部40冊（734冊，頁365-540）。提要云：「《肘後備急方》八卷，〔晉〕葛洪原撰，初名《肘後卒救方》。〔梁〕陶弘景補其闕漏得一百一首，為《肘後百一方》；〔金〕楊用道又取唐慎微《證類本草》諸方附于肘後隨證之下，為《附廣肘後方》。洎元世祖至元間，有烏某者得其本于平鄉郭氏，始刻而傳之。段成巳為之序，稱葛陶二君共成此編而不及楊用道。此本為明嘉靖中襄陽知府呂顒所刻，始並葛陶楊三序于卷首。」

〔隋〕巢元方，《諸病源候論》（南京中醫學院校釋本，人民衛生出版社，1985）。
　　※另一本：《景印文淵閣四庫全書》（臺北：臺灣商務印書館，1983）收《巢
　　氏諸病源候總論》，〔隋〕巢元方等奉敕撰，50卷，在子部40冊（734冊，
　　頁549-908）。提要云：「隋大業中太醫博士巢元方等奉詔撰。」※又一本：
　　《諸病源候論》（臺北：文光圖書公司，1981年影印），凡50卷，卷首書「重
　　刊巢氏諸病源候論」，書首有〈重刊巢氏諸病源候總論序〉，末署松江蒲
　　溪李林竹馥啟賢氏重校。

〔唐〕王燾，《外臺秘要方》（臺北：新文豐出版社，1987年影印明崇禎庚辰新安
　　程氏經餘居刻本）。※另一本：《景印文淵閣四庫全書》（臺北：臺灣商務
　　印書館，1983）收《外臺秘要方》，〔唐〕王燾撰，〔宋〕林億、孫兆等
　　校正，40卷，在子部42冊（736冊，頁1-750）及43冊（737冊，頁1-648）。提
　　要云：「凡一千一百單四門，以巢氏病源諸家論辨各冠其篇首，一家之學
　　不為不詳。」

〔唐〕孫思邈，《千金要方》。※《景印文淵閣四庫全書》（臺北：臺灣商務印書
　　館，1983）收《備急千金要方》，〔唐〕孫思邈撰，〔宋〕高保衡、林億
　　等校正，93卷，在子部41冊（735冊，頁1-944）。卷1為醫學諸論，卷2-7為
　　婦人方，卷8-14為少小嬰孺方，卷15-21為七竅病方，卷22-24為風毒腳氣
　　方，卷25-28為諸風方，卷29-35為傷寒方，卷36-37為肝臟方，卷38-39為
　　膽腑方，卷40-42為心臟方，卷43-45為小腸腑方，卷46-51為脾臟方，卷52-53
　　為胃腑方，卷54-56為肺臟方，卷57-58為大腸腑方，卷59-60為腎臟方，卷
　　61-62為膀胱腑方，卷63-64為消渴方，卷65-68為丁腫方，卷69-71為痔漏
　　方，卷72-74為解毒雜治方，卷75-78為備急方，卷79-80為食治，卷81-83
　　為養性，卷84-86為平脈，卷87-93為針灸。※又一本：《千金方》，引見
　　《古今圖書集成》卷422《醫部彙考402‧小兒初生養護門》等處。

〔唐〕孫思邈，《少小嬰孺方》2卷（臺北故宮博物院藏善本）。※另一本（臺北故宮
　　據日本文政庚寅十三年偷閑書屋刊本影印微捲）。※又一本：在《景印文
　　淵閣四庫全書》所收《備急千金要方》卷8-14，子部41冊，頁134-138。包

括卷8〈序例第一〉（方），卷9〈初生出腹第二〉（論），卷10〈驚癇第三〉（論、候癇法、方、灸法），卷11〈客忤第四〉（論、方、灸法、呪法），〈傷寒第五〉（論、方、灸法），卷12〈欬嗽第六〉（方），〈癖結脹滿第七〉（方、灸法，霍亂附），卷13〈癰疽瘰癧第八〉（論、方、灸法），卷14〈小兒雜病第九〉（方、灸法）。

〔宋〕不著撰人，《小兒衛生總微論方》20卷，收入《景印文淵閣四庫全書》（臺北：臺灣商務印書館，1983)子部47冊(741冊，頁49-374)。提要云：「凡論一百條，自初生以至成童無不悉備。論後各附以方。前有嘉定丙午和安大夫特差判太醫局何大任序，稱家藏是書六十餘載，不知作者為誰。博加搜訪，亦未嘗聞此書之流播。因鋟於行在太醫院，以廣其傳。……此本為明弘治己酉濟南朱臣刻於寧國府者，改名《保幼大全》，今據嘉定本原序復題本名。」

〔宋〕不著撰人，《顱顖經》2卷，收入《景印文淵閣四庫全書》（臺北：臺灣商務印書館，1983)子部44冊(738冊，頁1-14)。提要云：「據《永樂大典》所載，襃〔裒〕而輯之，依宋志舊目，釐為二卷。」

〔宋〕宋徽宗御製，《聖濟經》。※《實用中醫典籍寶庫》（北京：線裝書局，2003)第7冊收《宋徽宗聖濟經》10卷，宋徽宗御製。排印本共155頁。書首註明「此據十萬卷樓叢書本排印」。卷一體真篇，卷二化原篇，卷三慈幼篇，卷四遠道篇，卷五五紀篇，卷六食頤篇，卷七守機篇，卷八衛生篇，卷九藥理篇，卷十審劑篇。

〔宋〕郭雍（字子和，號白雲先生，賜號沖晦處士），《傷寒補亡論》20卷，收入《歷代中醫珍本集成》（上海：上海三聯書店，1990)第4冊。影印1925年蘇州錫承醫社重刊本。其中第16卷元代已佚，僅存19卷。

〔宋〕張杲（字季明），《醫說》10卷（臺北故宮據日本傳鈔明嘉靖甲辰顧定芳刊本影印微捲）。※另一本：《景印文淵閣四庫全書》（臺北：臺灣商務印書館，1983) 收《醫說》10卷，〔宋〕張杲撰，在子部48冊(742冊，1-227)。提要云：「是編凡分四十七門，前七門總敘古來名醫醫書，及針灸診視之類。

次分雜症二十八門，次雜論六門，次婦人小兒二門，次瘡及五絕痹疝三門，而以醫功報應終焉。……取材既富，奇疾險證，頗足以資觸發。又古之專門禁方，亦往往在矣。」婦人在卷9末，小兒在卷10。※又一本：中醫古籍出版社有簡體字重排本（2012），全五冊。

〔宋〕陸游（字務觀，號放翁），《劍南詩稿》85卷。收入《景印摛藻堂四庫全書薈要》（臺北：世界書局，1986）集部・別集類，389-390冊。

〔宋〕陳文中（字文秀），《小兒痘疹方論》（1214）。※見〔明〕薛己《薛氏醫案》（卷77）所收，不分卷。《景印文淵閣四庫全書》子部70冊（764冊，頁623-654）。

〔宋〕陳自明（字良甫），《婦人大全良方》24卷。收入《景印文淵閣四庫全書》（臺北：臺灣商務印書館，1983）子部48冊（742冊，頁435-800）。另一本：薛己《薛氏醫案》（卷26-48）所收，見《景印文淵閣四庫全書》子部69冊（763冊，頁600-986）。

〔宋〕陳言（字無擇，號鶴溪道人），《三因極一病證方論》18卷。收入《景印文淵閣四庫全書》（臺北：臺灣商務印書館，1983），子部49冊（743冊，頁149-432）。

〔宋〕董汲（字及之），《小兒斑疹備急方論》1卷（臺北故宮善本書室藏。新文豐出版社，1987）。據日本影宋鈔本影印。原書有朱校。新編頁碼577-608（與《嬰童百問》合刊）。卷後有錢乙後序，題「元祐癸酉拾月丙申日」。※另一本：見《中華醫書集成》（北京：中醫古籍出版社，1999），第16冊，附錢乙，《小兒藥證直訣》後，重排本5頁。

〔宋〕楊士瀛（字登父，號仁齋），《新刊仁齋直指小兒方論》（臺北：故宮博物院據宋末建安刊本影印，微捲）。※另一本：《景印文淵閣四庫全書》（臺北：臺灣商務印書館，1983）收有《仁齋直指》26卷附《仁齋傷寒類書》7卷，子部50冊（744冊，頁1-664），〔宋〕楊士瀛撰，〔明〕朱崇正附遺。※又一本：林慧光主編，《楊士瀛醫學全書》（北京：中國中醫藥出版社，2006），《仁齋直指方論》26卷（頁1-347）、《仁齋小兒方論》5卷（頁351-436）。

〔宋〕鄭端友著,《全嬰方論》,引見《古今圖書集成‧醫部‧初生諸疾門》,卷427,頁29等處。按:《全嬰方論》即《保嬰全方》,亦名《全嬰方》。《宋史‧藝文志》未載本書,《明史‧經籍志》則有「《全嬰方》四冊」之記載。元、明兩代許多醫學著作,如曾世榮《活幼心書》、劉宗厚《玉機微義》、王鑾《幼科類萃》、方廣《丹溪心法附餘》、《小兒藥證直訣》薛己註、李時珍《本草綱目》、王肯堂《幼科準繩》等,皆引用《全嬰方》之內容。日本學者則報導,在日本發現《全嬰方論》的宋刻殘本,凡23卷,每半版11行,行20字。約略高六寸,輻四寸一、二分。

〔宋〕劉昉(字方明)編,《幼幼新書》40卷(1150)。※《續修四庫全書》(上海:上海古籍出版社,2002)子部收《幼幼新書》40卷,附「拾遺方」1卷,〔宋〕劉昉等編(1008冊,頁399-707;1008冊,頁1-400)。據上海圖書館藏明萬曆十四年陳履端刻本影印。書前除收李庚的〈重刻幼幼新書古序〉(紹興二十年)之外,尚有王世貞、劉鳳〈重刻幼幼新書序〉及張應文〈校刊幼幼新書序〉、陳履端〈重刻幼幼新書敘〉。李庚序文稱劉昉為湖南帥時搜訪醫書所編,主其事者為幹辦公事王曆羲道,執行編輯的是鄉貢進士王湜子,劉昉因病未及見是書刊刻,因命門人潭州湘潭縣尉李庚代為作序。

〔宋〕劉跂(字斯立),〈錢仲陽傳〉,載《小兒藥證直訣》(臺北:新文豐出版公司影印學海本,1985),頁3-4。※聚珍版在頁1-3。

〔宋〕錢乙(仲陽),閻季忠編,《小兒藥證直訣》(臺北:新文豐,影印學海本,1985)。※另一本:何海湖等編,《中華醫書集成》(北京:中國中醫藥出版社,1999)第16冊《兒科類》,收《小兒藥證直訣》,頁1-49。附《董氏小兒斑疹備急方論》5頁。※又一本:李志庸主編,《錢乙劉昉醫學全書》(北京:中國中醫藥出版社,2005),收《小兒藥證直訣》(頁1-44)附《閻氏小兒方論》(頁45-50)及《董氏小兒斑疹備急方論》(頁51-54)。以上兩種均據〔清〕周學海《周氏醫學叢書》本校正重排。※再一本:引見《古今圖書集成》第457冊,卷427,《醫部彙考402‧初生諸疾門》等處。

〔宋〕錢乙撰,《小兒藥證真訣》3卷。在《叢書集成新編》(臺北:新文豐出版社,

1985)，據《聚珍版叢書》本影印。在46冊，頁154-177（原本10+61頁）。
※又一本：《實用中醫典籍寶庫》（北京：線裝書局，2003)第22冊收《小
兒藥證真訣》3卷，〔宋〕錢乙撰。排印本共61頁。據聚珍版叢書排印。

〔宋〕閻季忠（字資欽），〈小兒藥證直訣原序〉，《小兒藥證直訣》，頁1。

〔金〕張從正（字子和，號戴人。新文豐影印《醫統正脈全書》刻本作張從政），《儒
門事親》15卷，輯於〔明〕王肯堂彙編《醫統正脈全書》第9-10冊（清光
緒丁未年〔1907〕京師醫局所重印本。臺北：新文豐出版社，1975)。※
另一本：《景印文淵閣四庫全書》（臺北：臺灣商務印書館，1983)收有《儒
門事親》15卷，子部51冊（745冊，頁99-361)，金張從正撰。

〔金〕劉完素（守真），《傷寒直格》3卷（上中下），《中國醫學大成續集》（上海：
上海科學技術出版社，2000，影印新安吳勉學校刻本）第17冊，內文178
頁，附校勘表8頁及後記。※另一本：《景印文淵閣四庫全書》（臺北：臺
灣商務印書館，1983)收有《傷寒直格方》3卷（上中下）附《傷寒標本心法
類萃》2卷（上下），子部50冊（744冊，847-926)，金劉完素撰，明朱崇正
附遺。

〔元〕王履（字安道），《醫經溯洄集》，《叢書集成初編》本（長沙：商務印書館，
1937)。※另一本：《歷代中醫珍本集成》所收《叢書集成》排印本，不
分卷，內文共48頁。※又一本：《景印文淵閣四庫全書》（臺北：臺灣商
務印書館，1983)收有《醫經溯洄集》2卷，子部52冊（746冊，937-981)，
〔元〕王履撰。提要云：「學醫於金華朱彥修（震亨），盡得其術，至明
初始卒，故《明史》載入〈方伎傳〉中，其實乃元人也。……此書凡二十
一篇。」※再一本：《醫統正脈全書》（臺北：新文豐出版社，1975)第15
冊收，署〔元〕崑山王履著，江陰朱氏校刻本，不分卷，內文75頁。

〔元〕朱震亨（字彥修），《丹溪先生治法心要》（臺北：新文豐書局影印明嘉靖年
間刊本）。※另一本：田思勝主編，《朱丹溪醫學全書》（北京：中國醫藥
出版社，2006)，據嘉靖癸卯歲十一月朔旦江陰高賓刻本排印，共8卷，頁
333-421。其第7卷為婦人科，第8卷為小兒科。

〔元〕朱震亨，《格致餘論》1卷61頁。輯於王肯堂彙編《醫統正脈全書》（臺北：新文豐出版社，1975）第14冊，頁9297-9426。※另一本：《景印文淵閣四庫全書》（臺北：臺灣商務印書館，1983）收有《格致餘論》1卷，子部52冊（746冊，637-673），〔元〕朱震亨撰。提要云：「得劉守真（完素）之傳。」

〔元〕朱震亨，《怪疴單》1卷（1281）。※收入《實用中醫典籍寶庫》（北京：線裝書局，2006），第32冊，頁1-32。據《夷門廣牘》本影印。※另一本：《歷代中醫珍本集成》34冊所收，內文25頁，兩者同據〔明〕周履敬梓於萬曆二十五年（1597）為底本。

〔元〕危亦林（字達齋），《世醫得效方》20卷。收入《景印文淵閣四庫全書》（臺北：臺灣商務印書館，1983）子部52冊（746冊，43-635）。提要云：「共十九卷，附以孫真人養生法節文一卷。」※另一本：《得效方》，引見《古今圖書集成》第456冊，卷422等處。

〔元〕曾世榮（字德顯，號育溪），《活幼口議》（北京：中醫古籍出版社，1986年重印明嘉靖刊本）。※另一本：《續修四庫全書》（上海：上海古籍出版社，2002）子部收《新刊演山省翁活幼口議》20卷，〔元〕曾世榮撰（1009冊，頁401-497）。據中國中醫研究院圖書館藏日本文政三年（1802）抄本影印。

〔元〕羅天益（字謙甫），《羅謙甫治驗案》（1281）。※《歷代中醫珍本集成》34冊所收，為近人裘慶元自羅氏所著《衛生寶鑑》（成書於1281）中輯出，分上下兩卷，輯錄驗案88則，上卷54則，下卷34則，多為內科雜病，間有外科、兒科諸案。據紹興醫藥學報社民國五年（1916）本校勘影印。

〔明〕方賢，《奇效良方》（引見《古今圖書集成》第456冊，卷422等處）。※另一本：《續修四庫全書》（上海：上海古籍出版社，2002）子部收有《太醫院經驗奇效良方大全》69卷（1001冊，頁229-769；1002冊，頁1-227）。※又一本：《太醫院經驗奇效良方大全》69卷（北京：人民出版社，2009）。〔明〕董宿輯錄，〔明〕方賢續補；楊文翰等校。※再一本：《奇效良方》（北京：中國中醫藥出版社，1995），〔明〕董宿輯錄，〔明〕方賢續補；

可嘉校注。

〔明〕王大綸,《嬰童類萃》(北京:人民出版社,1983年據明天啟年間刊本重印)。
　　　※另一本:《嬰童類萃》(臺北:五洲出版社,1984),234頁。

〔明〕王守仁(陽明),《陽明傳習錄》(臺北:世界書局,1962)。

〔明〕王肯堂(宇泰,念西居士),《證治準繩》(臺北:新文豐書局,1979年據明
　　　萬曆三十五年〔1607〕刊本重印)。※另一本:《證治準繩》120卷。收入
　　　《景印文淵閣四庫全書》(臺北:臺灣商務印書館,1983),子部73冊(767
　　　冊,頁1-533)、74冊(768冊,頁1-659)、75冊(769冊,頁1-953)、76冊(770
　　　冊,頁1-842)、77冊(771冊,頁1-563)。提要云:「是編據肯堂自序稱先
　　　撰《證治準繩》(卷1-18)八冊,專論雜證,分十三門,附以類方八冊(卷
　　　19-38),皆成于丁酉戊戌〔萬曆25-26年〕間。……其《傷寒準繩》八冊(卷
　　　39-53),《瘍醫準繩》六冊(外科,卷100-120),則成于甲辰〔萬曆32年〕;
　　　《幼科準繩》九冊(卷71-99),《婦科準繩》五冊(女科,卷54-70),則成
　　　于丁未〔萬曆35年〕;皆以補前書所未備,故仍以《證治準繩》為總名。
　　　惟其方皆附各證之後,與雜證體例稍殊耳。……據自序所列,其書當分四
　　　十四冊,篇頁繁重,循覽未便,今離析其數,定為一百二十卷。」按:重
　　　新整編後的順序重排,名稱亦稍異,卷數見括號內。

〔明〕王肯堂,《幼科準繩》,在《六科準繩》(臺北:新文豐出版社,1979年重
　　　印明萬曆年間刻本)內。※另一本:《幼科準繩》9卷(臺北:新文豐出版
　　　社,1974年據民國九年夏月上海鴻寶齋書局石印本重印)。書前有歐陽重
　　　光民國六十三年四月序,謂所據為其家藏版本。※又一本:見《景印文淵
　　　閣四庫全書》(臺北:臺灣商務印書館,1983)所收《證治準繩》,卷71-99。

〔明〕王綸,《明醫雜著》6卷,薛己註(南京:江蘇科學技術出版社,1985,王新
　　　華點校)。※另一本:《薛氏醫案》(卷20-25)所收,見《景印文淵閣四庫
　　　全書》(臺北:臺灣商務印書館,1983)子部69冊(第763冊,頁442-599)。
　　　提要云:「王履《明醫雜著》六卷」(按:履應作綸)。其中卷24為兒科。
　　　※又一本(上海古籍書店,1979),第1-6卷。※再一本(西南師範大學出版

社六卷本)。

〔明〕王緝(字熙甫),〈保嬰全書序〉,見薛鎧,《保嬰全書》(臺北:新文豐出版社,1978,四冊),卷首,頁1-11。

〔明〕王鑾(字文融,號容湖),《幼科類萃》(北京:中醫古籍出版社,1984年影印明嘉靖年間刊本)。

〔明〕不著撰人,《寶產育嬰養生錄》(中央圖書館藏明刊黑口本影印版本)。

〔明〕朱惠民,《慈幼心傳》2卷(臺北中央圖書館善本微捲)。

〔明〕汪機(字省之,號石山居士),《石山醫案》(1519)。※《景印文淵閣四庫全書》(臺北:臺灣商務印書館,1983)收有《石山醫案》3卷,子部71冊(765冊,325-409),〔明〕陳桷編。提要云:「《石山醫案》三卷,明陳桷編。桷祁門人,學醫於同邑汪機,因取機諸弟子所記機治療效驗,裒為一集。」

〔明〕李梴(字建齋),《醫學入門》(引見《古今圖書集成‧醫學門》卷422,第456冊等處)。※另一本:李梴,《醫學入門》(臺北:臺聯國風出版,1968),影印舊刊本,七卷,首一卷,全書共645頁。書首有萬曆丙子初夏序,萬曆乙亥仲春上丁日南豐李梴謹述的〈醫學入門引〉。卷一二為內集,卷三起為外集,婦人門及小兒門在卷五。書末註明「廣城書林青雲樓」識。

〔明〕吳有性(字又可),《溫疫論》。※《景印文淵閣四庫全書》(臺北:臺灣商務印書館,1983)收有《溫疫論》2卷(上下)及補遺,子部85冊(779冊,1-53;53-61),〔明〕吳有性撰。提要云:「有性字又可,震澤人。是書成於崇禎壬午。……有性因崇禎辛巳南北直隸山東浙江同時大疫,以傷寒法治之不效,乃推求病源,著為此書。瘟疫一證,始有繩墨之可守,亦可謂有功於世矣。」※另一本:黃明舫、喻桂華整理,在《中華醫書集成》(北京:中醫古籍出版,1999),第3冊,簡體字重排本,38頁。

〔明〕吳崑(字山甫,號鶴皋山人,亦署皋氏;又稱參黃子、參黃生),《身經通考方》。※郭君雙主編《吳昆醫學全書》,在《明清名醫全書大成》(北京:中國中醫藥出版社,1999)中。全書收其代表作四種:《醫方考》6卷、《脈語》2篇、《素問吳注》24卷、《針方六集》6卷。《醫方考》成書於1584

年，收古今名方七百餘首，分72門。書前有汪道昆序。自序云：「余年十五志醫述，逮今十有八稔，……取古昔良醫之方七百餘首，揆之于經，酌以心見，訂之于證，發其微義，編為六卷，題之端曰醫方考。蓋以考其方藥，考其見證，考其名義，考其事迹，考其變通，考其得失，考其所以然之故，匪徒苟然志方而已。」末署「皇明萬曆十二年歲次甲申孟冬月古歙吳昆序」。

〔明〕金鏡，《金忠潔年譜》（臺北：廣文書局年譜叢書3，1971）。譜首署「弟鏡編述、鑣參訂」。刻本凡17頁，新編34頁。忠潔初名繩，八歲改名鉉，字伯玉。

〔明〕秦景明（昌遇），《幼科金鍼》2卷（臺北：新文豐出版社，1977年影印明刊本），[20]128面。

〔明〕孫一奎（字文垣，號東宿，又號生生子），《赤水元珠》30卷。收入《景印文淵閣四庫全書》（臺北：臺灣商務印書館，1983），子部72冊（766冊，1-1077）。提要云：「是編分門七十，每門又各條分縷析。原本卷末附醫旨緒餘二卷醫案五卷，今別自為帙。」書首打字目錄題「赤水玄珠」，內文影本實作「赤水元珠」。

〔明〕孫一奎，《赤水玄珠》30卷，附《醫旨緒餘》2卷《孫氏醫案》5卷。在《明清中醫名著叢刊》（北京：中國中醫藥出版社，1996）。採明萬曆4年（1596）刻本為底，以日本明歷3年（1657）風月堂左衛門刊本及上海著易堂書局本參校。此本書前序文約十篇左右，第三篇署「南京吏科給事中前休寧令豫章祝世祿」的序文提到本書命名的緣由：「書未有名，會方士挾仙術游里中，生就問名，仙稱純陽子，命曰《赤水玄珠》。」按：「赤水玄珠」的掌故出自《莊子‧天地篇》：「黃帝遊乎赤水之北，登乎崑崙之丘而南望。還歸，遺其玄珠。使知索之而不得，使離朱索之而不得，使喫詬索之而不得也。乃使象罔，象罔得之。」王先謙對「象罔」的集解引宣穎曰：「似有象而實無，蓋無心之謂。」祝世祿序接著說：「玄珠何物也，是未可以知識、言語、形象求也，而得之必以象罔。生所著，積以歲年，超焉悟解，

萬象俱真,殆所謂夙授靈明,不以見解名者矣。」據此序,則《赤水玄珠》
應是原名,因避康熙之名(玄燁)而改為元珠?

〔明〕徐春甫(東皋),《古今醫統大全》100卷(臺北:新文豐出版社,1978)。據
國立中央圖書館藏善本書籍明隆慶庚午(四年)葛守禮刊本影印,分裝12
冊。

〔明〕寇平(衡美),《全幼心鑑》4卷(中央圖書館據明成化四年〔1468〕刊本之善
本書重印微捲)。※另一本:《續修四庫全書》(上海:上海古籍出版社,
2002)子部收《全幼心鑑》4卷,明寇平撰(1010冊,頁1-289)。據中國醫
學科學院圖書館藏明成化四年(1468)全幼堂刻本影印。似為同一本。

〔明〕許讚(字廷美,號松皋),〈進嬰童百問疏〉,收在〔明〕魯伯嗣,《嬰童百
問》書前。疏末註記:「奉聖旨:卿進方書朕覽,已著禮部校正刊行。」

〔明〕張介賓(字會卿,號景岳),《景岳全書》64卷。收入《景印文淵閣四庫全書》
(臺北:臺灣商務印書館,1983)子部83冊(777冊,頁1-765)、84冊(778冊,
頁1-887)。提要云:「是書前為傳忠錄三卷,統論陰陽六氣及前人得失;
次脈神章三卷,錄診家要語;次為傷寒典、雜證謨、婦人規、小兒則、痘
疹詮、外科鈐,凡四十一卷。又本草正二卷,採藥味三百種,……次新方
二卷,古方九卷,皆分八陣:曰補,曰和,曰寒,曰熱,曰固,曰因,曰
攻,曰散。又別輯婦人、小兒、痘疹、外科方四卷,終焉。」

〔明〕裘吉生錄存,《陳氏幼科秘訣》,輯於袁體庵編,《證治心傳等十種》(臺
北:新文豐出版社,1976)。

〔明〕萬全(密齋),《育嬰家秘》(湖北科學技術出版社,1984年重印明嘉靖刊本)。
※另一本:《續修四庫全書》(上海:上海古籍出版社,2002)子部收《新
刻萬氏育嬰家秘》4卷,〔明〕萬全撰(1010冊,頁445-554)。據湖北省圖
書館藏清乾隆六年敷文堂刻萬密齋書本影印。按:此本書封面作「育嬰秘
訣」,目錄作《新刻萬氏育嬰家秘》,應以目錄為準。而《續修四庫全書》
目錄題作「萬氏家傳育嬰」,則顯然既錯且漏。※又一本:見傅沛藩、姚
昌綬、王曉萍主編,《萬密齋醫學全書》(北京:中國中醫藥出版社,1999)

所收之姚昌綬校注本,頁457-544。該全書計收萬氏《養生四要》5卷、《保命歌括》35卷、《傷寒摘錦》2卷、《廣嗣紀要》16卷、《萬氏女科》(又名《萬氏婦人科》、《女科要言》)3卷、《片玉心書》5卷、《育嬰家秘》(又名《育嬰秘訣》)4卷、《幼科發揮》2卷、《片玉痘疹》13卷、《痘疹心法》23卷。這十部書即清順治萬達輯刻的《萬氏全書》,乾隆六年定名為《萬密齋醫學全書》。※再一本,引見《古今圖書集成·醫部》(第456冊,卷422等處)。

〔明〕萬全,《幼科發揮》(北京:人民衛生出版社,1957重印康熙年間韓江張氏刊本)。※另一本:《續修四庫全書》(上海:上海古籍出版社,2002)子部收《新刊萬氏幼科發揮》2卷(上下),〔明〕萬全撰(1010冊,291-365)。據上海圖書館藏清乾隆六年敷文堂刻萬密齋書本影印。※又一本:《萬密齋醫學全書》本,在頁545-613。

〔明〕萬氏《片玉心書》(引見《古今圖書集成·醫部》,卷435等處)。※另一本:《續修四庫全書》(上海:上海古籍出版社,2002)子部收《萬氏秘傳片玉心書》5卷,〔明〕萬全撰(1010冊,367-443)。據上海圖書館藏清順治十一年泰安李氏刻本影印。※又一本:《萬密齋醫學全書》本,頁395-456。

〔明〕虞摶(天民,恒德老人),《醫學正傳》(引見《古今圖書集成》,卷426等處)。※另一本:《續修四庫全書》(上海:上海古籍出版社,2002)子部收《新編醫學正傳》8卷,〔明〕虞摶撰(1019冊,241-546)。據中國醫學科學院圖書館藏明嘉靖刻本影印。此本未載書封,書首有寫本的「序 凡例 或問」,凡例為刻本,序似為補抄而來,或問則見於卷一(目錄書「醫學或問凡五十二條」,正文則稱「醫學或問凡五十三條」,據刻本點算實為五十二條)。序署正德乙亥正月之望,花溪恒德老人虞摶序。各卷目錄卷首署「醫學正傳」,內文卷首則署「新編醫學正傳」(抄補者例外)。卷八為小兒科,急慢驚風門列第一,起首即為論,見卷8頁13。※又一本:《醫學正傳》(臺北:新文豐出版社,1981年,據中央圖書館珍藏明萬曆間金陵三山書舍刊潭城劉希信補本重印),8卷。序文有缺頁,署「花溪恒德老

人虞摶敘，萬曆丁丑〔五年〕冬月吉旦」。末增「金陵三山書舍松亭吳江重梓」，為重刻者的附記。內文各卷皆有目錄，卷首書「京板校正大字醫學正傳卷之一」（卷四、卷五、卷六同），「新刊京板校正大字醫學正傳卷之二」（卷三同），「新編醫學正傳卷之七」，「新刊京板校正醫學正傳卷之八」，下署「花溪恒德老人虞摶天民編集，姪孫虞守愚惟明校正」（卷八虞摶作虞摶摶〔中間的摶字據其他各卷原應為空格，誤刻而未削去〕，姪孫未著虞姓；虞摶他處亦有作摶或摶字缺筆者），惟刻者各卷署名不同，卷一作潭城書林　元　初　劉希信繡梓，卷二作金陵三山街書肆松亭吳江繡梓，卷三作金陵原板　書林　劉元初繡梓，卷四作潭城書林元初　劉希信　繡梓（卷六、卷七同），卷五作潭城書林元初劉希信　繡梓，卷八作書坊　　劉元初　梓。各卷目錄刊題也不盡一致。

〔明〕魯伯嗣，《嬰童百問》10卷（臺北：新文豐出版社，1987年重印）。據故宮博物院藏明麗泉堂刊本影印，書眉有墨筆註補。新編頁碼576頁。※另一本：《續修四庫全書》（上海：上海古籍出版社，2002）子部收《嬰童百問》10卷，〔明〕魯伯嗣撰（1009冊，499-732）。據天津圖書館藏明末刻本影印。此書目錄開頭即註明：「魯伯嗣學著，鼇峰熊宗立校，宇泰王肯堂訂。」王肯堂為萬曆年間進士出身，他在書首的序文（影本不全）中云：「予一日得所謂《嬰童百問》者而讀焉……說者謂其出于魯伯嗣學所編，今不復可考，但惜其見之者鮮，遂命工重錄以廣其傳。」則此本為王肯堂所刊刻。※又一本：《中華醫書集成》第16冊所收，重排本4+144頁。

〔明〕薛己（字新甫，號立齋），《薛氏醫案》77卷。收入《景印文淵閣四庫全書》（臺北：臺灣商務印書館，1983）子部69冊（763冊，頁1-986）及70冊（764冊，頁1-654）。提要云：「是書凡十六種，己所自著者為《內科摘要》二卷（卷1-2），《女科撮要》二卷（卷3-4），《保嬰粹要》一卷（卷5），《保嬰金鏡錄》一卷（卷6），《原機啟微》三卷（卷7-9），《口齒類要》一卷（卷10），《正體類要》二卷（卷11-12），《外科樞要》四卷（卷13-16），《癰疽機要》三卷（卷17-19）。其訂定舊本附以己說者為王編《明醫雜

著》六卷（卷20-25），陳自明《婦人良方》二十三卷（卷26-48），《敖氏傷寒金鏡錄》一卷（卷49），《錢氏小兒直訣》四卷（卷50-53），其父鎧《保嬰撮要》二十卷（卷54-73），又陳自明《外科精要》三卷（卷74-76），陳文仲《小兒痘症方論》一卷（卷77）。」※另一種：《薛氏醫案二十四種》，〔明〕吳琯輯。計收內科九種：1.《十四經發揮》三卷/〔元〕滑壽撰；2.《難經本義》二卷/〔元〕滑壽撰；3.《本草發揮》四卷/〔明〕徐用誠撰；4.《平治會萃》三卷/〔元〕朱震亨撰；5.《內科摘要》二卷/〔明〕薛己撰；6.《明醫雜著》六卷/〔明〕王綸撰〔明〕薛己注；7.《傷寒鈐法》一卷/〔漢〕張機撰；8.《外傷金鏡錄》一卷/〔明〕薛己撰；9.《原機啟微》二卷/〔明〕倪維德撰。幼科四種：1.《保嬰撮要》二十卷/〔明〕薛鎧撰；2.《錢氏小兒直訣》四卷/〔宋〕錢乙撰〔明〕薛鎧注；3.《陳氏小兒痘疹方論》一卷/〔宋〕陳文中撰〔明〕薛己注；4.《保嬰金鏡錄》一卷/〔明〕薛己撰。女科二種：1.《婦人良方》二十四卷/〔宋〕陳自明撰〔明〕薛己注；2.《女科撮要》二卷/〔明〕薛己撰。外科九種：1.《立齋外科發揮》八卷/〔明〕薛己撰；2.《外科心法》七卷/〔明〕薛己撰；3.《外科樞要》四卷/〔明〕薛己撰；4.《外科精要》三卷/〔宋〕陳自明撰；5.《癰疽神祕驗方》一卷/〔明〕陶華撰；6.《外科經驗方》一卷/〔明〕薛己撰；7.《正體類要》二卷/〔明〕薛己撰；8.《口齒類要》一卷/〔明〕薛己撰；9.《癧瘍機要》三卷/〔明〕薛己撰。在烏石文庫263，線裝20冊(5函)。※又一本：《薛立齋醫案全集》四科二十四種，〔明〕吳琯輯(上海：大成書局，1921)，線裝24冊。

〔明〕薛鎧(字良武)，《保嬰全書》10卷(臺北：新文豐出版社，1978)。據臺北中央圖書館藏崇禎沈猶龍閩中刊本影印。※另一本：《故宮珍本叢刊》(故宮博物院編，海口：海南出版社發行，2000年10月)收《保嬰全書》(第365冊，頁14-296)，凡10卷。未見書封，書首有萬曆癸未(11年，1583)仲春望日，巡撫南贛汀韶等處地方提督軍務都察院副都御史河汾王緝所撰的序，云：「保嬰全書者，中丞趙公所刻薛醫士方書也。薛名鎧，為句吳人，

世以小兒醫名家。其方有內外二卷云。萬曆壬午（10年，1582），公觀察粵東，業已刻是書之內方，題曰《保嬰撮要》。而以屬趙太史潨陽序之矣。其撫閩之明年癸未，而外方告成，走手書寓余于虔南，徵之序，若曰是又為《保嬰續集》云。余受而讀之，見所為先後二卷，雖內外殊方，而大要歸之保嬰，則以請于公曰：名之為《保嬰全書》可乎？書報可，遂序之……合內外為全書，而惟要之是守，……余念之，《書》曰：如保赤子；其在兵法曰：視卒如嬰兒，可以與之赴深谿。……八閩重地，假公重坐而鎮之，而公也以赤子之保保民，以嬰兒之撫撫卒，卒之四境晏如，民免夭橫。譬之老醫用藥，出之肘上之方，隨試輒效，其仁覆寰寓，又豈全嬰已哉。」目錄卷首書「保嬰全書內症目錄」，卷末書「保嬰全書目錄終」。各卷卷首書「贈太醫院院使薛鎧編集，前太醫院院使男薛己治驗」。趙中丞即時任福建巡撫的趙可懷。

〔明〕薛鎧，《薛氏保嬰撮要》（引見《古今圖書集成》第457冊，卷428等處）。※另一本：薛己編，《薛氏醫案》77卷本所收《保嬰撮要》20卷（卷54-73）。按：依上條王緝序文所述，本書亦應收入《保嬰全書》中，內外方合一。

〔明〕韓懋（又名白自虛，字天爵，號飛霞子，人稱白飛霞），《醫通》2卷（上下），收入何清湖、周慎主編，《中華醫書集成》（北京：中醫古籍出版社，1999），第25冊，內文排版共16頁。

〔明〕龔廷賢（字子才，號雲林山人，又號悟真子），《新刊濟世全書》8卷（臺北：新文豐出版社，1982年影印日本寬永十三年村上平樂寺刊本）。書封署「鍥雲林龔先生新編濟世全書，金陵萬卷樓周玉卯刊」，當是村上平樂寺刊本所據。書首有曙谷吳道南撰的序及龔廷賢的自敘。總目卷首作「醫林狀元濟氏全書總目」，世字誤作氏，其餘內文各卷則作「新刊醫林狀元濟世全書」。內文共939頁。

〔明〕龔廷賢（雲林），《壽世保元》10卷（上海：上海科學技術出版社，1989年重印）。※另一本：《續修四庫全書》（上海：上海古籍出版社，2002）子部收《壽世保元》10卷，〔明〕龔廷賢撰（1021冊，頁327-669）。據南京圖

書館藏日本保正二年(1645)風月宗知刻本影印。書封題太醫院龔雲林著，
光霽堂鐫。書首有大學士新建洪陽張位撰序，自敘題萬曆四十三年歲次乙
卯春王正月上浣之吉太醫院吏目金谿雲林龔廷賢撰，目錄及各卷卷首題
「新刊醫林狀元壽世保元」。並署太醫院吏目金谿雲林龔廷賢子才編著。
龔氏為魯藩治愈元妃，而獲賜龍牌扁額，題「醫林狀元」。※又一本：王
世華、王育學主編之《龔廷賢醫學全書》(北京：中國中醫藥出版社，1999)
重排本，頁469-843。

〔清〕丁甘仁(名澤周)，《喉痧概論》。※丁甘仁輯著，《喉痧症治概要》(上海：
上海科學技術出版社，1960)。超星數字圖書館電子書有收錄。按：2001
年上海科學技術出版社出版《丁甘仁醫案續編》5卷，卷1為內科醫案，卷
2婦產科醫案，卷3小兒科醫案，卷4外科醫案，卷5膏方。內容提要云：「1960
年，我社已經出版《丁甘仁醫案》一書。」《喉痧症治概要》應即《醫案》
中的一部分。※另一本：《孟河丁甘仁醫案》(福州：福建科學技術出版
社，2002)，凡15卷，其中卷6為喉痧門(116-119)及《喉痧症治概要》
(120-137)。丁甘仁為江蘇武進縣孟河鎮人。

〔清〕丁錦(注釋)、陳頤壽(校正)，《古本難經闡注校正》4卷，收入陸拯(主編)，
《近代中醫珍本集‧醫經分冊》(浙江：浙江科學技術出版社，1994)，頁
855-961。

〔清〕方瀏生，《蒙師箴言》，輯於韓錫鐸編，《中華蒙學集成》，頁1717-1719。
※另一本：商務印書館，1904版，封面註明「學部審訂宣講用書」，37
頁，加州大學藏。

〔清〕文祥(字博川，號子山)，《文文忠公自訂年譜》(臺北：廣文書局年譜叢書
41，1971)。譜共3卷(上中下)，新編共154頁。刻本板心上書「文文忠公
事略」。

〔清〕尤怡(字在涇，號拙吾，又號飼鶴山人)，《醫學讀書記》3卷(上中下)，收
入《槐廬叢書》(臺北：藝文印書館重印，1971)第25冊。書封題「尤(寫
作尢)氏醫學讀書記 附醫案」，光緒戊子春月行素艸堂藏板。書前有乾隆

四年己未春三月松陵徐大椿靈胎敘,另有光緒十四年冬月後學鮑晟的「校刻醫學讀書記序」。上中兩卷各20頁,下卷23頁(線裝)。又有醫學續記一卷14頁,末署「光緒十四年歲在戊子冬月吳縣朱記榮槐廬家塾校刊」。另附《靜香樓醫案》10頁。※另一本:《續修四庫全書》子部收有尤怡,《醫學讀書記》3卷《續記》1卷附《靜香樓醫案》1卷(1027冊,頁503-539;540-547;547-552)。按:槐廬叢書為〔清〕朱記榮輯。藝文印書館印行的是嚴一萍選輯的「原刻景印叢書菁華」。※又一本:《醫學讀書記》(臺北:新文豐出版社,1997初版),為手本寫影印,封面書「吳中尤在涇先生著,醫學讀書記,楊永年署」。卷首署「後學程梅齡雲門張澐溯南校訂,鮑 晟竺生、謝森墀桂生校刊」。收讀書記三卷(上中下),續記不分卷,附靜香樓醫案31條。新編頁碼155-236頁(與他書合刊)。

〔清〕王士雄(孟英)主編,《溫熱經緯》5卷。※《續修四庫全書》(上海:上海古籍出版社,2002)子部醫家類收《溫熱經緯》5卷,清王士雄撰(1005冊,頁119-251)。據華東師範大學圖書館藏清刻本影印。無書封,書首有咸豐二年壬子初夏仁和趙夢齡序,咸豐五年歲次乙卯端陽前三日定州楊照藜敘,咸豐二年壬子春二月海寧王士雄書於潛齋的自序,另有同治二年癸亥二月書於上海旅次記友人烏程汪曰楨的贊語。

〔清〕王士雄,《王孟英醫學全書》,盛增秀主編(北京:中國中醫藥出版社,1999)。在《明清名醫全書大成》系列,計收王氏著作20種:《溫熱經緯》5卷、《隨息居重訂霍亂論》不分卷、《隨息居飲食譜》不分卷、《王氏醫案》2卷、《王氏醫案續編》8卷、《王氏醫案三編》3卷、《歸硯錄》4卷、《乘桴醫影》不分卷、《潛齋簡效方(附醫話)》不分卷、《四科簡效方》不分卷、《雞鳴錄》不分卷、《重慶堂隨筆》2卷、《女科輯要按》2卷、《古今醫案按選》4卷、《醫砭》不分卷、《言醫選評》不分卷、《校訂願體醫話良方》不分卷、《柳洲醫話良方》不分卷、《洄溪醫案按》不分卷、《葉案批謬》不分卷(原輯入《潛齋簡效方》中)。《王氏醫案》原稱《回春錄》,《王氏醫案續編》原名《仁術志》。※另一本,《續修四庫全書》

子部收有王士雄，《王氏醫案》2卷及續編8卷附霍亂論2卷（1027冊，頁591-621；622-699；700-724）。

〔清〕王先謙（字益吾，晚年號葵園老人），《葵園自定年譜》（臺北：廣文書局年譜叢書51-52，1971）。凡3卷（上中下），新編596頁。刻本板心上書「王祭酒年譜」，各卷卷首書「王先謙自訂年譜上（中、下）」。

〔清〕石成金，《傳家寶》（臺北：中央研究院傅斯年圖書館藏，清乾隆四年〔1739〕序重刊本）。※另一本：〔清〕石成金撰集，金青輝、閻明遜點校，《傳家寶》（天津：天津社會科學院，1992），分上、下兩冊，共四集20卷。※又一本：〔清〕石成金編撰，趙嘉朱等點校，《中國古代生活百科全書——傳家寶》（長春：吉林文史出版社，2005），分上、下兩冊，共四集，每集8卷。全書10+874頁。

〔清〕全祖望編，《年華錄》（上海：商務出版社，1929）。

〔清〕汪康年撰，汪詒年補撰，《汪穰卿先生傳記》（臺北：廣文書局年譜叢書59，1971）。凡5卷，新編225頁。據杭州汪氏鑄版影印。卷1為自傳，卷2-5為年譜；卷首書「弟詒年校補」。詒年按語：初名灝年字梁卿，〔咸豐〕十九年名康年字穰卿，中年自號毅伯，晚又自號恢伯。

〔清〕沈兆霖（字尺生，號雨亭，後改朗亭；又字子荼，又號茨井生）撰，錢保塘編，《沈文忠公自訂年譜》（臺北：廣文書局年譜叢書30，1971），新編35頁。

〔清〕完顏崇實（字子華、惕盦，又字樸山，別號適齋），《惕盦年譜》（臺北：廣文書局年譜叢刊41，1971）。內封題崇實撰，譜首署「樸山氏自誌」。譜不分卷，新編190頁。年譜一歲提及「吾宗完顏氏分源於金章宗」。乳名岳保。

〔清〕李江，《鄉塾正誤》（臺北：中央研究院傅斯年圖書館藏，清光緒七年〔1881〕津河廣仁堂刊本）。※另一本：收入《晚清四部叢刊》（臺中：文听閣圖書有限公司，2012），第七編66冊。※又一本：李江弟子於光緒廿至廿二年間（1894-1896）匯集其著作，編成《龍泉園集》，與同鄉王晉之（清咸豐五年〔1855〕舉人，卒於1888年）的《問青園集》一同刊刻出版，此一版本可

參見韓錫鐸編，《中華蒙學集成》（瀋陽：遼寧教育出版社，1993），頁1396-1405。

〔清〕李清植（字立侯，號穆亭），《李文貞公年譜》（臺北：廣文書局年譜叢書09，1971）。譜分上下兩卷，新編凡272頁。卷首及板心皆書「文貞公年譜」，卷首題「孫清植立侯纂輯，元孫維迪校刊」。文貞公為李光地。

〔清〕李銘皖等（修）、馮桂芬等（纂），《〔光緒〕蘇州府志》，《中國方志叢書》影印清光緒九年（1883）刊本（臺北：成文出版社，1970）。

〔清〕吳榮光，《吳榮光自訂年譜》（香港：中山圖書，1971）。※另一本：《吳榮光自訂年譜》（臺北：文海出版社，1971）。沈雲龍主編，近代中國史料叢刊第七十七輯，新編頁碼45頁。版心上書「吳荷屋自訂年譜」。嘉慶四年條云：「余原名燎光，字殿垣，號荷屋。中〔進士〕後改今名。」

〔清〕吳謙，《醫宗金鑑》（臺北：新文豐出版社，1981）。※另一本：《景印文淵閣四庫全書》（臺北：臺灣商務印書館，1983）收有《御纂醫宗金鑑》90卷，在子部86冊（780冊，頁1-848）、87冊（781冊，頁1-652）及88冊（782冊，頁1-840）。提要云：「乾隆十四年奉勅撰。首為訂正傷寒論注十七卷，次為訂正金匱要略注八卷；……次為刪補名醫方論八卷，……故方論並載也；次為四脈要訣一卷，……次運氣要訣一卷……次為諸科心法要訣五十四卷，以盡雜證之變；次為正骨心法要旨五卷。」幼科心法要訣在卷50-55，斷臍在卷50初生門上，頁20，變蒸在卷51初生門下，頁20-21；雜病心法要訣在卷39-43。

〔清〕吳謙，《幼科雜病心法要訣》（1742。臺北：新文豐出版社，1981）。據清乾隆年間刊本影印。※另外各本：《醫宗金鑑》可能因為係中醫考試必備用書，版本極多，台灣常見的有宏業（1971）、文化（1978）、大中國（1980再版）等版本；新文豐出版的重新打字排版的版本，於1981年出版（平裝14冊），1985年出版新校精裝本（4冊）。平裝本的第九冊《幼科雜病心法要訣》，為《醫宗金鑑》的第50-55卷，就是《醫宗金鑑》「幼科心法要訣」的部分，《醫宗金鑑》卷39-43「雜病心法要訣」並沒有包括在裡面。

〔清〕林之望輯，《養蒙金鑑》，輯於韓鐸編，《中華蒙學集成》（瀋陽：遼寧教育出版社，1993）。

〔清〕高秉鈞（字錦庭，號心得），《謙益齋外科醫案》（1805。上海：上海中醫書局，1984）。

〔清〕唐千頃（桐園）撰〔清〕葉灝（雅卿）增訂，《增廣大生要旨》5卷。收入《續修四庫全書》（上海：上海古籍出版社，2002）子部（1008冊，頁313-397）。據上海圖書館藏清咸豐八年刻本影印。據葉序，集休寧汪樸齋（名喆）所著《產科心法》及家藏胎產各方，附列《大生要旨》中，名曰《增廣大生要旨》。時為咸豐八年。喬光烈潤齋所撰《大生要旨》原序則署乾隆二十七年，汪喆《產科心法》自序未署年月。

〔清〕唐彪（字翼修）輯注，趙伯英、萬恆德選注，《家塾教學法》（上海：華東師範大學出版社，1992）。含《父師善誘法》，與《讀書作文譜》合刻。

〔清〕夏雲（字春農），《疫喉淺論》。※《續修四庫全書》子部醫家類收《疫喉淺論》2卷（上下），〔清〕夏雲撰（1018冊，頁495-531）。據山東省圖書藏清光緒五年存吾春齋刻本影印。封面題「邗上夏春農手定，疫喉淺論，存吾春齋藏板。」背面書光緒己卯（5年）仲春新鐫。書前有「光緒元年乙亥十月同邑弟湛溪朱日生拜序」，「有光緒壬寅〔28年〕秋九月 丹徒後學鄭熙拜序」，有「己亥〔25年〕八月愚弟張丙炎拜譔」的「續序」，有「同治拾叁年歲在甲戌仲冬之月冬至後三日 鄉愚弟雨芹陳浩恩謹序」，有「光緒乙亥仲夏月同里弟毓才徐兆英拜序」，有「光緒丁丑〔3年〕冬月同里弟卞寶第拜讀」的「論序」。

〔清〕夏鼎（禹鑄），《幼科鐵鏡》（1695。臺北：藝文印書館，1971），6卷。在嚴一萍選輯的原刻景印《叢書集成續編》所收《貴池先哲遺書》的第27種，線裝2冊。據書前所引《貴池縣志‧人物志‧方技》本傳：「夏鼎，字禹鑄，康熙八年武舉。」書末有「江浦陳漳校竟謹跋」，說明本書是劉繼盦京卿重刊；又有「宣統甲寅三月二十有二日縣後生劉世珩謹跋」。按甲寅實為民國三年（1914）；如果不是筆誤，就是清朝遺老的用法。※另一本：《續

修四庫全書》（上海：上海古籍出版社，2002)子部收《幼科鐵鏡》6卷，
〔清〕夏鼎撰(1010冊，頁555-610)。據上海圖書館藏清同治三年揚州文
富堂刻本影印。書前有康熙乙亥端月遼陽梁國標正夫氏題於貴池官署的序
文。

〔清〕崔述，《考信錄》（臺北：世界書局，1989)。

〔清〕徐大椿(字靈胎，晚號洄溪老人)，《徐靈胎醫書全集》（臺北：五洲出版社，
1969)。江忍庵增批，林直清校勘。共分四卷，收《難經經釋》等十四種。
卷一收《難經經釋》、《醫學源流論》、《神農本草經百種錄》、《醫貫
砭》；卷二為《傷寒論類方》、《蘭臺軌範》（一)；卷三有《蘭臺軌範》
（二)、《洄溪醫案》、《慎疾芻言》、《內經詮釋》、《洄溪脈學》、《脈
訣啟悟註釋》、《六經病解》（一)；卷四為《六經病解》（二)、《傷寒約
論》、《舌鑑總論》、《雜病源》、《女科醫案》。

〔清〕徐大椿，《女科醫案》(1764)。見《徐靈胎醫書全集》卷四，頁166-234。

〔清〕徐大椿，《慎疾芻言》1卷。收入《續修四庫全書》（上海：上海古籍出版社，
2002)子部醫家類(1028冊，頁409-421)。據上海圖書館藏清道光二十八年
長洲謝嘉孚刻本影印。書封題吳江徐靈胎先生著，平松書屋珍藏。※另一
本：見《徐靈胎醫書全集》卷三。

〔清〕徐大椿，《蘭臺軌範》8卷。收入《景印文淵閣四庫全書》子部91冊(785冊，
頁343-555)。提要云：「其大綱凡七，曰經絡臟腑，曰脈，曰病，曰藥，
曰治法，曰書論，曰古今，分子目九十有三，持論多精鑿有據。」※另一
本：見《徐靈胎醫書全集》卷二及卷三。

〔清〕徐鼒(字彝舟，號亦才)，《清敝帚齋主人徐鼒自訂年譜》（見《新編中國名
人年譜集成》第6輯，臺北：商務印書館，1978)。收《敝帚齋主人年譜》，
譜首書「同里諸子編輯，男承祖承禧承禮謹注」；又有《敝帚齋主人年譜
補》，署「及門諸子編次，男承祖承禧承禮謹輯」。新編110頁。※另一
本：《敝帚齋主人年譜》（臺北：廣文書局年譜叢書36，1971)，據同一版
本影印。

〔清〕許豫和（宣治、橡村），《許氏幼科七種》（清同治十一年壬申〔1872〕刊本），
　　含：《翁仲仁先生痘疹金鏡錄》2卷、《橡村痘訣》2卷、《痘訣餘義》1
　　卷、《小兒諸熱辨》1卷、《小兒治驗》1卷、《怡堂散記》2卷、《散記
　　續編》1卷。

〔清〕曹文埴〈序〉，〔清〕許豫和，《怡堂散記》（上海圖書館藏清同治十一年
　　壬申〔1872〕《許氏幼科七種》刊本），上卷，頁1上-4下。

〔清〕莊一夔（在田），《達生編》。※《續修四庫全書》收《達生編》2卷（上下），
　　〔清〕亙齋居士撰（1008冊，頁99-115）。據上海圖書館藏清乾隆三十九年
　　敬義堂刻本影印。封面題「乾隆甲午秋敬義堂藏板」。書前〈達生編小引〉
　　稱：「此編專為難產而設。」並鼓勵善信廣為傳布。末署「康熙乙未天中
　　節亙齋居士記于南昌郡署之西堂」。小引後有〈達生編大意〉，署「西泠
　　拙園何鍾台參訂」。卷末有跋，署「乾隆三十九年歲次甲午孟秋月復齋主
　　人書於釣灘書屋」。※另一本：《陳修園醫書七十二種》（臺北：文光圖
　　書公司，1964），內封題「閩長樂陳修園著，南雅堂醫書全集」，收《達
　　生編》（3+30頁）。※又一本：《陳修園醫書五十種》（臺北：新文豐出版，
　　1978），據劉伯冀藏本影印（16開精裝四合一），亦收《達生編》（頁
　　871-890）。※再一本：《南雅堂醫書四十八種》，封面題「陳脩園先生著，
　　醫書四十八種」，內封題「上海大文書局印行」（出版年月不詳，無版權
　　頁及目次），收《達生編》，4+35頁。按：《達生編》為胎產專書，作者
　　一般署名亙齋居士或守恒山人，《陳修園醫書》所收同。中國醫藥大學藏
　　《達生遂生福幼兒科合編》（線裝一冊），亦署〔清〕亙齋居士撰。網路上
　　所見「佛山大地街右文堂藏板」（同治丙寅孟春合刻）《達生遂生福幼合
　　編》、「禪山福祿大街文華閣藏板」封面註明「達生胎產、遂生痘疹、福
　　幼慢驚」，「學院前麟書閣藏板」（光緒十九年刊），則未註明，亦均未署
　　作者名，應是當作一般善書傳布。

〔清〕莊一夔（在田），《遂生福幼合編》（光緒四年，太平新街以文堂版）。即《遂
　　生編》和《福幼編》的合刊本。或名《保赤聯珠》、《莊氏慈幼二種》。

※另一本：《遂生編》痘疹專著，一名《痘疹遂生編》，1卷。〔清〕莊一夔撰。刊於1777年。《中華醫書集成》第16冊《兒科類》（北京：中國中醫藥出版社，1999），收《遂生編》（黃水玥整理，簡體字排印本，8頁），內有《豆症經驗遂生編》原序，署「嘉慶二年丁巳春仲武進莊一夔撰」。《福幼編》（黃政德整理，簡體字排印本，5頁），原敍署「乾隆丁酉季夏吳門慕豫生拜撰」，跋署「道光甲申孟冬上浣江夏明達康伯甫拜跋于粵東增城署齋」。福幼編主述慢驚風的病因、病發狀況及治療之道。※又一本：《陳修園醫書七十二種》（臺北：文光圖書公司，1964），內封題「閩長樂陳修園著，南雅堂醫書全集」，收《福幼編》（2+10頁）。※再一本：《陳修園醫書五十種》（臺北：新文豐出版，1978），據劉伯冀藏本影印（16開精裝四合一），亦收《福幼編》（頁715-732）。

〔清〕張佩芳（修）、劉大櫆（纂），《〔乾隆〕歙縣志》，《中國方志叢書》影印清乾隆三十六年（1771）尊經閣刊本（臺北：成文出版社，1975）。

〔清〕張紹南，王德福續編，《孫淵如先生年譜》（臺北：新文豐出版社，1989）。在《叢書集成續編》259冊，頁715-732。據藕香叢書本影印。※另一本：《孫淵如先生年譜》，收入《乾嘉名儒年譜》第10冊（北京：北京圖書館出版社，2006），頁29-92。分上下兩卷。卷首作「同里張紹南撰」。淵如先生名星衍，乾隆十八年生。

〔清〕張穆，《顧亭林先生年譜》（臺北：廣文書局年譜叢刊04，1971）。刻本除序（1頁）跋（2頁）外，凡四卷，分別為30、33、24、23頁，另附錄14頁。

〔清〕陸寶忠訂，陸忠彝續編，《陸文慎公年譜》2卷（臺北：廣文書局年譜叢書53，1971）。刻本除序及世系外，分上下兩卷，新編96頁。書首有唐文治序。譜首署「太倉陸寶忠伯葵自訂」。

〔清〕陳士鐸（遠公），《石室秘錄》6卷。收入《續修四庫全書》（上海：上海古籍出版社，2002）子部醫家類（1025冊，頁1-202）。據上海圖書館藏清康熙二十八年本澄堂刻本影印。各卷卷首題「山陰陳士鐸遠公甫敬習」。

〔清〕陳復正（飛霞道人），《幼幼集成》（上海：上海科學術技出版社，1978年據

清翰墨園本校正重印)。※另一本:《續修四庫全書》(上海:上海古籍版
社,2002)子部收《鼎鍥幼幼集成》6卷,清陳復正撰(1010冊,頁611-720;
1011冊,頁1-177)。據首都圖書館藏清乾隆翰墨園刻本影印。書封只題「幼
幼集成」,內文各卷卷首則題「鼎鍥幼幼集成」。

〔清〕勞逢源、沈伯棠等(纂修),《歙縣志》,《中國方志叢書》影印清道光八年
(1828)尊經閣刊本(臺北:成文出版社,1975)。

〔清〕喻昌(字嘉言),《寓意草》(臺北:新文豐出版社,1977)。據光緒乙巳年經
元書室刊本影印,刻本正文151頁,未分卷。書首自序署崇禎癸未歲季冬
月西昌喻昌嘉言甫識。館目註[14]302面。※另一本:《景印文淵閣四庫全
書》(臺北:臺灣商務印書館,1983)收有《醫門法律》12卷附《喻意草》
4卷,子部89冊(783冊,頁271-603;604-698),〔清〕喻昌撰。提要云:
「附喻意草四卷,皆其所治醫案,首冠論二篇,一曰先議病後用藥,一曰
與門人定議病症。次為治驗六十二條,皆反覆推論,務闡明審症用藥之所
以然。」

〔清〕程文囿(字杏軒,號觀泉),《醫述》(安徽科學技術出版社,1981年據清道
光年間刊本重印)。按:《醫述》一書初版於道光十三年;光緒十七年再
版;1959年安徽人民出版社出版了宋代宣紙線裝本;安徽科學技術出版社
出版的是普及本。其內容包括:卷1、卷2醫學溯源,卷3傷寒提鉤,卷4
傷寒疑析,卷5至卷12雜證匯參,卷13女科原旨,卷14幼科集要,卷15痘
疹精華,卷16方藥備考。書名《醫述》,取述而不作之意。文囿以醫書浩
繁,學者苦難遍閱,乃積數十年之力,上自《靈樞》、《素問》,下至近
代名家,採書三百餘種,縱貫眾說,參合心得,分類比附,渾然自成一整
體。得此一編,即可省涉獵群書之勞,而收取精用宏之效。

〔清〕程得齡(與九氏)編,《人壽金鑑》(臺北:中央研究院傅斯年圖書館藏,清
嘉慶廿五年〔1820〕刊本)。※另一本:Googleplay有掃描本電子書。封面
嘉慶庚辰夏鑴,柳衣園藏板。書首有嘉慶龍集屠維單閼張頡雲序、嘉慶二
十五年四月顧廣圻千里序。及同年六月自序。及其兄元吉通甫序(二月)、

鄧立誠後序(六月)。全書共22卷，第1卷初生，第22卷一百歲至百千歲。兩者或為同一本。

〔清〕葉大椿(字子容)，《痘學真傳》(清乾隆四十七年衛生堂重刊本，縮影資料)。
※另一本：Googleplay有掃描本電子書。只註明1782。簡介文字如下：是書為痘疹專著，八卷。卷1論痘症病機及診法；卷2為順、逆、險三類痘病各十八朝的證治圖解，共54幅圖。卷3兼證辨治；卷4作者醫案；卷5選錄古人醫案，共23家；卷6選錄古人痘疹論述，共108家；卷7方釋；卷8藥釋。全書圖文並茂，論述痘疹的證治全面而系統。選錄古人論說並醫案尤能開擴視野，加深對痘疹一病的認識。

〔清〕葉天士(名桂，號香巖，別號南陽先生、晚號上津老人)，《葉天士女科醫案》(1746)。※黃英志主編《葉天士醫學全書》(北京：中國中醫藥出版社，1999)，在《明清名醫全書大成》中。收葉天士著作13種，其中最後一種為《未刻本葉氏醫案》，亦未及《葉天士女科醫案》，其校注說明不收書籍之一：「雖署名為葉天士所著，但無據可考，難以證明為葉天士所著，或為其門人後裔或私淑者所輯的書籍，如《葉天士女科證治》之類。」全書中之《臨症指南醫案》(各序分題乾隆二十九年甲申及三十一年丙戌，應為初版年份)卷九，雖未標明為女科，但所述皆為婦女問題，卷十則為幼科要略。

〔清〕黎培敬(字開固，又字開周，號簡堂，自號竹閒道人)自述，黎承禮編，《竹閒道人自述年譜》(《年譜叢書》第44輯，臺北：廣文書局年譜叢書44，1971)。新編59頁。

〔清〕駱秉章(原名俊，37歲改名秉章，字籲門，號儒齋)，《駱公年譜》(臺北：廣文書局年譜叢書28，1971)。內封題駱秉章注，內文卷首作「前任四川總督籲門宮保駱公年譜全冊」，「公廣東花縣人，諱秉章號籲門，同治六年冬終四川任，在任六載，年七十五歲，年譜其自注也。」譜凡136頁，影印本編頁276頁。※另一本：《駱秉章先生自敘年譜》(臺北：商務印書館，1978)。影印所據版本與廣文書局版《駱公年譜》同。

〔清〕鮑鼎，《張夕庵先生年譜》（臺北：文海，1973）。※另一本：在《乾嘉名儒年譜》第10冊（北京：北京圖書館出版社，2006），頁427-507。據民國十五年石印本影印。譜主諱崟，字寶巖，號夕庵，又號且翁。晚號城東蟄叟，又號觀白居士。生於乾隆二十六年。

〔清〕錢景星編，李輈通續編，《露桐先生年譜》，在《北京圖書館藏珍本年譜叢書》（北京：北京圖書館出版社，1999）109冊，頁23-678。據清嘉慶八年（1803）刊本影印。前編四卷，續編二卷。譜主名〔李〕殿圖，字九符，號石渠，又號石矍，又號露桐居士。

〔清〕瞿中溶，《瞿木夫先生自訂年譜》，民國2年（1913）吳興劉氏上海刊本。※另一本：在《乾嘉名儒年譜》第13冊（北京：北京圖書館出版社，2006），頁217-374。據民國間刻本影印。中溶字萇生，號木夫。

〔清〕魏之琇，《續名醫類案》60卷。收入《景印文淵閣四庫全書》子部90（784冊，頁1-781）、91冊（785冊，頁1-342）。※提要云：魏之琇「既校刊江瓘名醫類案，病其尚有未備，因續撰此編，雜取近代醫書及史傳地志文集說部之類，分門排纂，大抵明以來事為多，而古事為瓘書所遺者亦間為補苴，故網羅繁富，細大不捐。」

《太平聖惠方》100卷，北宋王懷隱等奉敕編纂。太平興國三年（978），宋太宗詔命翰林醫官院諸太醫各獻家傳經驗方，共得方萬餘首，加上太宗即位前親自搜集的經驗效方千餘首。命翰林醫官使王懷隱，副使王佑、鄭奇（一作鄭彥）、醫官陳昭遇等「參對編類」。歷時十四年，至淳化三年（992）才告完成。全書根據疾病證候劃分為1,670門，每門之前都冠以巢元方《諸病源候論》有關理論，次列方藥，以證統方，以論繫證。共收方16,834首，內容涉及五臟病證、內、外、骨傷、金創、胎產、婦、兒、丹藥、食治、補益、針灸等。

《古今圖書集成》（臺北：鼎文，1985）。

《古今圖書集成‧醫部》。《在古今圖書集成》的「博物彙編‧藝術典」之下，由

第21卷至540卷。1958年春，藝文印書館借用國立中央圖書館藏《古今圖書集成》將其中的醫部輯印為《醫部全書》，分裝為16冊，共計12,568頁。其中第13及14冊為小兒相關的部分，計有「小兒未生胎養」等24門。

《景印文淵閣四庫全書》（臺北：臺灣商務印書館，1983）。醫家類在子部39-91（733-785），收錄起《黃帝內經素問》、《靈樞經》（唐王冰次注），至清徐大椿《傷寒類方》、《醫學源流論》。

余瀛鰲、王樂匋、李濟仁、吳錦洪、項長生、張玉才等（編），《新安醫籍叢刊‧綜合類（一）》（合肥：安徽科學技術出版社，1990）。

南京中醫學院（編著），《黃帝內經素問譯釋》（上海：上海科學技術出版社，1991年第3版）。

陸拯（主編），《近代中醫珍本集‧醫經分冊》（杭州：浙江科學技術出版社，1994）。

（二）近人編輯、論著

丁福保，1979，《中國歷代醫學書目》（臺北：南天書局重印）。

方春陽，1984，〈朱丹溪弟子考略〉，《中華醫史雜誌》，14卷4期（1984），頁209-211。

方聞，1970，《傅青主先生年譜》（臺北：中華書局）。

王代功，1971，《湘倚府君年譜》（臺北：廣文書局）。

王紹東，1984，〈王孟英年表〉，《中華醫史雜誌》，14卷4期（1984），頁201-204。

王樂匋主編，1999，《新安醫籍考》（合肥：安徽科學技術出版社）。

王瓊玲，2000，〈明末清初公案劇之藝術特質與文化意涵〉（2000年12月28日「讓證據說話：案類在中國」學術研討會）。

王繼權，1982，《郭沫若年譜》（天津：人民出版社）。

中國中醫研究院圖書館，1996，《館藏中醫線裝書目》（北京：中醫古籍）。

中國醫籍提要編寫組，1988，《中國醫籍提要》（長春：吉林科學技術出版社）。

丹波元胤（日），1983，《中國醫籍考》（北京：人民出版社，再版）。

毛一波，1985，〈台灣老作家王詩琅〉，《傳記文學》，46卷1期（1985年1月），頁88-93。

石國柱等(修)、許承堯(纂),1975,《歙縣志》,《中國方志叢書》影印民國二十
　　　　六年(1937)歙縣旅滬同鄉會鉛印本(臺北:成文出版社)。

皮名振,1981,《清皮鹿門先生錫瑞年譜》(見《新編中國名人年譜集成》第16輯,
　　　　臺北:商務)。

史仲序,1984,《中國醫學史》(臺北:國立編譯館出版,正中書局印行,臺初版)。
　　　　封面標明「部編大學用書」,國立編譯館主編,中國醫藥學院協編,館卡
　　　　註明:「中國醫藥學院叢書」。

朱鴻林,2000,〈學案類著作的性質〉(2000年12月28日「讓證據說話:案類在中
　　　　國」學術研討會)。

伍受真,《受真自訂年譜》(臺北:文史哲出版社,1981)。

多賀秋五郎,1960,《宗譜の研究・資料篇》(東京:東洋文庫)。

多賀秋五郎,1981,《中国宗譜の研究・上巻》(東京:日本学術振興会)。

汪宗衍,1970,《陳東塾先生年譜》(澳門:于今書屋)。

汪育仁編,1987,《中醫兒科學》(北京:人民出版社)。

沈雲龍,1967,〈四十年前中學時代的回憶〉,《傳記文學》,11卷6期(1967年12
　　　　月),頁50-56。

沈嘉榮,1982,《顧炎武》(南京:江蘇人民出版社)。

李云(主編),1988,《中醫人名辭典》(北京:國際文化出版公司)。

李玉珍,2000,〈禪宗文學之公案:佛教證悟經驗之宋代新詮〉(2000年12月28日
　　　　「讓證據說話:案類在中國」學術研討會)。

李先聞,1969,〈一個農家子的奮鬥〉,《傳記文學》,14卷5期(1969年5月),頁
　　　　9-13。

李何林,《魯迅年譜》(出版資料不詳)。

李宗侗,1964,〈從家塾到南開中學〉,《傳記文學》,4卷6期(1964年6月),頁
　　　　43-45。

李抱忱,1967,〈童年的回憶〉(回憶之五),《傳記文學》,10卷3期(1967年3月),
　　　　頁34-39。

李季，《我的生平》，1932，（上海：亞東圖書館）。

李根源，1971，《雪生年錄》（臺北：廣文書局年譜叢書61）。字印泉，一字雪生，
　　　　別署高黎貢山人。譜凡3卷，附錄簡歷（民國十二年六月）及跋。排版本，
　　　　新編141頁。

李經緯、程之范主編，1987，《中國醫學百科全書‧醫學史》（上海：上海科學技
　　　　術出版社）。

何大安，2000，〈論「案」、「按」的語源及案類文體的篇章構成〉（2000年12月
　　　　28日「讓證據說話：案類在中國」學術研討會）。

作者不詳，1942，《湯爾和傳》（出版地不詳：出版社不詳）。

吳天任，1974，《楊惺吾先生年譜》（臺北：藝文印書館）。

吳相湘，1965，〈疏財仗義的張人傑〉，《傳記文學》，6卷2期（1965年2月），頁
　　　　32-37。

吳潤秋，1984，〈薛生白生平事蹟與治學方法〉，《中華醫史雜誌》，14卷1期（1984），
　　　　頁7-9。

林功錚，1984，〈一代名醫葉天士〉，《中華醫史雜誌》，14卷2期（1984），頁82-86。

明文書局印行，1983，《中國醫藥史話》（臺北：明文書局）。

明文書局印行，1984，《中國醫藥學家史話：中國歷代名醫小傳》（臺北：明文書
　　　　局）。

周永祥，1983，《瞿秋白年譜》（廣東：人民出版社）。

季鎮淮，1986，《聞朱年譜》（北京：清大）。

邱澎生，2000，〈明清「刑案匯編」的作者與讀者〉（2000年12月28日「讓證據說
　　　　話：案類在中國」學術研討會）。

胡適，1980，《章實齋先生年譜》（臺北：商務印書館）。

查文安，1984，〈良朋匯集簡介〉，《中華醫史雜誌》，14卷3期（1984），頁153。

柳無忌，1983，《柳亞子年譜》（北京：中國社會科學出版社）。

侯元德、邢愛茹，1986，〈河南省潢川縣發現清代醫著秘篆青囊合纂抄本〉，《中
　　　　華醫史雜誌》，16卷1期（1986），頁34。

姚名達，1982，《清邵念魯先生廷采年譜》（見《新編中國名人年譜集成》第17輯，
　　　　臺北：商務）。

高鏡朗，1983，《古代兒科疾病新論》（上海：上海科學技術出版社）。再版序於1982
　　　　年7月。序中提及1954年秋為中華醫學理事會編寫，作為西醫學習中醫的
　　　　材料。

唐力行，1990，〈論明代徽州海商與中國資本主義萌芽〉，《中國經濟史研究》1990
　　　　年第3期，頁90-101。

唐力行，1997，《商人與文化的雙重變奏：徽商與宗族社會的歷史考察》（武漢：
　　　　華中理工大學出版社）。

唐力行，1999，《明清以來徽州區域社會經濟研究》（合肥：安徽大學出版社）。

唐力行，2005，《徽州宗族社會》（合肥：安徽人民出版社）。

唐文治，1971，《茹經自訂年譜》（臺北：廣文書局年譜叢書60）。鉛排版，新編130
　　　　頁。譜題「茹經年譜」，署「太倉唐文治蔚芝自訂」。

馬堪溫，1986，〈歷史上的醫生〉，載《中華醫史雜誌》，16卷1期（北京），頁1-11。

馬導源，1935，《吳梅村年譜》（上海：商務印書館）。

郝更生，1967，〈更生小記〉，《傳記文學》，11卷4期（1967年10月），頁45-48。

孫科，1973，〈八十述略〉（上），《傳記文學》，23卷4期（1973年10月），頁6-13。

孫常煒，1980，《蔡元培先生年譜傳記》（北京：中華書局）。

徐櫻，1973，〈我的娘親〉（一），《傳記文學》，23卷5期（1973年11月），頁40-43。

徐永昌口述，趙正楷筆錄，沈雲龍校註，1986，〈徐永昌將軍求己齋回憶錄〉（一），
　　　　《傳記文學》，48卷5期（1986年5月），頁10-17。

徐詠平，1980，《陳英士其美先生年譜》（臺北：商務印書館）。

徐詠平，1980，《民國陳英士先生其美年譜》（見《新編中國名人年譜集成》第8
　　　　輯，臺北：商務）。

翁叔元，1971，《翁鐵庵年譜》（臺北：廣文書局）。

翁麗芳，1998，《幼兒教育史》（臺北：心理出版社）。

梁寒操，1962，〈回憶我在十八歲以前一些有趣的事〉，《傳記文學》，1卷1期（1962

年6月），頁19-22。

梁煥鼎，1971，《桂林梁先生年譜》（臺北：廣文書局）。

章乃器，1981，〈七十自述〉（節錄），《傳記文學》，39卷3期（1981年9月），頁38-42。

郭榮生，1970，《孔祥熙先生年譜》（臺北：商務印書館）。

莫榮宗輯，1963，〈羅雪堂先生年譜〉（上），《大陸雜誌》，26卷5期（1963年3月
　　　　15日），頁3-10。年譜分上、中、下之一、末，至26卷8期（1963年4月30日）
　　　　刊畢。

張哲嘉，2000，〈中國星命學中案例的運用——以《古今圖書集成》所收書為中
　　　　心)(2000年12月28日「讓證據說話：案類在中國」學術研討會）。

梅英杰，1971，《胡文忠公年譜》（臺北：廣文書局年譜叢書40）。凡3卷，新編301
　　　　頁。卷首題「寧鄉梅英杰殿薌纂」。譜末署「丁卯十一月後學梅英杰自敘
　　　　于莓田蟄園」。按：丁卯為民國十六年(1927)，本書初版由胡南寧鄉梅氏
　　　　抱冰堂刊印(1929)，線裝3冊(1函)。譜主胡林翼字貺生，一字潤芝。

陳天群等，1985，〈近代著名的醫事活動家裘吉生先生〉，《中華醫史雜誌》，15
　　　　卷1期，頁33-35。

陳存仁，1968，《中國醫學史》（香港：Chinese Medical Institute）。

陳宗蕃，1971，《陳蘇齋年譜》（臺北：廣文書局年譜叢書56）。新編19頁。譜首題
　　　　「受業閩侯陳宗藩純衷謹輯」，公諱璧字玉蒼晚號蘇齋，生於咸豐二年，
　　　　卒於民國十七年。

陳邦賢，1937，《中國醫學史》（上海：商務印書館；臺北：商務印書館二版，1969）。
　　　　收在《中國文化史叢書》中，26+406頁。※另一本：北京商務印書館1988
　　　　年也據此出版影印第一版；上海的上海書店則在1984年影印出版，列在《中
　　　　國文化史叢書》第一輯。※又一本：團結出版社「中國文庫‧科技文化類」
　　　　也收入此書（北京：2011年10月二版），簡體字橫排24+340頁。

陳達理、周一謀，1986，〈論宋金時期兒科主要成就〉，《中華醫史雜誌》，16
　　　　卷第1期（北京），頁24-27。

陳濟棠，1974，〈陳濟棠自傳稿〉（續完），《傳記文學》，25卷6期（1974年12月），

頁95-103。本文自25卷3期(1974年9月)開始刊載,分四期刊完。有單行本《陳濟棠自傳稿》(臺北:傳記文學出版社,1974)。

陳聲暨編,王真補編,葉長青補訂,1971,《侯官陳石遺先生年譜》(臺北:廣文書局年譜叢書57)。凡7卷,新編366頁(含勘誤4頁)。石遺先生名衍,小名尹昌,字伊叔。

陳聰榮,1987,《中醫兒科學》(臺北:正中)。

曾紀芬,1971,《崇德老人自訂年譜》(見《年譜叢書》第56輯,臺北:廣文)。

馮其庸,1986,《尹光華、朱屺瞻年譜》(上海:書畫出版)。

童軒蓀,1971,〈梨園名優藝事及其他〉(續完),《傳記文學》,18卷2期(1971年3月),頁35-43。

黃季陸,1966,〈我難忘的仁慈的父親〉,《傳記文學》,9卷4期(1966年10月),頁33-37。

黃雲眉,1971,《邵二雲先生年譜》(臺北:廣文)。

程天放,1962,〈我的家塾生活〉,《傳記文學》,1卷5期(1962年10月),頁18-20。

程滄波,1963,〈根富老老〉,《傳記文學》,3卷3期(1963年9月),頁4-8。

復旦大學,1979,《魯迅年譜》(合肥:安徽人民出版社)。

溫聚民,1980,《魏叔子年譜》(臺北:商務)。

楊一峰,1962,〈童年樂事〉,《傳記文學》,1卷5期(1962年10月),頁32-34。

楊愷齡,1970,《李石曾先生煜瀛年譜》(臺北:商務)。

楊愷齡,1981,《紐錫生先生永建年譜》(臺北:商務)。

萬六,1984,〈元代名醫王開事略〉,《中華醫史雜誌》,14卷4期(1984),頁212-213。

遐庵彙稿年譜編印會編,1946,《葉恭綽先生年譜》(出版地不詳:遐庵彙稿年譜)。

慎初堂輯,1971,《瀏陽譚先生年譜》(臺北:廣文書局年譜叢書60)。新編18頁。鉛排版版心上書「譚瀏陽全集」,下書「年譜」,則此譜為全集之一部分。卷首署「海寧慎初堂輯」。年譜起首曰:先生姓譚氏,諱嗣同,字復生,號壯飛,自署東海褰冥氏。

齊璜口述,張次溪筆錄,1963,〈白石老人自述〉(上),《傳記文學》,3卷1期(1963

年7月），頁39-51。

趙元任，1969，〈早年回憶〉（二），《傳記文學》，15卷4期（1969年10月），頁33-37。

趙玉明，1982，《菩薩心腸的革命家——居正傳》（臺北：近代中國）。

趙光，1971，《趙文恪公自訂年譜》（臺北：廣文）。

趙楊步偉，1963，〈我的祖父〉，《傳記文學》，3卷3期（1963年9月），頁17-21。

趙楊步偉，1967，〈一個女人的自傳〉（五），《傳記文學》，11卷1期（1967年7月），頁45-50。

趙璞珊，1983，《中國古醫學》（北京：中華書局）。

趙藩，1978，《清岑襄公毓英年譜》（見《新編中國名人年譜集成》第2輯，臺北：商務）。

熊秉真，1985，《幼幼：傳統中國的襁褓之道》（臺北：聯經出版事業公司）。

熊秉真，1987，〈清代中國兒科醫學的區域性初探〉，收入《中國近代區域史研討會論文集》（臺北：中研院近史所），頁17-39。

熊秉真，1992，〈好的開始：近世士人子弟的幼年教育〉，《近世家族與政治比較歷史論文集(上)》（臺北：中央研究院近代史研究所），頁201-238。

熊秉真，1994，〈中國近世士人筆下的兒童健康問題〉，《中央研究院近代史研究所集刊》，第23期上冊（1994年6月），頁1-29。

熊秉真，1995，〈驚風：中國近世兒童疾病研究之一〉，《漢學研究》，13卷第2期（1995年2月），頁169-203。

熊秉真，1995，〈疳——中國近世兒童的疾病與健康研究之二〉，《中央研究院近代史研究所集刊》，24期上冊（1995年6月），頁263-294。

熊秉真，1998，〈且趨且避——傳統中國因應痘疹間的曖昧與神奇〉，《漢學研究》，16卷2期（1998年12月），頁285-315。

熊秉真，1998，〈近世中國兒童論述之浮現〉，《近世中國之傳統與蛻變：劉廣京院士先生七十五歲祝壽論文集》（臺北：中央研究院近代史研究所），頁139-170。

熊秉真，1999，〈誰人之子：中國社會文化脈絡中的兒童定位問題〉，輯於漢學研

究中心主編，《中國家庭及其倫理研討會論文集》（臺北：漢學研究中心），頁259-294。

熊秉真，1999，《安恙：近世中國兒童的疾病與健康》（臺北：聯經出版事業公司）。

熊秉真，2000，《童年憶往：中國孩子的歷史》（臺北：麥田出版公司）。

熊秉真，2001，〈案據確鑿：醫案之傳承與傳奇〉，載熊秉真（編），《讓證據說話【中國篇】》（臺北：麥田出版公司），頁201-252。

蔣天樞，1981，《陳寅恪先生編年事輯》（上海；古籍）。

蔣永敬，1978，《胡漢民先生年譜》（臺北：中央文物）。

蔣君章，1984，〈最難報答是親恩〉（上），《傳記文學》，45卷1期（1984年7月），頁85-90。

蔣致中，1935，《牛空山先生年譜》（上海：商務）。

蔣逸雪，1980，《張溥年譜》（上海：商務）。

劉健群，1968，〈艱困少年行〉（六），《傳記文學》，13卷6期（1968年12月），頁36-40。

劉紹唐，1974，〈民國人物小傳〉（十二），《傳記文學》，24卷4期（1974年4月），頁99-103。

劉景山遺著，凌鴻勛校訂，1976，〈劉景山自撰回憶錄〉（一），《傳記文學》，29卷3期（1976年9月），頁41-43。

劉翠溶，1986，〈明清時期長江下游地區都市化之發展與人口特徵〉，《經濟論文》（臺北：中研院經濟所），第14卷第2期（1986年9月），頁43-86。

劉鳳翰、李宗侗，1966，《李鴻藻先生年譜》（臺北：商務）。

齊崧，1974，〈女畫家吳詠香〉，《傳記文學》，25卷3期（1974年9月），頁33-41。

魯仁輯，1942，〈太醫院志〉，載《中和月刊》3卷6期（民國31年），頁24-35。

謝利恆，1970，《中國醫學源流論》（臺北：古亭書屋影印初版）。

韓錫鐸主編，1993，《中華蒙學集成》（瀋陽：遼寧教育出版社）。

薛光前，1978，〈困行憶往〉（一），《傳記文學》，32卷5期（1978年5月），頁45-50。

薛清錄（主編），中國中醫研究院圖書館編，1991，《全國中醫圖書聯合目錄》（北

京：中醫古籍出版社）。16開橫排1104頁。

薛愚主編，1984，《中國藥學史料》（北京：人民衛生出版社）。

鍾明志遺著，居浩然註，1978，〈我的回憶〉（上），《傳記文學》，17卷3期（1970
　　　年9月），頁5-14。

顏惠慶原著，姚崧齡譯，1971，〈顏惠慶自傳〉（一），《傳記文學》，18卷2期（1971
　　　年2月），頁6-14。自傳後出版專書《顏惠慶自傳》（臺北：傳記文學出版
　　　社，1973）。

藤井宏，1953，〈新安商人の研究〉，《東洋学報》，36卷1-4號。

關志昌，1983，〈張大千多采多姿的一生〉，《傳記文學》，42卷5期（1983年5月），
　　　頁38-46。

關國瑄，1986，〈中國美學播種者朱光潛〉，《傳記文學》，48卷4期（1986年4月），
　　　頁15-21。

羅繼祖輯述，1986，羅昌霦校補，《羅振玉年譜》（臺北：行素堂發行，文史哲經銷）。

嚴世芸（主編），1990，《中國醫籍通考》（上海：上海中醫學院出版社）。

嚴正鈞，1971，《左文襄公年譜》（見《年譜叢書》第38輯，臺北：廣文）。

嚴榮，1978，《述庵先生年譜》（臺北：商務）。

欒成顯，1998，《明代黃冊研究》（北京：中國社會科學出版社）。

英文論著

Ariés, Philippe, 1962. *Centuries of Childhood: A Social History of Family Life* (New York: Vintage Books).

Cloherty, John P. and Ann R. Stark (eds.), 1985. *Manual of Neonatal Care* (Boston: Little Brown).

Cohen, David K. and S.G. Grant, 1993. "American's Children and Their Elementary Schools," *Daedalus* Vol. 122, No. 1, America's Childhood (Winter, 1993), pp. 177-207.

Cone, Thomas E. Jr. , 1979. *History of American Pediatrics* (Boston: Little Brown and Co.)

Cone, Thomas E. Jr., *History of the Care and Feeding of the Premature Infant* (Boston: Little Brown and Co., 1985).

Contemporary Patterns of Breastfeeding, Report on the WHO Collaborative Study on

Breastfeeding (Geneva: World Health Organization, 1981).

Csikszentmihalyi, Mihaly, 1993. "Contexts of Optimal Growth in Childhood," *Daedalus* 122, no. 1(1993): 31-56.

Dewoskin, Kenneth J., 1995."Famous Chinese Childhoods," in *Chinese Views of Childhood*, edited by Anne Behnke Kinney(Honolulu: University of Hawai'i Press), pp. 57-78.

Dodding, John (ed.), 1985. *Maternal Nutrition and Lactational Infertility* (New York: Raven Press).

Duara, Prasenjit, 1995. *Rescuing History from the Nation: Questioning Narratives of Modern China* (Chicago: University of Chicago Press).

Glass, D.V. and D.E.C. Eversley (eds.), 1969. *Population in History*(London: Edward Arnold).

Gopnik, Alison, 2016. *The Gardener and the Carpenter: What the New Science of Child Development Tells Us About the Relationship Between Parents and Children*(NY: Farrar, Straus and Giroux).

Grant, Joann, 2003. *A Chinese Physician: Wang Ji and the "Stone Mountain Medical Case Histories"* (London: Routledge Curzon).

Hanley, Susan and Arthur Wolf (eds.), 1985. *Family and Population in East Asian History* (Stanford, Stanford University Press).

Hanson, Marta,1998. "Robust Northerners and Delicate Southerners: The Nineteenth-Century Invention of a Southern Medical Tradition," in special issue *"Empires and Hygiene"* of *Positions: East Asia Cultures Critique*, vol.6, no.3 (Winter 1998), pp. 515-550.

Heywood, Colin, 1988. *Childhood in Nineteenth-Century France: Work, Health, and Education among the 'Classes Populaires.'* (Cambridge: Cambridge University Press).

Ho, Ping-ti, 1959. *Studies on the Population of China, 1368-1953*(Cambridge, Mass.: Harvard University Press).

Hollingsworth, T.H., 1969. *Historical Demography* (Ithaca: Cornell University Press).

Houlbrooke, Ralph (ed.), 1988. *English Familly Life, 1576-1716* (N.Y. and Oxford: Basil Blackwell).

Hsiung, Ping-chen, 2005. *A Tender Voyage: Children and Childhood in Late Imperial China* (Stanford, CA: Stanford University Press).

Hsu, Hong-Yen and William Peacher (tr.), 1981. *The Great Classic of Chinese Medicine* (即 日人Keistsu Otsuka之《傷寒論解說》)(臺北：南天).

Jefferys, W. Hamilton. and James La Maxwell, 1911. *Disease of China* (Philadelphia: P. Blakiston's Son & Co.).

Kinney, Anne Behnke, 1995. "Dyed Silk: Han Notions of the Moral Development," in *Chinese Views of Childhood* (Honolulu: University of Hawai'i Press), pp. 17-56.

Kline, Mark W. et al., 2018. *Rudolph's Pediatrics*(NY: Mcgraw-Hill Education).

Ko, Dorothy, 1994. *Teacher of the Inner Chamber: Women and Culture in Seventeenth-century China* (Stanford: Stanford University Press).

Kuhn, Thomas S., 1996. *The Structure of Scientific Revolutions* (Chicago: University of

Chicago Press).

Laslett, Peter, 1965. *The World We Have Lost* (Taylor and Francis).

Liu, Ts'ui-jung,1981. "The Demographic Dynamics of Some Clans in the Lower Yangtze Area, Ca. 1400-1900," *Academia Economic Papers*, vol. 9, No.1(March,1981).

Mason, Stephen, 1962. *A History of the Sciences* (N.Y.: Collier Books).

Minow, Martha. and Richard Weissbourd,1993. "Social Movement for Children," *Daedalus* 122, no. 1 (1993): 1-29.

Mitterauer, Michael. and Reinhard Sieeor, 1982. *The European Family* (Chicago: The University of Chicago Press)

Needham, Joseph, 1970. *Clerks and Craftsman in China and the West* (Cambridge: Cambridge University Press).

Pollock, Linda A., 1983. *Forgotten Children, Parent-child Relations from1500 to1900* (Cambridge: Cambridge University Press).

Porkert, Manfred, 1974. *The Theoretical Foundations of Chinese Medicine: System of Correspondence* (Cambridge: MIT Press).

Scheid, Volker, 2007. *Currents of Tradition in Chinese Medicine, 1626-2006* (Seattle, WA: Eastland Press).

Shahar, Shulamith, 1990. *Childhood in the Middle Ages* (London: Routledge).

Smith, George F. and Dharmapuri Vidyasagar (eds.), n.d. *Historical Review and Recent Advances in Neonatal and Perinatal Medicine* (printed and distributed by Mead Johnson Nutritional Division), Vol. 1, Neonatal Medicine

Stone, Lawrence. , 1977 *The Family, Sex, and Marriage in England, 1500-1800* (London: Weidenfeld and Nicolson).

Unschuld, Paul, 1979. *Medical Ethics in Imperial China: A Study in Historical Anthropology* (Berkeley · Los Angeles · London: University of California Press).

Unschuld, Paul, 1985. *Medicine in China: A History of Ideas* (Berkeley · Los Angeles · London: University of California Press).

Vaughan, Victor C. R. James Mckay, Waldo E. Nelson, 1975. *Textbook of Pediatrics* (Philadelphia: W.B. Saunders).

Vinovskis, Maris A.,1993. "Early Childhood Education: Then and Now," *Daedalus* 122, no. 1 (1993): 151-176.

Whitehead, R.G. (ed.), 1983. *Maternal Diet, Breastfeeding Capacity, and Lactational Infertility* (Tokyo: The United Nations University).

Yuan, I-chin, 1931. "Life Tables for a Southern Chinese Family from 1365 to 1849," *Human Biology*, Vol. 3, No. 2 (May, 1931).

索　引

幼醫與幼蒙：近世中國社會的綿延之道

2018年10月初版 定價：新臺幣580元
有著作權‧翻印必究
Printed in Taiwan.

著　　　者	熊　秉　真	
執行製作	數位出版中心	
叢書主編	方　清　河	
封面設計	秝　蕎　藏	
編輯主任	陳　逸　華	

出　版　者　聯經出版事業股份有限公司　　總編輯　胡　金　倫
地　　　址　新北市汐止區大同路一段369號1樓　總經理　陳　芝　宇
編輯部地址　新北市汐止區大同路一段369號1樓　社　長　羅　國　俊
叢書主編電話　(02)86925588轉5371　　發行人　林　載　爵
台北聯經書房　台北市新生南路三段94號
電　　　話　(02)23620308
台中分公司　台中市北區崇德路一段198號
暨門市電話　(04)22312023
台中電子信箱　e-mail：linking2@ms42.hinet.net
郵政劃撥帳戶第0100559-3號
郵撥電話　(02)23620308
印　刷　者　世和印製企業有限公司
總　經　銷　聯合發行股份有限公司
發　行　所　新北市新店區寶橋路235巷6弄6號2樓
電　　　話　(02)29178022

行政院新聞局出版事業登記證局版臺業字第0130號

國家圖書館出版品預行編目資料

幼醫與幼蒙：近世中國社會的綿延之道/熊秉真著．
初版．新北市．聯經．2018年10月（民107年）．416面．
14.8×21公分
ISBN 978-957-08-5174-8（平裝）

1.育兒 2.歷史 3.中國

544.642　　　　　　　　　　　　　　　　107014849